"南阳印记"文史资料丛书

小 康 建 设

XIAO KANG JIAN SHE NAN YANG YIN JI

中共南阳市委党史和地方史志研究室
政协南阳市委员会文化和文史委员会　编著

中国文史出版社

图书在版编目（CIP）数据

小康建设南阳印记 / 中共南阳市委党史和地方史志
研究室, 政协南阳市委员会文化和文史委员会编著. --
北京 ：中国文史出版社, 2024.2
　　ISBN 978-7-5205-4610-2

　　Ⅰ. ①小… Ⅱ. ①中… ②政… Ⅲ. ①小康建设－大
事记－南阳 Ⅳ. ①F127.613

中国国家版本馆 CIP 数据核字(2024)第 027736 号

责任编辑：方云虎
封面设计：王　娜

出版发行：**中国文史出版社**
社　　址：北京市海淀区西八里庄路 69 号
邮　　编：100412
电　　话：010-81136630
印　　装：河南省诚和印制有限公司
经　　销：全国新华书店
开　　本：710 毫米×1000 毫米　1/16
印　　张：33
字　　数：403 千字
版　　次：2024 年 5 月北京第 1 版
印　　次：2024 年 5 月第 1 次印刷
定　　价：79.00 元

前 言

"民亦劳止，汔可小康。"小康是中华民族代代不息的追求。中华人民共和国成立以来，中国共产党带领人民持续向贫困宣战，从改革开放之初提出小康社会构想，到把小康社会建设纳入社会主义现代化建设战略目标，到新时代决胜全面建成小康社会，成功走出了一条中国特色小康社会建设道路，使7亿多农村贫困人口脱贫。中国成为世界上减贫人口最多的国家，也是世界上率先完成联合国千年发展目标的国家。2021年7月1日，在庆祝中国共产党成立100周年大会上，习近平总书记庄严宣告："我们在中华大地上全面建成了小康社会。"南阳人民在党中央和省委、市委的领导下，勠力同心，艰苦奋斗，以昂扬向上的姿态、坚韧不拔的精神，坚信有解思维，下足绣花功夫，书写了一份全面建成小康社会的硬核答卷。

丰功当记，以歌伟绩。"为党立言、为国存史、为民修志"是党史方志和文史部门的职责与使命所在。留住全面建成小康社会的生动实践，是习近平总书记的谆谆教诲，是人民群众的共同心愿。《小康建设南阳印记》一书，从多角度、全方位记录市委、市政府从1949年10月至2021年7月间，带领全市人民在南阳大地上推进经济建设、政治建设、文化建设、社会建设、生态文明建设迈上新台阶所取得的辉煌成就，重点围绕建设、改革、发展过程中的人和事，使有功者"永垂青史"、可记的事"永载史册"，进一步彰显中国共产党的坚强有力领导、中国特色社会主义制度的巨大优越性。

载史为用，资政辅治。"治天下者以史为鉴，治郡国者以志为鉴。"古往今来，史志是推进社会治理不可缺少的重要参考资料，对认识地情、了解地情、把握地情，明优势识劣势，进行科学决策发挥了应有作用。以史为鉴，可以知兴替。用历史映照现实、远观未来，从南阳人民为全面建成小康社会的奋斗中看清楚过去我们为什么能够成功、弄明白未来我们怎样才能继续成功，为建设富强活力南阳、法治诚信南阳、低成本创业南阳、幸福美丽南阳、平安文明南阳、高效清正南阳凝聚智慧，积蓄力量。

鉴而照今，启迪后人。"化民成俗，其由必学。"自古以来，我国广大人民群众善于从学习历史中启迪实践智慧。《小康建设南阳印记》记载南阳大地上的人和事，是南阳人精神家园的一部分。它的出版发行，使人们通过该书了解南阳人民艰苦奋斗、砥砺奋进的全过程，深刻认识没有共产党就没有新中国、只有社会主义才能救中国、只有社会主义才能发展中国、只有改革开放才能全面振兴中华的深刻道理，增进民族自豪感，加深爱党、爱国之情，激发爱河南、爱南阳之志。

当前，全市上下正进一步统一思想、坚定信心，奋勇争先、赶超跨越，高水平建强现代化省域副中心城市，高质高效推进中国式现代化建设南阳实践。《小康建设南阳印记》将在南阳现代化建设征程中持续发挥"存史、资政、团结、育人"作用，助力南阳全面发展！

本书编委会

目　录

1949 年

10 月 1 日　中华人民共和国成立，区内各县（市）分别举行隆重的庆祝大会。

11 月　全区各县（市）相继召开各界人民代表会议。中国新民主主义青年团南阳地方工作委员会成立。

12 月 15 日　复设西峡县建置。

12 月 28 日　因全区发生严重的牛瘟（炭疽病），中央人民政府派兽医防治队到达南阳。次年 1 月 27 日返回北京，其间，免费为全区医治牲畜 108456 头。

冬　地委在内乡县杨集村和南阳县溧河乡进行土地改革试点，同时，成立以地委秘书长杨立功为主任的土地改革委员会。

冬　南阳专署成立防疫委员会。

1950 年

1 月 1 日　中州银行钞票停止流通。三元中州票兑换一元人民币。1 月 14 日，全区发行第一期人民胜利折实公债，总额 66 万分，到 6 月底，实际完成 71 万分。

1 月　河南省总工会南阳专区办事处成立。

3 月　中共南阳地委干部学校改称中共南阳地委党校。

内乡、南阳、唐河、新野、方城、南召等 6 县和南阳市进行第一批土改。冬季至次年春其余县进行第二批土改。此次土改，全区贫雇农与下中农共分得土地 368 万亩、房屋 160 万间、牲畜 73984 头、农具 389989 件。从而，彻底消灭了封建土地剥削制度，实现了耕者有其田。

4 月初　南阳专区农民协会执行委员会成立。戴苏理、杨立功、姜宗仁等 37 人当选为执行委员。

4 月 5 日　南阳保险公司代理处成立。次年 3 月 1 日，改建为中国人民保险公司南阳支公司。

5 月 7 日　原属南阳市的赊旗镇划归南阳县管理。

6 月　南阳日报社印刷厂制成第一批彩色胶印品。

9 月 15 日—10 月 7 日　地委召开第二次党代会，整顿干部作风，并对深入开展土改和城市、农村生产问题进行部署。

是年　创办南阳农业学校，1958 年曾改为南阳农学院，1960 年恢复原名。

1951 年

2 月 25 日—3 月 2 日　南阳专区举行首届妇女代表大会，到会代表 302 人，正式成立南阳专区妇女联合会，选举 45 人为执行委员。

4 月 20 日　南阳专区及确山、遂平等县动员 5 万名民工，兴建板桥水库，至 1953 年全部建成。

是月　南阳专区蚕业中等专科学校成立。

5 月 2 日　南阳专区土特产展览大会在南阳市举行。至 6 月，产品购销总值近 600 亿元（时币）。

6 月 1 日　设立河南省人民法院南阳分院。

是月　创办南阳师范学校，1958 年改为南阳师范专科学校，1962 年复改为师范学校。1978 年 12 月，经国务院批准，再次建立南阳师范专科学校。

改县大队部为人民武装部。

7 月 30 日—8 月 11 日　中国新民主主义青年团南阳地方首届代表大会召开，到会代表 381 人，选举 30 人为委员，正式成立新民主主义青年团南阳地方委员会。

8 月 6 日　成立南阳戏曲工作团，1955 年改名为南阳专区曲剧团。

10 月　中共南阳地委设立统一战线工作部。

11 月中旬　南阳专区首届体育运动会在南阳市经武门外体育场举行，比赛项目有篮球、排球、田径、拔河、自行车、障碍赛跑和武术表演。

12 月　专署成立增产节约委员会，在全区开展增产节约运动。

1952 年

7 月　建立南阳专区气象台。

9 月　中共南阳地委设立纪律检查委员会。

专署成立爱国卫生运动委员会。

10 月　对国家机关工作人员实行公费医疗。

11 月 10 日　根据中南军政委员会决定，撤销南阳市建置，改为南阳镇，隶属于南阳县。

是年　地委、专署建立人民接待室。次年 10 月，专署建立专员接待群众来访日制度。

1953 年

2 月 4—10 日　中共南阳地委召开第三次党代会。大会的中心议题是由社会改革转入大规模的经济建设问题。

3 月初　南阳军分区召开首届民兵贺功大会。

是月　国营南阳专区建筑公司成立。

4 月　南阳专区人民医院第一台 200 毫安 X 光机安装完毕，并投入使用。

6 月 1 日　河南省人民检察署南阳专区检察分署成立。

7 月 1 日　进行第一次人口普查，全区总人口 5905193 人。

7 月 9 日　南阳镇由县辖镇改为省辖镇，11 月 10 日，复改为南阳市。

12 月　南阳机械厂成立，1970 年改名为南阳柴油机厂。

是年　南阳至郑州开通载波电话线路 1 条。

1954 年

3月22—28日 南阳专区首届工业劳模大会在南阳市召开。

6月19日 南阳专区贯彻宪法草案委员会成立。

10月1日 中国人民建设银行南阳代理处成立。1956年4月，改称中国人民建设银行南阳专区支行。

11月18日 内乡、新野、唐河三县烟厂迁到南阳市，合并成立南阳人民烟厂。

1955 年

1 月 17 日　南阳专区成立征集新兵办公室。

3 月 1 日　人民银行发行新人民币，同时以 1∶10000 的比价兑换收回旧人民币。4 月 1 日旧币停止流通。

8 月　全区发放贫农合作基金贷款 751 万元，解决贫农加入农业社的股金困难。

9 月 22 日　南阳专区汽车运输总站成立，1958 年改为南阳公路运输公司。

10 月 4 日　许（昌）南（阳）公路路面改建工程开工，将粘土路改为碎石级配路，12 月 8 日竣工，12 月 20 日正式通车。

11 月　对城镇居民实行粮油定量供应，发放粮票。

是年　南阳专署民族事务委员会成立。

创办唐河师范学校和内乡师范学校。

1956 年

1 月　始修唐、白河堤防。

2 月　南阳县广播站建成播音,是全区第一个广播站。

3 月 3 日　成立政协南阳市委员会。

是月　辟建南阳市人民公园,1959 年春对外开放。

8 月　南阳专署水利局成立。

9 月 6 日　南阳专署物价委员会成立。

9 月 25 日　南阳专区基本建设委员会成立。

11 月 13 日　南阳专区首届民间音乐舞蹈汇演在南阳市举行。

12 月 1 日　张衡墓整修工程全部竣工,郭沫若为张衡墓题写碑文。

12 月 20 日　南阳电厂建成并正式发电,发电能力 500 千瓦。

是年　南阳专署商业科改为商业局。

创办南阳教育干校,1980 年改为南阳教师进修学院。

开封师院首次在南阳专区设置函授站。

1957 年

2 月　南阳专署农业科改为农业局。

9 月　方城县望花亭水库破土动工,次年 6 月建成。

10 月　南阳专区黄牛试验站在邓县构林区成立。

12 月 7—10 日　南阳专区首届曲艺、木偶、皮影观摩汇演在南阳市举行。

12 月中旬　为支援湖北省水利建设,南阳专署动员 5006 名农民到湖北省安家落户。次年 1 月中旬,又动员 3004 人迁往湖北省。

是年　南阳机械厂首先开始试行职工代表大会制度,年底在全区实行。

1958 年

1 月 15 日　南阳专署交通局成立。

2 月　南阳水泥厂建成投产,为区内首家水泥厂。

7 月 22 日　中共南阳地委在南阳县试办潦河人民公社。8 月 26 日,全区建成人民公社 236 个,全部实现公社化。

9 月 21 日　时任国务院副总理兼财政部部长李先念,由河南省副省长齐文俭陪同到南阳专区视察。

9 月 28—29 日　中共中央委员、中国共产主义青年团中央第一书记胡耀邦到南阳专区视察。

是月　新野县航运公社修船厂制造机动驳船一艘,载重 55 吨,这是南阳专区第一艘木制机动驳船。

10 月 3 日　南阳医学专科学校成立。

11 月 28 日　鸭河口水库破土动工,1965 年 8 月竣工。

12 月 29 日　郑州至南阳民用航空线通航。

是年　丹江口水库动工。水库横跨豫、鄂二省,占地 110 余万亩,淹没淅川县土地 54.84 万亩,1973 年第一期工程竣工。

南阳市独山玉矿建立,开始利用机械设备统一开采,同时禁止个人私自开采。

南阳汽车修理厂建成投产,1969 年 10 月更名为南阳汽车制造厂,为南阳地区第一个制造汽车的厂家。

创办邓州师范学校和泌阳师范学校。

1959 年

2 月　创办南阳戏曲学校。

4 月 20 日　唐河大桥破土动工,是省内采用石混凝土修建的第一座新型大跨径拱桥,12 月 31 日竣工。

5 月 20 日　南阳专署劳动科改为劳动局。

5 月 25 日　成立南阳地区档案管理处,这是南阳地区有史以来第一个全区性档案事业管理机构。

是年　南阳市玉器厂制作的"天女散花""八套马"被选送到北京人民大会堂陈列。

南阳市烙画厂首次为北京人民大会堂烙制半圆形大座屏,画面是三门峡水库图。

河南省文物工作队在南阳市瓦房庄附近,挖掘发现汉代冶铁遗址。

1960 年

1月8日　地委批转南阳县关于基本建设全面实行投资包干制度的经验。

2月11—15日　南阳专区首届职工业余文艺汇演在南阳市举行。

3月1日　南阳人民广播电台正式播音。

3月15—22日　中华人民共和国农业部在内乡县召开北方14省（市、自治区）农民育种家座谈会。

7月15日—10月4日　南阳军分区组织20余万人开展群众性的军事野营活动。

8月15日　南阳县并入南阳市，次年又分置。

是月　在南召县鸭河口建立南阳畜牧兽医学校、河南省鸭河口蚕桑学校和南阳水利学校，在独山前建立南阳农业机械化学校。

9月15日　南阳专区曲剧团赴京演出《阎家滩》，朱德、周恩来等党和国家领导人先后观看演出。

10月　进行机构改革、精减机构，专署机构由39个工作部门，精减合并为31个工作部门。

是年　在全国武术比赛中，南阳市韦永山获猴棍二等奖；在中南五省（区）田径运动会上，镇平县侯善中获男子撑杆跳高第一名。

1961 年

1 月中旬 为保证人民生活必需品价格稳定,对 18 类主要消费品定价稳定价格。

4 月 对针织品实行凭票购买,计划供应。

5 月 世界和平理事会常务委员、新西兰友好人士路易·艾黎到镇平县、西峡县、邓县等县考察宛西自治情况。

6 月 全区恢复区的建置,并将原有的 139 个公社,调整为 676 个公社。2800 个生产大队调整为 6017 个生产大队。24000 个生产队调整为 49070 个生产队。同年 11 月起逐步实行以生产队为基本核算单位。

1962 年

春　实行借地政策,人民公社生产队划出部分集体耕地,借给社员个人耕种,定产抵口粮,超产归己。同时允许社员个人开垦宅旁路边小片荒地,收入归己。

是年　南阳市玉雕厂雕制的"独玉五环炉"在法国展出。

1963 年

1 月 4 日 河南省商业厅外贸局批准南阳、方城、泌阳三县为生猪出口基地县。1973 年 5 月,又批准唐河县为生猪出口基地县。

3 月 17 日 共青团南阳地委发出向雷锋同志学习的通知,学习雷锋活动兴起,做好事日渐成风。

是月 南阳专署工商行政管理局成立。

7 月 30 日 南阳专区计划生育委员会成立。

11 月 以清账目、清仓库、清债务、清工分为内容的"小四清"运动在全区普遍展开。

1964 年

1月4日　中国农业银行南阳专区中心支行成立。

是月　地委成立保密委员会。

鸭河口水库左岸电站第一部 1360 千瓦机组建成投运。

3月　全区开展"工业学大庆""农业学大寨"活动。

4月　一些重点基层工会开展编写老工人史、厂史和革命史的"三史"活动,对青工进行革命传统教育。

7月1日　进行第二次人口普查,全区总人口 6330401 人。

10月　在南阳地区建筑公司、唐河县大河屯棉花加工厂进行亦工亦农劳动制度改革试点。

是年　南阳专署为发展电子工业,成立电子新产品领导小组。

1965 年

3月7日 南阳酒精厂被国务院命名为全国 70 个大庆式企业之一。

是月 在南阳化肥厂、南阳电机厂、邓县第一化肥厂试行长期合同工制度。

4月 中央交通部在南阳召开 11 省(市)钻孔灌柱桩新工艺鉴定会,对南阳专区首先应用的公路桥梁钻孔灌柱桩新工艺进行鉴定,建议在全国推广应用。

5月 鸭(河口)南(阳)输变电工程开工。10 月,一期工程竣工,南阳电厂与鸭河口左岸电站并列运行。12 月,鸭南输变电二期工程蒲山变电站竣工,以 35 千伏的电压投入运行。

是月 泌阳县划归驻马店专区。

6月1日 南阳白河大桥落成,该桥全长 403.6 米,从动工到落成 106 天,在国内公路史上尚属首次。

11月 南阳县赊旗镇及方城、唐河、南阳三县部分公社划出,成立社旗县。

是年 为加快"三线"建设,国家投资在南召县兴建国营长江机械厂,至 1968 年建成投产,为区内第一家现代军工企业。

1966 年

2 月　地委作出学习焦裕禄的决定,号召广大党员干部学习焦裕禄事迹,以焦裕禄为榜样,促进思想革命化。

邓县筹建化肥厂,1968 年 10 月建成投产,设计年产合成氨 3000 吨,为全区第一座氮肥厂。

6 月 7 日　地委成立以张树先为组长的 11 人文化革命领导小组。

7 月 1 日　南阳至邓县农用高压输电线路通电。8 月 1 日,南阳至社旗农用高压输电线路通电。农村开始使用电力灌溉和农产品加工。

9 月　鸭河灌区大占头渠首工程竣工通水。

10 月 21 日　鲁(山)南(阳)公路开始动工修建,南阳境内 79 公里,次年 4 月竣工。

10 月—11 月　全区开始撤区并社,至 1968 年结束,时有公社 194 个。

是年　南阳市筹建火化场,1968 年建成使用。

1967 年

3 月　地区成立抓革命促生产办公室,4月改为抓革命促生产第一线指挥部,负责领导全区工农业生产。

省地质局勘探队根据历史记载,发现桐柏县大河公社刘山崖西部为一铜矿床,1969 年,地区革命委员会决定开发大河铜矿,10 月 8 日开工。

5 月　省人民委员会投资铺设保安至南阳渣油路面,全长 80 公里,至 1968 年 9 月竣工,为全区第一条渣油路。

6 月　南阳市晶体管厂建立。

1968 年

1 月　成立中国人民解放军南阳地区公安机关军事管制委员会，行使公安、审判部门权利。1973 年 4 月撤销。

5 月 29 日　成立南阳地区革命委员会，张成国任主任。

8 月　镇平县有线电厂建成。

9 月　淅川县航运公社修船厂制造出"丹江一号"木质客轮，核定座位 199 个，为全区第一艘木质客船。

10 月　南阳市及各县城开始大量下放城镇居民，翌年初完成。

11 月　地区召开教育革命会议，决定上小学不出村，上初中不出大队，上高中不出公社；小学学制由 6 年改为 4 年，初高中由 3 年改为 2 年。1984 年后，逐步恢复中学三年，小学六年制。

12 月　南阳地区开始组织城镇知识青年上山下乡。1979 年后陆续通过招工、升学、参军、迁返等形式返回城镇，至 1983 年 4 月结束。

是年　南阳无线电一厂建成，1969 年 9 月南阳无线电二厂建成。

1969 年

4 月 1 日　开工修建漯河至南阳地方铁路,全长 147 公里,同年 11 月 30 日竣工。

11 月 1 日　动工修筑河南省焦作市至湖北省枝城铁路。焦枝铁路由鲁山进入南阳地区,纵贯南召县、南阳县、南阳市、镇平县、邓县入湖北,区内段长 162 公里,1970 年 7 月 1 日全线通车。

12 月 25 日　建立中共南阳地区革命委员会党的核心小组,代行地委职权,组长张成国。此后,各县(市)和公社相继建立革命委员会党的核心小组,党组织活动逐步恢复。

是年　燃料化学工业部投资在内乡县兴建险峰化工厂,1977 年建成投产,并正式命名为化学工业部第二胶片厂,为我国自行设计的第一座以涤纶片基为主的感光材料制造厂。

南阳、新野筹建棉纺厂,次年建成投产。

全区农村兴办合作医疗,在生产大队设立合作医疗站,配备赤脚医生和卫生员,开展医疗保健与防疫。全区流行百日咳。

1970 年

1 月 大型引丹工程开工,邓县、南阳、新野、社旗、镇平、唐河等县组织民工 8.5 万人参加施工,至 1972 年,引渠、引丹总干渠的土方任务和渠道闸、陶岔公路桥等重点工程竣工。1973 年,下洼以上工程基本完成,重点转向刁河灌区。1974 年,第一期骨干工程建成通水。

3 月 10 日 丹江口水电站至南阳 110 千伏输变电工程完工,将南阳纳入华中电网,初步改变了供电不足的状况。

6 月 6 日 石油部所属石油二机厂于镇平筹建,年底投产。

9 月 2 日 经南阳军分区批准,南阳市人民防空领导小组成立。

10 月 商业部投资,在蒲山建立七〇一大型冷库,占地 3 万平方米,库容量 1.14 万吨。

11 月 17 日 佳木斯电机厂迁至南阳,建立南阳防爆电机厂,次年 12 月投产。

是月 各县(市)分别组织干部、学生、职工进行野营拉练。

明港至毛集地方铁路动工兴建,次年 12 月 26 日修竣通车。

是年 武汉军区空军在南阳县境内动工建设水泥厂。

南阳市机械修造厂更名为南阳汽车发动机厂。

1971 年

1 月 20 日　河南省地质局 12 队在桐柏县吴城发现一大型天然碱矿。

5 月　省文物考古工作者在淅川县盛湾公社下王岗,发现一新石器时代古文化遗址,这一发现证明,仰韶文化早于屈家岭文化,屈家岭文化早于龙山文化。

8 月 8 日　江汉油田石油地质勘探队于新野县东庄构造发现工业油流。1977 年,石油化学工业部组织力量会战,建成魏岗、双河油田,南阳石油工业由此诞生。

11 月 5 日　新野白河大桥动工兴建,1972 年 5 月 1 日建成通车,全长 542 米。

12 月　天津口岸协作区草、柳、蒲编织品和部分工艺品出口展览会在南阳市文化宫举办,共展出样品 500 余种,其中南阳地区 50 余种。

是年　方城至襄阳微波通信工程开工,1974 年 10 月 1 日正式开通。

全区暴发流行性脑炎。

1972 年

1 月 23—25 日　召开中国共产党南阳地区第一次代表大会,选举地委领导机构,张学清为第一书记。

7 月 5 日　自唐河县经南阳县、南阳市、镇平县至内乡县的渣油路面工程动工,10 月底竣工。

11 月　地委召开工作会议,号召"农业学大寨",大搞农田基本建设。

战斗英雄杜凤瑞纪念馆在方城县建成。

12 月 29 日　淅川县建成一大理石矿。

1973 年

4 月 21 日 地委决定党政机构分开。地委设办公室、组织部、宣传部、统一战线工作部,地革委设办公室、生产指挥部。各县(市)先后恢复党委办事机构。

4 月 23 日 地区召开共青团代表大会,成立共青团南阳地区委员会。

5 月 23 日 地区召开第一次妇女代表大会,成立南阳地区妇女联合会。

是年 中小学实行开卷考试制度,允许学生在考场内看书、自由讨论。

南阳地区化肥厂建成投产。

1974 年

3 月　南阳市潘庄大队推广沼气试点成功。

4 月 24 日　南阳市成立以产业工人为主体的骨干民兵队伍——南阳市民兵指挥部。随后,全区各县均成立民兵指挥部。

11 月　省委批准在南召县云阳镇建立中共云阳工作委员会,同时设立河南省云阳办事处,1977 年 4 月撤销。

是年　大河铜矿建造太阳能加热器 1 台,开始利用太阳能。

1975 年

1 月　淅川造船厂制造出全省最大的轮船——240 匹马力钢质客货轮"胜利号",可载客 500 多人,同时载货 50 吨。

4 月　化工部投资 837 万元筹建淅川县钒矿,1981 年建成投产,1982 年首次出口五氧化二钒 345 吨。

5 月　原国民党将级以上特赦人员 60 余人到南阳参观。

是年　冬季全区农村开展以生产救灾、平整土地、农田水利建设为中心的农业学大寨运动。

1976 年

1月8日 国务院总理周恩来逝世,全区群众自发戴白花、佩黑纱致哀,停止文娱活动1周。

5月20日 地革委计委、财政局、粮食局、林业局、商业局联合发出通知,开展森林资源普查,11月结束。

是月 中共桐柏县委决定开发银洞坡金矿。

8月6日 区内部分医院收治一批唐山地震中的伤病员,同时,将大批面粉、衣物等救灾物资运往唐山。

9月9日 毛主席逝世。10日起,地、县(市)、社、队各级设灵堂、灵棚,干部、群众吊唁、守灵,停止一切文娱活动。18日,地、县(市)数万人参加追悼大会。

是年 河南油田石油地质勘探队于桐柏县安棚发现一大型液体碱矿。

1977 年

2 月 7 日　地委按照中央、省委部署,召开全区工业学大庆会议,安排恢复工农业生产。

是月　地委部署整党整风工作。各县(市)先后召开整党整风会议,分批进行整党,解决由于"四人帮"破坏造成的基层思想不纯、组织不纯和作风不纯的问题。

3 月 30 日　《河南日报》报道,全国第一台 1250 千瓦两极高压防爆电机,在南阳防爆电机厂试制成功。

6 月 20 日　成立南阳地区环境保护办公室。

7 月 9—12 日　中国农林科学院、中国棉花研究所在南阳县召开棉花杂交优势利用现场会,来自全国 9 个省、市的代表 80 多人参加会议。

12 月 25 日　南阳地区第一次科学大会在南阳市隆重召开。

12 月 31 日　魏岗至湖北省荆门石油输油管道建成,次年 1 月 1 日投运,年输油量 120 万吨。

是月　撤出进驻城市学校的工人毛泽东思想宣传队和进驻农村中小学的贫下中农管理委员会,恢复校长负责制。

是年　首次出口大理石板材 2326 平方米。

1978 年

1 月 1 日起 停征城市居民房地产税。

3 月 省政府确定南阳县为棉花生产基地县。

4 月 12 日 原国家计委、外贸部批准南阳地区为出口农副土特畜产品综合基地。

5 月 3 日 地委成立摘掉"右派分子"帽子工作领导小组,下设办公室。

6 月 14 日 地委成立清理打砸抢办公室。

8 月 29 日 南阳市开始使用自动电话。同年,南阳对北京开通长途电话直达电路。

10 月 河南省云阳中医中药学校建立。

秋 在南召县杏花山发现一颗猿人牙齿化石及大量石器和哺乳动物化石。据鉴定为四五十万年前的猿人遗骸和遗物,定名为"南召猿人",为中原人类的共同祖先。

11 月 全区开展"实践是检验真理的唯一标准"问题大讨论,确立解放思想、开动脑筋、实事求是、团结一致向前看的方针。

12 月 南召县前庄等少数地方自发实行联产到劳生产责任制。

1979 年

1月26日　地委召开常委扩大会议,学习贯彻中共十一届三中全会精神,提出要不失时机地把工作重点转移到社会主义现代化建设上来。

2月　全区各地恢复农贸市场,恢复乡镇传统集市。

河南广播电视大学南阳地区工作站在南阳市成立,1982年改名为河南广播电视大学南阳地区分校。

3月4日　地委作出《关于转变领导作风的意见》,要求全区党员干部必须充分认识全党工作重点转移的伟大意义,按照新形势、新任务和新要求,从思想上、工作上、组织上、作风上来一个彻底的、根本性的转变。

是月　深入贯彻《中共中央加强农业发展若干问题的决定》(草案),开始建立多种形式的农业生产责任制。

对全区18种农副产品收购价格和8类主要副食品零售价格作了大幅度提高。

4月3日　河南省淅川县一座春秋时代的墓葬中,发掘出一套当时国内音质最好的铜编钟和一件十分珍贵的石排箫。

4月16日　南阳市张灯结彩,欢迎参加对越自卫反击作战胜利归来的南阳驻军一二九师。

5月　地委副书记李冲舟、财委副主任崔景运参加中国土畜产品市场考察组,赴墨西哥、阿根廷参观访问,6月30日回国。

7月6日 河南省人民政府重新确定南召县、方城县为柞蚕生产基地县。

11月1日 撤销南阳地区革命委员会,成立南阳地区行政公署,专员为张振生。

12月 深入开展计划生育工作,提倡一对夫妻只生一个孩子。

是年 国家兵器工业部所属中原机械工业学校,由济源县迁入南阳市。

南阳地区行署发出《关于在全区施行扩大企业经营自主权的通知》,同时在企业内部实行计件工资、联产计奖、联利计酬等多种分配形式。

南阳籍运动员李淑芬在法国里尔参加世界中学生田径比赛,获女子标枪第一名,并打破世界中学生女子标枪纪录。

1980 年

2 月　进一步落实知识分子政策,为科技人员进行技术职称评定或晋升。

3 月　建立中共南阳地委政法领导小组,1983 年改为地委政法委员会。

4 月 30 日　河南省人民政府决定,建立内乡宝天曼自然保护区,是全省第一个自然保护区。

是月　建立农业区划领导小组,开展农业区划工作。

地区召开社、队企业工作会议,要求各级党委、政府迅速组织与发展社、队企业。

5 月　撤销县(市)和人民公社革命委员会,各县(市)相继召开人民代表大会,组建县(市)人民政府;各公社召开人民代表大会,建立人民公社管理委员会。

6 月　南召县小空山发现一批原始人类使用过的石器和用火的遗迹,以及大量哺乳动物化石,鉴定为旧石器时代晚期遗址。

8 月　经省政府批准,成立南阳地区水利技工学校。

10 月　为进一步搞活市场,扩大商品流通,南阳、襄阳、郧阳、十堰、襄樊五地市联合成立鄂西北、豫西南地区贸易协调委员会,决定在五地市轮流召开物资交流会。次年 5 月 6 日,第二次物交会在南阳市召开,历时 7 天。

11 月　创办南阳商业学校。

成立地名工作领导小组,对全区地名进行普查、登记。

成立南阳地区地方党史编纂领导小组,开始征集党史资料,编写中共南阳地方党史。1982 年 3 月,改称中共南阳地委党史资料征集编纂委员会。

12 月 24 日　地委发出《关于加强和完善农业生产责任制的意见》,恢复和建立多种形式的农业生产责任制。

是年　南阳地区外贸系统出口收购首次突破 1 亿元。

南阳县被国务院定为商品棉基地县。

南阳地区开办国际电话业务。

推行财政体制改革,实行"划分收支、分级包干、增长分成、节约归己、一定五年"的财政管理体制。1985 年改为"划分税种、核定收支、增长分成、补助递减、分级包干、一定五年"的财政管理体制。

1981 年

1月5—6日　省委书记段君毅到南阳视察。

2月　发行中华人民共和国国库券,全区认购794万元,之后年年发行。

3月　全区开展以五讲(讲文明、讲礼貌、讲卫生、讲秩序、讲道德)、四美(心灵美、语言美、行为美、环境美)为主要内容的文明礼貌月活动。

4月17日　《河南日报》报道,新野县文化馆发现稀世古书——《靖逆记》。

5月5日　建立地区老干部管理局。

是月　地、县粮食部门设立粮油议购议销公司,粮食部门参与市场调剂。

7月17日　中央农业广播电视学校南阳分校在南阳市成立。

7月31日　地委发出通知,要求认真学习和宣传《关于建国以来党的若干历史问题的决议》,把党员、干部和群众的思想统一到决议精神上来,集中力量搞好社会主义经济建设。

9月4日　地委、行署发出《关于积极发展多种经营的意见》,要求各级党委、政府采取有力措施,抓好种植、饲养、加工、采集、建筑、运输及服务性行业。

是年　根据中共中央、国务院的指示,南阳行署决定成立南阳地区打击走私临时领导小组。

1982 年

1月　南阳至郑州半自动拨号电话线路开通,并接入全国通信大网。

2月24日　成立南阳地区地方志编纂领导小组,开始征集资料,编写志书。

4月15日　首次利用飞机施肥。

是月　镇平县玉器厂设计雕刻的双层转动翡翠"哪吒闹海"花熏,在全国工艺美术品评比中夺得金牌。

南阳地区文联创办综合性文学杂志《躬耕》。

5月　召开南阳地区首届优秀护士表彰大会,评选出优秀护士52名。

6月10—13日　行署召开全区城镇集体经济工作会议,决定在资金、税收、工商管理以及价格和产供销等方面,照顾和支持集体企业,大力发展集体经济。

6月11日　南阳地区行署下发《殡葬改革工作宣传提纲》,要求各县(市)划出火化区和土葬区,凡去世的国家干部、职工一律实行火化。

7月1日　开展第三次人口普查,全区总人口8702117人。

8月27日　成立南阳地委、行署信访办公室。

是月　南阳至云阳33公里三级公路竣工。

10月　全国张仲景学术讨论会在南阳市召开,日本医学界人士参加。

12 月　南阳酒精厂胡象尧、司尚锁、张耀玺研制的"酒精糟液厌氧发酵的沼气开发工程",获 1982 年度河南省重大科技成果二等奖。

是年　邓县轻工机械厂生产的钻石牌花腮钢丝钳荣获中华人民共和国优质产品银质奖。

南阳地区农科所等 31 个单位联合研究完成的"南阳地区小麦低产变中产的技术推广"项目荣获河南省重大科技成果二等奖。

南阳地区教育局发出《关于普及小学教育的意见》,要求各县(市)区分不同情况,从 1983 年至 1986 年完成普及小学教育任务。

1983 年

1 月　南阳市职工业余学校建立。

全区一部分国营企业实行第一步"利改税",其内容是税利并存;1984 年 10 月,实行第二步"利改税",由税利并存完全转变为以税代利。

4 月 15 日　全国地名档案座谈会在南阳市召开。

5 月 25 日　全国市、镇组织个人建造住宅现场会在南阳市召开,历时 7 天,各省、市、自治区 297 人参加会议。

6 月 10 日　全区进行机构改革,中共南阳地委组成以宋国臣为书记的新的领导班子。

是月　南阳地区科委工程师王永民研制出《五笔字型汉字编码方案》,获 1983 年度河南省重大科技成果一等奖。

卫生部部长崔月犁到南阳地区视察。

7 月 9 日　赵亚丽在南斯拉夫参加第 27 届国际业余无线电测向锦标赛,获 2 项第一名。

8 月　南阳地区工会建立职工读书活动指导委员会,在全区职工中开展读书活动。

9 月 22 日　淅川县探明一大型白云岩矿。

是月　中华猕猴桃集中产区西峡县,被确定为国家和河南省猕猴桃科技开发重点攻关县,承担国家 6 个科技攻关项目。

在第五届全国运动会上,新野县被评为全国农村体育活动先进单位,受到国务院的表彰和奖励。

秋 全区粮食年总产 37.38 亿公斤,创历史最高纪录。

10 月 17 日 邓县农业银行会计员高敬登在全国珠算邀请赛上,荣获听算第一名。

是月 地委部署整党工作。

南阳地委、行署打击经济领域严重犯罪活动领导小组成立。

12 月初—次年 1 月 15 日 全区进行人民公社体制改革。公社改乡,设乡党委、乡人民政府、乡经济联合社。大队改称村民委员会,生产队改称村民小组。

12 月 25 日 南阳地区举办首届《五笔字型汉字编码方案》技术培训班,全国各地 60 多个单位 100 多名学员参加学习。

是年 国务院确定邓县、唐河县为第一批商品粮基地县。

有关部门在桐柏县坡山探明河南省第一个银矿,1985 年开始建设坡山银矿。

1984 年

1 月 5 日　南阳地区电化教育馆成立。

1 月 14 日　地委、行署发出《关于抓紧引进专业技术干部的意见》，引进的主要对象是具有高、中级职称和确有真才实学的科技人员。

是月　地委、行署联合下发《关于在全区广泛开展创建文明单位活动的意见》及《关于在全区广泛开展争创文明单位竞赛活动，推动社会主义精神文明建设的决定》。

春　中共中央宣传部批准中共河南省委《关于在镇平县建立彭雪枫纪念馆的报告》。

5 月　南阳市普及自动电话。

全区开展建设"职工之家"活动。

6 月　在工商企业试行联系工资的承包经营责任制。

淅川县钒矿"雾化钒渣一次焙烧"新工艺试验成功，次年，荣获河南省科技进步奖一等奖。

7 月 14 日　省城建厅推荐上报南阳市为国家第二批历史文化名城。

7 月 16 日　日本国山形县南阳市友好访问团一行 23 人到南阳访问，18 日离宛。

8 月 4 日　南阳地区行政公署发出《关于支持发展商品生产的十项措施的通知》，鼓励群众自办、联办养殖业和开放性行业，鼓励劳力、技术、资金、资源多种形式的结合，可以跨县、跨省集资兴办各种企业，鼓励农民自带口粮进城镇办厂、开店、务工、经商。

9 月 17 日 在全国第七次"质量月"活动中,南阳市烙花工艺厂生产的冬青木烙花筷子荣获国家优质产品银质奖。

10 月 全区第一家专业汽车出租企业——卧龙汽车出租公司开业。

12 月 15 日 全区开展狂犬病的预防和控制。

是年 地委、行署决定在南阳酒精厂、西峡县果酒厂等 11 家企业实行厂长(经理)负责制。

地委、行署决定在新野县水泥厂、南阳市化肥厂等企业中,进行企业劳动制度改革,改固定工为合同工。

1985 年

1月1日　成立中国工商银行南阳地区中心支行,专门办理工商信贷和储蓄业务。

是月　邓县中医院唐祖宣、彭杰先、桂明忠等7人关于治疗血栓闭塞性脉管炎的研究收到良好效果,同年,获河南省科技进步奖一等奖。

2月2日　南阳张仲景博物馆、中华全国医学会、中国历史博物馆联合举办的"医圣张仲景和医圣祠展览"在北京中国历史博物馆开幕。

由南阳烙花工艺总公司与中国美术家协会联合举办的南阳张继绥烙花工艺展览,在北京劳动人民文化宫开幕,全国政协副主席杨静仁参加了开幕式,并为展览剪彩。

2月6日　张仲景国医大学在南阳成立,这是河南省第一所社会集资兴办的高等学校。

2月15日　南阳市被批准为二级开放城市。

3月15日　地委、行署发出《关于城市经济体制改革的意见》,从此,全区经济体制改革的重点由农村转向城市。

是月　在全区各级党委、政府机关推行目标管理责任制。

4月1日　改粮食征购为合同定购,取消定购基数与超售加价办法。全区合同定购粮食6.8亿公斤。

5月　南阳地区社会科学学会联合会成立。

6月3日　应日本国山形县南阳市市长新山昌孝二邀请,以副市长李保兴为团长的南阳市政府友好代表团一行5人赴日访问,签订了

"中华人民共和国河南省南阳市与日本国山形县南阳市发展友好关系意向书"。

6 月 4 日　南阳市伤残人乒乓球队代表南阳地区参加在许昌市举办的河南省伤残人乒乓球锦标赛,获截肢组团体第一名和男子截肢单打冠、亚军。

是月　经地区验收,南阳市、新野县为无文盲市县。

7 月　河南省人民政府批准建立南阳地区体育运动学校。

在国家机关、事业单位、人民团体中进行工资改革,执行以职务工资为主,结合基础工资、工龄津贴加奖励工资的结构工资制。

8 月 12 日　由团长柳泽孝次率领的日本书法友好访问团一行 12 人,对南阳市进行了为期 2 天的友好访问。

9 月 6 日　南阳市与香港西施兰企业有限公司共同投资,建立南阳市西施兰联合企业有限公司。

9 月 10 日　全区庆祝第一个"教师节"。

9 月 30 日　与南阳市文化路南端相连的新白河大桥建成,全长 506 米。

10 月 10—14 日　省五讲四美三热爱活动委员会在西峡县召开建设文明县城、创建文明单位现场会,对西峡县、新野县、邓县等 13 个文明县城建设先进单位进行表彰。

10 月 20 日　德意志联邦共和国西门子公司专家一行 4 人抵达南阳,对南阳防爆电机厂进行考察、访问和技术洽谈。

10 月 21—22 日　中共中央总书记胡耀邦率中央有关部门负责人,在省委书记杨析综、省长何竹康和南阳地委书记宋国臣陪同下,到内乡、淅川、西峡三县视察工作。

10 月 29 日　张仲景敬仰之碑揭幕仪式在南阳医圣祠举行,国内中医界知名人士和日本东洋医学会代表团参加。

11 月 18—23 日　南阳汉画馆建馆 50 周年、鲁迅收集南阳汉画拓片 50 周年纪念会及汉代画像石学术讨论会在南阳举行,来自全国 10 省(市)的 50 多名考古学家、历史学家和自然科学、文化艺术工作者,就全国研究汉代画像石的成就进行了广泛的学术交流。

11—12 月　地委宣传部和地区工会联合组织的理想纪律报告团在各县(市)巡回报告。

是年　淅川县丝毛地毯厂生产的皇冠牌 260 道丝毯,在第五届中国工艺美术品百花奖评比中获国家银杯奖。

南阳地区出口收购达 1.87 亿元,为全省外贸系统出口收购第一名,进口额 950 万元。

南阳地区粮食局与新加坡面粉商在南阳市建立中新合资康元粮油食品加工有限公司。

1986 年

1月6日　根据中共中央、国务院转发《关于向全体公民基本普及法律常识的五年规划》精神，中共南阳地委首次举办地直机关、两属企业领导干部普法学习班。

1月8—11日　南阳地区山区工作会议在南阳市召开。会议根据中共中央总书记胡耀邦指示和中共中央关于农村工作部署，重点研究讨论加快山区开发和建设问题，公布地委、行署制定的《关于加快山区建设，尽快改变落后面貌的试行意见》。

1月15日　河南省最大的5000千伏硅铁炉在淅川县铁合金厂建成投产。

1月27—29日　地委、行署召开全区城市经济体制改革工作会议，要求把改革放在首位，认真贯彻巩固、消化、补充、改善的方针，围绕搞活企业这个中心，搞活流通，搞活金融，发展横向经济联系，完善配套改革，加强宏观经济的间接控制，建立起具有中国特色、充满生机和活力的社会主义经济基础。

2月　全区首个有线电视站在向东机械厂建成。

3月5日　南阳地区与湖北省郧阳地区、十堰市、荆门市、襄樊市及四川省达县地区、陕西省安康地区联合成立鄂、豫、川、陕毗邻地区贸易协调委员会。4月20—25日，第一届鄂、豫、川、陕4省邻区物资交流大会在襄樊市举行，南阳地区派团参加，展销商品近1万件。

3月20日　中国国际旅行社南阳支社、南阳市中国旅行社同时成立。

3月24日　由团长薮下熏和桑室武夫率领的日本国日中友好播州访华团一行41人,对南阳市进行友好访问。

3月24日　南阳地区科委邀请郑州大学有关科研人员,在南阳市举行首次科技新闻发布会,共发布技术转让项目15个、技术信息12条。

3月26日　南阳市彩色摄影扩印中心建成开业,填补全区一项空白。

是月　经河南省林业厅检查验收,新野县成为全区第一个平原绿化合格县。

4月15—19日　南阳地区首届横向经济技术工作暨项目洽谈会在南阳市召开。发布一批联合、合作项目,并进行广泛初步洽谈。

4月16日　南阳市第二化工厂厂长王洪斌攻研的"低品位铝土矿综合开发利用"课题获得成功。12月28日,一次试车成功,次年获河南省科技进步二等奖。

4月25日　南阳地、县(市)卫生系统医护人员走上街头,开展全国首个儿童预防接种宣传日活动。

5月1日　南阳人民广播电台试播。

5月初　南阳地区人民医院开展脑立体定向手术获得成功,在全省属首例。

5月6日　林业部在西峡县召开全国县级林业区划、规划、实施现场会,总结推广西峡县在基层设置规划员,实施林业区划和规划的经验。

5月24日　地委原书记宋国臣调离,李金明任地委书记。

是月　在全区农村推广麦垄套种。

经国务院批准,西峡县被定为全国中华猕猴桃商品生产基地县。

6 月 5—10 日　在中南 5 省 2 市经济技术协作会上,南阳地区共发布重点横向联合项目 130 个,并与湖北省、广东省、广西壮族自治区和武汉市初步商定一批经济联合计划或意向书。

6 月中旬　各县(市)人民武装部改归地方建制。

6 月 23 日　地委、行署召开会议,决定培养农民科技大军,加快农村智力开发。

6 月 28 日　地委、行署召开全区乡镇企业工作会议,明确提出发展乡镇企业要进一步清除传统小农经济观念和"左"倾思想影响,适应经济体制改革和市场经济需要,立足农村,服务农村,继续坚持大发展方针。

7 月 5 日　南阳汽车贸易中心开业。

7 月上旬　西峡县发现国内最富金红石矿。

7 月 15 日　地直机关第二批扶贫工作人员共 194 人分别赴西峡、内乡、淅川、桐柏、南召 5 个山区县 23 个最贫困村开展扶贫工作。

7 月 28—31 日　全国绿豆生产现场交流会在社旗县召开。会议总结交流全国绿豆新品种引进、科研和生产经验,参观学习社旗县绿豆优质品种——"DO809 春繁加代(一年两熟)"种植方法与大面积推广经验。

是月　邓县被中央军委评为全国军队转业干部安置工作先进单位。

地委、行署对地直临时机构进行整顿,在 145 个临时机构中,撤销 84 个。

8 月 3—6 日　地委、行署召开县(市)委书记、县(市)长会议,明确提出全区"七五"期间三大历史任务:一是改变工业产值在工农业总产值中偏低状况,将工、农业产值比例由 4∶6 转变为 6∶4;二是结束粮食生产在中产阶段徘徊局面,由中产阶段全面进入高产阶段;三是全区以山区为重点,全面实现脱贫致富,到 1990 年农村人均纯收入达到 487 元,贫困户达到 300 元。

8 月 8 日　东风机械厂从中国科学院引进最新技术生产的 HE 型高效空气负离子发生器,经中国科学院、中国预防医学科学院有关专家、学者测量,各项技术指标在国内处于领先地位。

8 月 26 日　《南阳经济区国土规划》通过省级评审。

夏　淅川县发现 1 处大型锰矿。

9 月 2 日　许昌、平顶山、漯河 3 市和南阳、驻马店、周口、信阳 4 地区联合成立豫南经济协作区。

9 月 10 日　中国人民解放军总参谋部举行命名大会,授予在对越(南)自卫反击战中光荣牺牲的沈阳炮兵学院毕业学员黄喜良(内乡县籍)烈士"雷锋式学员"称号。10 月 3 日,中共南阳地委发出《关于开展向雷锋式学员黄喜良烈士学习的决定》。

9 月 10 日　在全国庆祝教师节大会上,邓县荣获"全国基础教育先进县"称号。

9 月上旬　西峡县建成全国规模最大猕猴桃果汁生产线,年产猕猴桃果汁 3000 吨。

9 月 14—17 日　以涉谷幸一为团长的日本国南阳市友好代表团一行 6 人对南阳市进行友好访问,双方就进一步发展友好关系,加强经济、技术、文化、教育等方面交流与合作进行广泛探讨。

9 月 14 日　南阳地区第一个行业企业集团——重型汽车联营公司南阳制造联营分公司成立。

9 月 30 日　张星江烈士纪念碑在唐河县城关镇落成。

是月　在洛阳市举行的河南省第六届运动会上,南阳地区代表团获得 5 枚金牌、9 枚银牌、9 枚铜牌。

10 月 8 日　西峡县五里桥乡鹳河大桥剪彩通车,全长 306 米。

10 月 27—30 日　首届全国宝玉石学术交流会在南阳召开,24 个省(区、市)的 123 名专家学者参加并成立中国宝玉石研究联谊会。

10 月下旬　全区村级整党工作全面展开,主要解决农村一些党员干部严重以权谋私、严重违法乱纪的问题,共有 13.5 万名党员参加这次整党活动。

是月　全区国营企业对新招收工人一律实行劳动合同制。

11 月 1 日　南阳市宛城旅社服务员潘玲为保护人民财产,舍生忘死,勇斗歹徒,受到中共南阳市委、南阳市人民政府表彰。

11 月 9—13 日　中共河南省委书记杨析综深入方城县、社旗县、南阳市、南阳县、邓县、新野县、唐河县进行调查研究。

11 月 24 日　新华社报道:河南省南阳县当年出口优质棉 1.4 万吨,成为中国最大优质棉出口基地县。

12 月 8 日　国务院批准南阳市为国家历史文化名城。

12 月 30 日　社旗县青台 22 万伏输变电工程竣工并网。

是年　南阳县发现一处大型蓝晶石矿。

内乡县发现一处大型汉白玉矿。

1987 年

1月7日　据《南阳日报》报道：全区外贸系统 1986 年出口收购达 32102 万元，创外汇近 1 亿美元，居河南省第一位。

1月24日　地委、行署决定在全区开展科学技术普及年活动。

2月25日　云阳钢铁厂 2 号高炉建成投产，生铁年生产能力 5 万吨。1994 年 9 月 27 日，云阳钢铁厂 3 号高炉投产。

3月20—26日　南阳烙画首次赴新加坡展销，在当地引起轰动。

3月31日—4月1日　全区普降历史罕见大雪，并伴有 6 级以上大风。大面积麦田积雪 1 尺，受害小麦 24 万公顷、油菜 2.37 万公顷。

4月10—13日　地委召开全区宣传工作会议，强调抓好坚持四项基本原则教育，持久开展反对资产阶级自由化斗争。

4月19日　鄂、豫、川、陕毗邻地区第二届商品交易会在南阳市开幕。

4月中旬　桐柏县与武汉市建立经济技术协作关系。

4月22—26日　鄂、豫、川、陕毗邻地区第二届经济技术物资协作交易会在南阳市举行。

是月　历时 2 年又 5 个月的全区整党工作基本结束。这次整党，较好地完成了中央提出的"统一思想、整顿作风、加强纪律、纯洁组织"任务。全区共立检查案件 499 起，有 1078 人被开除党籍或除名。

5月4日　南阳酒精厂建成全国最大酒精生产线。

5月8日　河南省人民政府正式批准南阳地区筹建南阳大学。10

月 7 日,南阳大学首届新生入学。

5 月 20 日　中国农业银行南阳地区信托投资公司开业,为全区首个专业经营金融信托业务的国营金融企业。

5 月底　世界银行和中国农业银行把邓县黄牛列入开发项目,分别投资 510 万元和 204 万元,在邓县建立南阳黄牛繁育和皮革、肉食品联合加工企业。

6 月 4 日　南阳地区与浙江省台州地区结为友好经济技术协作区。10 月 15 日,双方在南阳召开首次联席会议,并达成一批协作意向。

8 月 1 日　淅川县荆紫关丹江公路大桥建成通车,全长 485 米。

8 月 21 日　地委、行署决定从地、县、乡三级抽调 7000 名干部,深入村、组、户,深化农村改革,带领群众脱贫致富。

是月　新野县、南阳县被国家计委批准为全国商品粮基地县。

南阳地区行政公署旅游处成立。

9 月 1 日　在大连举行的全国"中华杯"中文电脑公开赛上,南阳地区电业局组织研制的"星火"汉字编码方案获总分第一名。

9 月 11 日　撤销南阳地区教育局,成立南阳地区教育委员会。

9 月 16—19 日　国务委员宋健、国家科委副主任郭树言在河南省副省长秦科才陪同下,到南阳地区检查指导工作。

9 月 21 日　南召县乔端至嵩县白河公路修竣通车,全长 17.5 千米。

10 月 21—24 日　中华全国第二次张仲景学术讨论会在南阳召开,大会决定筹建中华全国中医学会张仲景学术研究会。

10 月 23 日　新华社公布南阳市为全国 37 个"工业生产发展快,实现税利增加多,经济效益好"的中小城市之一。

是月　《南阳经济区国土资源综合开发规划》编制完成。

地区科协、农牧局、水利局、林业局和乡镇企业局决定：在全区范围内开展农民技术人员职称评定和晋升工作。

11月7日　南阳地区红十字会成立。

11月26—27日　地委、行署召开农村成人教育工作会议，提出农村成人教育工作要以职业技术教育为重点，为农民致富服务，为农村两个文明建设服务。

12月1日　镇平籍运动员冯晓峰在全国第六届运动会上与队友合作，获得男子双人皮艇1000米第一名。

12月5日　中南光电仪器厂迁建南阳市。

12月12日　中国国民党革命委员会南阳市支部委员会成立。

12月16日　国内最大沼气柜在南阳酒精厂建成，该沼气柜可容纳1万立方米沼气，能满足2万户居民使用。

12月19日　国家重点工程试验项目——南阳酒精厂饲料酵母工程建成投产。

12月20日　南阳工业品贸易中心交易大楼建成开业。

12月25日　南阳地区文物队在方城县1座古墓中，发现一批上自汉唐、下迄宋元时期的古钱币，总重达40余千克。

12月下旬　国家"七五"计划重点工程——焦枝铁路复线电气化工程洛阳至襄樊段全面开工。

冬　大旱80天。

是年　西峡县林科所完成的《猕猴桃品种选育研究》获国家科技进步三等奖。

1988 年

1 月 6 日　地委、行署发出指示:要求各级党委、政府要把切实搞好完善农村双层经营和服务体系建设当作深化农村第二步改革重点。

1 月 14 日　南阳地区公安消防支队成立。

1 月 19 日　地直农经委系统举行放活科研机构、放活科研人员科技"双放"动员会,鼓励科技人员到基层去、到农村去承包或领办科研推广项目、乡镇企业和经济实体,推动以科学技术为支柱的农村商品经济发展。

1 月 26 日　新华社公布第三批全国重点文物保护单位,张衡墓、张仲景墓及祠、社旗县山陕会馆名列其中。

是月　全区普遍推行干部目标管理责任制。

2 月 2 日　南阳啤酒厂 3 万吨扩建工程竣工投产。

2 月 26 日　地委、行署颁布《关于放宽放活科技人员政策的若干规定(试行)》。

3 月 5 日　南阳地区公安交通警察支队成立。

3 月 5—8 日　中共河南省委书记杨析综在中共南阳地委书记李金明、行署专员张洪华陪同下,深入桐柏、唐河、镇平、南召 4 县城乡和河南油田检查指导工作。

3 月 12 日　地委决定,在全区党员、干部中广泛开展生产力标准和沿海经济发展战略大讨论。

3 月 18—27 日　地委副书记刘海程、行署副专员范广畯率领南阳地区赴珠江三角洲考察团一行 18 人,先后在深圳、蛇口、宝安、珠海、顺德和佛山等地进行经济考察。

4 月 23 日　南阳地区消费者协会成立。

5 月 1 日　地委决定,即日起实行领导干部职务试用制。

5 月 8 日　新华社报道:中华人民共和国中央军事委员会主席邓小平最近签署命令,授予空军试飞团团长黄炳新(南阳籍)"试飞英雄"称号。

5 月 12 日　在邓县福胜寺塔底发现 1 处罕见地宫。7 月 28 日,地宫内出土石函、金棺、银椁、银盒、佛顶骨、佛牙和舍利子等 28 件稀世珍宝。

5 月中旬　国营向东机械厂兼并南阳地区汽车修理厂。

5 月 23 日—7 月 23 日　全区大旱无雨,85% 的河流堰塘干涸,秋作物受到严重旱灾。地委、行署组织干部 3.4 万人,共投入劳力 233 万人进行抗旱,共浇地 43.3 万公顷。

5 月 26 日　国营红阳机械厂兼并南阳汽车发动机厂。

是月　全区实行职工退休费用社会统筹。

6 月 7 日　南阳地区和北京化工学院签订为期 5 年的科技合作协议。

6 月 20 日　南阳烧伤创伤医疗中心成立,结束南阳烧伤病人易地治疗的历史。

6 月 30 日　南阳地区和焦作矿业学院签订为期 5 年的科技合作协议。

南阳汉画馆新馆建设工程破土动工,1999 年 12 月 27 日落成并正式开馆。建筑面积 8000 平方米,藏有汉画像石 2000 多块。

是月　恢复重建南阳地区监察局。

南阳地区水资源管理委员会成立。

7月11日　中国银行南阳支行开业。

8月1日　唐河县被中国人民解放军总政治部和民政部授予1988年全国拥军优属先进县称号。

8月19日　全国大中城市发生的商品抢购风波及南阳市,进而波及全区。中共南阳地委、行署采取果断措施,努力控制物价。物价、工商、粮食、商业等部门向社会广泛宣传解释,消除误解;积极组织货源,保证市场供应。同时,严肃查处违价行为。抢购风逐渐平息。

8月25日　《南阳日报》报道,中国有色金属工业总公司第一物探大队在西峡县西坪镇发现国内最好的原生金红石矿床。

是月　南阳县建立溧河经济开发区。

9月8日　南阳检察分院经济犯罪案件检举报告中心成立。

9月16日　地委、行署下发《关于减轻一九八八年度农民负担的规定》。

9月28日　南阳军分区举行军官授衔仪式。

9月29日　中共南阳地委下发《关于党政机关必须保持廉洁的意见》。

10月6日　南阳市市长李宝兴与应邀来访的日本国南阳市市长大竹俊博共同签署中国南阳市与日本国南阳市缔结友好城市协议书。

10月10日　南阳医药大厦落成开业。

10月13日　南阳地区农科所苏子潘完成的《玉米属间杂交技术研究》和南阳市仲景医院医师包凤芝研制的经络电图仪,在北京国际发明博览会上荣获银质奖。

10月28日　南阳地区首个保安公司——南阳市保安公司成立。

11月1日　中国民主同盟南阳市支部委员会成立。

11月6日　镇平县彭雪枫纪念馆开馆。

11月17日　国务院批准撤销邓县,设立邓州市,以原邓县行政区域为邓州市行政区域。

11月18日　地委、行署召开地直机关党员干部大会,传达贯彻中共十三届三中全会和中共河南省委四届八次全委扩大会议精神,开始对国民经济进行治理整顿。

11月24—26日　南阳地区科技兴宛工作会议暨第四次科技成果奖励大会召开,共有3082项科技成果获奖。

11月25日　鸭河口水库除险加固工程全面开工,此项工程总投资为5500万元,设计标准为千年一遇洪水设计,总库容由原来的12.2亿立方米增至13.16亿立方米。1992年7月完工。

12月7日　南阳市劳务市场举行首次人才交流大会。

12月16日　南阳地区中医院建成开诊。

12月29日　行署发布《公有住房出售(试行)办法》。

是年　地委、行署决定,在1988年增干指标内,面向社会,按照公开、平等、竞争的原则,统一考试,择优录用,聘用干部700名。

南阳地区开始颁发居民身份证。

河南省食品公司、南阳地区食品公司等单位联合完成的猪旋毛虫病防治研究,获国家科技进步二等奖;新野辐条厂和上海轻工业专科学校共同完成的硫酸盐光亮镀锌工艺研究、西峡县林业局完成的西峡县林业发展规划战略研究同获国家科技进步三等奖。

1989 年

1 月 1 日　经河南省人民政府批准,南阳地区粮油食品、土产品、工艺品、轻工业品、五金矿产机械产品、化工医药保健产品等 7 个进出口公司和南阳防爆电机厂享有对外贸易经营权。

1 月 29 日　中国人民武装警察驻宛部队警官授衔仪式在南阳行署礼堂举行。

2 月 3 日　南阳首届油画展开展。

2 月 24 日　《南阳地区经济发展战略纲要》《南阳地区经济发展战略实施规划》通过省级评审鉴定。

2 月 27 日　全区首批专业技术拔尖人才命名大会在南阳宾馆举行,司尚锁等 62 人被地委、行署授予南阳地区专业技术拔尖人才称号。

2 月 28 日　地区召开农业高产开发会议,探索高投入、高产出、高效益的农业发展新路,同时成立农业高产开发承包集团。

是月　南阳大学推出人事和工资制度改革方案,实行全员聘任制和校内结构工资制。

3 月下旬　中共南阳地委宣传部、地区教委、南阳军分区政治部、南阳地区精神文明建设指导委员会办公室、河南省总工会南阳地区办事处、共青团南阳地委、河南省妇联南阳地区办事处 7 个单位提出,在全区范围内广泛开展"雷锋精神在南阳"活动。

4 月 10 日　中国民主促进会南阳市支部委员会成立。

4 月 27 日　地委召开各县(市)和地直机关、大专院校、"两属"企业党员领导干部大会,号召全区各级党组织和广大共产党员、干部、职工、青年学生坚决反对动乱。

是月 中共南阳地委建立廉政制度建设联席办公会制度。

春 河南省地质调查队在西峡县桑坪至米坪一带发现国内罕见特大红柱石矿。

5月3日 行署发文,鼓励中国港澳台同胞、海外侨胞在南阳投资办企业,并制定10条优惠政策。

是月 南阳地区人大工作联络委员会和南阳地区政协工作联络委员会分别成立。

6月1日 《声屏周报》创刊。

7月1日 南阳地区行政公署举报中心成立。

7月6日 中南光电仪器厂由日本引进的CDS光敏电阻生产线建成投产。这条生产线是国家"七五"期间重点技术引进项目,具有20世纪80年代国际先进水平。

7月12日 中国银行南阳支行首次发行人民币长城信用卡。

7月15日 中共南阳地委发布《关于惩治腐败、保持廉洁的若干规定》。

中共南阳地委、南阳地区行署发布《关于清理干部职工在城镇乱建私房问题的通知》。

8月7日 桐柏、唐河2县突降暴雨。桐柏县降水量达278.3毫米,死亡1人,受伤21人,死亡牲畜496头,倒塌房屋1521间,淹没秋作物3833.3公顷。唐河县受灾面积达5877.3公顷,绝收2355.5公顷。

夏 地区邮电局无线寻呼通信正式开通。

9月 南阳进出口商品检验局成立。

10月18日 财政部决定在南阳市国营企业进行税利分流改革试点。

10 月 27—29 日　由中国自然科技史学会、中国天文史学会和南阳地区科协联合举办的纪念张衡逝世 1850 周年学术讨论会在南阳举行。

是月　新编《南阳市志》出版发行。

11 月 1 日　南阳市万门程控电话工程动工。

11 月中旬　地委、行署联合下发《关于在全区开展扫除卖淫嫖娼等"六害"统一行动方案》,至 12 月 15 日,全区共查处案件 608 起,摧毁"六害"团伙 146 个,收缴淫秽物品 30641 册(盘),1133 名"六害"犯罪分子受到处理。

11 月 23 日　河南油田研究所完成的《泌阳凹陷地震地质综合研究》被国家科委认定为国家重大科技成果。

11 月 25—28 日　全国国土开发整治试点工作会议在南阳召开。

11 月下旬　地委、行署下发《"科技兴宛"三年打基础五年上水平规划纲要》。

12 月 11—14 日　国家科委和鄂、豫、皖 3 省联合在南阳召开第四次大别山贫困地区经济开发会议,部署"八五"期间"脱贫工程"奋斗目标和实施方案,国务委员宋健、陈俊生,国家科委副主任郭树言出席会议并讲话。

12 月 30 日　南阳市图书馆新馆落成并向社会各界开放。新馆建筑面积 5300 多平方米,可藏书 100 万册。

1990 年

2 月 13 日 中共南阳地委下发《关于在全区党员干部中集中开展"三基本"教育和在人民群众中开展"三热爱"教育的意见》。

2 月 25 日 中国人民解放军驻首都某集团军隆重集会,宣布中央军委主席江泽民签发的命令,授予光荣牺牲的南阳籍战士王景生"共和国卫士"称号。

3 月 20 日 南阳地区海外联谊会成立。

是月 白河南阳市区段治理一期工程开工,4 月底完工。

4 月 28 日 南阳地区残疾人工作联合会成立。

是月 地委、行署决定在全区开展"科技星火年"活动。

4—5 月 全区公安机关开展重点打击车匪路霸专项斗争,共破获车匪路霸案件 550 多起,摧毁犯罪团伙 51 个,抓获车匪路霸 394 人,缴获赃款赃物折款达 13 万元。

5 月 8 日 张衡纪念碑揭碑典礼在南阳县石桥镇张衡墓地举行,全国人大常委会副委员长严济慈为纪念碑题词。

5 月 11 日 地委、行署批转地区文明委《关于在全区农村广泛开展创建"三户一村"(双文明户、五好家庭、遵纪守法户和文明村)活动的意见》。

5 月 26 日 中共中央宣传部部长王忍之到南阳调查研究,指导工作。

6 月 8—10 日 中国专利技术暨新技术信息发布会在南阳召开,

来自中央、省和区内外的 2500 名代表出席会议,收集技术信息 1 万余项,发布近 1000 项。南阳企业界签订意向 111 项,签订合同 9 项。

6 月 20 日 《南阳日报》报道,中国最大白银矿——桐柏银矿主体工程竣工。

是月 新编《南阳县志》出版发行。

7 月 进行第四次人口普查,全区总人口为 9756661 人。

全区广泛开展宣传贯彻《河南省计划生育条例》活动。

8 月 15—20 日 中共河南省委书记侯宗宾到南阳考察科技兴宛工作。

8 月 20—22 日 地区召开企业技术进步工作会议,号召全区上下统一思想,积极实施科技兴宛战略决策,加快企业技术进步步伐,实现由粗放经营向集约经营战略转变。

8 月 20 日 南阳汉代画像石、画像砖、陶狗艺术展在北京古观象台开幕。这次展览是为迎接第十一届亚运会而举行。

8 月 24—25 日 地委、行署召开会议,要求通过农村科技服务组织建设,解决农业耕作粗放问题,推动科技兴宛和农村科技、经济体制改革。

8 月 27 日 地委召开扩大会议,贯彻落实侯宗宾在南阳考察时的重要指示,确定"三自四实"(发挥自己优势、依靠自己力量、走自我发展道路、说实话、办实事、重实效、看实绩)为南阳精神。9 月,地委决定在全区广泛开展南阳精神大讨论活动。

是月 在北京举行的全国质量评比会上,镇平县地毯总厂研制生产的精工薄型洗净丝毯获得国家级产品质量金杯奖。

9 月 3 日 为纪念抗日战争胜利 45 周年,提高全民国防观念,地区首次举行领导干部国防军事日活动。

国务院正式批准,将南阳盆地农业综合开发项目列入"八五"期间全国农业综合开发规划。

9月5日 南阳地区电脑技术公司成立,为全区首个经营电脑技术的全民企业。

9月17日 南阳雅兰家具工程有限公司生产的"德高"牌系列中草药高级保健弹簧床褥,在北京国际展览中心获中国中医药文化博览会优秀奖。

10月5日 在北京举行的第十一届亚运会上,南阳籍运动员冯晓峰与队友合作,在男子4人组1000米皮划艇比赛中获得金牌。

10月20—23日 世界谢氏宗亲总会一行53人,到南阳县金华乡谢营村和唐河县苍台乡谢家庄寻根谒祖。

是月 新编《淅川县志》出版。

11月20日 南阳市环境监测站和南阳酒精总厂联合完成的《土地生态系统利用与处理酒精糟液厌氧消化液试验研究》,通过国家级科技成果鉴定。

是月 新编《西峡县志》出版。

12月2日 南阳地区关心下一代协会成立。

12月8—10日 河南省人民政府召开科技兴豫南阳现场会,总结推广南阳科技兴宛先进经验,推进科技兴豫战略实施。

12月10日 《三顾茅庐》邮票首发式在南阳举行。

12月22日 在全国城市卫生检查评比中,"南阳市获全国县级十佳卫生城市"称号。

1991 年

1 月 7 日 中共南阳地委副书记韦景儒率考察团起程,对苏联莫斯科市进行为期 14 天的考察访问。

是月 全区农村开展社会主义思想教育,1993 年 2 月结束。

3 月 12 日 南阳民用机场迁建工程动工,1992 年 10 月 16 日竣工,可供波音 737 及其以下机型起降。12 月 21 日,首航广州成功。

4 月 16 日 张仲景学术国际研讨会在南阳召开,中国、日本、苏联、法国、印度尼西亚、意大利等国家和地区的 227 位学者出席会议。

春 国家教委确定南阳地区为"燎原计划"试验区。

5 月 10 日 南阳地区人民医院启用全身 CT 机和体外震波碎石机。

5 月 20 日 南阳地区残疾人福利基金会成立。

6 月 行署公布《鼓励外商投资优惠办法》。

7 月 1 日 国家医药管理局和国家中医药管理局在南阳开展医药专营试点工作。

7 月 5 日 南阳金融市场成立。

是月 地区体改委、工商局、税务局和乡镇企业局联合发出《关于积极发展农民股份合作企业的意见》。

8 月 5—6 日 桐柏、唐河 2 县遭受暴雨洪水袭击,共造成 21 个乡镇受灾,秋作物受灾面积达 1.8 万公顷,倒塌房屋 7100 间,冲倒输电、通信线路 400 孔,15 个乡镇电力、通信一度中断,冲毁乡村道路 130 千米,直接经济损失5600万元。灾情发生后,省、地、县、乡各级领导立即组织人员奔赴抗洪抢险第一线。

8月10日 南阳黄牛系列开发总公司成立。

全区旱作改水田、低产作物改高产作物、单作改套种及作物品种良种化、种植区域化、栽培模式化、管理规范化、服务系列化农业"三改五化"现场观摩会在邓州市召开。

8月29日 济南军区空军向方城县杜凤瑞烈士纪念馆捐赠"杜凤瑞战机"1架。10月10日,杜凤瑞烈士纪念馆开馆。

9月 地区在唐河县百货公司和纺织品公司实行经营、价格、分配、用工"四放开"试点。

11月26—28日 豫南协作区1991年经济技术协作交流会在南阳举行,到会代表6000多人,签订意向、协议、合同235项。

1992 年

1 月 19—21 日　时任河南省人民政府省长李长春到南阳视察,检查指导工作。

2 月 10 日　地委决定在全区开展"解放思想,振奋精神,抓落实,奔小康"大讨论。

3 月 1 日　地委、行署抽调地直 377 名干部,组成 77 个工作队,深入农村开展小康村建设。

3 月 6 日　地区召开县(市)委书记、县(市)长会议,传达贯彻邓小平"南方谈话"精神,要求把广大干部职工的思想和注意力统一到思改革、议开放、创大业上来。

3 月 21 日　地区举行"一千万人口日"广播电视大会。地委、行署号召:全区人民要以强烈的时代紧迫感和历史责任感,坚持不懈地抓好计划生育工作。

3 月 22 日　地委、行署下发《关于贯彻中发〔1992〕2 号文件加速改革推进开放的意见》和《关于进一步深化改革转换企业经营机制的实施意见》。

4 月 9 日　地区召开深化企业改革暨动态划类扭亏增盈奖惩大会,号召进一步解放思想,破除铁交椅、铁工资、铁饭碗和吃大锅饭现象。

4 月 15 日　南阳新华商城破土动工,9 月 6 日竣工开业。

4 月 24 日　河南省人民政府决定建立南阳股份制经济发展实

验区。

是月　新编《方城县志》出版。

6月23日　地区体校综合训练馆、游泳馆落成。

6月26日　南阳卡桑食品有限公司获河南省政府批准设立。这是美国洛杉矶巴多维卡森公司在南阳设立的独资企业。

7月初　内乡县宛梆剧团在山东省淄博参加全国"天下第一团"展演，获文化部最高奖——优秀剧目奖。

中国国际贸易促进委员会南阳地区支会暨中国国际商会南阳商会成立。

7月22—28日　中共河南省委书记侯宗宾到南阳调查研究、指导工作，发表《加快建立社会主义市场经济体制》重要讲话。

是月　南阳市建立麒麟经济技术开发区，面积11.48平方千米。
桐柏县建成国内最大蓝晶石生产线。

8月17日　共青团南阳地委建立希望工程南阳地区助学基金，在全区开展为失学少年奉献爱心捐款活动。

8月18日　南阳地区青年联合会成立。

8月27—29日　全国政协副主席王光英到南阳视察、指导工作。

9月18—21日　中共中央顾问委员会常委李德生到南阳视察、指导工作。

9月21—27日　南阳（深圳）对外经济合作洽谈会在深圳举行。此次招商共签订正式合同61项、意向协议46项。

是月　全国楚文化研究会第六次年会在淅川召开。

10月20日　全区13个县（市）统一举行公开销毁假冒伪劣商品暨严惩违法分子大会。

10月22日　林业部批准在西峡县寺山建立国家级森林公园。2009年9月19日，融生态休闲游和佛教文化游为一体的西峡寺山国家森林公园开园。

11 月上旬　南阳市、南阳县、镇平县被中共河南省委、河南省人民政府确定为改革开放特别试点县(市)。

11 月 19 日　河南南阳鸿云猕猴桃开发(集团)股份有限公司成立。著名猕猴桃研究专家朱鸿云以个人知识产权和西峡县猕猴桃研究商标权等无形资产入股,这在河南省内尚属首次。

11 月 20 日　淅川县香花乡建成全国最大辣椒市场。

是月　行署批转地区经贸委《关于扩大我区自营进出口经营权的实施意见》。

12 月 8 日　河南省交通厅、南阳地区行署联合创建南阳公路建设试验区签字仪式在南阳举行。

12 月上旬　南阳(香港)经济合作洽谈会在香港举行。来自美国、日本、韩国、俄罗斯、泰国等国家和中国香港、澳门、台湾地区的客商410 人出席,签订合同 71 项,达成意向 73 个。

1993 年

1月1日　全区放开粮食购销价格。

1月3日　地委、行署发布《关于减轻农民负担的若干规定》。

1月10日　地区邮电局中文 BP 机传呼系统开通。15 日,又开通移动电话通信系统。

1月15日　河南中原机械厂、河南中原电梯厂由豫西伏牛山区迁入南阳市。

1月21日　国家教委批准在南阳大学基础上组建南阳理工学院。

是月　在全区范围内对行政事业单位进行全面清产核资,这是中华人民共和国成立 44 年来第一次。

2月11日　地区召开电话会议,学习贯彻国务院发布的《全民所有制工业企业转换经营机制条例》和河南省人民政府制定的《河南省全民所有制工业企业转换经营机制实施办法》。

2月13日　鸭河口火电厂 2 套 35 万千瓦燃煤机组项目合同签字仪式在北京举行,国务院总理李鹏、西班牙首相冈萨雷斯出席签字仪式。1995 年 12 月 15 日,鸭河口火电厂工程正式开工。1998 年 5 月 1 日,鸭河口电厂 2 号机组正式投产,12 月 26 日,1 号机组投入试生产。至此,鸭河口电厂一期工程竣工。

3月1日　白河南阳市区段综合治理一期工程开工,7 月 17 日竣工。

3月3日　地委、行署发布《关于进一步加快发展个体私营经济的意见》。

3月8日 南阳金冠电器有限公司成立。公司在原南阳市无线电二厂基础上由国有企业改为股份制企业。

3月20—26日 中国镇平首届玉雕节举行。

3月26日 南阳地区与湖北省宜昌市结为友好地市。

4月6日 南阳地区与海南省海口市结为友好地市。

春 西峡县丹水镇等地发现世界罕见的恐龙蛋化石群。

5月11—18日 全国少年篮球赛在南阳举行,以南阳籍球员为主组成的河南队获得冠军。

5月22日 南阳地区被武汉经济协作区接纳为新成员。1994年9月16—18日,武汉经济协作区第六次市长(专员)联席会议在南阳召开。

5月25日 中共河南省委任命毛兴中为中共南阳地委书记、李清彪为南阳行署专员。

5月26—28日 济南军区民兵预备役部队武器装备管理工作现场会在南阳召开。

是月 河南省证券公司南阳分公司成立。

7月1日 南阳党员教育电视台正式开播。

7月7日 南阳地区电业局、香港华之利有限公司合资兴建2×12.5万千瓦火电厂项目和南阳县水泥厂、香港华之利(建材)有限公司合作兴建南阳华阳水泥有限公司合同签字仪式在南阳举行。

7月18日 济南军区司令员张太恒中将到南阳军分区视察工作。

7月28日 地区首次举行人民警察授衔仪式。

8月12—14日 地区召开流通工作会议,公布地委、行署《关于加大改革力度搞活国合流通企业的意见》,强调流通企业要坚定不移地走公有民营、股份制、集团化、实业化发展路子。

9月10日　白河南阳大桥(后改为卧龙大桥)竣工,10月16日通车。

9月15日　全区第一台核磁共振成像系统在南阳地区人民医院投放使用。

9月20日　地区召开反腐败斗争工作部署会议,要求各级党委、政府把反腐败斗争作为一项重大政治任务来抓,保证近期内取得明显阶段性成果。

9月24日　应南阳地区行署邀请,印度尼西亚、伊朗、沙特驻华外交官对南阳进行为期3天的考察访问。

新编《唐河县志》出版。

10月1日　应南阳市外经委邀请,美国犹他州议长勃兰特·海曼以商务身份对南阳进行考察访问,双方签订合资建设南阳热电厂意向。

10月9—12日　中国淅川香花辣椒订货洽谈会在淅川县举行。中外客商与淅川县共签订各种投资、经贸合同和意向88个。

10月16—18日　全国人大常委会委员视察团到南阳视察少数民族经济、教育、文化等方面情况。

11月1日　全区开展第三产业普查登记工作,20日结束。

11月6日　南阳皇冠商贸广场开业。

11月28日　南阳五交化大厦开业。

12月5日　全区城乡开展消灭脊髓灰质炎强化免疫活动。

12月7—10日　中国南阳汉画像石(砖)国际学术讨论会在南阳召开,来自国内外100多位专家学者与会。

12月14日　南阳行署颁布《关于进一步加强恐龙蛋化石保护的通告》。

冬　内乡县发现大面积恐龙蛋化石群。

1994 年

1 月 7 日　地区召开推行国家公务员制度工作会议。1998 年 6 月,在全市正式实施国家公务员制度。

2 月 10 日　南阳明代胜景王府山整修开放。

2 月 17 日　地区召开享受政府特殊津贴颁证大会,全区 1993 年被国务院批准享受政府特殊津贴的 23 名专家、学者、技术人员领到荣誉证书。

3 月 26 日　河南省工商业联合会南阳地区办事处成立。

4 月 12—13 日　西峡县发现大量恐龙骨骼化石。

4 月 16 日　首届汉代文学全国学术讨论会在南阳召开。

5 月 10 日　南阳亚细亚商厦开业。

5 月 19 日　地委、行署作出《关于开展向彭增兰勇斗歹徒先进群体学习活动的决定》。

5 月 20 日　《南阳地区城镇企业职工养老保险暂行规定》正式实施。

5 月 27 日　地委、行署下发《关于建立现代企业制度的若干意见》。

6 月 22 日　南阳宾馆、梅溪宾馆、豫宛宾馆荣获国家旅游局颁发的二星级涉外饭店标志。

6 月 30 日　南阳地区行署与中国重型汽车集团公司共同组建南阳汽车制造有限责任公司协议签字仪式在南阳举行。南阳汽车工业开始向重型专用改装车规模发展。

是月 《淅川县简志》出版。

7月1日 经国务院批准,撤销南阳地区和县级南阳市、南阳县,设立地级南阳市和县级卧龙区、宛城区。

8月 新编《南阳地区志》出版,该志是中华人民共和国成立后南阳地区编修的第一部社会主义新方志。全志分上、中、下3册,共46卷300余万字,上限追溯至远古时期,下限为1985年,纵贯古今,横陈百科,涉及辖区自然地理、经济、政治、文化、社会诸领域,是各级党政领导必备工具书。

9月1日 南阳地区税务局分设为南阳市国家税务局和南阳市地方税务局,新的财税体制开始运行。

9月5日 地委、行署作出《关于向"全国十佳民办教师"李道理学习的决定》。

9月9日 地委、行署决定,启动方城、社旗、唐河3县东部岗丘区综合开发。

9月17日 新华社、《人民日报》《中国日报》等8个首都涉外新闻单位组成记者采访团到达南阳,为南阳走向世界、让世界了解南阳牵线搭桥。

是月 地委决定,在全区范围内组织实施精神文明建设"五个一工程",即力争每年推出一本好书、一台好戏、一部优秀电视剧、一部优秀电影、一篇或几篇有创见、有说服力的好文章。

新编《内乡县志》出版。

10月23日 国务委员李铁映在南阳考察恐龙蛋化石发掘保护和文物保护工作。

10月25—26日 政协南阳市第一届第一次会议召开,大会选举产生政协南阳市领导机构,燕来当选为政协南阳市第一届委员会主席。

10 月 27—29 日　南阳市第一届人大第一次会议召开,选举毛兴中为南阳市第一届人大常委会主任、符文朗为南阳市人民政府市长。

10 月 30 日—11 月 1 日　中共南阳市第一次代表大会召开,大会选举产生中共南阳市第一届委员会和中共南阳市纪律检查委员会。李清彪当选为中共南阳市委书记,解朝来为中共南阳市纪委书记。

11 月 8 日　南阳市举行建市庆典活动,地级南阳市及卧龙区、宛城区党政群机关同时挂牌运行。

11 月 15—16 日　由中国曲协、中央电视台文艺部等 6 个单位主办、河南油田华澳公司协办的全国曲艺小品大奖赛在南阳举行。

11 月 30 日　市委印发《关于认真贯彻落实〈爱国主义教育实施纲要〉的意见》。

11 月底　市委决定用 3 年时间整顿农村软弱涣散、瘫痪党支部,大力加强农村基层组织建设。12 月 9 日,市直机关抽调第一批农村党建队员奔赴基层。

1995 年

1月5日 市长热线电话正式开通。同时开通监督联系电话的还有市物价、工商管理、产品质量监督等10个部门。

中共南阳市委、南阳市人民政府公布《关于开展向周国生、张春满见义勇为英雄群体学习活动的决定》。

1月6日 南阳市人大常委会举行仪式,向被任命的首批国家机关工作人员颁发任命书。

1月8日 中外合资华纺(南阳)棉业有限公司揭牌并正式投产。该公司由南阳市棉麻公司、新野县棉麻公司与香港奥汉公司合资兴建,总投资2300多万元。

1月9—13日 全市工作会议举行。会议深入贯彻中共十四届三中、四中全会和中共河南省委第五届第十次全会精神,研究地级南阳市未来经济发展的方向、目标、布局、重点和政策等,并对经济和社会发展、加强党的建设、开展解放思想活动等重点工作进行部署。

1月9—10日 中共河南省委宣传部在郑州举办南阳作家群研讨会。会议对南阳市作家们的创作给予充分肯定,并就南阳何以产生这一独特的文化群体展开研究和探讨。来自省文联、省作协、省社科院等单位的专家学者,南阳作家代表二月河、周大新、周同宾等参加研讨会。

1月18日 中共南阳市委发出通知,决定在全市组织开展解放思想活动,时间半年,旨在抓住南阳撤地设市的历史机遇,紧紧围绕建立社会主义市场经济体制的目标,把解放思想引向深入,为充分发挥市领导县新体制优势,全面开创南阳市经济社会发展新局面提供强有力的思想保证。

2 月 7 日　南阳市人大常委会举行仪式,分别向南阳市中级人民法院 66 名审判员、南阳市人民检察院 80 名检察员颁发任命书。

2 月上旬　中共南阳市委、南阳市人民政府发出通知,在全市广大党员、干部和群众中广泛深入地开展向史济南学习活动。

2 月 10—11 日　中共中央政治局委员、国务院副总理李岚清,在全国纺织总会会长吴文英、河南省省长马忠臣陪同下,到南阳考察指导工作。

2 月 20 日　南阳市中心城区白河大道正式开工建设,6 月 2 日竣工通车,全长 3400 米,是集城市交通、生活、旅游、防洪、环境保护等功能于一体的重要城市基础设施。

2 月 22 日　《南阳市城镇国有土地使用权出让和转让办法》开始试行。

2 月 27 日　河南南阳金汇商品交易有限总公司开业。该公司由国家粮油信息中心河南分公司等 28 个股东组成,投资 1000 多万元,为豫西南规模最大、功能最全的期货公司。

3 月 2 日　南阳市中心城区白河第二橡胶坝及梅溪河截污工程开工。22 日,白河第二橡胶坝建成启用,在南阳市中心城区白河上游形成一个 213.33 公顷的水面,与第一橡胶坝一起形成长 6.8 千米、总面积近 400 公顷的人工长湖,对于改善南阳市城区环境、补充地下水资源起到重要作用。5 月 20 日,梅溪河截污工程竣工通水,共铺设排污管道 7.6 千米。

白河赛船航道工程开工建设,全长 2500 米,按照国际 A 级水上运动场设计建造。6 月 20 日竣工。

3 月 12—13 日　南阳市妇女第一次代表大会召开。田改香当选南阳市妇女联合会主席。

3月15日 南阳市工会第一次代表大会召开。刘云生当选南阳市总工会主席。

市委、市政府命名首批小康村,全市共有48个村达到省定小康村标准。

3月16日 由共青团南阳市委、南阳市青年联合会、南阳日报社、南阳电视台联合举办的南阳市首届十大杰出青年评选活动揭晓,河南赊店酒厂厂长王成来、唐河县殡仪馆副馆长王志然(女)、南阳市第二人民医院急诊科主任任文(女)、淅川县计生委主任全新明、邓州市十里铺小学校长李道理、宛城区白河镇枣林村委主任张清河、南阳市文联副主席秦俊、邓州市穰东镇工委副主任兼镇服装总厂厂长姬书生、新野县公安局上港派出所干警彭增兰、内乡县建行行长樊国兴被授予南阳市首届"十大杰出青年"称号。

3月17—18日 共青团南阳市第一次代表大会召开。杨炳旭当选共青团南阳市委书记。

3月20日 南阳市科学技术协会第一次代表大会召开。王志生当选南阳市科协主席。

是月 西峡县在全市率先推行纳税申报制度。

4月8日 中共南阳市委第一届第二次全体(扩大)会议举行,全会原则通过《中共南阳市委关于为改革开放发展创造良好社会政治环境若干问题的决定》。

4月10—11日 中共中央顾问委员会常委李德生到南阳考察。

4月11日 南阳电视台演播厅工程开工,12月29日落成。

4月14日 全市廉洁自律工作会议召开。会议传达中共南阳市委关于领导干部廉洁自律补充规定及有关通知精神,要求坚决刹住用公款吃喝玩乐等不正之风。

4 月 17—19 日　全国政协副主席胡绳到南阳考察。

4 月中旬　南阳汉画馆被文化部和人事部联合授予"全国文化先进集体"称号。

4 月 20 日　南阳防爆电机厂研制的 YAKS900 – 1000KW – 18P 增安型三相异步电动机试机成功,填补中国大型增安型异步电动机的空白。

4 月 21 日　河南省淮源黄金矿业有限公司正式成立。该公司由中国黄金总公司、河南省黄金公司、南阳市黄金公司、桐柏县黄金公司共同组建,项目实施地为桐柏县老湾金矿,总投资 1.15 亿元。

4 月 24—25 日　南阳市文学艺术界联合会第一次代表大会举行。郭国旺当选南阳市文联主席。

4 月 28 日　市委、市政府召开实施"三有富民工程"动员会议,同时下发《关于实施"乡有支柱产业,村有经济实体,户有致富项目"工程的意见》,要求迅速在全市兴起一个抓党建、富民众、奔小康的热潮,加快农村经济发展步伐,千方百计使广大农民群众尽快富裕起来。

是月　南阳市发现艾滋病毒感染者。5 月 16 日,在市爱国卫生运动委员会第一次全体(扩大)会议上,市政府要求采取坚决、果断、有力的措施,迅速控制艾滋病的传播。

5 月 9—10 日　全国棉铃虫防治工作现场会在邓州召开。

5 月 10 日　南阳市中心城区滨河路东延工程开工,全长 5800 米,11 月 6 日竣工通车。

5 月 14—23 日　南阳恐龙蛋、古文化暨科技经贸展览洽谈会在北京举行。共签订外贸合同金额 785 万美元,内贸合同金额 6 亿多元;招商引资签约项目 157 个,总投资额 343831 万元;赴京汇报项目总投资 14 亿元;参观人数 2 万多人次。

5 月 25—26 日　全市工业会议举行。会议确立工业立市的指导思想,要求全市各级把握机遇,深化改革,扩大开放,采取得力措施,不断增强全市工业经济的实力和活力,为尽快进入经济强市行列努力奋斗。

6月8—9日 时任国务院副总理朱镕基到南阳市考察农业生产和夏收工作。

6月18日 南阳棉纺厂5万锭单纺项目正式投产,生产规模进入国内纺织行业前列。

6月25日 南阳市移动电话顺利割接开通,结束全市除南阳市区外其他县(市)没有移动电话的历史。全市13个县(市、区)移动电话实现全国联网。

7月9—12日 全国第三届城市运动会赛艇预赛和1995年全国青年赛艇锦标赛在南阳举行,来自全国14个省(市)15个城市的32个代表队参加比赛。

是月 镇平县贾宋镇被国务院11个部委联合确定为全国57个国家级综合改革试点镇之一。同时,贾宋、穰东、马山口、孟楼、湖阳5个镇被建设部确定为全国500个小城镇建设试点乡镇。

7月30日 南阳市劳动局发出《关于发布南阳市企业最低工资标准的通知》。

7月下旬 中共河南省委、省政府、省军区决定,授予秦秀洁"伤残军人好妻子"称号。同时,中共南阳市委、市政府、军分区决定,授予秦秀洁"当代红嫂"称号。

8月8日 南阳市人大常委会确定以"诸葛茅庐"图案为南阳市市徽,月季、菊花为南阳市市花。

8月12日 南阳市中心城区人民路北延工程开工,全长2800米,1996年1月1日竣工通车。

8月15—16日 南阳市工商业联合会第一届会员代表大会召开,周志超当选南阳市工商业联合会会长。

8 月 16—18 日　市委、市政府召开会议,学习山东诸城经验,研究部署全市"先出售、后改制"国有企业产权制度改革试点工作。

8 月 30—31 日　全市科学技术大会召开。大会以坚定不移实施科教兴宛战略,加快科技经济一体化步伐,促进全市经济和社会事业更好更快地向前发展为主题,对南阳市"九五"时期科技工作计划和到 2010 年科技工作规划纲要草案进行广泛讨论,对实施科教兴宛战略作出具体部署。

9 月 6 日　南阳希望饲料公司奠基,12 月竣工。项目总投资 3200 万元,其中四川希望集团投资 2400 万元。

10 月 9 日　赊店酒厂 9 万吨/年玉米深加工及综合利用项目在郑州通过国家级技术评审。

10 月 15 日零时起　南阳市 13 个县(市、区)电话号码由 5 位和 6 位数升至 7 位,全市统一使用长途区号 0377,这标志着以南阳市为中心的电话本地网正式建成。

10 月 17 日　在平顶山市举行的第二届中国曲艺节上,南阳市说唱团参加演出的三弦书《红请帖》、南阳鼓词《青山恋》和演员雷恩久、戴玉珍、李国全、曲凡芝以及节目主创人员均获得"牡丹奖"。

10 月 25—26 日　中共南阳市委第一届第四次全体(扩大)会议举行,会议审议通过《中共南阳市委关于实施"农业奠基,工业立市,科教兴宛,开放带动,城乡一体,富县富民奔小康"经济发展战略方针的决议》。

11 月 1—3 日　中纪委副书记王德瑛到南阳检查指导工作。

11 月 1—10 日　以市长符文朗为团长的南阳市人民政府友好访问考察团赴以色列加特市进行考察访问。南阳市与加特市结为友好城市,双方在农业水利滴灌、喷灌先进技术、地热、太阳热能发电技术、缫丝技术等 10 个方面达成互补合作意向。

12 月 8 日　南阳市残疾人联合会第一次代表大会召开,黄玉均当选南阳市残联主席团主席,刘振田当选市残联理事长。

12 月 20 日　全市深化城镇住房制度改革动员大会召开。会议传达市政府《关于深化城镇住房制度改革的实施方案》,确定近期全市城镇住房制度改革的主要任务是以出售公有住房为重点,全面推行住房公积金制度,提高住房租金,加快经济适用住房建设,初步建立起新的城镇住房制度,使全市城镇居民居住面积和住房成套率有一个明显提高。

12 月 29 日　南阳影视制作中心成立。

是月　南阳市中心医院被卫生部命名为"国家三级甲等医院"。

1996 年

1月上旬　南阳市文物研究所在南阳理工学院宿舍楼工地发掘 1 处汉代墓葬群,其中 25 号汉墓出土 1 件晶莹剔透翠绿色玻璃碗,其造型和工艺在全国考古发掘中不多见,在中原地区属首次发现。

1月25日　南阳市举行"12·2"英雄群体事迹报告会和表彰大会。市委、市政府、南阳军分区联合决定,表彰 1995 年 12 月 2 日抢险救人的 20 名优秀退伍军人,号召全市向英雄群体学习。

2月28日　南阳市交警支队年仅 22 岁的青年交警白振国在处理 1 起重大交通事故中不幸以身殉职。4 月 16 日,市委、市政府作出决定,在全市广泛开展向白振国学习活动。

3月　中科院专家组在内乡县发掘出大型较完整恐龙骨架化石。专家认为,在恐龙蛋密集区发现较完整恐龙骨架化石举世罕见。

4月13日　国家南水北调工程审查委员会考察团对南阳段进行实地考察,中国社科院院长刘国光、水利部原部长杨振怀及有关专家、学者 50 余人考察南水北调水源工程、丹江口库区陶岔闸、清泉河闸、跨越白河工程和方城境内江淮分水岭等。

4月24日　全国赛艇冠军赛在南阳开桨,国际奥委会委员、全国赛艇协会主席何振梁宣布大赛开幕,南阳市市长符文朗致开幕词。此次比赛全国共有 19 支代表队参加,共设 16 块金牌。

5月8日　南阳市纪委、南阳市监察局举行首批 18 个重点保护企业挂牌仪式。此举旨在制止、纠正和预防对企业各种侵权行为。

5月11日　南商集团兼并南阳市新华商场。这是全市商界股份制企业兼并国有企业第一例。兼并后,南阳市新华商场全部资产经评估确认后作为扩股国有股份进入南商集团。

5月16—20日　1996年度南阳招商洽谈会在深圳举行,共签订合同项目75个,引资总额8.3亿元。

6月6日　市委、市政府作出决定,在全市开展学习袁中告活动。袁中告是淅川县铁合金厂厂长、党委书记,是新时期南阳成长起来的优秀企业家代表。

7月23日　全市三级干部会议召开,提出以"团结、务实、拼搏、争先"作为新时期南阳精神,动员全市学习张家港和苏南经验,认真解决经济生活中各种困难和问题,推动南阳经济快速发展和社会全面进步。

8月16—20日　第三十届国际地质大会代表一行10余人到西峡、淅川、内乡等县考察恐龙蛋化石。

8月28日　中美合作建设鸭河口电厂二期工程项目意向书签字仪式在郑州举行。河南省省长马忠臣、副省长张洪华和南阳市市长符文朗出席签字仪式。美国高达集团为鸭河口电厂二期工程投资90亿元人民币,合作年限为项目全部机组投入商业运行后15年。

9月6日　南阳市召开企业思想政治工作会议,动员全市企业深入开展爱国家、爱企业、爱岗位及评优秀干部、评文明职工、评文明车间班组、评文明单位"三爱四评"活动。

9月8日　济南军区副司令员郝保庆中将到南阳视察工作。

9月22日　中美合作南阳普光发电有限公司(蒲山火电厂)合同签字仪式在郑州举行。河南省省长马忠臣、副省长俞家骅、南阳市市长符文朗等出席签字仪式。1997年4月12日正式开工。1998年10月31日,1号机组并网发电一次成功。1999年4月13日,2号机组并网发电一次成功。一期工程全部完成。

10 月 9 日　市委、市政府作出《关于深入开展向强自喜同志学习活动的决定》。

10 月 26 日　中国南阳海关正式开关。南阳海关隶属郑州海关，业务辖区为南阳市和信阳地区、驻马店地区。

中国 21 世纪议程国际圆桌会议在北京召开。南阳作为正式代表参加会议，南阳市市长符文朗在会上介绍情况，发布项目。

10 月 31 日—11 月 1 日　国务委员、国务院秘书长罗干到南阳考察指导工作，重点考察南水北调源头丹江口水库。河南省省长马忠臣和中共南阳市委书记李清彪等陪同考察。

11 月 8 日　南阳市表彰参加河南省八运会有功人员。南阳市在河南省第八届运动会上共获得 23.7 枚金牌，取得总分第八、金牌第九的成绩。市政府对 27 位运动员和 10 位教练员颁令嘉奖。

11 月 25—27 日　河南省第一次创汇农业暨农业综合开发现场会在南阳召开。

12 月 1 日　在南阳市一届人大常委会第十六次会议上，市人大常委会原主任毛兴中被终止市一届人大代表资格，市人大常委会副主任王成先被推选为市人大常委会代主任。

12 月 26 日　1996 年市政重点工程工业北路、张衡中路、新华中路、仲景南路、华山路和七一路人行天桥"五路一桥"举行竣工典礼。

南阳火车站站房改建工程开工，次年 12 月 26 日一期工程竣工，建成售票厅、候车厅、大厅、分配厅等 4 部分主体工程，建筑面积 5800 平方米。

1997 年

1月1日　南阳市首个国有拍卖市场开始运行。市场位于南阳商场,首场物资拍卖涉及六大类100余种商品。

1月2日　国务院公布第四批全国重点文物保护单位,南阳武侯祠、内乡县衙名列其中。至此,南阳市全国重点文物保护单位由原来的3处增为5处。

1月7日　河南赊店(集团)有限公司成立,其前身为赊店酒厂。

由中国美术家协会、中国画研究院、中国美术馆、中共南阳市委及市政府、中共镇平县委及县政府主办的郭庠生烈士遗书遗画展在北京中国美术馆开幕,以纪念郭庠生英勇就义50周年。李鹏、乔石、刘华清、邹家华、宋健、李长春、马忠臣等中央和河南省领导为诗画展题词。邹家华、袁宝华、赵东宛、赵延年、于友先、张保庆等出席开幕式。

1月20日　中国—瑞典地方21世纪议程国际研讨会在南阳结束。在为期3天的会议中,中方5个试点城市代表同瑞典方面专家就可持续发展问题进行交流和研讨,双方签署试点城市可持续发展联合协议书。1998年10月7日,瑞典乌姆兰省政府代表团一行8人抵达南阳,就中瑞地方21世纪议程工作进行考察访问。10月16日,双方达成协议,中瑞地方21世纪议程国际合作项目正式启动。

1月23日　南阳—深圳航线正式通航,每周1班。

2月2日　南阳市召开农村工作紧急电话会议,李清彪、符文朗发表讲话,强调要坚决把过重的农民负担减下来。

南阳汽车站站房改扩建工程经过 8 个月紧张施工,正式交付使用。新站房总体面积 5500 平方米,可容纳 1 万名旅客。

2 月 21 日　市委、市人大、市政府、市政协领导和全市各界干部群众怀着十分悲痛的心情,认真学习中共中央、全国人大常委会、国务院、全国政协、中央军委《告全党全军全国各族人民书》,沉痛悼念邓小平逝世。

3 月 27—28 日　联合国开发计划署驻华总代表贺尔康和高级顾问何进在国家科委和河南省有关方面负责人陪同下,到南阳考察 21 世纪议程工作。

3 月 28 日　河南天冠酒精化工集团挂牌成立。该集团是由南阳酒精总厂改制建立,为国有独资企业。

3 月 31 日　香港"苗圃行动"委员会工作组抵达南阳,捐资 73 万元,帮助南召县建设 4 所希望小学,对南召县、桐柏县进行为期 4 天的实地考察。

4 月 15 日　市长符文朗在全市环境保护工作会议上紧急动员,决战"九七",治理污染,要求造纸、酿造、制革等行业中 146 个企业年底前必须实现排放达标。

4 月 19 日　全市见义勇为先进分子表彰大会召开。大会授予尹风等 10 人为"见义勇为先进分子"称号;南召县金付有、武警方城县中队高新洲、镇平县张新如 3 个群体为"见义勇为英雄群体"称号,并颁发奖金。

4 月 21—23 日　民政部部长多吉才让深入桐柏、内乡、镇平、新野等县调查研究。

4 月 29—30 日　中共湖北省委书记贾志杰、省长蒋祝平带领湖北省党政考察团一行 47 人,到南阳考察畜牧业。

5 月 16 日　11 省(区)21 城市政协横向联系会第二十一次会议在

南阳召开。

5月16—19日　南阳市第三期农业综合开发工作顺利通过国家验收。

是月　《中国共产党南阳历史》第一卷正式出版。

6月5日　中共中央委员、国家体委主任伍绍祖,到南阳考察水上运动场和全国第八届运动会赛艇预赛暨1997年全国赛艇锦标赛筹备情况。

6月11—14日　第八届全运会赛艇预赛暨1997年全国赛艇锦标赛在南阳市白河游览区国际A级水上运动场举行。

6月11—12日　全国人大常委会办公厅组织新华社、中国新闻社、《光明日报》《农民日报》《法制日报》《工人日报》《人民法院报》等中央新闻单位组成记者采访团深入南阳,对依法治市工作进行专题采访。

6月11—14日　中共中央候补委员、济南军区司令员钱国梁中将到南阳对经济建设和驻军情况进行视察。

7月1日　全市各界喜庆香港回归。

7月4日　市委、市政府作出《关于开展向赵志吉同志学习活动的决定》。赵志吉是河南光达水泥实业(集团)股份有限公司董事长、党委书记,第八届全国人大代表,全国五一劳动奖章获得者和享受国务院特殊津贴专家,因工作操劳过度,积劳成疾,于5月22日逝世。

7月16日　南阳市市长符文朗调任中共新乡市委书记。河南省乡镇企业局局长孙兰卿任南阳市代市长。12月3日,在南阳市第一届人大第五次会议上,孙兰卿当选为南阳市人民政府市长。

8月10日　桐柏县人民政府、武警黄金部队指挥部在桐柏县举行银洞坡金矿交接仪式。桐柏县与武警黄金部队联合开发银洞坡金矿,后者承担该矿原有债权、债务,负责全部人员安置,并加大投资,扩大周边和井下深层次探矿与开发。

8 月 13 日　全市"讲文明、树新风"动员大会召开。8 月 16 日,在南阳亚细亚商厦、皇冠商厦、金汉丰商厦门前举行"告别不文明行为"万人签字仪式。

8 月 18 日　红二十五军"血战独树镇"纪念碑奠基仪式在方城县独树镇七里岗举行。原红二十五军军长、全国政协副主席程子华,原红二十五军政治部宣传科科长、中央军委副主席刘华清为纪念碑题词。

9 月 5 日　中共南阳市委第一届第八次会议审议通过《中共南阳市委关于加快实施农业产业化的意见》。

9 月 23 日　唐河县公安局刑警大队副大队长郑榜义在抓捕犯罪分子时不幸壮烈牺牲,后被追认为全国公安系统一级英模。

10 月 9 日　以日本国南阳市市长大竹俊博为团长的"市民之翼"友好访问团一行 87 人,应邀对南阳市进行友好访问。

10 月 14 日　河南省建设厅专家验收组确认南阳市已达到省级园林城市标准。南阳市成为河南省首批园林城市之一。

10 月 15 日　河南省省长马忠臣带领省直有关部门负责人到南阳检查指导麦播工作。

10 月 21—23 日　全国农村曲艺展演研讨会在南阳召开。中国文联副主席、中国曲艺家协会主席罗扬,中国曲艺家协会副主席刘兰芳和来自全国各地的曲艺界艺术家、作家、评论家 40 多人参加会议。会上,中国曲艺家协会正式授予南阳市为"中国曲艺之乡"称号。

10 月 25 日　中宣部和国家工商局带领由新华社、人民日报社、中央人民广播电台、中央电视台、光明日报社、经济日报社、农民日报社和中国工商报社组成的"强自喜事迹采访团",到南阳进行专题采访。

11 月 5 日　第二届中国十大杰出青年农民评选揭晓,南阳市内乡县马山口镇青年农民、大学毕业生秦英林榜上有名。

11 月 10 日　中共南阳市委一届九次全会召开,会议审议通过《中共南阳市委关于认真贯彻落实党的十五大精神,进一步解放思想加快发展的意见》。

11 月 11 日　南阳市与瑞典乌姆兰省结为友好城市。

11 月 28 日　南阳机场扩建工程举行开工典礼。1998 年 12 月 8 日竣工并通过验收,波音 757 及其以下客机可全载起降。

11 月 29 日　世界银行官员郑兰生率领考察团,到南阳考察利用世界银行贷款建设灌溉农业项目和农业综合开发工作。

12 月 11 日　河南省深化供销社改革大力兴办专业合作社现场会在南阳召开。

12 月 19 日　河南省省长马忠臣到南阳考察经济工作。

12 月 20 日　南阳市召开"8·1"扑救油罐列车特大爆炸火灾庆功大会,表彰南阳市公安消防支队及其有功人员。会前,河南省省长马忠臣接见有功人员。

12 月 20—21 日　河南省振兴中医大会在南阳召开。河南省省长马忠臣、卫生部副部长兼中医药管理局局长张文康、副省长李志斌出席会议。

1998 年

1 月 6 日　南阳防爆集团有限公司成立。该集团是由原南阳防爆电机厂、市电机厂、市阀门厂、南阳康远机器总厂组建的大型国有独资公司,下辖 3 个分公司和 13 个全资或控股子公司,总资产 4.1 亿元,固定资产 1.87 亿元。

2 月 5 日　由中国作家协会主办的鲁迅文学奖 1995—1996 年优秀作品评奖揭晓,南阳市作家周同宾的散文集《皇天后土——99 个农民采访记》榜上有名。

2 月 13 日　1997 年全市乡镇企业实现出口产品交货值 19 亿元,居河南省市(地)首位。

3 月 4—23 日　市委书记李清彪率领南阳市赴南方考察团,先后对广东省肇庆、顺德、中山、汕头,福建省厦门、泉州、福州及浙江省温州、杭州等市国有企业改革、农业产业化、非公有制经济发展、城市建设等进行考察。

3 月 5 日　市委、市政府下发《关于做好土地承包合同续签工作的意见》,强调坚持稳定、完善原则,延长承包期 30 年不变。

3 月 5—6 日　全国第三次香菇专业会议在西峡县召开。

3 月 25 日　国家长途光缆通信骨干工程呼和浩特—广西北海、西安—合肥干线工程施工进入南阳,这对南阳市进入国际信息高速公路具有重要意义。

3 月 26 日　市政府召开紧急会议,要求依法查处非法传销活动。

市工商、公安等有关部门联合行动,依法对武汉新田公司南阳分公司非法传销活动予以取缔。

4月3日 河南省农村电气化建设最大项目——西峡县石门水利水电枢纽工程开工典礼举行。该项目经国务院、河南省人民政府批准立项,整个工程总投资1.21亿元人民币,计划3年建成,水库库容8910万立方米,近期装机9600千瓦,远期装机2.52万千瓦。

南阳市民兵应急营成立大会在市体育场召开。

4月6日 南阳市召开职工解困和再就业联席办公会议。市长孙兰卿强调要认真落实中央、省、市有关政策,全力保证解困和再就业资金兑现,建立正常的救济机制,广开就业门路,完善社会保障体系,树立正确择业观念。

4月19日 南阳市房地产交易中心开业。

4月30日 中共中央政治局原委员、空军原司令员张廷发到南阳市考察。

5月7日 南阳市纺织行业现场砸锭仪式在南阳棉纺织厂举行。同年,国家将纺织行业作为突破口,制定优惠政策,压锭、减员、增效、重组。全市共压锭8.3万枚,减员4350人,5月底完成。

5月8日 中共中央委员、国防科工委第一副主任张俊九到南阳军工企业考察调研。

5月25日 济南军区副政委张文台中将到南阳视察。

5月27—28日 中共河南省委副书记、省人大常委会主任任克礼到南阳检查工作,要求努力做好国有企业下岗职工基本生活保障和再就业工作。

6月7日 香港《大公报》社长王国华一行10人到南阳参观考察。

6月29—30日 南阳市第一次台胞台属代表大会召开。会议选举产生南阳市台联第一届理事会,刘中生为名誉会长,钞庚秀为会长。

7 月 28 日　中共河南省委、河南省人民政府召开双拥模范城(县)命名表彰电视电话会。南阳市被命名为"双拥模范城",桐柏县、南召县被命名为"双拥模范县"。邓州市、唐河县、方城县被命名为"拥军优属模范县(市)"。

8 月 5 日　美国依阿华州立大学专家组一行 5 人,为河南省可持续发展国际合作计划选点和学术交流到南阳考察。

8 月 6 日　南阳市首期安居工程幸福住宅小区竣工,可安置 627 户中低收入家庭入住。

8 月 17 日　市政府为中国南方水灾地区举行救灾捐赠接收仪式,共接收部分单位和个人捐赠款物 380 余万元。至此,南阳市各界向灾区捐款 520 多万元,捐物折款 300 多万元。

9 月 1 日　由南阳市文化局和河南省电影发行公司联合摄制的戏曲故事影片《阎家滩》在内乡县衙开拍,演职员以南阳曲剧团为主。次年 5 月 20 日,该影片荣获中国电影政府最高奖——华表奖(1998 年度)。

9 月 2 日　市政府发出通知,号召各县(市、区)人民政府、市政府各部门积极组织公民履行无偿献血义务,凡居住南阳市内18～55 岁健康公民均应履行无偿献血义务。

9 月 9 日　市委、市政府决定,1998 年南阳市中心城区下岗职工基本生活费每人每月 150 元,再就业服务中心为每个下岗职工每月缴纳养老、医疗、失业保险金 79.2 元(含个人缴纳部分)。凡进入再就业服务中心下岗职工均可享受以上生活保障。

9 月 11 日　第四次全国科教兴村计划试点工作经验交流及研讨会在南阳召开。财政部、科技部、教育部、农业部及全国 26 个省(区、市),河南省有关部门、河南省试点单位以及韩国代表团等近 300 名代表参加会议。

9月22日 南阳市召开党员领导干部大会,传达中共河南省委关于调整南阳市领导班子的决定,孙兰卿任中共南阳市委书记。

9月24日 南阳市人大常委会第二十八次会议决定:王菊梅为南阳市人民政府代理市长。

9月26日 南阳市煤气工程正式开工建设,次年7月28日一次点火试机成功,一期工程全部竣工,日产煤气4万~5万立方米,与沼气掺混,可供5万~6万户居民用气。

10月15日 驻豫部队抗洪英模事迹报告会在南阳影剧院举行,各界群众、驻宛部队和武警官兵1700多人聆听驻豫部队赴湖北长江抗洪抢险英勇事迹。

10月27日 南阳化学制药厂总投资1000万元、年产60吨洁霉素扩建项目竣工投产,使该厂洁霉素年生产能力达360吨,成为世界最大洁霉素生产基地。

10月27—28日 中共河南省委副书记、代省长李克强到南阳考察市直企业、唐河县农村、城市建设及抗旱种麦等项工作,强调要把经济工作重点放在提高经济增长质量和效益上。

是月 南阳市火车站广场改建工程动工,分为站前广场、集散广场、停车场、道路、绿地、喷泉、雕塑小品等项目。1999年6月6日竣工并交付使用。

11月4日 南阳市2万多人隆重集会纪念南阳解放50周年,同时举行南阳解放纪念碑揭碑仪式。

11月8日 撤销南阳市邮电局,成立南阳市电信局和南阳市邮政局。

11月10日 代市长王菊梅在南阳宾馆会见美国电力公司资深董事安格斯·培顿、南阳普光电力有限公司董事长唐纳德·克莱门茨、美国太平洋能源公司董事长胡之仁等美国客人。

11 月 17—18 日　中共河南省委书记马忠臣到南阳考察指导工作,强调要集中精力发展农业生产力,提高工业经济增长质量和效益,加大基础设施建设力度。

11 月 23—25 日　中共中央候补委员、中国农业科学院院长吕飞杰一行深入唐河县,对农业科技工作和农业综合示范情况进行考察。

11 月 24 日　自 8 月开始,持续干旱 87 天,是南阳有气象资料记载历史上第二个严重干旱年份。同日,市政府召开全市抗旱种麦、抗旱保苗紧急电话会议,代市长王菊梅发表讲话,要求各级要千方百计打好抗旱救麦攻坚战。

12 月 13 日　鸭河口灌区续建配套暨技术改造工程开工,设计灌溉面积 15.87 万公顷,是全国十大灌区之一。

12 月 16 日　全市科学技术大会举行。会议要求加速科技经济一体化,开创科教兴宛新局面。会议对有突出贡献的科技人员薛国典、田政每人颁发奖金 12.5 万元。

12 月 18 日　南阳普康集团化学制药厂生产的盐酸林可霉素顺利运抵巴基斯坦的卡拉奇。南阳市首次利用电子商务进入国际市场贸易。

12 月 22—23 日　能源部原部长黄毅诚到南阳考察鸭河口电厂、蒲山电厂和天冠集团沼气工程。

12 月 29 日　市政府在南阳市棉麻公司举行南阳陆运口岸开放仪式。该口岸是豫西南唯一的国家二类口岸,是南阳对外开放又一重大举措。

1999 年

1月6日　河南南阳纺织集团有限公司成立。该公司由南阳棉纺织厂整体改制而成,以其收购破产的南阳市第一棉纺织厂,兼并的南阳市丝织厂、南阳市色织厂和南阳市轻化纺物资总公司,南阳棉纺织厂分立重组的东方公司、明珠公司、运输公司为全资子公司。

1月16日　中国共产党南阳市第二次代表大会在南阳影剧院举行。市委书记孙兰卿代表中共南阳市第一届委员会向大会作题为《团结奋进,务实为民,谱写南阳跨世纪新篇章》报告,市委副书记、代市长王菊梅主持大会。会议提出今后5年南阳市工作总要求:突出一个主旋律——高举旗帜,解放思想,加快发展,保持稳定;坚持一个方向——加快产业化、工业化和城镇化进程;瞄准一个总目标——提高城乡人民生活水平和文明素质,把南阳建设成豫鄂陕毗邻地区具有较强竞争力、辐射力的区域经济文化中心;弘扬一种精神——团结奋进、务实为民。18日,中共南阳市第二届第一次全会选出市委领导机构。孙兰卿当选市委书记。

1月19—23日　政协南阳市第二届第一次会议举行,市政协第一届委员会主席燕来作工作报告,张春明主持会议。

1月20—25日　南阳市第二届人大第一次会议举行,孙兰卿主持大会,王菊梅作政府工作报告。会议听取计划和财政工作报告。郭贵仓当选南阳市第二届人大常委会主任,王菊梅当选南阳市人民政府市长。

2 月 19 日　河南省副省长王明义到南阳检查抗旱浇麦工作。

2 月 24 日　市政府召开电视电话会议,部署以抗旱为重点加强麦田管理工作。市长王菊梅在讲话中指出,全市已有 6 个多月没有降雨,旱情严重,要求广大干群抗大旱、打硬仗。

3 月上旬　南阳市第一人民医院应用骨髓移植技术对首批白血病人和乳腺癌病人进行治疗,在放射预处理上使用电子直线加速器,这是河南省内第一例,在全国也是第二例。

3 月 15 日　全国最大纺粘无纺布生产线在南阳市神龙无纺布有限公司建成投产。该项目总投资 2000 万元,年生产能力 3000 吨,实现年产值 4000 万元。

3 月 16 日　《汉画像石》特种邮票第六枚《嫦娥奔月》首发式暨南阳邮政市场开业典礼在南阳市邮政市场举行。

3 月 28 日　全国政协淡水资源与可持续发展考察团在全国政协常委、人口资源环境委员会主任侯捷带领下到南阳考察。

4 月 5 日　内乡县法院获"全国优秀法院"称号。

南阳市老龄委统计,南阳市年龄在 60 岁以上老人达 100 多万人,超过全市总人口的 10% ,达到联合国和中国规定的老龄社会标准。

4 月 13—15 日　河南省畜牧工作现场会在南阳召开。

4 月 16—17 日　南阳防爆集团制造的中国首台 TAKM4000.20/2600 增安型无刷励磁同步电动机通过国家级专家鉴定。这不仅填补国内空白,在世界上也属首创。

4 月 20 日　南阳市教育委员会、南阳市人事局公布《关于首届中小学名师、学科带头人的命名决定》。首届命名中小学名师 50 人、学科带头人 617 人。

4 月 27 日　南阳市首届劳动模范表彰大会在南阳影剧院举行。市政府决定授予孙富林等 300 名劳动者"南阳市劳动模范"称号。市领导向全国"五一"劳动奖章获得者凌解放、陈广慧等颁发劳动奖章和证书,向全国"五一"劳动奖状获得者宛西制药股份有限公司颁发奖状,向南阳市劳动模范代表颁发奖章和证书。

5月4—5日　以张天佑为团长的台湾河南同乡会文化经济工商访问团一行25人到南阳参观访问。

5月18日　全市政府上网工作会议召开,南阳市"政府上网工程"拉开序幕。至12月2日,市、县(市、区)两级政府全部实现上网,76%的乡镇政府上网。

5月20日　内乡县成为全国生态示范区,被联合国开发计划署称为可持续农业发展典型。

5月26日　全市企业上网启动大会召开。市政府要求全市大、中型企业(含两属企业)9月月底以前实现上网,市直和县(市、区)其他重点企业在年底前上网。

6月7日　全国人大常委会委员、民盟中央副主席、著名经济学家冯之浚应邀到南阳作学术报告,帮助制定《南阳持续高效农业发展行动计划》。南阳市市长王菊梅代表市政府聘请他为南阳经济发展高级顾问。

6月9—12日　第四届全国城市运动会赛艇预赛暨1999年全国青年赛艇锦标赛在南阳市白河游览区水上运动场举行。

6月30日　南阳市与驻马店地区举行边界线协议书签字仪式。

7月1日　南阳市人民政府视窗网站正式开通。

7月12日　1999年河南产品(乌鲁木齐)展销会结束。南阳代表团参展企业195个,产品包括医药、轻工、化工等20大类、1000余种,总成交额26.6亿元。

7月14—23日　市委书记孙兰卿率市委、市政府考察团赴山东德州、潍坊、青岛等地考察,借鉴先进地区经验,推进南阳市农业发展。

8 月 6 日 河南天冠企业集团有限公司 2000 吨黄原胶项目建成投产,成为亚洲最大黄原胶生产企业。

8 月 7—8 日 中共南阳市委第二届第二次全体会议召开,会议审议并通过《南阳市持续高效农业发展行动计划》及《〈南阳市持续高效农业发展行动计划〉实施意见》。

8 月 24 日 市委成立南阳市县处级领导干部任前公示制领导小组,并发布《关于全市大中专院校处级领导干部任前公示的公告》。

8 月 30 日 市委召开以讲学习、讲政治、讲正气"三讲"为主要内容的党性党风教育动员大会。部署市级领导班子、领导干部和市直 81 个县处级单位开展"三讲"教育,为南阳跨世纪发展提供强有力的思想和组织保证。

9 月 15 日 南阳市移动通信五期工程顺利完成,交换机容量达 30 万门。

9 月 16 日 乐凯集团第二胶片厂"双高"PS 版生产线投产,年生产能力 1500 万平方米,居全国第一位,市场占有率达 30%,成为国内 PS 版生产龙头企业。

9 月 20—28 日 市直机关第一届职工运动会暨全民健身节举行。共有 87 个单位、3997 人参加 12 个大项、28 个小项比赛。

9 月 29 日 西峡县丁河镇北峪村青年农民、爱国拥军模范、好军嫂张荣获得第十届"中国十大杰出青年"称号。

10 月 10 日 首次开通南阳至北京始发特快列车。

西峡县与美国 CCW 国际科技公司合资开发西峡金红石项目签字仪式在南阳举行。

10 月 11—13 日 时任河南省省长李克强到南阳考察指导工作,强调要积极推进国有企业改革和发展,搞好工业农业结构调整,努力完成全年经济发展目标任务。

10月18—20日　全国人大常委会副委员长彭珮云率领《义务教育法》执法检查团到南阳检查指导工作,强调要巩固提高"普九"成果,推进素质教育,提高全民素质,为经济振兴奠定坚实人才和知识基础。

10月19日　在大连召开的全国城市建设工作会议上,南阳市获"全国园林绿化先进城市称号"。

10月23—24日　由全国政协经济委员会副主任刘广运带领的全国政协调研组到南阳,就增加农民收入、开拓农村市场进行专题调研。

10月26日　南阳市建设银行启动汽车消费贷款。

10月28日　镇平县贾宋镇被中央文明委命名为全国文明镇。

10月29—30日　以于镇洲为团长的台湾古文物访问团一行15人到南阳参观访问。

11月1日　世界"毯王"——德国托克斯公司总裁托克一行开始对南阳市进行为期8天的参观访问,在玉雕产品销售上与有关单位达成协议。

11月6日　南阳市城市供热工程——南阳电厂热电联产改扩建工程开工。

11月21—22日　1999年中国香菇产业高层次开发研讨会在西峡县举行,来自全国各地和日本、韩国、新加坡等国家的专家、学者共200人参会,就加强香菇产业由传统农业生产方式向现代农业生产方式跨越一系列理论和实践问题进行深入研讨。

11月27—28日　中国自然辩证法研究会年会"21世纪发展与困惑"研讨会在南阳举行。

11月28日　南阳出入境检验检疫局成立。

12月3日　南阳第一师范学校获全国精神文明建设先进单位称号。

12月12日　在美国科罗拉多州体育中心举行的中国功夫——美

国职业拳击争霸赛中,中国队以 7∶2 战胜美国队。中国队中唯一女拳手李明凤(桐柏籍)战胜美国女子拳击冠军凯莉·惠莉。

12 月 13 日　市委书记孙兰卿会见到南阳访问的德国"中国长城集团公司"总裁安东尼。中国长城集团公司主要经营南阳地毯,这次访问共采购价值 130 万美元的地毯货物,并签订价值 800 万美元订货合同。

12 月 16 日　市委书记孙兰卿会见到南阳访问的加拿大多伦多贸易促进会会长、交通安全反光用品制造厂总裁邓比德。

12 月 27 日　由中国汉画学会、河南省文物局、南阳市文化局和南阳汉画馆联合主办的世纪之交南阳汉代画像石学术讨论会在南阳召开。

12 月 28 日　南阳市污水处理厂主体工程竣工典礼举行。市污水处理厂一期工程占地 7.2 公顷,日处理污水 10 万吨,工程总投资 1.5 亿元。

2000 年

1 月 13 日　在国务院第三次民族团结进步模范集体和模范个人表彰大会上,南阳市人民政府被国务院授予"全国民族团结进步模范集体"称号,南阳市民族宗教委员会主任王新志获"全国民族团结进步先进个人"称号。

2 月 18 日　中国国际电子商务网(CIECNet)在南阳设立节点。全市企业通过南阳节点可以直接进入中国国际电子商务高速公路,在网上洽谈贸易。

3 月 3—5 日　济南军区副司令员郝保庆中将到南阳军分区检查指导工作。

3 月 14 日　市政府首次命名南阳普康集团化学制药厂等 11 个企业为出口创汇重点企业。

3 月 15 日　桐柏县跻身全国科技实力百强县、全国科技工作先进县行列。

3 月 20 日　济南军区司令员陈炳德中将在济南军区副参谋长张祥林少将和驻豫某部队长袁家新少将、河南省军区副司令员黄栋甲少将陪同下到南阳视察。

3 月 21 日　第四次中国小城镇财政研讨会在南阳召开。财政部、河南省财政厅和中央财经大学、中南财经大学等有关科研院所领导、专家参加会议。

3 月 25 日　中国林业科学院与南阳市人民政府就科技兴林开展

合作达成意向。同日,双方举行签字仪式,中国林科院副院长张守攻和南阳市市长王菊梅分别在意向书上签字。

3月31日　南阳始发韶山旅游专列开始运行,结束南阳没有旅游专列的历史。

4月12—13日　全省"村村通"广播电视工程淅川验收现场会召开。

4月16—18日　在2000年河南经贸洽谈会上,南阳市与外商签订10个项目合同,引资5000多万美元,成交贸易额2675.8万美元。

4月18—19日　以后藤武夫为团长的日本国南阳市友好访问团在南阳各地参观访问。

4月24日　豫沪经济合作洽谈会、2000年上海商品博览会在郑州结束。南阳市代表团共签约41个合作项目。

4月28日　南阳师范学院举行挂牌仪式。该校是经教育部正式批准建立的,系本科层次普通高等学校。

4月29日　南阳市国有资产管理委员会、南阳金冠集团与中国华融资产管理公司等单位债转股签字仪式在北京举行。根据协议,金冠集团在中国工商银行、中国农业银行、中国建设银行2.88亿元贷款实施债转股。金冠集团成为南阳首个债转股企业。

11时54分47秒,在内乡县马山口镇与镇平县四山乡之间(北纬33°11′,东经112°)发生里氏4.7级地震。南阳市区有震感。

5月5—7日　全国中医针灸文献与临床学术研讨会在南阳市召开,来自全国28个省(区、市)110余名代表参加。

5月14日　在上海举行的全国第五届残疾人运动会上,镇平县农民运动员郭红彦获得男子跳高、男子跳远2块金牌;南召县运动员金海江获得男子标枪金牌和铅球、铁饼2块铜牌。

5月17日　河南省第九届运动会皮划艇比赛在南阳市水上运动

场结束,南阳市代表队获得6金3银2铜,总成绩列第一位。

5月31日 河南产品(乌鲁木齐)展销会结束,南阳代表团总成交额20.6亿元。

6月1日 市长王菊梅率领南阳市政府代表团结束对瑞典乌姆兰省的友好访问。在8天访问中,双方在实施可持续发展战略、发展生态农业和绿色产品等方面达成共识,签订一批合作协议。

6月9日 南阳市农村信用社联合社成立。

6月11日 南阳市经贸代表团结束对澳大利亚和新西兰的访问。代表团与澳、新两国签订经济技术合作项目3个,其中政府间协议1个,项目总投资1342万美元,累计进出口总额1010万美元,其中出口720万美元。

6月13日 全国城市语言文字工作评估研讨会在南阳市召开,来自上海、广东、河北、甘肃等省(区、市)的语言文字工作者20多人参加研讨会。

6月30日 首届中国戏剧文学奖评奖活动揭晓,南阳市青年剧作者姜书华创作的现代剧《阴沉木》获银奖。

是月 教育部公布首批国家级重点中专名单,南阳农校、南阳卫校和南阳中医药学校榜上有名。

7月4日 南阳市中心城区遭暴雨袭击,梅溪路、文化路、中州路、卧龙路等主要街道被水流淹没,梅溪河、三里河部分堤岸垮塌,城区80%被溢流漫灌,白河城区段出现险情。鸭河口水库水位升至178.58米,超过汛限水位2.88米,水库被迫以每秒2500立方米的大流量泄洪。南阳市防汛指挥部召开3次紧急会议,强调把抗洪抢险作为压倒一切的头等大事。市领导深入一线,分头察看险情,督促抗洪。

7月7日 中国农业科学院决定,将南阳市列为中国农科院科技综合示范市。

7 月 12 日　拥有 2000 多名职工的省属企业南阳汽车制造厂依法破产。

7 月 14 日　在全国造林绿化工作会议上,南阳市被国家林业总局授予"全国林业生态建设先进市"称号。

7 月下旬　国家林业局和中国花卉协会联合命名全国首批 59 个"中国花木之乡",南阳市卧龙区石桥镇被评为中国月季之乡。

8 月 4 日　桐柏县乐神集团生产的乐神饮料以其纯天然、无污染的生态品质销往瑞典,这是南阳饮料类产品首次打入欧洲市场。

8 月 18 日　中国林业科学院决定,将南阳市列为科技兴林示范市。

8 月中旬　宛城区棉麻公司注册的"天骄"牌棉花被全国品牌棉花评审委员会评为全国十大名牌棉花。

8 月 25—27 日　中国长城学会秘书长董耀会、副秘书长吉人和中央电视台《东方时空》栏目 2 位记者到南召县考察以周家寨为主的古山寨群。专家们认定,这些山寨为春秋战国时期楚长城遗址,并确认南召县古长城是中国最早的长城。

9 月 4 日　宁西铁路南阳段第一期招标 11 项重点控制工程全部开工,进入紧张施工阶段。

9 月 6 日　南阳理工学院与新西兰惠灵顿维多利亚大学合作办学签字仪式在南阳理工学院举行。

9 月 23 日　南阳市第一届运动会在南阳市第五高中体育场开幕,各县(市、区)、市直及大中专院校共 84 个代表团参加。运动会自 8 月 14 日开始比赛,9 月 27 日闭幕。

10 月 9 日　全国政协副主席周铁农到南召县出席南召猿人遗址开放典礼。

10 月 17 日　第二届中国国际高新技术成果交易会在深圳落幕。

南阳市共签订项目 27 个,成交金额 26.1 亿元。

10 月 19 日　河南省人民政府公布第三批文物保护单位 203 处,其中南阳市有 17 处文物名列其中。

10 月 25 日　"北京故宫—河北保定直隶总督署—山西霍州署—内乡县衙"中国古代四大官衙国际旅游专线开通。同日,内乡县衙修葺一新,举行庆典和揭碑仪式。

11 月 1 日　南阳日报社主办的南阳新闻网站正式开通。

11 月 5 日　"中国农科院—河南省南阳市农业科技活动周"拉开序幕。中国农科院等高等院校、科研单位近 100 名专家、学者在中共中央候补委员、中国农科院院长吕飞杰带领下,前往唐河县考察农业发展情况,并为中国农科院研究生南阳培训基地和南阳市卧龙农业高新科技示范园揭牌。

11 月 6 日　中国农科院南阳科技综合示范市揭牌仪式暨农业结构调整与持续高效农业发展研讨会在南阳举行,全国政协副主席张思卿等中央和省、市领导、专家出席,中共河南省委书记陈奎元、时任河南省省长李克强以省委、省政府和个人名义致贺信。

11 月 7 日　全国政协副主席、全国历史文化名城建设领导小组副组长张思卿结束对桐柏、社旗、内乡 3 县和南阳市中心城区为期 3 天的考察,就历史文化名城建设发表重要意见。

11 月上旬　河南省地质矿产局第二地质勘查院在南召—泌阳一带发现 1 处世界罕见的特大金红石矿床,储量在 5000 万吨以上,这对于扭转中国金红石短缺状况具有重要战略意义。

11 月 13 日　2000 年河南产品(南宁)展销会闭幕。南阳市代表团共签订购销合同 62 份,成交额 7.6 亿元,以棉花、棉纺、机械产品、轻工产品和针纺织品成交量最大。

11 月 21 日　中国联通有限公司南阳分公司举行挂牌仪式。

11 月下旬 国家环保局批准桐柏县为国家级生态示范建设试点县。

12 月 15—16 日 中国农业发展银行总行行长何林祥一行到南阳检查粮棉油收购资金封闭管理情况。

12 月 26—27 日 中共南阳市委第二届第三次全体（扩大）会议举行，会议审议通过《南阳市国民经济和社会发展"十五"计划纲要（草案）》。

12 月 31 日 南阳市第一中学校迁建新校工程举行开工典礼。新校址位于南阳市中心城区建设路东段，占地 14 公顷。2002 年 8 月 18 日，第一期、第二期工程全部完工，9 月 1 日南阳市第一中学校正式迁入新址。

是月 河南省人民政府正式批准建立南阳恐龙蛋化石群古生物遗迹自然保护区，2003 年 6 月 6 日，被国务院正式批准为国家级自然保护区。

2001 年

1月8日 中共河南省委决定:马万令任中共南阳市委书记,何东成任中共南阳市委副书记。

河南省林业厅批准,建立南阳独山森林公园,至此全市森林公园已达6个。

1月10日 由南阳市发明家协会组织的南阳首届优秀发明家评选活动揭晓,薛国典、朱鸿云、宋本庆、柳国争等18人获优秀发明家称号。

1月11日 在南阳市第二届人大常委会第十六次会议上,任命何东成为南阳市人民政府代市长。3月1日,在南阳市第二届人大第三次会议上,何东成当选南阳市人民政府市长。

1月12日 南阳市体育中心体育馆开工,2006年1月26日落成。该馆占地面积9765平方米,总建筑面积1.87万平方米,馆内设观众席位5880个,其中无障碍席20个,功能齐全,现代科技含量高,可举行省级或全国二类综合性运动会和篮球、排球、羽毛球、网球、手球、乒乓球、体操、武术、拳击等国家或国际单项比赛。

2月14日 市委组织部公布《关于在全市实行发展党员公示制的意见》。

2月15日 市委发出《关于开展向革命烈士王国栋同志学习活动的决定》。1999年10月7日,内乡县湍东镇供电所汽车驾驶员王国栋为保护国家财产与歹徒英勇搏斗,不幸光荣牺牲。

2 月 16 日　市委决定在全市农村开展"三个代表"重要思想学习教育活动。

2 月 19 日　市政府决定:南阳理工学院国医国药系更名为南阳理工学院张仲景国医学院。

2 月中旬　南水北调中线工程南阳段城市水资源规划完成。

2 月 28 日　铁路通信信息有限责任公司南阳分公司成立。

3 月 1 日　市委召开抽调机关干部驻村工作会议。根据中共河南省委要求,除省派 106 名干部外,全市从市、县、乡三级党政机关和事业单位共抽调 4504 名干部组成工作队,深入 53 个乡镇 1060 个村民委员会帮助工作。主要任务是:全面贯彻落实"三个代表"重要思想,促进农村改革、发展、稳定,切实转变干部作风。

3 月 4 日　全市学雷锋先进事迹报告会在南阳影剧院举行,各界群众和驻宛官兵聆听邓州"编外雷锋团"代表所作事迹报告。

3 月 17—18 日　韩国丁氏宗亲会代表团一行 14 人,在韩国国会原议长、立法院原院长、韩国丁氏宗亲会名誉会长丁来赫及韩国丁氏宗亲会副会长、韩国国会议员丁德君带领下,回祖籍唐河县寻根谒祖并进行文化和经贸交流活动。

3 月 21—24 日　中共中央委员、济南军区副司令员李良辉中将一行 10 人,到南阳视察民兵预备役工作,并专程到邓州市看望慰问"编外雷锋团"成员。

3 月 23—25 日　中共中央委员、全国人大内务司法委员会副主任委员张丁华,全国人大常委会委员赵地带领全国人大调研组到南阳调研考察。

3 月 30 日　南阳市城市管理动员大会在南阳影剧院举行。大会号召,南阳市中心城区各级各部门和广大干部群众要迅速行动起来,为创建园林城市、卫生城市、文明城市而奋斗。

4月2日　中国镇平第八届国际玉雕节开幕。全国政协副主席罗豪才等中央、省、市领导以及国内外企业代表和社会各界人士1000多人出席开幕式。此次活动历时7天,来自德国、韩国等国内外2000余名客商、专家、学者出席,共签订合同项目130个,贸易成交额1.53亿元,引进资金2.94亿元,其中外资2.3亿元。

4月2—3日　全国政协副主席、中国致公党中央主席罗豪才率全国政协考察组一行5人赴镇平、内乡、淅川等县进行考察。

4月8日　河南天冠集团20万吨/年变性燃料乙醇项目建成投产剪彩仪式举行,从而开创中国变性燃料乙醇事业之先河。

4月16日　南阳旅游网站开通。

4月16—18日　武警总部副政委隋绳武中将在武警河南省总队总队长曹云忠少将、政委马炳泰少将陪同下,到武警南阳市支队视察工作。

4月18日　南阳知府衙门拆迁修复工程启动。2002年4月6日,南阳知府衙门博物馆开馆。

南召县被河南省人民政府批准为"河南十大中药材生产基地县"。

内乡县马山口镇石庙村发现一处宋代采金洞遗址。

4月20日　教育部公布第二批216所国家级重点中等职业学校,内乡县职专名列其中。

4月26日　南阳市中心城区白河第三级橡胶坝建设工程竣工。

4月29日　南阳市统计局公布全市2000年第五次全国人口普查主要数据。2000年11月1日0时,全市总人口为1048万人。

南阳市首届职工文化艺术节在解放广场开幕。

4月30日　市委宣传部、共青团南阳市委等6单位联合决定:对曹书志等10名南阳首届杰出青年农民、刘春武等10名南阳首届优秀青年农民进行表彰。

全市"严打"统一行动开始,打击重点是在逃黑恶势力团伙成员、暴力犯罪等重大刑事案件案犯,重大经济犯罪案件案犯及批捕在逃、负案在逃和职业"法轮功"分子。在此次行动中,全市各级公安机关共抓获各类违法犯罪嫌疑人 542 人,打掉各类犯罪团伙 29 个,抓获"三逃犯"119 名,查破各类刑事案件 258 起,端掉各类违法犯罪窝点 14 个。

5 月 8 日 国家体育总局公布 100 个全国体育先进县名单,西峡县榜上有名。

5 月 11 日 内乡县公安局举行全国优秀公安局挂牌仪式。

5 月 16—17 日 全国政协副主席白立忱到南阳考察供销社改革和发展情况。

5 月 31 日 河南工业职业技术学院成立庆典大会举行。该学院是在原中原机械工业学校基础上建立的。

6 月 1 日 面向社会公开发行南阳市实施"春蕾计划"邮资明信片,以资助更多失学女童重返校园。

6 月 5 日 全市农业结构调整重点工程——鸭河口灌区 6660 公顷节水高效农业示范园正式开工。

南阳市中心城区以新华路区域为试点,开始对大气污染进行综合整治。

6 月 6 日 南阳回龙抽水蓄能电站开工典礼在南召县崔庄乡回龙沟村举行。该电站为河南省第一座抽水蓄能电站,由河南省电力公司出资 4.5 亿元建设。2004 年年底建成,电站装机 2×60 兆瓦,年发电量 2032 万千瓦时。

6 月 10 日 河南天冠集团向泰国永兴发有限公司出口燃料乙醇生产技术合作协议签约仪式在澳门举行。

6 月 15 日 南阳理工学院医学院在南阳卫校正式挂牌成立。

6 月 18 日 南阳纺织集团邓州正兴有限公司举行挂牌庆典。正兴公司是南纺集团整体收购破产的原邓州宏昌棉纺织有限公司,并将其改制后组建的。从此,南纺集团跨入特大型纺织企业行列。

由国家文物局、中国博物馆协会、中国文物报社联合组织开展的"2000年度全国博物馆十大陈列展览精品"评选结果揭晓。南阳汉画馆汉代画像石陈列与中国历史博物馆、中国军事博物馆等10所博物馆陈列榜上有名。

6月20日 南阳市推广使用车用乙醇汽油试用仪式在白河加油站举行。根据河南省人民政府统一部署,南阳、郑州、洛阳3市在全国率先推广使用车用乙醇汽油。

全国九运会赛艇预赛暨2001年全国赛艇锦标赛在南阳水上运动场正式开始。此次比赛历时3天,来自全国各地的22支代表队参加本次比赛,参加人员近800人,参赛艇数达276艘之多,是在南阳举办的规模最大的全国性单项比赛。

6月20—21日 全市学理论、学科技、学法律及争做新型农民、争当文明家庭、争创文明新村"三学三争"活动现场经验交流会在新野县、唐河县召开。8月31日,市委决定,在全市农村广泛开展"三学三争"活动。

6月25—27日 中国林科院与南阳市共建科技兴林示范市项目对接洽谈会在北京举行,双方共签订合作协议58个。

7月3日 豫01线南阳境改善工程竣工通车,并达到一级公路和高速公路指标要求。

7月6日 市直举行基本医疗保险IC卡发放仪式,全市城镇职工基本医疗保险制度正式运行。

7月16日 国务院公布第五批全国重点文物保护单位共518处,南阳知府衙门、淅川县荆紫关古建筑群和邓州八里岗遗址榜上有名。至此,南阳市拥有全国重点文物保护单位8处。

7月18日　南阳市第二届书画大展在市科技馆开幕,共展出美术、书法作品150多件。

7月19日　南阳防爆集团有限公司动态股权制改革试点工作正式启动。

7月26日　长风机械制造总厂搬迁南阳工程开工。

河南北方星光机电有限责任公司在邓州市正式成立。该公司是经国务院批准的全国601个债转股国企之一,也是河南省兵器工业债转股大型国有企业。

南阳市张仲景研究会成立。次日,全国张仲景学术思想及医方应用研讨会在南阳召开。

7月28—29日　市工商、公安部门联动,成功摧毁从郑州转移到南阳由数百人组成的非法传销团伙。

8月1—4日　中共河南省委书记陈奎元到南阳调查研究指导工作。

8月8—9日　河南省军区司令员杨迪铣少将到南阳检查指导民兵预备役工作。

8月9日　南阳市中心城区滨河路拓宽改造工程开工。

8月13日　以河南红阳机械厂为主豫西6个军工企业组建的中国兵器豫西经济技术开发中心正式落户南阳市高新区。

8月16日　市纠正医药购销中不正之风工作会议召开,部署全市卫生行业实行药品集中招标采购,医药分开核算、分别管理制度,药品销售实行收支两条线管理,力争将不合理的社会医药费用降下来。

8月20—24日　第四届东方天文学国际会议暨张衡学术研讨会在南阳举行。中科院院士、中科院自然科学史研究所名誉所长席泽宗,本届会议组委会主席、韩国延世大学教授罗逸星应邀作报告。中国、韩国、美国、日本、德国等12个国家100余位专家、学者出席大会。

8月21日　南阳市"百万职工"暨"百万老年人"健身活动启动仪式在中南光电仪器厂举行。

8月23日　水利部、财政部联合命名全国水土保持"十百千"示范县(市),桐柏县榜上有名。

8月24日　市委、市政府召开见义勇为先进分子和先进群体表彰奖励大会,王天玉等24人被授予"见义勇为先进分子"称号,聂建松、聂兴朝、聂兴龙等4个群体被授予"见义勇为先进群体"称号。此前,胡天顺等3人和曾令才等5人分别被中共河南省委、省政府授予"见义勇为先进分子"、"见义勇为先进群体"称号。

9月1日　对全市医疗服务价格进行规范和调整。适当提高住院费等技术劳务性服务价格,降低CT等20余种医用设备检查治疗费和药品虚高价格。实行分等级定价,拉开不同级别医疗机构医疗服务价格档次,引导患者合理分流。

9月1—3日　2001年全国猕猴桃产品鉴评暨无公害栽培技术信息交流会在西峡举行。

9月5日　九三学社南阳市委员会成立。

9月6日　市物价局召开全面整顿涉农价格和收费、切实减轻农民负担会议,决定针对一些农村地区乱收费、乱涨价、乱摊派、乱集资等现象,全面清理涉农价格和涉农收费,维护广大农民利益。这次清理重点是:农村电价、农村中小学校收费和农民建房收费。

9月7—8日　南阳旅游推介会暨宣传促销活动在郑州举行。

9月8—12日　第五届中国国际投资贸易洽谈会在厦门举行。南阳市代表团共签订外引、内联、内外贸易和劳务输出合同、协议、意向29个。

9月11日　全市进行户籍制度改革,农民进城投资、买房均可申请办理市区常住非农业户口。

9 月 14 日　南阳市中心城区广播电视台管理体制改革动员大会召开。此次改革主要内容是:南阳电视台、南阳有线电视台、南阳教育电视台合并;撤销党员教育台和卧龙、宛城 2 区电视播出机构;组建南阳广播电视网络公司。

9 月 14—16 日　由中国中医药学会、中央电视台《中华医药》栏目、中医杂志社、南阳市人民政府主办,西峡县人民政府、宛西制药股份有限公司承办的 21 世纪张仲景学术思想研讨会在南阳召开。

9 月 15 日　全市棉花工作会议召开,部署棉花流通体制改革。这次改革的核心是放开棉花收购,打破垄断经营,鼓励有序竞争。

9 月 18 日　南阳防爆集团研制开发的 BDK618 – 8 – NO. 25 高效节能矿用防爆对旋式主通风机顺利通过国家级专家鉴定,整机性能达到国内领先水平。

9 月 20 日　全市职称改革工作会议召开,确定在各县(市、区)和市直部分事业单位进行评聘分离试点工作,在市直文化、体育、教育事业单位进行专业技术职务任职资格直接认定试点工作。

9 月 21 日　在中宣部召开的第八届"五个一工程"奖表彰大会上,社旗县青年农民张金永作词的歌曲《山妞走四方》获奖。

9 月 26 日　国道 207 线南阳段改建工程历经 3 年紧张施工正式建成通车。

9 月 28 日　银都建国酒店开始试运营。酒店位于南阳市中州路中段,按国际四星级标准建设,主体楼高 23 层,建筑面积 2. 3 万平方米。

10 月 5—16 日　以市长何东成为团长的南阳市政府代表团对日本国山形县南阳市、秋田县增田町进行友好访问。

10 月 9—11 日　时任河南省省长李克强到南阳调研指导工作,强调要优化经济发展环境,推进农业工业化,把南阳建设成为区域性中心城市。

10 月 12—14 日　2001 年南阳投资贸易洽谈会举行,来自 10 余个国家和地区近 80 名客商到会,共达成投资协议、意向 53 个,项目投资总额 6.2 亿美元,协议、意向外资 4.93 亿美元;签订贸易合同 10 个,贸易额 4806 万美元。

10 月 17 日　南阳市与上海浦东发展(集团)有限公司建立友好合作关系签字仪式在南阳举行。

第三届中国国际高新技术成果交易会在深圳落幕,南阳市代表团共签约项目 12 个,签约金额达 10.36 亿元。

10 月下旬　内乡县湍河湿地和淅川县丹江口水库湿地被河南省人民政府批准建立为省级自然保护区。

11 月 1 日　河南省人民政府确定将南阳、安阳、信阳、商丘、三门峡等周边城市,在"十五"期间建成带动豫西南、豫北、豫南、豫东区域经济发展的地区性中心城市。同时选择邓州市、镇平县、新野县等经济社会发展基础较好,各具人文、资源和区位优势的 25 个县(市)作为河南省城镇化建设重点县(市),加快其城镇化建设进程。

南阳文学艺术中心破土动工,2003 年 12 月 18 日落成。该中心建筑面积 6000 多平方米,是河南省省辖市中第一个集艺术创作、展览、培训、演出、收藏、交流于一体的综合性艺术中心。

市直机关事业单位医疗保险制度改革正式启动,公费医疗制度同时废止。

11 月 2 日　河南省人民政府发出提升五大支柱产业、发展高新技术产业的通知。南阳市共有桐柏天然碱矿、金冠集团、防爆集团、星光机械厂、天冠集团、南阳棉纺集团、新野棉纺集团、南阳卷烟厂、宛西制药股份有限公司、普康集团 10 个企业被省政府确定为重点支持企业。

11 月 3 日　全国乡镇企业东西合作经贸洽谈会在驻马店市结束。

南阳市代表团共签约项目 50 个,其中合同项目 31 个,合同投资额 2.6 亿元,合同引资额 1.94 亿元。

11 月 15 日　在 2001 年中国国际农业博览会上,南阳市有 11 种产品被认定为名牌产品。这 11 种名牌产品分别为内乡朝天椒(内椒 1 号),赤眉油桃,"宝天曼"牌天麻、杜仲,方城裕丹参,邓州"邓椒"牌小辣椒,西峡"正儿八经"牌香菇、"万里山"牌猕猴桃,"伏牛山"牌山茱萸,桐柏"淮源"牌玉叶茶叶,唐河"群发"牌五香牛肉、牛蹄筋,邓州"建林"牌 HYA 市内通信电缆。

11 月 30 日　在 2001 年度全国第三届"蒲公英奖"摄影评奖活动中,桐柏县少年摄影爱好者刘黎黎的摄影作品《童心关不住》获得金奖,这是南阳市音乐、书画、摄影类作品参加全国大赛首次获得最高荣誉。

12 月 5 日　世界生物圈保护区颁证仪式在北京人民大会堂举行。宝天曼国家级自然保护区被联合国教科文组织认定为世界生物圈保护区。

12 月 12 日　南阳市机构改革动员大会召开。这次机构改革,市直党政机构由 56 个减少到 43 个,市直党政群机关行政编制总体精减 23%,人员分流工作 3 年内完成。

南阳商场世纪龙购物广场、金世纪鞋都和金世纪服饰广场同时开业。

12 月 18 日　南阳市污水处理厂一期工程竣工,日处理污水 10 万吨。

12 月 20 日　南阳市生活垃圾综合处理厂竣工,日处理生活垃圾 500 吨。

南阳市中心城区滨河路施工工地发现 1 座罕见的彩绘汉画像石墓,为研究中国美术史、中国体育史和南阳汉画像石墓分期提供重要史料。

12 月 26 日 河南红阳工业有限责任公司举行挂牌仪式。

12 月 27—28 日 交通部部长黄镇东到南阳考察交通工作。

12 月 28 日 白河第四橡胶坝工程竣工剪彩仪式举行。第四橡胶坝建成蓄水,使白河游览区水面达到 667 公顷,长度达到 10 千米。

电信南阳市分公司为固定电话用户突破 100 万举行庆祝活动,南阳市成为河南省继省会郑州之后第二个固定电话用户超 100 万省辖市。

12 月 29 日 许(昌)平(顶山)南(阳)高速公路工程开工,2004 年 12 月 12 日竣工通车,该路段全长 162.8 千米。从此,结束南阳没有高速公路的历史。

2002 年

1 月 2 日 南阳玉雕大世界在市烙画厂破土动工,2003 年 8 月 3 日落成启用。

1 月 7 日 中共河南省委宣传部和省科技厅、教育厅、科协 4 部门联合下文,正式命名宝天曼国家级自然保护区为河南省科普教育基地。

1 月 10—11 日 中共河南省委副书记、常务副省长李成玉带领省直部门负责人深入社旗县、唐河县困难企业和农村,慰问困难职工和农民群众,并就财政、社会保障、教师工资发放等有关问题进行调研。

1 月 19 日 南阳市与中国林科院共建科技兴林示范市协议和共建林业高新技术园区协议签字仪式在郑州举行。

1 月 20 日 南阳市首个出国留学服务机构——河南省教育国际交流服务有限公司南阳综合营业部挂牌。

2 月 1 日 经过调整后的南阳市经贸委宣布正式组建,原市机械电子工业局、市石油化学工业局、市纺织工业局、市冶金建材工业局、市轻工总会、市黄金局同时摘牌,从而结束了市域工业分行业直接管理的历史。市经贸委是市政府负责调节国民经济运行的宏观调控部门和企业工作综合部门,在承担原经贸委及"五局一会"工作职能基础上,又增加新职能。

2 月 7 日 方城县被中国科协命名为首批 100 个全国科普示范县之一。

2 月 27 日 共青团南阳市委、市体育局和南阳日报社共同发起

"迎节会,捐资植树"活动。至3月20日,共收到捐款11万元,认种树木1100余棵。

2月28日　国土资源部确定宝天曼等33个单位为第二批国家地质公园。

3月1日　南阳卫校第二附属医院老年医疗康复中心正式投入运营,是全市最大的集托老、养老、医疗、康复为一体的托老中心。

3月3日　南阳市安全生产监督管理局正式挂牌成立。

3月6日　市长何东成在香港接受新华社香港分社、《大公报》、《商报》等当地多个媒体记者专访。何东成详细介绍南阳经济发展优势,并热忱欢迎海内外宾朋和客商到南阳观光考察、合作交流、投资置业。

3月8日　南阳市中心城区封闭推广车用乙醇汽油活动正式启动,标志着中国正式开展推广车用乙醇汽油。

3月20日　市考古工作者在南阳市中心城区广宇花园(原工人文化宫)施工工地,发现一座保存完整的晋代砖石墓,对研究晋代南阳习俗有重要参考价值。

3月22日　市委、市政府决定,在全市范围内开展扶贫济困送温暖捐助月活动,组织市直各单位和13个县(市、区)向灾区、贫困地区集中募捐。2001年,全市遭受以干旱和洪涝为主的多种自然灾害,受灾人口达770万,直接经济损失16.16亿元。

3月30日—4月2日　中国首届旅行社品牌经营论坛会议在南阳召开,全国40余名旅行社负责人参加会议。

4月1日起至年底　在全市范围内开展整治企业经营环境工作,整治重点是查处对企业乱收费、乱检查、乱罚款、乱摊派行为。

4月1日　市医政管理部门"医政执法月"活动正式启动,开始全面整顿医疗服务市场秩序。整顿对象涉及全市各级各类医疗机构,整顿重点是乱办医、未经批准的非法医疗广告、乱挂牌子、乱承包出租、乱聘用、乱义诊会诊等。

4月5—9日 全国政协副主席张思卿到南阳考察指导工作。

4月6日 中国出版工作者协会主席于友先到内乡县衙和南阳府衙博物馆调研。

4月8日 中国·南阳张仲景医药创新工程推介暨经贸洽谈会在南阳市体育中心开幕。全国政协副主席张思卿,卫生部副部长、国家中医药管理局局长佘靖,中国宝玉石协会副会长沈宝琳等国家、省、部级领导,中华中医药学会、中国中医药科技开发交流中心、国家中医药管理局台港澳合作交流中心、中国传统医药国际交流中心、中国中医药情报研究中心、中国中医药科技开发中心领导和全国中医药界知名专家学者,外宾和卫生官员,国内知名企业及全国新闻界200多名嘉宾参加开幕式。

4月9日 国家中医药管理局新药开发专项拟立项项目及推广项目推介会在南阳银都建国酒店举行,国内外中医药企业代表、投资商等300余人参加会议。这是国家中医药管理局在国内首次发布最新年度国家中医药开发专项拟立项项目和推广项目信息。

祭拜医圣张仲景仪式在南阳医圣祠举行。卫生部副部长佘靖,柬埔寨卫生部国务秘书吴飞如,拉脱维亚驻华大使埃纳尔斯·赛马尼恩,北京大学党委书记王德炳,国家中医药管理局副局长房书亭,河南省卫生厅厅长刘全喜,市领导马万令、何东成、朱长青、邓桦、王建民等和参加国际张仲景学术思想研讨会的代表参加祭拜仪式。

中华玉文化研讨会在镇平县举行,全国玉石界90多位专家出席会议。

2002年中国·南阳经贸洽谈会商品展销活动在南阳解放广场开展。

2002年中国·南阳经贸洽谈会合同签字仪式在南阳豫宛宾馆举行,总贸易额达11.62亿元。

市委、市政府在南阳银都建国酒店举行市情说明会,参加中国·南阳张仲景医药创新工程推介暨经贸洽谈会的中外客商和国内各大新闻媒体记者参加会议。

由中华中医药学会和南阳市政府共同主办的WTO与中药现代化产业高级论坛在南阳宾馆举行。

由河南宛西制药股份有限公司主办的张仲景经方研究与开发研讨会在南阳梅溪宾馆举行。

中国冶金矿业总公司与中国百强集团有限公司合作开发西峡县金红石签约仪式在南阳王府饭店举行。

4月9—10日 国际张仲景学术思想研讨会在南阳举行,200多名中外专家学者出席会议。

4月10日 中国·南阳张仲景医药创新工程推介暨经贸洽谈会项目签约仪式在南阳银都建国酒店举行,共签订合同项目56个,总投资额45亿元。

中国兵器工业集团公司·北京理工大学豫西高新装备技术研究开发中心在南阳市高新区举行开工典礼。

4月11日 南阳市与巴西帕拉州贝伦市合作项目签字仪式在南阳举行。市委常委、副市长李天岑与帕拉州贝伦市副市长马努澳在双方设立商务代理机构意向书上签字;新野县常务副县长刘浩安与帕拉州贝伦市副市长马努澳就双方合作开发种植、养殖项目签字;南阳理工学院院长薛谦让、河南工业职业技术学院院长姜立增与贝伦市亚马逊生物研究综合大学代表罗卡斯在双方开展教育合作意向书上签字。

2002年中国河南经贸洽谈会合作项目签约仪式在郑州举行。南阳市代表团共有4个项目参加签约仪式,签订合同3个、协议1个,总投资 16.6 亿元,引进资金 9 亿多元。

4 月 12—13 日　南阳市旅游推介暨宣传促销活动在西安举行。

4 月 16 日　第三届全国重大党史题材写作笔会在南阳召开。

4 月 22 日　南阳市生殖保健中心成立。该中心是国家计生委开展控制生殖感染、性传播疾病、艾滋病扩散的生殖感染综合防治工程南阳区域的指定防治单位。

4 月 25 日　南阳黄牛原产地标记注册顺利通过国家质量监督检验检疫总局专家组审核。

4 月 27 日　市行政审批制度改革工作会议决定,取消市政府工作部门及部分行使行政审批职能的事业单位 30% 以上行政审批项目。

市公民道德建设知识竞赛决赛在南阳宾馆举行。

4 月 28 日　河南电视台"心连心"艺术团赴宛慰问演出《与你同行》专场在南阳解放广场举行。

在北京举行的 2002 年全国青少年自行车赛上,南阳市代表队获得女子团体冠军。

5 月 4—8 日　首届河南省曲艺节在巩义市举行。南阳市代表团获得金奖 4 枚、银奖 4 枚、铜奖 6 枚,获奖总数及金奖总数在全省名列第一位。

5 月 7 日　中国·南阳汉代文化研讨会在南阳市举行。

5 月 7—8 日　国家文物局原局长、中国长城学会副会长吕济民,中国长城学会常务副会长罗哲文和国家文物、长城专家郑孝燮、赵爱民在南召县考察古长城遗址。考察结果初步认定:以周家寨为主的南召古城寨就是中国最早的楚长城一部分。

5 月 8 日　时任中共中央政治局委员、国务院副总理温家宝,到南阳考察南水北调中线渠首工程和移民安置前期准备工作。水利部部长汪茹诚、国家发展计划委员会副主任刘江、国务院副秘书长马凯、财政部副部长张佑才、国家环保总局副局长汪纪戎、水利部副部长张基尧，河南省省长李克强、副省长王明义，南阳市市长何东成等陪同考察。

5月14日 市卫生防疫站HIV（艾滋病毒）初筛中心实验室顺利通过省级资格认定。

5月17日 南阳市万名党员干部帮扶万名特困职工活动动员会召开。会议动员全市行政、事业单位副科级以上党员干部每人帮扶1名特困职工。

5月21日 南阳防爆集团有限公司安智电气发展公司奠基仪式在上海市松江区高科技园区举行。

6月6—7日 中共中央委员、济南军区副司令员李良辉中将到南阳考察指导民兵预备役工作。

6月10日 公安部与联合国儿童基金会合作项目"消灭拐卖——农村零点计划"试点工作在新野县正式启动。项目计划要求，自2002—2005年，彻底铲除拐卖妇女儿童犯罪在新野县买方市场，使这种犯罪活动减少到零。

6月16—17日 中共中央组织部副部长、人事部部长张学忠到南阳考察指导工作。

6月17日 市委、市政府作出决定：授予解放军石家庄白求恩军医学院学员卢鹏（南召籍）见义勇为先进分子称号。卢鹏在2月28日探亲期间，为维护群众财产安全，在长途汽车上只身与5名歹徒英勇搏斗，光荣负伤。

6月19—21日 中共河南省委书记陈奎元到南阳调研农村税费改革工作。

6月21—22日 阿根廷共产党中央总书记埃切加赖到南阳访问。

6月24日 南阳市2002年重点项目银行企业洽谈会举行。会议共达成银企贷款项目83个，总投资88.31亿元，金融机构意向、合同贷款 47.93 亿元,涉及工业、农业、城建、商业流通、旅游及房地产开发等多个领域。

6 月 25 日　市直机关党的工作会议决定,在市直机关开展建设服务型机关、争创最佳服务部门活动,加快由管理型机关向服务型机关转变。

7 月 1 日　全市实行户籍管理制度改革,取消 2‰"农转非"指标,凡符合新户籍管理政策规定,需要迁入南阳市市区户口,一律不再有指标限制。

8 月 1 日　南阳市行政服务中心正式挂牌成立。首批进入中心的市直职能部门共 36 个,涉及审批事项 432 项。

8 月 1 日　市政府召开会议,实行农村义务教育管理新体制。新的农村义务教育管理体制,把农村义务教育责任从主要由农民承担转变为主要由政府承担,从以乡镇为主转变为以县为主。

8 月 6 日　南阳金冠集团与德国 MW 公司合资项目合同签字仪式在南阳举行,双方决定成立南阳金冠爱姆威多媒体有限公司,把南阳建成中国重要的信息产业生产基地。

8 月 9—11 日　世界李氏宗亲总会副理事长、台湾李氏宗亲总会理事长、台湾报业协会理事长李国宪一行 4 人,到南阳寻根问祖,并进行商务考察。

8 月 13 日　全市事业单位人事制度改革工作会议召开,部署在全市事业单位全面推行以全员聘用合同制为核心的人事制度改革。

邓州"编外雷锋团"展览馆开工,2003 年 2 月 26 日落成开馆。中共中央政治局委员、中央军委副主席张万年上将、迟浩田上将分别为"编外雷锋团"及展馆题词题名。

8 月 30 日　南阳市旅游推介会在武汉举行。9 月 3 日,由武汉市 25 个旅行社和 4 个新闻单位联合组成的旅游考察团一行 30 人,到南阳考察旅游线路,并签订旅游合作协议。

9月9日　南阳市新旺氯碱化工有限责任公司揭牌运行,这是全市12个重点改革企业中首个启动的企业。

9月12日　被国家列入"双高一优"项目的CTP版生产线在乐凯集团第二胶片厂动工建设,2009年4月30日建成投产,为国内最大CTP数码印版生产线。每年新增CTP版、常规PS版生产能力1600万平方米。

9月15—16日　邓州市举行邓国侯吾离陵第一期工程竣工典礼暨邓氏宗亲联谊会。来自东莞、深圳、马来西亚等地的邓氏宗亲会代表出席典礼和联谊会。

9月16日　济南军区政委张文台中将一行到南阳,就邓州"编外雷锋团"现象进行专题调研。

9月18日　南阳航天水泥厂3000吨水泥熟料生产线在镇平县奠基。该项目总投资8亿元,其中一期工程投资3.99亿元,日产水泥熟料3000吨,2003年年底建成投产,具有国际先进水平、国内一流水平。

9月30日　南阳市区独山大道竣工通车。道路全长6457米,为城市主干道。

10月28日　在河南省第九届戏剧大赛上,南阳市曲剧团推出的现代戏《惊蛰》获得演出金牌奖,并一举囊括此次大赛涉及该剧的全部奖项,被省文化厅确定为河南省向"国家舞台艺术精品工程"推荐剧目和对外交流剧目。

11月1日　河南省人民政府在南阳市召开南水北调中线工程丹江口水库库区移民工作会议,部署水库大坝加高库区移民实物指标调查工作,这标志着南水北调中线工程进入实质性阶段。

11月1—3日　全国政协副主席孙孚凌到南阳视察农业、工业企业及南阳市中心城区建设情况。

11 月 4—8 日　2002 年中国西峡伏牛山金秋诗会在西峡县召开，来自近 20 个省(市)40 余位中国当代著名诗人、评论家、文艺理论家参加诗会。

11 月 6 日　南阳市中心医院举行医技楼暨大型医疗设备启用庆典。

11 月 14 日　市政府在淅川县召开会议，部署南水北调中线工程南阳水源地生态环境保护工作，确保南阳水源地山清水秀、地绿天蓝，让首都人民喝上纯净水、放心水。

11 月 15 日　淅川铝业(集团)公司采用国际先进的大型预焙电解工艺，年产 5 万吨电解铝工程竣工投运。同时年产 2.3 万吨铝板带冷轧项目开工奠基。

11 月 17 日　河南天冠集团年产 30 万吨燃料乙醇项目在宛城区溧河乡正式开工，2004 年 12 月 13 日竣工投产。项目总投资 12.8 亿元，年处理小麦陈化粮 105 万吨，生产变性燃料乙醇 30 万吨。

11 月 19 日　市政府召开参加河南省第九届运动会总结表彰大会，对在省九运会上获得佳绩的南阳市体育局、南阳市体校和运动员进行通令嘉奖。在河南省第九届运动会上，南阳代表团共获 71 枚金牌，位居全省第七位，团体总分排名全省第六位，实现历史性突破。

11 月 25 日　中共河南省委宣传部、省军区政治部、省民政厅联合作出决定：在全省范围内开展向邓州"编外雷锋团"学习活动。

11 月 29 日—12 月 1 日　沪宛合作洽谈会在南阳举行。来自新加坡、马来西亚和中国上海、香港等地的 18 个大型企业集团代表，与南阳市有关方面和企业在高新技术产业、房地产开发、玉器加工、旅游等方面达成多项合作开发协议，并签订一批项目。

12 月 3 日　全市首个专业化汽车配件市场——南阳汽配市场开业。

12 月 11 日　中国太平洋财产保险公司南阳中心支公司正式成立。

12 月 13 日　国家林业局正式批准桐柏山森林公园为"淮河源国家级森林公园"。

12 月 16 日　河南省政府表彰 30 名在京豫籍优秀外出务工人员，南阳人孙天丛名列榜首。孙天丛是邓州市十林镇人，在北京打工期间，他帮助受伤大妈而不留姓名的事迹被首都人广为传颂，被誉为"京城活雷锋"。

12 月 20 日　市委决定在全市范围内公开选拔 12 名副处级党外干部。

2003 年

1 月 20 日　南阳市政府采购中心成立。

1 月 22—23 日　中共河南省委副书记王全书、省人大常委会副主任李长铎、省政协副主席张玉麟带领省直有关部门负责人,深入南阳市城乡,亲切慰问困难企业、特困职工和贫困农户。

2 月 21 日　南阳市独山森林公园义务植树动员大会召开。会议号召全市人民迅速行动起来,大搞绿化美化,完善提高独山森林生态景观,尽快把南阳建设成为山水生态园林城市。

2 月 27 日　在北京人民大会堂举行的纪念学习雷锋活动 40 周年大会上,中宣部、中央文明委、解放军总政治部、共青团中央联合授予邓州“编外雷锋团”全国学习雷锋志愿服务先进集体称号。

3 月 5 日　邓州“编外雷锋团”事迹报告会在南阳影剧院举行。会后,“编外雷锋团”事迹报告团开始在全市各县(市、区)巡回报告。

3 月 6 日　南阳市规划展示馆揭牌。

3 月 8 日　全市车用乙醇汽油试点工作启动仪式在镇平县举行。

3 月 11 日　河南金星啤酒集团南阳啤酒有限公司开工奠基仪式在邓州举行,项目总投资 1.5 亿元,占地 10 公顷,次年 1 月 7 日建成投产。

3 月 26 日　南阳娃哈哈食品有限公司奠基仪式在宛城区溧河乡举行。南阳娃哈哈食品有限公司是由杭州娃哈哈集团控股、宛城区鑫众投资有限公司参股的合资企业,一期工程投资 1500 万美元,9 月建成投产。

3月28日　北京大学博士林奠基仪式在南水北调中线工程水源地淅川县九重镇陶岔村举行。北京大学30名博士生代表从北京带来1万棵银杏树苗,与200名南阳高校青年志愿者和当地群众共同种植"博士林"。

3月30日—4月1日　济南军区副司令员钟声琴中将到南阳视察。

4月1日　南(阳)邓(州)高速公路正式开工建设,2005年12月19日竣工通车,全长91.07千米。

4月4日　由中共南阳市委、市政府组织的"饮水思源看南阳——南水北调中线工程水源地南阳风光展"和宣传演出活动在北京西单文化广场举行。

4月7—8日　济南军区政委刘冬冬中将到南阳视察。

4月12—15日　中国国旅联盟等国内54个知名旅行社60余位总经理组成考察团,到南阳考察旅游线路。

4月17日　市中心医院发现一例来自新野县的病人患有输入性非典型病原体肺炎(以下简称"非典"),立即对其进行隔离治疗。5月6日治愈出院,为全省首例治愈出院的"非典"患者。

4月19日　市委、市政府召开专门会议,研究部署全市"非典"防治工作。

4月21日　南阳金洋珠宝首饰有限公司和金丰珠宝首饰有限公司开业庆典在内乡县工业园区举行。

4月22—23日　中共河南省委副书记支树平到南阳督查"非典"防治工作。

4月25日　全市国有企业改革工作会议召开。会议明确提出全市下一步国有企业改革目标和重点:以搞活企业、加快发展为出发点,以建立现代企业制度为目标,以产权制度改革为突破口,以股份制为主要形式,加快企业体制、机制和管理创新,增强企业竞争能力,从整体上搞好国有经济。

经省、市两级"非典"预防控制专家组联合会诊,南阳又发现第二例输入性"非典"患者,与其接触人员随即被隔离观察。

南阳市中心医院护理部向全院护士发出倡议,号召护理人员勇于奉献,到"非典"诊疗第一线,200 多名护理人员当场积极报名响应。

4 月 26 日　南阳市"非典"防治领导小组向社会公布 17 个"非典"接诊治疗定点医院及防疫监测机构名单和值班电话,以方便群众咨询和就近治疗。

4 月 28 日　南阳市防治非典型肺炎指挥部成立,即日起启动防治"非典"指挥系统。

4 月 29 日　南阳市人大常委会发出通知,强调落实《传染病防治法》,依法防治"非典"。

4 月 30 日　为做好"非典"防控工作,市公安局、市卫生局、市文化局、市工商局、市旅游局联合发出《关于整顿文化娱乐场所和公共场所的通告》。

5 月 1 日　市防治"非典"指挥部发出《关于进一步强化"非典"防治措施的紧急通知》。

中共南阳市纪委、南阳市监察局发出《关于在防治非典型肺炎工作中严明纪律的通知》。

5 月 8—10 日　河南省省长李成玉到南阳调研"非典"防治和经济工作,并看望战斗在防治"非典"第一线的医务工作者。

5 月 15 日　南阳市第六人民医院病房楼落成启用,该院为"非典"病人集中隔离治疗定点医院。

5 月 16 日　中国电信集团公司南阳分公司正式揭牌。

5月17日　以"依靠科技,战胜'非典'"为主题的全市2003年度科技活动周拉开帷幕。

5月19—24日　河南省政协主席范钦臣、副主席陈义初到南阳考察"非典"防治和经济工作。

5月21日　市四大班子举行联席会议。市委书记马万令、市长何东成在会上强调,要进一步贯彻中央、省委关于坚持"两手抓"方针,一手抓"非典"防治这件大事不松劲,一手抓经济建设这个中心不动摇,努力保持社会大局稳定和经济建设健康快速发展,把"非典"疫情造成的不利影响减少到最低限度。

5月26日　南阳市困难职工帮扶中心揭牌仪式在市工人文化宫举行。

5月27—28日　中共河南省委常委、省军区政委张建中少将到南阳视察工作。

6月5日　南阳市最后1例,也是全省最后1例"非典"患者出院,全市"防非"工作取得阶段性成果。

在韩国釜山举行的2003年世界杯射击赛上,南阳籍运动员陈融雪获得女子小口径运动步枪3×20项目金牌。

6月9日　2002年河南省名牌产品评价工作结束,宛西制药股份有限公司的"仲景"牌六味地黄丸、金冠公司淅川汽车减振器厂的"丹江"牌汽车减振器、南阳防爆集团的"CNE"牌防爆电机获河南省名牌产品称号,这是南阳市产品首次荣膺省级名牌。

6月14日　国际小行星命名委员会、国际小行星命名中心正式批准将国际永久编号为9092号的小行星命名为"南阳星"。

6月15日　南阳市曲剧团演员王杰、张兰珍荣获第九届"香玉杯"艺术奖。

6月16日　南阳市委政法委荣获"全国严打整治斗争先进集体"

称号。

6 月 18 日　南阳市民营经济发展局成立。该局与市乡镇企业局实行一个机构两块牌子,其主要职能是为全市非公有制经济搞好规划、指导、管理、协调、监督和服务。

6 月 19—20 日　唐河、镇平、内乡、社旗、方城 5 县 28 个乡镇遭受大风、冰雹灾害,农作物受害严重,部分烟叶、春玉米、小辣椒等早秋作物绝收。风雹中,死亡 1 人,伤 5 人,转移安置 26 人;房屋倒塌 809 间,损坏 2599 间;死亡大牲畜 247 头。9 月 13 日,中国红十字会救助南阳赈灾物资发放仪式举行,第一批赈灾大米 82 吨发放到受灾县(市、区),用于救助遭受风雹灾害的农民群众。

6 月 20 日起　逐步撤销设立在南阳各入境口和交通重点部位的"非典"检疫站,交通秩序逐步恢复正常。

6 月 25 日　为发展社会公益事业,鼓励社会公共服务部门开发公益性岗位,市政府决定从 2003 年起,用 3 年时间,通过财政补贴方式,购买一批公益性岗位,安置大龄下岗失业人员。

6 月 27 日　市委中心组集中学习《"三个代表"重要思想学习纲要》。会议要求,全市各级党组织要认真学习和贯彻中央《关于印发〈"三个代表"重要思想学习纲要〉的通知》和《关于在全党兴起学习贯彻"三个代表"重要思想新高潮的通知》精神,在全市党员、干部和群众中迅速兴起一个学习贯彻"三个代表"重要思想新高潮。

6 月下旬　被称为"水中大熊猫"的国家濒危野生动物——桃花水母,在白河游览区第二级橡胶坝上游被市水利局工作人员首次发现。

7 月 1 日　市委决定,在建党 82 周年之际,对在防治"非典"工作中表现突出的 200 个先进基层党组织、300 名优秀共产党员、200 名优秀党员领导干部予以表彰。

西峡县国家地质公园恐龙蛋化石景区开工。该景区规划总占地面积 9 平方千米,总投资 6000 万元,计划用 3~5 年时间全部建成。

7 月 8 日　中共中央委员、中华全国供销合作总社党组书记、理事会常务主任周声涛一行到南阳视察供销社工作。

7 月 8—9 日　国务院扶贫开发领导小组副组长、国务院扶贫开发办公室党组书记、主任吕飞到南阳调研扶贫开发工作。

7 月 11 日　由澳大利亚国际商会驻华首席代表麦克果率领的澳大利亚国际商会考察团一行 12 人,到南阳进行经贸考察访问活动,并签订 7 项合作意向。

7 月 16 日　韩国韩中文化交流协会会长金镇镐一行 8 人,到南阳考察访问。

7 月 16—17 日　河南省军区司令员杨迪铣少将到南阳,就加强和改进城市民兵建设及防汛工作进行调研。

7 月 18 日　中共南阳市委二届七次全体(扩大)会议召开,会议审议并原则通过《中共南阳市委关于建设"中国中部地区交通枢纽、全省新的经济隆起带和区域性中心城市"规划项目的决议》。

7 月 19 日　全市重大项目全面启动大会暨金冠集团工业园区奠基仪式举行。

中国人民财产保险股份有限公司南阳分公司挂牌成立。

7 月 23 日　市政府召开水污染防治工作会议,传达贯彻国家、河南省水污染防治工作会议精神,要求加强全市重点流域区域水污染防治工作,切实保护南水北调中线工程调水水源水质。

7 月 29 日　全市抗击"非典"英模、先进集体和先进工作者表彰大会在南阳影剧院举行。会上,市领导向在抗击"非典"斗争中作出重大贡献、取得优异成绩的市第二人民医院、市交通局等 52 个先进集体,冀元元、张云等 10 名抗击"非典"英模,邹敏阳和王增章 2 名被追授的抗击"非典"英模,魏富有、李继军等 524 名先进工作者代表颁奖。

8 月 6—10 日　中央纪委委员、国防大学副政委彭小枫中将到南阳考察。

8 月 7—8 日　河南省省长李成玉到南阳考察南水北调中线工程水源地水质保护工作。

8 月 20 日　2003 年南阳市全民健身周暨体育进社区活动启动仪式在南阳水上运动场举行。

8 月 31 日　宛西制药股份有限公司扩建工程在南阳市中心城区启动。此项工程占地 13.3 公顷,建筑面积 4.2 万平方米,一期工程总投资 8000 万元。

9 月 1 日　河南省特色城镇建设现场会在镇平县石佛寺召开。

9 月 2 日　全国人大常委会委员、财经委员会副主任委员石广生率全国人大执法检查组,到南阳检查《中华人民共和国建筑法》贯彻实施情况。

9 月 3 日　河南省第三届文学艺术优秀成果奖评选揭晓,南阳市共有 6 件作品获奖。

南阳市城区民兵维护社会稳定、支援保障部队机动作战、防空作战"三支力量"实兵点验观摩大会在滨河东路举行。

南阳(上海)对外合作项目洽谈会在上海开幕。此次会议共签约项目 123 个,总投资 214 亿元,引资 19 亿元。

9 月 6 日　著名演奏家盛中国、濑田裕子夫妇小提琴、钢琴独奏音乐会在南阳影剧院举行。

9 月 7—8 日　河南省科技兴林现场会在西峡召开。

9 月 12 日　在秦皇岛举行的全国场地自行车锦标赛上,代表河南队出战的南阳籍运动员李宁宁与队友合作,获得女子 3000 米团体追逐赛冠军。

9 月 16 日　南阳市首次价格信息发布会在市中心广场举行。

9 月 19 日　由河南省委宣传部、省新闻工作者协会联合组织的第八届"河南十大新闻人物"评选揭晓,南阳市二月河(凌解放)、孙天丛、白云萍当选为 2002 年度"河南十大新闻人物"。

9 月 26 日　《南水北调工程开工纪念》邮票首发式在南水北调中线工程渠首淅川县举行。

9 月 28 日　中国·桐柏淮河源文化旅游节开幕。

10 月 7 日　世界著名小提琴家、英国皇家音乐学院教授薛伟到南阳讲学。

10 月 10 日　南阳市中心城区卧龙路、长江路、车站路等市政重点改造工程竣工通车。

10 月 11 日　南阳普康药业有限公司揭牌。该公司是按照动态股权制模式,对原南阳普康集团化学制药厂进行改制而成立的。

商圣范蠡、医圣张仲景、科圣张衡、智圣诸葛亮邮票发行仪式在南阳邮政市场举行。同时发行反映南阳人杰地灵的《风流千古》《南阳风光》个性化邮票。

10 月 12 日　中国·南阳第二届玉雕节在镇平县玉文化广场开幕。本次节会,镇平县与外来客商共签约 52 个项目,总投资 5.75 亿元,其中引资 4.39 亿元。

中国·南阳第二届张仲景医药节、玉雕节暨经贸洽谈会(以下简称"两节一会")在南阳体育中心开幕。

10 月 12—14 日　由河南省社科院、郑州大学、河南大学、南阳师院和南阳市人民政府共同举办的诸葛亮与南阳学术研讨会在南阳举行。

10 月 13 日　2003 年南阳经贸洽谈会产品展销会在市解放广场开幕。展销会期间,共签约贸易合同 36 份,合同总金额 20.8 亿元人民币、500 万美元。

中国·南阳黄牛论坛召开。来自全国各地的畜牧界专家、学者及有关领导就南阳黄牛育种繁殖、产业开发等重大问题展开研讨。

10 月 13—14 日　全国张仲景学术思想暨中医药文化研讨会在南阳举行。

10 月 14 日　第二届"两节一会"项目签约仪式在南阳银都建国酒店举行,参加签约仪式的项目共 64 个,签约引资额 206 亿元,其中合同项目 50 个,引资额 70 亿元。"两节一会"期间,全市共签约合作项目 641 个,签约引资 238 亿元,其中合同项目 522 个,合同引资额 97 亿元。

豫港投资贸易洽谈会在香港展览中心举行,南阳市代表团共签订合资合作项目 11 个,引资额达 4500 万美元。

10 月 15 日　由著名小麦专家周中普、李航父子首创培育的彩色小麦搭载"神舟五号"飞船遨游太空,实现彩色小麦太空育种计划。

10 月 17—18 日　济南军区副政委赵太忠中将到南阳视察工作。

10 月 17—19 日　北京旅游行业协会、北京市旅游局和北京市 60 余个旅行社负责人一行近 100 人到南阳参观考察,为南阳旅游业发展建言献策,倡导"北京人游南阳"活动。

10 月 26 日　全国著名经济学家钟朋荣教授报告会在南阳市委党校礼堂举行。

10 月 28 日　宝天曼自然博物馆开馆。

11 月 7—8 日　全国人大常委会委员、全国人大财经委员会副主任郭树言,率全国人大调研组到南阳视察调研南水北调中线工程前期准备工作。

11 月 7—8 日　武警总部副政委贾润兴少将到南阳,就武警部队全面建设进行调研。

11 月 11 日　南阳市民间组织管理局成立。

11 月 14—16 日　济南军区副司令员叶爱群中将到南阳视察征兵工作。

11 月 30 日　中国·南召辛夷首届高级论坛在南阳召开,来自国内和德国、新加坡等国家及中国香港、台湾地区的 80 多名代表出席会议。

12 月 8—9 日　河南省城市规划工作座谈会暨南阳现场会举行,总结推广南阳市加强城市规划的经验。

12 月 9—16 日　市委组织部选派一批经济发展基础较好、文明程度相对较高、"双强"素质高的农村党支部书记赴苏南地区学习考察。

12 月 10 日　市建委决定对全市建筑领域拖欠工程款及农民工工资情况进行检查,限期清偿。

2004 年

1 月 5 日　南阳广播电视网络公司开通数字电视频道。

1 月 6 日　市煤气工程配套项目——南阳市中心城区白河南 5 万立方米煤气储配站工程竣工。

1 月 7 日　宁西铁路首列货车通过南阳。

南阳大统百货商场开业。

1 月 8 日　中共河南省委决定：何东成任中共南阳市委书记，马万令调省政府工作。

1 月 9 日　全国人大常委会环境资源委员会副主任委员宋照肃，带领全国人大南水北调中线工程调研组到南阳，进行为期 3 天的水源地水质和丹江汇水区生态环境调查。

1 月 16 日　南阳银监分局挂牌成立。

2 月 1 日　在全市范围内实施建筑行业农民工工资保障制度，从源头上治理和预防拖欠、克扣农民工工资行为。

2 月 2 日　国土资源部公布第三批国家地质公园名单，西峡伏牛山入选。

2 月 20 日　在中共中央、国务院召开的国家科学技术奖励大会上，南阳石油机械厂研制的 3000 米车装钻机获国家科技进步二等奖。

2 月 22 日　河南省"五个一工程"奖评出，南阳市共有 5 件作品获奖，分别是戏剧《惊蛰》、歌曲《外婆的杏花庄》、电视剧《为了明天》、理论文献电视片《雷锋精神有传人》、新闻作品《走近渠首》。

南阳市第六届精神文明建设"五个一工程"奖评出,曲剧《惊蛰》等42件作品获奖。

2月24日 市委、市政府召开创建国家级园林城市动员大会,号召全市人民万众一心、同心同德,举全市之力,奋战10个月,确保实现国家级园林城市目标。

2月26日 市二届人大常委会第三十七次会议决定:同意何东成辞去南阳市人民政府市长职务;任命黄兴维为南阳市人民政府代市长。

3月2日 南阳市住房公积金管理中心挂牌成立。

3月16日 国家文物局局长单霁翔到南阳考察文物工作。

3月20—21日 南阳城市发展战略规划评审会在南阳市召开。由全国知名规划专家组成的评审委员会一致通过《南阳城市发展战略规划》,确定南阳城市发展目标是:中国中部新崛起的工业基地,郑州—西安—武汉之间的区域中心,展示中华文化的舞台,适宜人类居住的山水家园。

3月23日 市委、市政府发出《关于牢固树立科学发展观,加强新时期环境保护工作的意见》,强调要确立科学政绩观,建立绿色考核体系。

3月26—28日 中共南阳市第三次代表大会召开。市委书记何东成作工作报告。大会讨论确定"十一五"时期全市工作基本思路和总体要求,选举产生新一届市委、市纪委;通过关于二届市委工作报告的决议和关于市纪委工作报告的决议。28日,中共南阳市委三届一次全会举行,何东成当选市委书记。

3月27日 经河南省有关部门批准,桐柏高乐山和方城七峰山分别跻身省级自然保护区和省级森林公园。至此,全市森林公园增至8个,国家级和省级自然保护区增至6个。

3月30日 河南省公益医保发展中心南阳办事处成立,旨在通过公益医保的规模发展,为城乡特困群体提供免费医保。

4月1—5日 政协南阳市第三届第一次会议举行,解朝来当选市政协主席。

4月2—7日 南阳市第三届人民代表大会第一次会议举行。褚庆甫当选市人大常委会主任,黄兴维当选市人民政府市长。

4月2日 丹尼斯克天冠(南阳)有限公司揭牌成立。该公司由天冠集团原生物发酵公司与丹麦丹尼斯克公司合资成立,以生产黄原胶(俗称工业味精)为主。

4月8日 河南省第一届蔬菜技术物资交流交易会在新野县开幕,来自省内和北京、山东、四川等地的企业代表等500余人参加会议。

4月11日 河南三色鸽乳业有限公司开业投产,日处理鲜奶达100吨,年产各类液态奶制品5万吨,产值1.2亿元,是豫西南最大的乳制品龙头企业。

4月13日 第三届中国河南国际投资贸易洽谈会南阳市市情说明暨合作项目签约仪式在郑州举行,来自德国、美国、新加坡、韩国、加拿大等国家和中国台湾、香港地区的客商参加签约仪式。此次豫洽会,南阳代表团共签订34个合资项目,总投资49.4亿元。

4月13—15日 由广东省政协副主席王兆林率领的广东省政协香港地区委员考察团一行,对南阳市对外开放和投资环境进行考察。

4月15日 中国联合水泥南阳航天水泥厂日产6000吨新型干法水泥项目一期工程投产暨二期工程奠基仪式在镇平县工业园区举行。2007年6月16日,二期工程6000吨/日水泥熟料生产线项目投产。

4月21日 市烟草专卖直属分局拍卖20辆公务车,在全市率先实施公车货币化改革。

4月22日 在全市范围内全面启动"非典"防治预案。

4月23—25日 第十八届河南省青少年科技创新大赛在南阳

举行。

4月24日 中国地方志指导小组副组长、全军军事志领导小组副组长、军事科学院副院长葛东升中将到南阳检查调研军事志编修工作。

5月10—11日 2004年河南省青少年公路自行车锦标赛在南阳举行。

5月13日 教育部正式批准南阳理工学院由专科升格为普通本科层次高校,结束南阳没有综合性普通本科高校的历史。

5月20—21日 河南省扶贫开发工作座谈会在南阳召开,河南省省长李成玉等出席会议,全省18个扶贫工作重点县就扶贫开发、县域经济发展等进行探讨。

5月21日 经教育部批准,南阳卫生学校升格为南阳医学高等专科学校,结束南阳没有医学高校的历史。

5月24—25日 全国党建研究会会长、中共中央组织部原部长张全景到桐柏县调研党建工作。

5月26日 市委办公室、市政府办公室联合出台《关于切实做好维护进城务工人员合法权益工作的意见》,要求各级党委、政府和工会组织要以高度政治责任感,切实把维护进城务工人员合法权益作为一项重要工作抓紧抓好。

5月27日 中共河南省委、省政府批准《南阳市人民政府机构改革方案》,根据精减、统一、效能和依法行政原则,对市政府部分工作部门职能进行整合,机构进行调整。改革主要内容是:一、组建市政府国有资产监督管理委员会,为市政府直属正处级特设机构。撤销市经济贸易委员会。二、将市发展计划委员会改组为市发展和改革委员会。三、组建市商务局,挂外商投资管理局牌子。撤销市对外贸易经济合作局。四、将市乡镇企业管理局改组为市中小企业服务局,挂市非公有制经济发展局牌子。五、将原市经贸委管理的市安全生产监督管理局改为市政府工作部门。六、将市计划生育委员会更名为市人口和计划生育委员会。七、市食品药品监督管理局挂市人民政府食品监督管理办公室牌子。经过调整,市政府工作部门为 30 个(不含市监察局),直属特设机构 1 个,部门管理机构 1 个,议事协调机构的办事机构 2 个,整个改革于 7 月底全部完成。

为了方便市民与政府间的沟通,经市政府批准,《南阳日报》开通"市长连线"。

河南省政府决定赋予全省 5 个县(市)与省辖市相同的经济管理权限和部分社会管理权限,邓州市名列其中;赋予 30 个县(市)省辖市的部分经济管理权限,淅川县名列其中。

南阳市中心城区温凉河治理工程开工,2005 年 9 月 20 日一期工程竣工。整个工程由河道清淤、拆迁、排污管道铺设和堤防护砌四部分组成。

6 月 2 日　市政府召开对种粮农民直接补贴暨降低农业税税率工作会议,根据中央有关政策,全市农业税下调 3 个百分点,应减免 30949 万元,补贴 13760 万元。至 6 月 29 日,所有补贴资金全部兑现完毕,该核减的农业税额全部核减到位,直补降点政策在南阳得到全面贯彻落实。

6 月 2—3 日　以巴西国会议员卡莫纳为团长的巴西帕拉州贝伦市代表团到南阳访问。市委书记何东成、市长黄兴维分别会见巴西客人,双方就经济技术、教育文化等合作事宜达成共识。

6 月 3 日　全国政协常委、人口资源环境委员会副主任张洽,全国政协常委、人口资源环境委员会委员、水利部副部长索丽生带领全国政协人口资源环境委员会调研组,就南水北调中线工程水源保障工作到南阳调研。

6 月 10 日　国务院南水北调办公室主任张基尧就加强南水北调

中线工程水源地生态环境保护工作到南阳调研。

全市艾滋病防治工作会议召开。市长黄兴维强调,必须本着对人民、对国家、对历史高度负责的精神,切实做好患艾滋病症病人的医疗救治救助工作,积极探索建立防治工作长效机制,做到认识到位、领导到位、投入到位、措施到位,严防艾滋病传播和流行。

6月14—22日 由市委书记何东成、市长黄兴维率领的南阳市党政暨企业家代表团赴浙江学习考察、洽谈项目、招商引资。共签约项目71个,总投资67亿元,签约引资62亿元。

6月26日 由南阳石油机械厂改制成立的南阳二机石油装备(集团)有限公司揭牌。

南阳防爆集团有限公司举行揭牌仪式。南阳防爆集团从此正式退出国有企业序列,实现股份制改造这一历史性转变。

南阳首个司法警察局在方城县人民法院挂牌成立。

7月1日 在全市实行县、乡领导天天公开挂牌接待来访群众制度。

7月6—8日 南阳市旅游推介会在北京举行。

7月7日 河南省统计局公布2003年全省规模以上工业企业排序,南阳有8个企业跻身百强行列。它们是河南石油勘探局、南阳卷烟厂、南阳鸭河口发电有限责任公司、中国乐凯胶片公司第二胶片厂、河南新野纺织股份有限公司、南阳纺织集团有限公司、南阳普光电力有限公司、河南省宛西制药股份有限公司。

市质量技术监督局确认,桐河鸭蛋、南召辛夷、西峡山茱萸、方城丹参等4种具有浓郁地方特色产品被列入全国原产地域保护产品名单。

7月12日 国家人口和计划生育委员会主任张维庆到南阳调研指导工作。

7月16日 16日凌晨至17日18时,南阳出现持续性强降雨过程,全市普降大到暴雨,局部地区出现特大暴雨。降雨主要分布在宛城、卧龙、社旗、唐河、方城、南召、内乡、镇平等县(区),降雨在 100 毫米以上雨区面积达 1.1 万平方千米,200 毫米以上雨区面积 7000 平方千米。方城、社旗 2 县绝大部分乡镇降雨在 300 毫米以上。受这次降雨影响,河水猛涨,唐、白、湍 3 条主要河道及其支流均出现较大洪水过程。全市各级党委、政府积极组织抗洪抢险,最大限度地降低灾害损失程度。

市纪委、市监察局印发《南阳市机关工作人员转变作风"六不准"》及《落实〈南阳市机关工作人员转变作风"六不准"〉实施办法(试行)》。

7 月 20 日至 12 月月底 市卫生局会同公安、农业、工商、质监等部门在全市范围内开展食品放心工程专项行动,严查与群众生活息息相关的粮、油、肉、饮料、糕点、奶制品、豆制品、调味品、保健食品、酒、水产品等 11 类食品。

7 月 20 日 南阳市农村中小学校危房改造工程工作会议召开。会议要求,市、县两级政府要设立危房改造专项资金,把危房改造经费纳入政府预算,必须在 2006 年年底前完成农村中小学校 D 级危房改造任务。

7 月 22 日 南阳市第一技校举行国家重点技校揭牌仪式。

7 月 26—27 日 全国人大常委会教科文卫委员会副主任委员吴基传、中国网通集团总裁张春江,到南阳调研指导通信工作。

7 月 27 日 中国国际工程咨询公司总经理包叙定一行,到南阳调研南水北调中线工程有关情况。

7 月 29 日 在河南(上海)经济技术合作项目推介会上,南阳市共达成项目意向协议 17 个,总投资 21.5 亿元。

8 月 3 日 以日本国南阳市政府企划财政课课长高桥与一为团长

的日本南阳市友好访华团一行 9 人,到南阳进行友好访问。

8 月 4—5 日　中共中央政治局委员、国务院副总理回良玉到南阳考察指导工作。民政部部长李学举、水利部部长汪恕诚、国务院副秘书长张勇、财政部副部长廖晓军等随同考察。河南省省长李成玉,市领导何东成、黄兴维、李天岑、张宪中等陪同考察。回良玉先后赴唐河、社旗 2 县,就农业和农村经济发展及农民增收情况进行调研,并代表党中央、国务院对灾区群众表示慰问。

8 月 8 日　《内乡县宝天曼世界生物保护圈旅游发展总体规划》评审会在郑州举行,来自北京、上海、广州等地的国内知名旅游、林业专家与会,并一致通过评审。此举旨在把宝天曼旅游区建成河南省生态旅游的"王牌"和南阳生态旅游的"旗舰"。

8 月 16—18 日　全球谢氏宗亲联谊总会第二届恳亲代表大会在南阳举行。其间,代表们到宛城区金华乡东谢营村寻根谒祖,并举行经济合作意向洽谈会、游览南阳名胜古迹等。

8 月 31 日—9 月 2 日　时任中共河南省委书记、省人大常委会主任李克强到南阳市调研指导工作,要求南阳市做中原崛起的重要支撑,努力探索出传统农业地区实现工业化的新路子,推进城镇化和农业现代化,加快全面建设小康社会步伐。

9 月 1 日　为抢救落水少年而牺牲的淅川县荆紫关镇青年学生李俊平,被共青团河南省委追授为"河南省见义勇为青年英雄"称号。

9 月 2—3 日　以全国政协社会和法制委员会副主任刘家琛为组长,全国政协社会和法制委员会副主任肖建章为副组长的全国政协调研组,到南阳调研未成年人法律保护工作。

9 月 3 日　市委、市政府召开创建国家卫生城市动员大会,部署国家卫生城市创建工作,动员和组织南阳市中心城区各单位和广大市民立即行动起来,大打一场创建国家卫生城市攻坚战,力争经过 2 ~ 3 年努力,如期实现创建目标。

9 月 4 日　南阳市万和购物广场开业,营业面积 5600 平方米。

9 月 4—5 日　2004 年全国越野摩托车锦标赛举行桐柏站比赛,共有全国各地 20 个代表队 120 多名选手参加比赛。

9 月 6—10 日　2004 年全国少年赛艇比赛在南阳市水上运动场举行,南阳市代表队荣获总分第二名。

9 月 7 日　市政府召开全市退耕还林粮食补助资金兑现工作会议,贯彻落实中共中央、国务院关于对退耕还林农户由补助粮食改为补助现金政策。据此,南阳市向退耕还林农户每亩补助 210 元。

9 月 9 日　据《南阳日报》报道,河南中南工业有限责任公司生产的"中南"牌人造金刚石被国家名牌战略推进委员会授予中国名牌产品称号,这是南阳市产品首次获此称号。

南阳市深化国有企业改革工作会议召开。会议确定全市国有企业改革要以建立现代企业制度为方向,以产权制度改革为突破口,以股份制改造、资产重组为主要形式,加快推进企业投资主体多元化,进一步完善公司法人治理结构,切实转换企业经营机制。基本目标是:工厂制企业基本完成公司化改制,国有独资和控股企业基本实现产权多元化,国有股份比例整体下降到 30%,县属企业基本实现国有资本退出,长期停产小亏困企业基本退出市场。

共青团南阳市委正式命名镇平县彭雪枫纪念馆等 10 个单位为首批"南阳市青少年思想道德教育基地"。

9 月 12 日　全国人大常委会环境与资源保护委员会副主任宋照肃、全国人大常委会财政经济委员会副主任郭树言、国家民委原主任赵延年,深入南阳市部分企业进行调研。

9 月 14 日　中共南阳市纪委对全市 13 个单位违反规定购买和使用超标准小汽车问题进行通报。

市委、市政府作出决定,命名张晓阳等66位企业界代表为"南阳建市十周年功臣",并颁发奖牌。

南阳市中心城区中州东路扩建工程竣工通车。道路全长1180米。

9月15日 全国政协副主席、全国工商联主席黄孟复到南阳视察。

中国中西部经济技术协作区第十九届协调委员会市长(专员)联席会在南阳召开,来自豫、鄂、川、陕、渝5省(市)协作方的政府领导出席会议,共商区域经济发展大计,为谋求中西部经济繁荣,推进中西部社会进步出谋划策。

9月16日 南阳光彩大市场奠基。该项目由全国著名民营企业德力西集团、北京物美商业集团、新奥集团和南翔集团联合投资建设,总占地面积100公顷,总投资15亿元。

中国·南阳第三届张仲景医药节、玉雕节暨经贸洽谈会开幕式在南阳体育中心举行。全国政协副主席、全国工商联主席黄孟复出席并宣布节会开幕。

中国·南阳第三届玉雕节在镇平县玉文化广场开幕。

9月17日 国际张仲景学术思想研讨会暨中华中医药学会社会办医管理分会成立大会在南阳召开,来自国内外的专家、学者300多人出席会议。

全国玉(石)雕刻著名大师专题报告会在镇平县举行,福建省4名全国著名玉(石)雕刻大师分别作报告。

2004中国·南阳产品展销会贸易合同签约仪式在豫宛宾馆举行,签约合同总金额15.4亿多元。

9月18日 河南省2004年农机产品展销演示会在邓州开幕,225个国内外农机生产、销售企业参加展销演示会,参展机具1577台(套)。

南阳市对外经济合作项目签约仪式在南阳宾馆举行。参加签约仪式的项目共 63 个,签约引资额 107 亿元,其中合同项目 52 个,引资额 80 亿元。"两节一会"期间,全市共签约总投资 500 万元以上合作项目 413 个,签约引资 170 亿元,其中合同项目 341 个,合同引资额 131 亿元。

9 月中旬 全市抽调 5714 名机关干部组成下访工作组,深入到群众中间走村串户、了解民情,切实解决群众反映的各种问题。

9 月 20—24 日 市纪委组织全市 1200 多名县处级干部分期分批到南阳监狱和看守所参观,进行警示教育。这是全市开展规模最大、规格最高的一次大型党内廉政建设和反腐败教育活动。

9 月 26 日 第七届中国艺术节闭幕。南阳代表团在舞台艺术、社会文化、戏曲理论 3 个领域获得 7 项大奖:现代曲剧《惊蛰》获得文华新剧目奖、文华导演奖(李杰)、文华表演奖(张兰珍)、文华舞台美术奖(何礼培),张兰珍同时获得艺术节观众最喜爱演员奖;大调曲《卜算子·咏梅》(作曲高炳林、杨丽雅)获得社会文化类政府最高奖——群星奖;戏剧理论论文《越调衰落的音乐检讨》(作者魏天葆、歧延斌)获得中国王国维戏曲论文奖。

9 月 30 日 美国北加州大学校长、国际著名生物医学工程专家刘永庆到南阳师范学院讲学。

10 月 10—14 日 全国政协原副主席孙孚凌到南阳考察农业及畜牧业等方面工作。

10 月 11 日 桐柏县安棚碱矿二期扩建工程开工奠基,2006 年 7 月 13 日竣工投产。至此,该矿累计完成投资 11.1 亿元,年生产能力达到 90 万吨,占全国天然碱份额的 50%,年可实现产值 9 亿元,利税 3 亿元,成为中国最大的天然碱化工基地。2007 年 6 月 5 日,三期扩建工程开工奠基,总投资 15 亿元,年可生产纯碱、混合盐制碱、小苏打等各类化工产品 120 万吨,2009 年 7 月 15 日建成投产。至此,桐柏县成为亚洲最大的碱硝化工产业生产基地。

10月12日 南阳市社区建设工作会议召开,部署城市基层管理体制改革,全面启动社区建设工作,要求在3年内完成全市社区建设,所有社区居委会2005年年底前开始挂牌运行。

10月12—17日 南阳市第二届运动会暨首届职工运动会举行。本届运动会共设4个组别、18个大项、166个小项,参赛代表团56个,运动员、裁判员、工作人员7000多人,是南阳撤地设市10年间规模较大、比赛项目设置较全、参赛人数最多的一项体育盛会。卧龙区、邓州市、宛城区代表团分获团体总分前3名;宛城区获得金牌总数第一名;南阳日报社等10个单位荣获体育道德风尚奖。

10月17—21日 全国政协原副主席王文元带领全国政协考察团,在南阳市中心城区和邓州、淅川、内乡、镇平等县(市)考察了解县域经济发展情况和旅游资源开发前景。

10月19日 全市首届残疾人就业再就业供需见面会在市人才交流中心举行。会上,劳动和社会保障、工商、税务等部门为残疾人提供政策、法规咨询服务,76个企事业单位为残疾人提供100多个工作岗位,有600多位残疾人参加见面会,签订意向书161份。

10月26日 靳庄水库续建工程开工。该工程采用50年一遇洪水标准设计,水库总库容1121万立方米,总投资2673万元。

10月28日 河南省旅游产业发展规划研讨会在内乡县召开。在2004—2010年《河南省旅游产业发展规划纲要》中,内乡县宝天曼被列为全省精品景区和重点建设景区,西峡县恐龙蛋化石群被列为全省旅游拳头产品,桐柏淮源被列为全省旅游重点建设项目。

11月3日 市文物部门公布,在南阳市中心城区发现一处大型古墓群,共有墓葬180余座,时跨战国至明清,以两汉墓葬为主,间有少量唐墓、宋墓及明、清墓,共出土随葬器物1000余件。

在北京举行的中国楹联学会成立 20 周年大会上,南阳市与南昌市、鞍山市荣获"中国楹联文化城市"称号。

11 月 6 日　中国·南阳首届黄牛节开幕式在唐河县桐寨铺镇举行。全国政协人口资源环境委员会副主任刘成果等中央有关部门和省、市领导与来自部分院校及科研单位的专家学者、海内外客商代表出席开幕式。

中国良种黄牛育种委员会第十次大会在南阳市召开。

南阳市进城务工人员工会联合会成立。

11 月 7 日　南阳黄牛科技论坛在南阳宾馆举行,中央有关部门和高等院校专家、教授分别在会上发表演讲。

中国·南阳首届黄牛节合作项目签约仪式在南阳市举行。来自美国、德国和中国香港、广东、浙江、上海、山东、湖北等地的客商与南阳市相关企业签订合作项目 32 个,总投资 6.13 亿元,引资额 5.27 亿元。

11 月 8 日　南阳市南水北调中线工程领导小组办公室、南阳市移民局正式挂牌成立。

11 月 9—11 日　国家体育总局党组书记李志坚到南阳考察指导"雪炭工程"和体育工作。

11 月 11 日　南阳市造林绿化动员大会召开。会议提出,要大打一场平原、丘陵地区造林绿化人民战争,每人每年植树 10 株,到 2007 年全市新植树 3 亿株,新造林 20 万公顷,全市实现平原绿化高级达标。

11 月 23 日　市委宣传部命名南阳市烈士陵园等 18 个单位为第二批爱国主义教育示范基地。

11 月 24 日　第三届中国玉石雕刻"天工奖"评选揭晓。镇平县仵应文、李海奇创作的独玉作品《悟道》荣获金奖,同时,镇平县仵应文、孟庆东、魏玉中获"中国玉石雕刻大师"称号。

11 月 26 日　南阳—上海空中航线开通。30 日,南阳—北京直航航班开通。至此,南阳与北京、上海、广州三大航空枢纽港直航线路全部开通。

11 月下旬 南阳市医疗保险管理中心出台《南阳市困难企业职工基本医疗保险暂行办法》,困难企业职工缴纳一定的参保费用可享受医疗保险政策规定的待遇。

12 月 21 日 南阳市气象局首次发布道路结冰预警信号,并决定自 2005 年 1 月 1 日起,开始发布突发气象灾害预警信号。

12 月 24 日 市政府召开清理拖欠农民工工资会议,并公布《关于清理建设领域拖欠工程款和农民工工资问题实施办法》。

是年 全市人均 GDP 首次突破 1000 美元。

2005 年

1月6日　河南省政协主席范钦臣、副主席张洪华在郑州铁路局、洛阳铁路分局负责人陪同下,到南阳考察铁路沿线有关情况。

1月10—12日　意大利著名社会活动家、罗马工业家联盟主席瓦罗里到南阳进行经济考察,并在南阳—意大利合作备忘录上签字。根据合作备忘录,瓦罗里先生将协助南阳与意大利有关城市缔结为友好城市;促进南阳与意大利有关方面在高等教育领域开展交流与合作,在岭南高速公路建设、医药、电器、汽车零部件、丝绸生产、恐龙蛋化石群开发等方面开展合作。

1月11日　全市科技大会召开。中共南阳市委书记何东成、市长黄兴维分别讲话,动员全市广大科技工作者进一步振奋精神,锐意进取,为推动全市科技进步与创新,实现经济持续快速发展作出积极贡献。河南天冠企业集团有限公司高级经济师张晓阳、南阳二机石油装备(集团)有限公司高级工程师尹永晶被市委、市政府授予南阳市科学技术特别贡献奖,全市科技工作先进集体和先进工作者同时受到表彰。会议下发市委、市政府《关于加强科技创新促进经济发展的意见》。

全市各界纷纷捐款赈灾,表达对印度洋地震和海啸受灾国家人民的关爱,全市捐款近17万元。

1月12日　全市开展公开销毁非法音像制品活动,共销毁非法音像制品6万余盘(张)。此次活动旨在坚持不懈开展"扫黄打非",保护知识产权,维护消费者合法权益,进一步繁荣和净化文化市场。

1月17日　市长黄兴维在南阳宾馆会见以日中经济协会事业开发部部长中村一诚为团长的日本生物质开发利用考察团。

1月21日　市委决定开展向马庆德学习活动。马庆德是南阳市城建监察支队副支队长,2004年9月16日因工作劳累过度,诱发心脏病,不幸去世,年仅53岁。

1月22日　市委召开保持共产党员先进性教育活动动员大会。市委书记何东成作动员讲话。此次活动根据中央、省委统一部署进行,以实践"三个代表"重要思想为主要内容,旨在提高党员素质,加强基层组织,服务人民群众,促进各项工作。整个活动分3批进行,每批6个月。

1月30—31日　以澳大利亚南澳洲帝国皇家集团董事、总经理乔纳森·希为团长的南澳洲经贸考察团一行6人,到南阳进行经贸考察。

2月4日　市长黄兴维在南阳宾馆会见以日本中央石油株式会社董事长、总经理山上德弘为团长的考察团。次日,日本中央石油株式会社和唐河县政府在南阳宾馆举行重油深加工和精加工生产项目签约仪式,项目总投资1.5亿元人民币,一期工程投资300万美元。

2月6日　河南省教育厅公布首批57所示范性普通高中名单,南阳市第一中学校、桐柏县实验高级中学、内乡县高级中学、西峡县第一高级中学校名列其中。

一超大全彩电子显示屏在南阳市中心城区白河无名岛落成开播。该显示屏有效显示面积达1200平方米,高度约50米,覆盖整个白河北岸。

2月23日　河南省政府公布第二次调整后的农业产业化省重点龙头企业名单,全省共有128个企业上榜,其中南阳市6个,它们是河南创基农业发展有限公司、河南天冠企业集团有限公司、新野县蔬菜有限责任公司、西峡双龙香菇市场开发有限公司、河南省宛西制药股份有限公司、河南省内乡县牧原养殖有限公司。

2 月 28 日—3 月 1 日 全国第九次军民学雷锋经验交流暨理论研讨会在邓州市召开。来自全国各地的学雷锋英模代表和各界人士1000 余人参加大会。会上,10 个第七届"中国集体雷锋"当选单位(2004 年度)、10 位"中国雷锋"当选者(2004 年度)受到表彰。会议主办方中国雷锋工程委员会、中国雷锋精神研究会赠予邓州市"编外雷锋团"匾额 1 块。中国雷锋城委员会授予邓州市"编外雷锋团"展览馆为全国雷锋精神宣传教育基地称号。

3 月 5 日 《玉兰花》特种邮票首发式在中国辛夷之乡南召县举行。

3 月 13 日 在韩国汉城国际马拉松赛上,中国选手周春秀(社旗县籍)获得女子组冠军。26 日,她又在厦门国际马拉松比赛中获得女子组冠军。

3 月 14 日 南阳市农村公路建设工作会议召开。会议提出,要用两年时间,基本完成平原区村村通水泥路(油路),山区村村通公路目标。

3 月 16 日 市委决定开展向闫道强学习活动。闫道强是南召县国土资源局乔端镇矿管站副站长,2004 年 12 月 13 日,在全市矿业秩序集中治理整顿中不幸殉职,年仅 54 岁。

3 月 20 日 全市农村义务教育阶段贫困家庭学生免费发放教科书、免杂费、补助贫困寄宿生生活费"两免一补"工作会议召开。至 3 月 30 日,全市共有 333615 名农村贫困生受惠于这项政策。

3 月 21 日 南阳固定电话升至 8 位。自此,南阳进入 8 字号,对提升南阳城市品位,拓展南阳知名度,改善南阳投资环境,促进南阳经济社会全面发展具有重大意义。

4 月 6 日 河南南阳(香港)恐龙蛋化石·旅游文化资源展示推介

暨投资贸易洽谈会在香港展览中心开幕。河南省副省长史济春代表省政府向香港特区政府赠送 2 枚恐龙蛋化石。在历时 3 天展览期间,有 2 万多名香港市民和海外朋友前往参观。共签约项目 19 个、贸易协议 1 个。项目总投资 39828 万美元,引进资金 34209 万美元。

4 月 8 日　豫港投资贸易洽谈会在香港展览中心举行。南阳市共有 3 个合同项目参加签约,总投资 11598 万美元,引资 9921 万美元。

许昌卷烟总厂与南阳卷烟厂重组揭牌仪式在南阳市举行。两个企业重组后,原南阳卷烟厂改称许昌卷烟总厂南阳分厂。

4 月 10 日　第六届茅盾文学奖揭晓,5 部长篇小说获奖。南阳籍军旅作家柳建伟创作的《英雄时代》和南阳籍作家宗璞创作的《东藏记》榜上有名。

4 月 15—17 日　河南省省长李成玉带领省直有关部门负责人,深入南阳市中心城区、镇平县、西峡县、淅川县、邓州市调查研究指导工作。强调要抓住重要战略机遇期,一切从实际出发,坚持以科学发展观统领经济社会发展全局,切实加快发展步伐,努力构建和谐社会,做中原崛起的重要支撑。

4 月 18 日　南阳首次发现植物杀手——加拿大一枝黄花。市森林病虫害防治检疫站发出紧急通知,要求各地林业部门坚决杜绝引进、种植和销售加拿大一枝黄花。

4 月 20 日　全市信访工作会议决定,自 5 月 1 日起,市级领导每周安排一次接待来访群众。

4 月 26 日　邓州市花洲书院修复竣工典礼举行。

4 月 28 日　全市加快小城镇建设工作会议提出,到 2010 年,南阳市城镇化水平达到 37% 以上,5% 的建置镇要发展到 5 万人左右,30% 的镇发展到 3 万人左右,60% 的镇发展到 2 万人左右。

4 月 30 日　2005 年全国劳动模范表彰大会在北京人民大会堂举

行。南阳市赵军敏、刘天志、李恒三、秦俊、孙耀志、胡逸云、丁峰、翟光校、陈道田、吴元全等 10 人获"全国劳动模范"称号。

5 月 10 日　市委、市政府召开市直生产经营服务型事业单位转企改制工作会议,南阳宾馆等 45 个市直生产经营服务型事业单位被列为第一批改制转企单位。

5 月 13 日　市委、市政府举行发展循环经济建设生态大市研讨会,南阳建设生态大市工程全面启动。市委书记何东成提出建设生态大市总体目标是:把南阳建设成为经济快速发展、环境清洁优美、生态良性循环、生活舒适便捷、市民健康长寿、社会文明昌盛区域。重点抓好生态经济、生态环境和生态文化建设。

5 月 13—16 日　中共河南省委常委、省军区政委祁正祥少将一行到南阳调研。

5 月 23—24 日　中共河南省委书记、省人大常委会主任徐光春到南阳调查研究指导工作。徐光春希望南阳坚持以科学发展观统领经济社会发展全局,协调推进工业化、城镇化和农业现代化,确保经济持续、快速、健康发展,努力构建和谐社会。

5 月 25 日　南阳市城市规划委员会成立,该机构是市委、市政府专门组建的统筹城乡发展、统揽全市规划建设的重要决策机构,标志着南阳市城镇化发展跨入规范化、法制化轨道。

5 月 26 日　加拿大生物保护圈保护区访华团抵达南阳,对宝天曼国家级自然保护区进行为期 2 天的考察访问。

5 月 29 日　南阳信息工程学校被教育部命名为"国家级重点中等职业学校"。

5 月 30 日　桐柏县被中国民间文艺家协会命名为"中国盘古之乡"。

6 月 5 日　南阳普康药业有限公司镇平分公司洁霉素二期工程在

镇平工业园区奠基。

6月6—8日　由市委书记何东成、市长黄兴维率领的南阳市党政考察团一行60余人对郑州、洛阳2市城建、工业和县域经济进行为期3天的考察。

6月7日　南阳市公安局宛城分局副局长秦保林被授予"全国公安系统一级英雄模范"称号。他在身患癌症、身心受到极大折磨情况下,仍以顽强毅力奋战在命案侦破攻坚第一线,为维护社会治安稳定,打击犯罪作出突出贡献。

6月17日　南阳—深圳航班开通。

6月18日　南阳师院与英国皇家学会洛桑研究所共建"中英昆虫生物学实验室"协议在南阳市正式签订。中英双方科学家依托宝天曼动植物基因宝库,就昆虫基因组学和自然生态保护等课题进行共同研究。

6月21—30日　南阳市第六届戏剧大赛在西峡县会议文化中心举行。西峡县《山村故事》等5个剧目获得金奖,卧龙区《永恒的彩霞》等5个剧目获得银奖。

6月23—30日　由中国围棋协会主办的2005年全国业余围棋大奖赛在南阳举行,来自全国21个省(区、市)近60支队伍200多名具有5段以上棋力的业余围棋选手参加角逐。

6月25日　南阳市首届名店、名菜(吃)、烹饪名师命名授牌仪式举行。这次活动共有89个餐饮企业、130余道名菜(吃)、90余位厨师报名参加,共评选出南阳餐饮名店39个、名菜(吃)78道、烹饪名师37位。

6月25—26日、6月30日—7月1日　市境内发生2次暴雨,造成26个乡镇10万余人受灾,致使5人死亡、2人受伤;农作物受灾面积9620公顷;倒塌房屋1509间;损坏堤防163处,冲毁塘坝162座,损坏灌溉设施 71 处、机井 320 眼;损坏输电线路 160.8 千米、通信线路 131.2 千米,造成直接经济损失 7351 万元。7 月 5—7 日,市境再次出现强降雨。其中桐柏县、南阳市中心城区、唐河县出现大暴雨,降水量分别为 131 毫米、125 毫米、169 毫米,邓州市、南召县出现暴雨,其他大部分县大雨。7 月 8—10 日,暴雨袭击唐河县、桐柏县,部分乡镇受灾。唐河县最大降水量达 342 毫米,境内马振抚、毕店、古城、城郊、昝岗等 5 个乡镇受灾,全县受灾人口 11 万多人,转移被困人口 602 人;农作物受灾面积 9333.33 公顷,绝收 2666.67 公顷;倒塌房屋 324 间。直接经济损失 1400 万元。

7 月 6 日　河南文学院南阳籍作家马新朝以其诗作《幻河》获得第三届鲁迅文学奖。这是南阳作家群继周同宾以散文《皇天后土》获得首届鲁迅文学奖后又一重大成果。

7 月 14—16 日　以全国人大环境与资源保护工作委员会副主任尚莒城为团长的中华环保世纪行记者团一行 20 多人,到南阳采访调研环保工作。

7 月 21 日　考古工作者在丹江口水库库区沿岸——淅川县滔河乡阎杆岭发现春秋时期楚国平民墓葬群。共发掘墓葬 31 座,出土陶鼎、陶豆、陶壶等一批弥足珍贵的楚国早期文物,这一发掘为楚始都丹阳在淅川提供有力证据。

7 月 27 日　市委作出向王克学习的决定。王克是唐河县人,2005 年 7 月 8 日上午,为抢救落水群众不幸被洪水卷走失踪。

8 月 12 日　南阳市人民政府与河南农业大学科教富民合作计划协议签字仪式在南阳举行。根据协议,河南农大在决策咨询、技术开发、成果转让、人才培养等方面为南阳提供多方服务。

8 月 19 日　全国首家干椒系列小辣椒太空育种在方城种植成功。

8 月 23 日　全市文化产业发展和文化体制改革工作会议举行,市委书记何东成出席会议并讲话。会议提出，以文化资源为依托，以结构调整为主线，以体制机制创新为突破口，坚持经济发展和文化发展相统一，文化事业和文化产业共发展，逐步建立起与经济发展水平相适应的文化发展格局，把南阳建设成为文化产品数量、品种和质量基本满足人民群众精神文化需求，文化事业整体水平和文化产业发展实力居于全省前列，在省内外有较大影响的文化名市。

8月24日　台湾邹族寻亲访问团赴邓州市台湾村寻亲访问。清朝康熙年间，生活在阿里山的台湾原住居民依那思罗，跟随郑成功手下大将黄廷来到大陆，屯垦于邓州，并娶妻生子，长子、四子留在邓州，次子、三子随同黄廷再次出征台湾，并定居阿里山，从此，骨肉兄弟天各一方。这次访问是双方在350年后首次手足团聚。

8月27日—9月2日　中国科学院院士南阳行活动举行。中国科学院和中国工程院数十位院士、专家分别考察南阳二机石油集团、防爆集团、金冠集团、天冠集团等多个企业和南阳师院、南阳理工学院、南阳医专等大专院校；围绕科技·技术·人文这一主题，举行中科院第十七次技术科学论坛和10场巡讲报告会；围绕南阳市"十一五"工业规划、城市建设、南水北调，举行院士、专家咨询会；南阳市人民政府与中科院技术科学部、信息技术科学部达成框架性合作协议；10余位院士、专家被南阳师院、南阳理工学院等院校聘为兼职教授。

9月1日　市政府发出贺信，热烈祝贺南阳防爆集团有限公司生产的"CNE"牌防爆电机产品获"2005年度中国名牌产品"称号。

9月6日　河南省农产品质量安全检测中心南阳分中心暨南阳市农产品质量检测中心正式成立运行。

9月8日　唐河县黄牛综合饲养项目获得由国家标准化管理委员会颁发的国家农业标准化示范项目证书。这是南阳市首个获得国家级证书的农业标准化示范项目。

9月9日 河南省 2005（邓州）农机产品展销演示会开幕。共有269 个农机生产厂家和经销商及 2939 台大中型农机具参展。

9月10—11日 欧盟驻中国使团科技参赞山德士、瑞典生物醇燃料基金会理事长彼埃尔·卡斯特德，清华大学教授刘德华、博士周玉杰到南阳考察清洁能源推广使用。此前，河南天冠集团同清华大学联合申报生物能源示范城市项目已被欧盟项目管理委员会审查批准实施。该项目总预算资金 800 万欧元，旨在通过试点城市示范带动作用，推广使用清洁生物能源，减少并改善大气环境污染。

9月15日 南阳市改善金融生态环境暨银企合作签约大会举行。中国人民银行济南分行、驻豫各金融单位负责人、南阳市四大家领导等出席大会。市长黄兴维代表南阳市人民政府，与国家开发银行签订政府信用额度协议；南阳市有关单位与相关金融机构签订 68 个项目贷款协议，贷款金额达 238.42 亿元。

9月15—17日 中国·邓州首届农业生产资料产品展销会举行。山西天脊煤化工集团等国内外 150 多个农资生产企业代表和经销商参加此次会议。

9月16日 洛（阳）南（阳）高速公路开工。2007 年 12 月 10 日，南召至南阳段通车，全长 98.5 千米。

岭南高速公路开工奠基仪式在宛城区新店乡举行。岭南高速公路是太原至澳门高速公路重要干线组成路段，主线起自平顶山市与南阳市交界处分水岭，止于王村乡张华岗村，与上海至西安高速公路相连，全长 73.86 千米，2009 年竣工通车。

9月16—18日 全国 10 省（区）25 城市政协横向联席会第十五次会议在南阳市召开。来自山西、四川、江西、江苏、陕西、青海、湖北、河南等省（区）20 个成员单位组团参加此次会议。

9月17日 世纪百货、永乐南阳五交化店分别在南阳商场和南阳五交化大厦开业。

9月20日　市文明委启动以家庭和美、邻里和睦、人际和谐为主要内容的"三和行动",旨在进一步提高市民文明素质、城市文明程度和居民生活质量。

9月20—21日　应市政府邀请,日本著名城市规划设计专家三宗司郎、松田善弘等一行5人,到南阳考察城市规划设计工作。

9月20—22日　全国政协副主席张思卿带领全国政协专题联合调查组到南阳,就南水北调工程中的文物保护工作进行调研。

9月21日　中国·南阳第四届张仲景医药节暨经贸洽谈会在西峡县开幕。全国政协副主席张思卿、全国政协科教文卫体委员会副主任于友先等中央、省、市领导,省内外专家、学者、企业家、客商等,中央、省、市及香港主流新闻媒体领导和记者出席开幕式。

中国·南阳第四届玉雕节暨经贸洽谈会在镇平县开幕。中国宝玉石界领导、专家、省直有关部门负责人,南阳市和镇平县领导以及各界人士出席开幕式。

9月22日　中国·南阳第四届张仲景医药节、玉雕节暨经贸洽谈会合作项目签约仪式在西峡县中州鹳河饭店举行。参加签约仪式的项目共有62个,项目总投资87.4亿元,签约引资84.6亿元。其中合同项目57个,总投资81.7亿元,合同引资79亿元;协议项目5个,总投资5.7亿元,协议引资5.6亿元。

全国医药工商业共同发展高层论坛在南阳宾馆举行。参加第四届张仲景医药节的全国各大医药企业领导人300余人参加论坛。

9月23日　桐柏县被联合国开发计划署确定为野生大豆国际保护区。

9月24日　国美南阳世纪商城店在南阳商场开业。

桐柏县被中国矿业联合会授予"中国天然碱之都"称号。

9 月 26 日　国家中医药管理局在全国确定 7 个农村中医药适宜技术示范地区(试点),南阳市是河南省唯一被确定的示范地区(试点)。

9 月 26—28 日　在驻马店召开的 2005 年全国民(乡)企东西合作经贸洽谈会暨农产品加工贸易博览会上,南阳代表团共签约合同项目 92 个,合同投资额 20.1 亿元,合同引资额 17.36 亿元。

9 月 29 日　世界著名餐饮集团麦当劳在南阳开设的第一个餐厅在南阳商场开业。

10 月 1 日　中国·南阳 2005 世界名商祭拜诸葛亮盛典活动在南阳武侯祠开幕。海内外名商、诸葛亮后裔、诸葛亮出生地单位代表、市内知名企业代表及游客参加祭拜活动。

诸葛亮文化论坛在南阳师院举行。

10 月 11 日　在河南省第二届民间艺术节上,南阳市皮影戏、曲艺获得多项金银大奖。

10 月 12 日　全市深化和完善乡镇机构改革工作会议召开。12 月 22 日,全市乡镇机构改革检查验收工作情况通报会召开。会议通报表明,全市乡镇机构改革工作成效显著:全市乡镇区划数由撤并前 227 个减至 212 个,乡镇党政事业机构数由改革前 2547 个减至 1696 个,共清退临时人员 1557 人,乡镇领导职数由原来 3090 名减至 1968 名,乡镇行政编制总数为 6877 名,实际使用于乡镇机关编制 6516 名,行政岗位定岗 6472 人,事业编制由 11322 名减至 8467 名,全市乡镇共分流人员 18975 人。

10 月 13 日　在南京举行的全国第十届运动会男子场地自行车 1000 米计时赛中,代表河南省参赛的南阳籍运动员冯永获得金牌。14 日,冯永与队友合作,又获得自行车男子团体竞速赛金牌。

中国与加拿大联合发行《金钱豹与美洲狮》特种邮票首发仪式在金钱豹原地河南省内乡县和浙江省临安县同时举行。

10月14日　在南京举行的全国第十届运动会赛艇比赛中,代表河南省参赛的南阳籍运动员吕书亮与队友合作获得男子8人单桨无舵手项目比赛银牌,谢志英与队友合作获得女子4人双桨项目比赛铜牌,刘彦红获得男子标枪铜牌。

10月16日　在南京举行的全国第十届运动会女子马拉松比赛中,代表江苏省参赛的社旗县籍运动员周春秀获得银牌。

10月17日　第七届中国国际高新技术成果交易会闭幕。南阳市代表团共签订经贸合作项目6个,项目总金额11182万元。

10月18日　南阳热电2×21万千瓦工程在南阳市高新区岗王庄奠基。该项目是中国电力投资集团公司在河南省的重点建设项目,也是南阳市第一项大型热电联产工程,总投资20亿元。

南阳天益发电有限责任公司揭牌暨2×60万千瓦燃煤二期3号机组工程奠基仪式在鸭河电厂举行,2007年12月20日竣工投产,发电量可达66亿千瓦时。至此,河南省发电装机容量突破4000万千瓦。2008年3月18日二期4号机组正式点火发电,19日首次并网。至此,鸭电二期2×600兆瓦燃煤发电机组全部并网发电。工程静态投资40.3亿元,总投资42.9亿元。

10月19日　中共河南省委、省政府召开全省旅游产业发展大会,全面启动"一带五区"旅游精品战略,南阳市境伏牛山旅游区、桐柏红色旅游区跻身其中。

10月19—20日　最高人民检察院检察长贾春旺到南阳视察工作。

10月21日　交通部部长张春贤带领交通部有关部门负责人,到南阳视察公路建设。

10月21—22日　由中央人民政府驻澳门特别行政区联络办公室宣传文化部部长孔繁壮率领的澳门记者"中部崛起看河南"采访团一行11人,到南阳进行采访。

10 月 25 日　第二届河南省曲艺节闭幕。南阳市获得 7 个奖项,获奖数量居全省首位。

10 月 29—31 日　中国桐柏第二届淮河源文化旅游节举行。中国民间艺术家协会为桐柏中国盘古之乡、中国民协盘古专业委员会授牌,并举行全国盘古文化研讨、经贸洽谈暨项目签约等活动。

10 月 30 日　2005 年中国(新野)棉花棉纱购销洽谈暨后市行情分析会在新野县召开。来自全国各地近 100 个棉纺织企业代表和棉纺织界专业人士与会,共签订合同 30 多份,合同金额 6.2 亿元。

11 月 7—8 日　全市社会主义新农村建设工作会议召开。会议强调,要以文明新村创建为载体,按照生产发展、生活宽裕、乡风文明、村容整洁、管理民主要求,迅速掀起建设社会主义新农村热潮。

11 月 8 日　中国·南阳(唐河)第二届黄牛节在唐河县桐寨铺镇开幕。9 日,合作项目签约仪式在南阳宾馆举行。参加签约仪式项目共有 42 个,项目总投资 13.6 亿元,签约引资 10.9 亿元。同日,黄牛科技论坛在南阳宾馆举行,来自全国各地的畜牧界专家、学者与会。

11 月 12 日　国家建设部、国家文物局命名第二批中国历史文化名镇(村)58 个,南阳市淅川县荆紫关镇被命名为"中国历史文化名镇"。

11 月 16 日　全市"三理"教育工作会议召开。安排部署在全市未成年人和大学生中开展伦理、心理、生理知识教育。

11 月 17 日　济南军区(战区)军事交通运输"畅通工程"建设现场会在南阳召开。济南军区司令员范长龙、总后勤部军事交通运输部副部长刘冀和、山东省副省长张昭福、河南省副省长刘新民、南阳市市长黄兴维等出席会议。

11 月 20 日　中宣部公布第三批全国爱国主义教育示范基地名单 66 个,镇平县彭雪枫纪念馆名列其中。

11月21—22日 河南省纺织工业发展座谈会在南阳召开,河南省省长李成玉主持会议并讲话。他强调,要抢抓新一轮加快发展机遇,发挥优势,科学规划,确保在"十一五"时期全面振兴纺织工业,使之成为全省重要的支柱产业。

11月21—23日 河南省35个扩权县(市)城镇建设淅川、西峡现场会召开。会议总结推广淅川县、西峡县城镇建设管理经验,对全省城镇建设工作进行部署。

11月22—23日 全国政协人口资源环境委员会副主任、中国计划生育协会常务副会长杨魁孚到南阳,就如何充分发挥协会作用等问题进行调研。

11月23日 全省预防职务犯罪工作会议暨预防调查南阳现场会召开。

南阳姓氏历史文化研究会成立。

11月24—25日 中共南阳市委三届四次会议在南阳召开。会议确定南阳市"十一五"时期经济社会发展指导思想是:以邓小平理论和"三个代表"重要思想为指导,用科学发展观统领经济社会发展全局,以发展为主题,以结构调整为主线,以项目建设为支撑,以转变经济增长方式为着力点,把不断提高人民生活水平作为根本出发点,围绕建设经济强市、文化名市、生态大市,加快工业化、城镇化、农业现代化进程,促进经济社会快速协调可持续发展。主要目标是:生产总值年均增长12%以上,"十一五"末经济总量达到1800亿元左右,人均接近或达到全省平均水平;继续保持人口低增长水平,人口素质明显提高;城乡居民收入明显增加,物质文化生活更加丰富,社会保障体系更加健全,可持续发展能力明显增强,社会更加和谐。

11月27日 南阳市新恒业佰居宜广场开业。这是由南阳恒业公司与广州佰居宜联合投资兴建的大型家居卖场。

全市首个社区卫生服务中心——南阳市高新区社区卫生服务中心在京西医院成立。

11 月 30 日 中国农村能源行业协会授予邓州市"中国太阳能进村入户工程示范市"称号。

由市统计局、市科技局联合承担的《南阳市绿色 GDP 核算研究》通过市级评审。

市委举行欢送仪式,欢送省、市科技专家到农村进行科技服务。这次活动为期 1 年,市、县两级从农、林、水、牧等单位遴选首批 380 名科技专家,筛选确定 386 个对接项目。

12 月 5 日 国际地理标志网络组织确认南阳市西峡县山茱萸,南召县辛夷、柞蚕茧、丝绵绸,方城县裕丹参,南阳玉器("拓宝"牌),南阳黄牛,赊店老酒等 8 个产品为中国地理标志产品。

12 月 6 日 2005 年南阳(杭州)经济技术合作项目洽谈会暨签约仪式在杭州市举行,总投资达 60 多亿元的 34 个项目在仪式上签约,涉及机电、化工、农副产品加工、基础设施建设等领域。

12 月上旬 在全国食用菌协会第四届大会上,西峡县荣获"全国食用菌优秀基地县""全国食用菌标准化生产示范县"称号。

12 月 15 日 南阳市在全国地级市中率先成功实现有线电视从模拟信号到数字信号整体转换,全市数字电视用户达 10.65 万户。

12 月 23 日 全市城镇化工作会议在南阳宾馆召开。市委书记何东成在讲话中强调,全市上下一定要以科学发展观为指导,抓住有利时机,掀起新一轮城镇建设高潮。会议提出,城镇化工作主要目标是:全市城镇化水平年均增长 2%,到 2010 年,全市城镇人口达到 400 万,城镇化水平达到 40%;到 2020 年,全市城镇人口达到 600 万,其中中心城市人口达到 200 万,11 个县(市)和 2 个独立矿区城镇人口达到 230 万人,建置镇镇区人口达到 170 万,城镇化水平达到 50% 以上。

12月26日　南阳裕华商城开工奠基。该项目由市广宇房地产开发有限公司投资2.2亿元开发兴建,占地3.87公顷,建筑面积近8万平方米,营业面积5.2万平方米。

中国首个物理提纯法生产多晶硅项目在方城县开工奠基。该项目是国家"十一五"期间大力扶持开发的高新技术项目,总投资6亿元,年生产规模3000吨。

12月28日　南阳市被科技部授予"全国科技进步先进市"称号,西峡、唐河、桐柏、南召4县被命名为"全国科技进步先进县"。

2006 年

1 月 6 日　驿宛(驻马店泌阳—南阳桐柏)高速公路在桐柏县城郊乡开工奠基。2007 年 11 月 22 日建成通车。

1 月 8 日　南阳市消防指挥中心落成。该中心拥有现代化计算机接警调度系统等。

南阳市中心城区盛德美购物中心建成开业。经营面积 1.5 万平方米。

1 月 10 日　在全国旅游工作会议上,南阳市被国家旅游局命名为"中国优秀旅游城市"。同时,内乡县衙、西峡鹳河漂流被命名为"国家 AAAA 级景区"。

1 月 11 日　在河南省政法工作会议上,南阳市再次被授予"全省综合治理先进市"称号。

1 月 26 日　南阳市被建设部命名为"国家园林城市"。

2 月上旬　由河南英威东风机械制造有限公司研制开发的"汽车轮毂轴管复合挤压工艺研究与应用"项目,荣获 2005 年河南省科技进步奖一等奖。

2 月 15 日　白河南阳市中心城区段第一橡胶坝建设工程开工,7 月一期工程竣工。这是市委、市政府打造北方水城又一重大举措,回水河段长 4.5 千米,可回水至独山,蓄水面积 334 公顷。

2 月 16—19 日　南阳市第三届人民代表大会第三次会议举行。会议审议并通过《关于南阳市人民政府工作报告的决议》和《关于南阳市国民经济和社会发展第十一个五年规划纲要的决议》等 7 项决议。确定今后 5 年全市经济社会发展主要奋斗目标是:生产总值年均增长 12% 以上,固定资产投资年均增长 18% 以上,一般预算收入年均增长 14%,城镇化率年均提高 2% 以上。

2 月 23 日　南阳龙升工业园区举行奠基仪式。这是继高新区、生态工业园区之后南阳开工建设的第三大工业园区。该园区位于卧龙区王村乡境内,控制区总面积 85 平方千米,规划区面积 30 平方千米,起步区面积 10 平方千米。

3 月 3 日　在世界杯自行车悉尼站比赛中,代表中国队参赛的南阳籍自行车选手冯永获得男子 1000 米计时赛金牌。

3 月 10 日　南阳市房地产交易中心正式落成开业。该中心建筑面积 3000 平方米,其服务大厅设有产权登记发证、房地产交易,房屋测绘、评估、中介等管理服务项目,为群众提供一站式、一条龙便捷服务。

3 月 12 日　社旗县籍运动员周春秀在 2006 年首尔国际马拉松赛上,卫冕女子组冠军。

3 月 14 日　市委召开农村工作会议。市委副书记、市长黄兴维在会上强调,要努力实现新农村建设良好开端。会议提出,到"十一五"末,全市第一产业增加值达到 350 亿元以上,农民人均纯收入达到 4100 元以上,探索并树立一批各具特色的社会主义新农村模式和典型,在中部地区率先走出一条具有南阳特色社会主义新农村建设之路。

3 月 15 日　南阳市公安局高速公路交通警察支队正式挂牌成立。

南阳市第三届文学艺术优秀成果奖(2003—2004 年)颁奖典礼在南阳宾馆举行,共有 51 部(篇、幅)优秀作品获奖。

3 月 17 日　社旗县发现 250 万年前象类化石。

3 月 20 日　南阳市首届优秀中国特色社会主义事业建设者表彰大会召开,共有 50 名为改革开放和现代化建设作出突出贡献的非公有制经济人士受到表彰。

3 月 26 日 全国人大财经委员会副主任郭树言、河南省副省长张大卫一行到南阳天冠集团调研。

3 月 27 日 桐柏县被命名为"国家级生态示范区"。

3 月 30 日 共青团南阳市委作出决定,追授见义勇为英雄卫兴旗为"南阳市优秀共青团员"称号,并号召全市广大团员青年向其学习。卫兴旗是宛城区官庄镇人,共青团员,2006 年 3 月 10 日下午,身为保安员的卫兴旗为抢救遇险环卫工人献出年仅 21 岁的生命。

3 月 31 日 南阳市对外开放推动年活动动员大会在南阳影剧院举行,市、县、乡三级主要领导干部参加会议。会议提出,要牢固树立科学发展观,以对外开放推动年活动为载体,不断提高南阳经济开放度和国际竞争力,实现全市经济社会发展新跨越。

由西安交通大学、安阳光大集团与美国波国际集团共同投资 3.5 亿元兴建的南阳市沣润纸业有限公司在方城县奠基。

淅川县丹江湿地自然保护区晋升为国家级湿地自然保护区。

4 月 6 日 河南省第七届精神文明建设"五个一工程"获奖作品揭晓,南阳市推荐的歌曲《我的山歌不断头》、电视片(诗歌)《将军之恋》、文艺类图书《南阳曲艺作品全集》获奖。

4 月 10 日 以日本国国会参议员樱井充为团长的日本国宫城县经贸代表团一行 9 人到南阳市考察访问。

4 月 12—13 日 香港李锦记集团董事局主席李文达一行到南阳考察。

4 月 13 日 第四届中国河南国际贸易投资洽谈会南阳市情说明暨合作项目签订仪式在郑州举行。此届豫洽会,南阳市共签约 48 个项目,总投资 34.8 亿元人民币,合同引资额 28 亿元人民币,其中签约外资项目 11 个,合同引资额 1 亿美元。

4月14—15日 上海市经贸代表团到南阳考察。

4月14—16日 香港广东社团总会专业人士考察团到南阳考察。

4月17日 南阳市被中共河南省委、河南省人民政府授予"信访工作先进市"称号。

4月18日 宁西铁路客运正式开通运营。结束南阳无客运列车直达杭州、东莞的历史,也填补西峡、内乡、镇平、唐河、桐柏5县无火车客运的历史。

中国联合水泥公司南阳分公司日产6000吨新型干法水泥熟料项目开工仪式在镇平工业园举行。该项目总投资6.32亿元。

4月25日 南阳伏牛山地质公园西峡风景区老君洞生态养生旅游区正式向游人开放。

4月28日 南阳市人民检察院反渎职侵权局成立。

是月 淅川县被商务部确定为全国首批"万村千乡市场工程"示范县。

经国家质检总局批准,鹏远肠衣有限公司获得对欧盟出口资格。

南阳市被欧盟选定为全球10个生物乙醇示范城市之一,为中国唯一入选城市,并获得欧盟38万欧元资金援助。

桐柏碱矿被确定为国家生态工业示范园区。

5月8—14日 2006年全国男子篮球联赛(CBL)北区比赛在南阳体育馆举行。共有6支代表队参加比赛,这是南阳体育馆建成后首次承接全国性篮球比赛。

5月上旬 内乡县被中国绿色食品协会正式列入国家绿色农业示范区。

5月12日 "桐桔梗"获国家地理标志产品保护。

5月16日 南阳市中心城区迎宾大道全线开工。9月,主体工程完工。迎宾大道西起滨河路,东接许平南高速公路,全长6240米,路面设计双向 8 车道,总投资 1 亿多元。

桐柏县与江苏昆山京昆集团联合开发高含盐天然碱项目在吴城镇开工。该项目由京昆集团投资 4 亿元,可形成 10 万吨/年高盐碱开发加工能力。

5 月 18 日　南阳二机石油装备集团再次刷新世界最大吨位车装钻机研发纪录,其自主研发的 4000 米车装钻机顺利通过省级专家组鉴定。

专门从事反恐、防爆和处置突发事件的南阳市公安局特警支队正式成立。

院士专家农业科技论坛在南阳举行。中国农科院原院长、中国工程院原副院长、院士卢良恕,中国农科院原副院长、院士刘更另,中国农科院原副院长、著名植保专家、院士郭予元,全国和省内部分知名小麦专家及省、市有关领导出席科技论坛。会议围绕小麦生产科技和现代农业发展等问题进行交流探讨。

南阳理工学院中医学本科专业通过教育部评估,自 2006 年开始招生,成为除河南中医学院外河南省第二所有资格举办中医学本科教育的高校。

5 月 22 日　南阳市通过国家环保总局专家考评组"生态环境监察试点市"考评验收,正式成为全国第一批生态环境监察试点市。

5 月 23 日　南阳市中心城区北京路南延工程开工建设。道路全长 2.56 千米,宽 60 米,双向 4 车道,总投资 5000 万元。

5 月 24—25 日　中共河南省委书记、省人大常委会主任徐光春和随行的省委常委、省委秘书长李柏拴率领省直有关部门主要负责人,在市领导何东成、黄兴维等陪同下,深入南阳市中心城区、宛城区、邓州市、淅川县等地,围绕建设社会主义新农村、农村居民最低生活保障工作、南北水调中线工程建设、自主创新能力建设等问题,进行调查研究。

5 月 25 日　新野县皮埃蒙特肉牛与南阳黄牛杂交牛肉品鉴定新闻发布会在北京举行。会后,新野县人民政府与中国畜牧业协会牛业分会签订"皮杂牛产业发展合作框架书",并与内蒙古科尔沁牛业股份有限公司签订年加工 10 万头优质肉牛合作协议。2009 年 11 月 10 日,科尔沁牛业南阳有限公司 10 万头肉牛加工项目建成投产。

5 月 26 日　河南省中药现代工程技术研究中心在宛西制药总部落成揭牌。

5 月 28 日　张衡博物馆正式入选团中央命名的第四批"全国青少年教育基地",成为南阳市第一个国家级青少年教育基地。

5 月 30 日　中国首条秸秆乙醇生产线在河南天冠集团建成投产,年生产能力在 300 吨以上。

在全国第七届残疾人运动会上,南阳籍选手郭宏燕获得男子组 LC4 级 3 枚金牌和 1 枚银牌。

5 月 31 日　南阳市召开蒲山区域环境综合整治专项会议,对该区域水泥群区重污染企业关停进行动员和部署,要求 10 月完成综合整治工作。9 月 20 日,蒲山整治区域内 12 条水泥生产线、198 座碳窑全部安全稳定拆除。12 月 20 日,蒲山区域大气环境综合整治通过省政府检查组验收。

6 月 2 日　南阳台湾现代农业示范园启动。该示范园涉及宛城区汉冢、茶庵和唐河县桐寨铺 3 个乡镇,占地面积 8500 公顷,定位为有机农业产品生产基地,引进台湾现代农业先进技术、管理模式。

6 月 4 日　国务院公布第一批共 518 个国家级非物质文化遗产名录,内乡宛梆和南阳板头曲名列其中。

6 月 4—5 日　中纪委副书记张惠新深入内乡、淅川、邓州等县(市)考察调研。

6 月 7 日　国务院公布第六批全国重点文物保护单位,南阳市境香严寺、福胜寺塔、鄂城寺塔、瓦房庄冶铁遗址、泗洲寺塔跻身其中。

6月8—9日 全国人口计划生育信访工作长效机制建设会议在南阳召开。

6月9日 宛城区杨廷宝故居、桐柏县中共鄂豫边省委旧址、内乡县湍河老桥等19个文物保护单位被确定为河南省重点文物保护单位。

6月10日 南阳市庆祝第一个全国文化遗产日系列活动在南阳汉画馆拉开帷幕。10—11日,全市向群众免费开放文博景点,并进行首批国家级非物质文化遗产南阳地方戏曲展演,举行"保护文化遗产,守护精神家园"万人现场签名等活动。

河南金冠王码信息产业股份有限公司国家重点技改项目——表面贴装圆片式压敏电阻项目顺利通过竣工验收。该项目可广泛应用于IC保护、军用电子产品及消费类电子等领域,其规模化生产技术填补国内空白。

6月12日 全国人大常委会委员、全国人大财经委员会副主任郭树言带领全国人大常委会执法检查组,在河南省人大常委会副主任张以祥、省人大财经委员会主任马万令陪同下,到南阳市开展节约能源执法检查。

南阳防爆集团研制的TAW8800－20/3250增安型无刷励磁同步电动机,通过专家委员会评议。

6月13日 河南省商务厅公布首批40个全省出口名牌产品,西峡龙成冶材集团"成飞"牌热轧钢板、南阳二机石油装备集团"华石"牌石油试采设备、乐凯集团二胶厂"华光"牌感光材料及南阳普康药业公司"南阳"牌盐酸林可霉素名列其中。

6月14日 泰隆集团宝天曼水泥有限公司日产4500吨新型干法水泥熟料生产线动工建设,2007年10月27日竣工投产,该项目总投资2.8亿元。

6月15日 南阳飞龙电器制造有限公司正式营运投产。该公司是研制、开发和生产销售成套电器设备及自动化远程控制系统的综合型高新科技企业。

6月18日 河南佛学院奠基仪式在桐柏县举行。国家宗教事务局副局长蒋坚永、国务院台办副主任王富卿、河南省副省长徐济超和南阳市四大家领导出席奠基仪式。河南佛学院是经国家宗教局批准设立的四年制本科综合性佛教院校,开设佛学、哲学、心理学、佛医、管理科学、艺术、造像、建筑艺术、传统武学、译经10个系。2009年秋,佛学系正式招生。

6月21日 桐柏县鑫泓银制品有限公司年产100吨银粉、200吨银浆项目竣工投产。

6月24—26日 河南省省长李成玉带领省直有关部门负责人到南召县真武顶、内乡县宝天曼、西峡县老界岭考察景区建设和生态旅游产业发展。

6月28日 南阳市第一批农村安全饮水项目全部通水。该项目涉及邓州、新野等11个县(市、区)90个村委会,共6万人,总投资2160万元。

6月30日 中共中央授予500个基层党组织全国先进基层党组织称号,中共南阳市宛西制药公司党委获此殊荣。

7月1日 在全市13个县(市、区)全面实施城市医疗救助制度,全市共有11.6万名城市困难群众受益。

在全市建立并实施农村居民最低生活保障制度,全市共有23.67万名农村特困人口每人每月领取低保金。

7月5日 南阳市首次对外埠生猪产品实行准入制。

南阳市社会主义新农村建设领导小组举行第一次会议,发布社会主义新农村建设规划纲要,确定100个新农村建设试点村。

7月6日 南阳市实现村村通电话,全市4381个村委会全部通电话。

7月7日 市委、市政府下发《平安南阳建设纲要(2006—2010年)》,旨在通过创建平安新村、平安社区、平安单位、平安家庭、平安系统、平安县(市、区),建设平安南阳。

7月9日 最高人民检察院副检察长胡克惠一行赴河南省督查调研组,到南阳督查指导工作。

7月11日 河南省农村"户户通电"工程启动仪式在方城县举行。2007年9月9日,全市实现户户通电,31607个无电户共66169人用上电。

7月21日 南阳纺织集团有限公司与河南泰辰置业有限公司签订产权转让合同。河南泰辰置业公司在整体接收南纺集团债务、职工和承担安置职工资金缺口前提下,以资产评估后的净资产为依据,整体接收南纺集团资产。南纺国有资产全部退出,职工全部置换身份。这标志着南纺集团股份制改革一步到位。

7月25日 桂林—南阳—北京旅游航线正式开通。这是南阳机场开通的第五条航线。

7月26日 北京市副市长牛有成率领北京市政府南水北调中线干线工程考察团到渠首陶岔等地,参观考察南水北调中线工程南阳段运行情况。

7月27日 贾红旗勇斗劫匪光荣牺牲。当日,新疆维吾尔自治区乌鲁木齐市华凌商场,3名劫匪持枪抢劫1名刚从银行取出3万元巨款的女商户,唐河县农民工贾红旗毫不畏惧,与劫匪殊死搏斗,不幸光荣牺牲。11月20日,贾红旗被追授"全国见义勇为先进分子"称号。

8月8日 河南中光学集团与日本智能泰克株式会社DLP光学引擎合资项目签字仪式在北京举行。根据协议,双方将组建合资公司,设计、生产和销售光学引擎及其他相关产品,为全球微显示投影产业提供核心部件——光学引擎。9 月 19 日,该项目在南阳市高新区奠基,总投资 11.1 亿元。2007 年 3 月 23 日,双方合资组建的南阳南方智能光电有限公司正式揭牌运营。

8 月 14 日 德国、芬兰、比利时、美国、墨西哥、日本、韩国等国家及中国香港、澳门、台湾地区和内地 160 余位神话学专家学者到桐柏县观光考察盘古文化、民俗文化。此次考察活动由中国文联、中国民协、河南省文联联合主办。

8 月 16—17 日 由中国园艺学会猕猴桃分会、河南省农业厅联合主办,西峡县人民政府承办的 2006 中国·西峡首届猕猴桃产业战略发展国际高层研讨暨产销见面会在西峡县举行。美国、意大利、新西兰、智利、韩国、日本等国家猕猴桃专家、学者、经销商和国内猕猴桃业内知名人士、企业家及农业部、河南省农业厅与南阳市有关领导出席会议。

8 月 20 日 中国第一个 1000 千伏特高压交流试验示范工程——晋东南—南阳—荆门特高压交流试验示范工程南阳开关站奠基仪式在方城县举行。国家电网公司总经理刘振亚、中共河南省委副书记陈全国等出席奠基仪式。2008 年 12 月 12 日完成首次通电试验。2009 年 1 月中旬顺利通过试运行,正式投运。

中国南阳伏牛山国家地质公园西峡恐龙遗迹园开园仪式举行。

8 月 22 日 南阳仲裁委员会成立。

8 月 23 日 南阳市货值 45.1 万美元的猪皮革首次运往意大利、西班牙和葡萄牙等国家,正式进入欧盟市场。

8 月 28 日 河南天冠集团年产 3000 吨纤维乙醇项目在镇平县工业园开工。

8 月 31 日 科技部确定桐柏县为科技富民强县试点县。

南阳黄牛入选《国家级畜禽遗传资源保护名录》。

是月 宛西制药股份有限公司"仲景"牌商标获得中国驰名商标称号。

9月6日 在中国名牌产品表彰大会上,南阳市拓宝玉器有限公司生产的"拓宝"牌珠宝首饰、桐柏安棚碱矿生产的"远兴"牌纯碱获"中国名牌产品"称号。

9月8日 全国爱国主义教育基地、第二炮兵传统教育基地在镇平县彭雪枫纪念馆举行揭牌仪式。

9月10日 以方城产黄石砚为主题的《文房四宝》特种邮票——砚邮票首发式在方城县举行。

9月11日 河南省"十一五"重点项目——淅川渠首220千伏输变电工程开工建设。

南阳市第二次农业普查试点会议召开。这次农业普查涉及农户家庭与人口特征、农村居民生活质量及基础设施、农村居民迁移、农村劳动力资源与就业状况、农村土地利用状况等10个方面信息。

9月13—14日 《南阳市城市总体规划》通过国家和省级专家评审。南阳城市总体发展目标是:打造中部地区重要交通枢纽、物流中心、工业基地和旅游服务中心,将南阳建设成为历史文化底蕴深厚、山水特色鲜明,辐射鄂、豫、陕3省交界地区的区域性中心城市,构建中部崛起新支点。

9月16日 中国·南阳第五届张仲景医药节、玉雕节暨经贸洽谈会开幕。国家、河南省有关部门领导,美国、日本、瑞典、德国、意大利和中国香港、澳门、台湾等海内外专家、学者、企业家、客商应邀出席。9月17日,举行市情说明和签约仪式,参加合作项目签约仪式的项目共有62个,项目总投资130亿元,合同引资125亿元。

国家中医药管理局授予南阳市"农村中药工作先进市"称号,为全国第一个获此殊荣城市。

9月18日 在英国北爱尔兰首府贝尔法斯特举行的第二届世界地质公园大会上,中国伏牛山国家地质公园被评为世界地质公园。

9月26日 时任国家发改委主任马凯一行到南阳考察生物质能源项目和光电产业发展情况。

9月27日 首届中国中部投资贸易博览会举行河南省情推介会暨项目签约仪式,南阳市共有6个项目参加签约仪式,合同引资14.5亿元。

9月28日 西峡县被水利部、财政部授予"全国农田水利建设先进县"称号。

在河南省第十届运动会上,南阳市代表团共收获19枚金牌、21枚银牌、18枚铜牌,居全省18支代表队第四位,同时获得体育道德风尚奖。

9月29日 河南陆德筑机股份有限公司成立揭牌仪式暨股权上市交易发布会在南阳市高新区民营工业园举行。陆德公司成为全省首批进行股本转让的10个企业之一,也是全市首个股权上市交易企业,这标志着南阳区域资本市场开始启动。

是月 丹江荆紫关段防汛工程主体工程完工并通过国家验收,历时50年之久的豫鄂丹江荆紫关水事纠纷彻底化解。

方城县望花湖景区被水利部命名为"国家水利风景区"。

10月上旬 南阳市从市直机关抽调226名干部,组成113个驻村帮扶工作队,进驻到113个新农村建设试点村开展工作。

首批全国专业标准化技术委员会名单公示,河南天冠集团申报的全国变性燃料乙醇和燃料乙醇标准化技术委员会名列其中。

10月16日 南阳白河大桥开工,2007年7月31日竣工通车。新建成的白河大桥全长688.8米、桥面宽33米,拥有双向6个快车道、2个慢车道。

10 月 17 日   河南省第五届少数民族运动会闭幕。南阳代表团共获得 5 枚金牌、4 枚银牌、2 枚铜牌。

10 月 18 日   南阳市农村中小学生远程教育工程正式启动。

10 月 26 日   淅川县仓房镇徐家岭附近发现大型战国楚墓。据国家文物局专家考证,该墓为战国早期楚国贵族墓葬。

10 月 30 日   农历九月初九重阳节,全球华人首次祭祀盘古大典在中国盘古之乡——桐柏县举行。

10 月 31 日—11 月 1 日   全国政协副主席王忠禹在河南省政协主席王全书陪同下到南阳视察。

10 月下旬   金冠集团公司利用国产核心零部件生产的河南省首台光学高清数字大屏幕 65 英寸电视机试产成功,填补国内利用 LCOS 技术生产大屏幕电视机的空白。

农业部公布首批共 96 个中国名牌农产品,淅川县"香花"牌辣椒榜上有名。

是月   南阳市被国家林业局授予"全国林业科技工作先进单位"称号。

11 月 3—4 日   水利部部长汪恕诚深入南阳市中心城区及桐柏县,察看白河及淮河源头治理情况。

11 月 4 日   全国政协文史和学习委员会副主任范钦臣一行到南阳调研指导工作。

11 月 5 日   河南首届范仲淹文化节在邓州花洲书院举行。

11 月 7—8 日   中国农业发展银行行长郑晖到南阳检查指导新棉收购资金供应与管理情况。

11 月 10 日   桐柏革命纪念馆举行开馆仪式。

11 月 14 日   中共河南省委决定:黄兴维任中共南阳市委书记,何东成不再担任南阳市委书记、常委、委员职务,调河南省人民政府工作。

11 月 16 日　南阳市非物质文化遗产保护中心揭牌。

首届冯友兰学术论坛在南阳师院举行。中国人民大学、南开大学、武汉大学的 10 多位专家、学者与会。

11 月 18 日　天冠生物工程股份有限公司改制挂牌。该公司是在原天冠股份公司基础上进行产权制度改革而成立的具有独立法人地位的民营企业。

11 月 22 日　南阳热电项目安装工程启动。2008 年 1 月 16 日,南阳市中心城区集中供热一期工程热水管网建设在仲景北路破土动工。1 月 24 日,南阳热电有限责任公司 1 号机组顺利投产。5 月 6 日,2 号机组成功运行。南阳热电项目供热范围覆盖南阳市中心城区白河以北城区,可满足 1000 多万平方米采暖需求。

11 月 26 日　淅川县启动渠首移民复建工程。

11 月 29 日　《南阳市城区旅游发展总体规划》和《南阳市城市总体规划》经市三届人大常委会第二十次会议审议通过。

11 月 30 日　新纺公司在深圳证券交易所挂牌上市,成为南阳市第一个 A 股上市企业。

是月　国家林业局公布全国首批 51 个国家级示范自然保护区名单,南阳市宝天曼国家级自然保护区名列其中。

镇平县被中国珠宝玉石首饰行业协会和国土资源部珠宝玉石首饰管理中心命名为中国珠宝玉石首饰特色产业基地。

12 月 9 日　在第十五届多哈亚运会上,南阳籍运动员冯永获得男子场地自行车 1000 米计时赛冠军,周春秀获得女子马拉松金牌。

12 月 16 日　20 个冶金建材、机械电子、医药化工等建设项目在卧龙区龙升工业园开工建设,总投资 5.57 亿元。

12 月中旬　唐河县男青年王克、南召县女教师丁恒桂被河南省人民政府追认为革命烈士。2005 年王克因在激流中救人而壮烈牺牲,丁恒桂因勇救落入红薯窖少年而光荣牺牲。

在第十次全国军民学雷锋经验交流大会上,邓州市被命名为"中国第一雷锋城"称号。

南阳二机石油装备(集团)有限公司制造的首台 ZJ70/4500LDB 钻机,通过中国石油化工集团公司专家组验收,从此结束中石化集团不能制造 7000 米以上大型钻机的历史。

12 月 25—27 日 中国共产党南阳市第四次代表大会举行。大会通过《关于三届市委工作报告的决议》和《关于中共南阳市纪律检查委员会工作报告的决议》,选举产生新一届市委和市纪委。会议号召全市各级党组织和全体共产党员要更加紧密地团结在以胡锦涛为总书记的党中央周围,在省委和市委正确领导下,紧紧依靠和带领全市人民,万众一心,奋发图强,激情创业,为推动经济社会跨越发展,建设富强美好和谐新南阳而努力奋斗。27 日,中共南阳市委四届一次全会举行。会议选举产生新一届市委常委会;黄兴维当选市委书记。同日,中共南阳市纪委举行第一次全会,申延平当选市纪委书记。

12 月 26 日 沪陕高速公路信阳至南阳段建成通车。全长 183 千米,南阳市境内 110 千米。

12 月 28 日 市三届人大常委会举行第二十一次会议,同意接受黄兴维因工作变动辞去南阳市人民政府市长职务;任命朱广平为南阳市人民政府副市长、代理市长。

南阳民族乐团成立。

12 月 30 日 2006—2007 年全国男子排球联赛河南天冠男排主场首场比赛在南阳体育馆举行。这是南阳市第一次承办国内最高水平的球类赛事。

12 月 31 日 中国乐凯集团华光数码印版工程、南阳防爆集团机电项目在南阳生态工业园奠基。

是月 《南阳市(2006—2020)社会主义新农村建设规划纲要》制定完成。

2007 年

1月11日　第五届中国工艺美术大师评审表彰大会在北京人民大会堂举行,南阳市拓宝玉器有限公司董事长兼总经理吴元全荣获"中国工艺美术大师"称号。

1月20日　南阳市情说明暨文化、经贸项目推介会在香港举行。本次活动,把南阳楚汉文化、淮源文化、官署衙门文化、曲艺文化、玉文化、中医药文化等特色文化以大型图片展等形式作展示,旨在把南阳丰富的旅游资源向海内外推介,共推介四大类 51 个重点项目。参加签约仪式项目共有 12 个,投资总额 2.13 亿美元,合同利用外资 1.49 亿美元。

1月22日　河南省中原文化香港行暨 2007 年豫港投资贸易洽谈会在香港会展中心开幕。全省共有 70 个利用外资重大项目签约成功。其中南阳市签约项目 7 个,投资总额 2.34 亿美元,合同利用外资 8902 万美元。

"2006 年秋期国家助学金发放仪式"在南阳农校举行。全市 582 名学子参加仪式,这是国家助学金首次在南阳发放,每人每年 1000 元。

邓州市第一小学校院内发现一组劝学御碑,为明代嘉靖皇帝注篯碑,对研究明史、儒学和明代教育具有重要意义。

1月23日　白河南阳城区段综合整治工程开工。

1月30日　南阳市烈士陵园为重建革命烈士纪念碑举行揭碑仪式。

是月　桐柏县被河南省建设厅正式命名为第八批"河南省园林城市(园林县城)"。

方城讯天宇科技公司生产的太阳能等级多晶硅出口德国。

2月1日　市委、市政府公布《关于实施"发动机计划"项目的意见》。为深入开展"项目推进年"活动,加快实施工业强市战略,进一步提升全市工业竞争力,市委、市政府决定选择一批重点项目,加大扶持力度。

2月5日　淅川县九源门业有限公司生产的一批柞木家具出口法国和比利时。这是南阳实木家具首次出口欧盟市场。

2月10日　南阳热力有限责任公司举行揭牌仪式。

3月1日　应南阳市政府邀请,以日本矾城郡口腔协会会长白井利明为团长的日本友好交流团一行7人到南阳考察访问。

3月5—6日　河南省植树造林现场会在南阳召开。

3月6日　河南省人民政府公布第一批省级非物质文化遗产名录。共有7类13项涉及南阳,分别为盘古神话(桐柏县)、王莽撵刘秀传说(内乡县)、牛郎织女传说(南阳市)、方城石猴(方城县)、板头曲(南阳市)、西坪民歌(西峡县)、内乡县衙春节岁时节令"打春牛"(内乡县)、锣卷戏(邓州市)、宛梆(内乡县)、三弦书(南阳市)、大调曲子(南阳市)、镇平玉雕工艺(镇平县)、医圣张仲景祭祀(南阳市)。

3月7日　淅铝集团年产10万吨PS版基、铝箔坯料项目开工建设,总投资7亿元。

3月9日　南阳市法学会成立。

3月31日　中国第一个音韵学研究所成立大会在南阳师院举行。

3月下旬—5月下旬　全市发生严重干旱。尤其4月下旬至5月22日,气温偏高,无有效降水。工程蓄水比往年同期下降78%,降水与历史同期相比偏少87.4%,全市农作物受旱面积达35.98万公顷,成灾

12.31 万公顷;造成 14.93 万人、5.7 万头牲畜饮水困难;3591 眼机电井不出水。灾情发生后,全市各地积极应对,全力开展抗旱保苗,积极解决人、畜饮水问题,共浇地 20.66 万公顷,解决 5.3 万人、5600 头牲畜饮水问题。

是月 由内蒙古兴业集团投资 20 亿元开发的唐河县湖阳叶山铜镍矿项目取得重大进展,探明镍、铜、钴、钯、铂矿石储量超 9000 万吨,其中镍含量 3‰左右,属全国第二大镍矿,可开采年限 30 年。

4 月 2 日 市委召开以"讲正气、树新风"为主题的机关思想作风教育整顿活动动员大会。此次教育整顿活动从 4 月 2 日开始,至 5 月 31 日结束,旨在塑造勤政廉洁、务实高效的机关形象。

市委公布《南阳市机关工作人员转变作风"十禁止"》。

4 月 4—5 日 国家烟草专卖局局长、中国烟草总公司总经理姜成康一行到南阳调研烟叶工作。

4 月 6—8 日 旨在推动豫商投资家乡、振兴豫南的"4+2"经济合作计划考察团到南阳考察。其间,上海、广东、山西、湖北 4 省(市)76 个企业与南阳 108 个企业举行对接洽谈,共达成意向项目 53 个,引资额 23 亿元,出口代理意向资金 1000 万美元。

4 月 13—15 日 全国政协人口资源环境委员会副主任温克刚、李伟雄带领调研组到南阳,在河南省政协副主席刘其文等陪同下,就南水北调中线工程水质保护工作进行调研。

4 月 17 日 中共河南省委书记徐光春将南阳独玉作品"九龙献宝"赠送给到河南访问的中国国民党荣誉主席连战。

4 月 17—18 日 国家中医药管理局中医治疗艾滋病试点项目工作总结汇报会在南阳市召开。

4 月 18 日 内乡县和宝天曼自然保护区分别入选中国县域旅游品牌百强县、百强景区。

4月19日　南阳市政府与中国科学院上海技术物理研究所签订技术经济合作协议,共同推进光电产业快速发展。

4月22日　中国女子马拉松选手周春秀(社旗县籍)在伦敦马拉松赛上获得女子组冠军,成为获得该项赛事冠军的第一位中国选手。

4月23日　河南省第二批历史文化名镇名单公布,卧龙区石桥镇榜上有名。至此,南阳市共有省级历史文化名镇3个。

4月24日　河南油田勘探局地质调查队所在埃塞俄比亚阿博拉(Abole)营地,被"欧加登民族解放阵线"武装分子袭击。37名中国员工中9人遇难、1人轻伤。武装分子劫持7名中国人质。中国外交部、商务部、中国驻埃塞俄比亚使馆和有关企业等迅速启动应急机制,向埃塞俄比亚方面提出紧急交涉,要求全力搜救遇袭中方人员。经过6天艰苦努力,中方在埃塞俄比亚被绑架7名人员于北京时间30日下午3时30分平安获救。

普康药业有限公司和普康集团衡清制药有限公司产权公开出让,招投标活动取得成功,成骏集团有限公司中标。这是南阳市国企改革迈出的重要一步,也是南阳市国有经济布局调整跨出的重要一步。

河南丹江湿地自然保护区晋级为"国家级湿地自然保护区"。这是河南省第二个、南阳市首个国家级湿地自然保护区。

4月25日　南防集团重型电机项目一期工程顺利建成。这是全市工业"发动机计划"首批建成项目。至此,南防集团年生产能力达到600万千米以上。

4月26日　第二届中国中部投资贸易博览会开幕,南阳市共签订对外合作项目73个,总投资347亿元,合同引资337亿元。其中内资项目41个,总投资267.2亿元,合同引资257.8亿元;外资项目32个,总投资9.97亿美元,合同外资8.28亿美元;对外贸易合同2个,合同出口额7500万美元。

4 月 27 日　由南阳市投资拍摄的 8 集电视连续剧《喋血英魂》在中央电视台播出。该剧取材于南阳党史,以全新角度展现南阳 20 世纪 30 年代至 40 年代革命斗争史。

4 月 29 日　南阳市规模最大的民营独资现代化综合医院——河南通宇冶材集团豫西协和医院开业。它填补了南阳市民营医院的空白,也是全市医疗体制改革的新尝试。

4 月 30 日—5 月 1 日　中共中央总书记、国家主席、中央军委主席胡锦涛和随行的中共中央政治局候补委员、中央书记处书记、中央办公厅主任王刚,在中共河南省委书记徐光春、省长李成玉等陪同下,深入南阳企业车间、田间地头、城市社区,看望慰问干部群众。

5 月 16—17 日　河南省省长李成玉、常务副省长李克、副省长张大卫,深入内乡、西峡 2 县,对南阳伏牛山生态旅游开发建设情况进行专题考察。

5 月 17 日　全国人大常委会委员、全国人大农业与农村委员会副主任李春亭一行到南阳调研。

5 月 18 日　以"绿色和谐,你我同行"为主题的"保护母亲河——中国青年河南淮河之源文化节"在桐柏县开幕。共青团中央书记处书记王晓,中共河南省委常委、组织部部长叶冬松,南阳市领导黄兴维、贾崇兰、解朝来等出席开幕式。来自淮河流域豫、鄂、鲁、皖、苏 5 省的青少年代表、社会各界人士共 1 万多人参加节会活动。

5 月 20 日　首批 24 个"河南中华老字号"揭晓,南阳市颜天喜饺子馆、新野县马氏板面榜上有名。

5 月 22 日　市委、市政府召开深化金融生态环境建设暨银企合作推进大会,人行济南分行行长杨子强、人行郑州中心支行行长计承江及河南省直各金融机构负责人应邀与会。会上,举行银企双方合作项目签约仪式,共达成签约项目意向 52 个,总投资 180 亿元,签约金额

174.93 亿元。

5月22日 日本陶瓷株式会社社长谷口义晴、上海尼赛拉传感器有限公司总经理谷口真一等一行,到南阳考察光电产业。

5月28—30日 由中共河南省委宣传部等部门组织开展的"世界摄影家看河南"大型摄影活动在南阳举行。参加此次活动的摄影家分别来自美国、英国、法国、德国、澳大利亚等10余个国家和地区。

5月29日 南阳伏牛山生态旅游开发建设工作会议召开。

是月 全市确定382个村委会为新农村建设试点村。

南阳市在河南省率先推行农村独女户享受政府养老保险补贴。

南阳防爆集团有限公司发电机项目一期工程电工车间建成试生产。6月11日,二期工程开工。

6月5—6日 中共中央政治局常委李长春和随行的新闻出版总署署长柳斌杰等,在中共河南省委书记徐光春,省长李成玉,省委常委、省委秘书长曹维新等陪同下,到南阳考察指导工作。

6月6日 市政府与郑州燃气集团有限公司正式签订南阳市沼气公司、南阳市液化石油气公司产权转让协议。

由市委宣传部、南阳日报社、南阳移动公司共同举办的南阳十大历史名人评选活动揭晓。百里奚、范蠡、张释之、刘秀、张衡、张仲景、诸葛亮、范仲淹、冯友兰、彭雪枫入选。

6月11日 建设部同意设立南阳市白河国家城市湿地公园。

6月12—13日 由中宣部召开的全国大中城市社科联第十八次工作会议在南阳举行。会上,南阳市社科联获"2005—2006年度全国先进社科联"称号。

6月15日 市委书记黄兴维会见日本国际协力银行评估团代表神野惠介一行。

6月19日 中共河南省委书记、省人大常委会主任徐光春,省委常委、常务副省长李克,省委常委、洛阳市委书记连维良,省长助理、省政府秘书长卢大伟到南阳专题考察调研伏牛山生态旅游工作。

　6月20日　中国南阳伏牛山世界地质公园揭碑开园仪式在西峡县丹水镇举行。

　中国国家地质博物馆西峡分馆在西峡恐龙蛋化石博物馆正式揭牌。

　6月23日　武警部队副司令员霍毅中将在武警河南省总队总队长王尊民、政委刘生辉、参谋长许亚非陪同下,深入武警南阳市支队视察工作。

　6月25—27日　全国政协常委、全国政协民族和宗教委员会副主任黄璜率全国政协农业界委员视察团,到南阳视察推进现代农业建设情况。

　6月28日　河南省农村公路建设管理现场会在南阳举行。省长李成玉,副省长张大卫率领省直有关部门和各省辖市主要负责人到南阳现场观摩并出席会议。

　是月　由建设部、国家文物局共同组织评选的第三批中国历史文化名镇授牌大会在北京举行,社旗县赊店镇以悠久的历史文化和极具特色的古建筑风格而榜上有名。

　南阳市被交通部确定为"国家级公路运输枢纽城市"。

　南阳、成都、南京、洛阳、许昌、亳州、汉中、襄樊8市旅游局签署打造中国三国文化旅游区域合作协议。

　7月3日　南阳市委群众工作部成立,信访工作开始按新机制运行。

　7月12日　内乡县宝天曼保护区牧虎顶发现珍稀动物金钱豹。

　7月20日　河南省电子信息产业基地授牌仪式在郑州举行。南阳龙升工业园区成为首批省级电子信息产业基地。

7月23日　南阳市对外文化交流协会成立。

7月24日　经国务院批准,南阳市被确定为2007年城镇居民基本医疗保险首批试点城市。

7月下旬　豫西南和陕西商洛地区普降暴雨,造成南阳市境内丹江、淇河和老鹳河多年未遇洪水过程。洪水造成淅川县、西峡县13个乡镇18.1万人受灾,农作物受灾面积9900公顷,倒塌房屋1230间;冲坏国道干线8.9千米、乡村道路125千米,大小桥涵45座;冲毁耕地513.47公顷,各种水利设施86处;国道311线、国道209线、豫48线多处塌方,西峡县双龙镇、太平镇乡、二郎坪乡旅游景区旅客滞留3000余人。共造成各类经济损失1.7亿元。灾情发生后,市、县两级立即启动抢险、救灾预案。市领导黄兴维、贾崇兰等带领水利、民政、农业等部门人员赶赴现场指导抢险救灾。同时紧急调动市防汛抢险突击队、军分区和武警支队人员携带冲锋舟前往救援,转移安置群众8000多人。2县受灾乡镇没有发生人员伤亡事故。中共河南省委书记徐光春、副书记陈全国当即作出重要指示,要求南阳打好山洪防御主动仗,切实防范人员伤亡,妥善安排好灾民生产生活,扎实做好救灾及灾后重建工作。

是月　河南省第四届文学艺术优秀成果奖评选揭晓,南阳作家周同宾的散文集《古典的原野》、行者的小说集《美人市场》、廖华歌的散文集《七色花树》获奖。

8月8日　河南迅天宇科技有限公司多晶硅项目一期高纯硅生产线点火投产,标志着多晶硅项目正式进入工业化生产阶段。

8月9日　南阳市网络文化协会挂牌成立。

8月14日　河南省军区司令员袁家新少将一行到南阳考核指导南阳军分区党委班子建设工作。

8月15日　南阳市中心城区改扩建学校工程顺利完工,新建学校建设任务全部竣工。

8 月 18 日 南阳经郑州至北京、上海空中航线正式开通。新航线的开通,使南阳基本实现与中国空中交通网络对接,对于南阳建成中国中部地区交通枢纽具有重要意义。

8 月 20 日 由中国南方工业集团公司研制的 LCOS 光学引擎在中光学集团正式实现批量化生产。至此,中光学集团成为世界上第三个、中国第一个实现批量化生产 LCOS 光学引擎的企业。

由信息产业部主办的中国 LCOS 产业发展战略研讨会在南阳召开。

是月 镇平县石佛寺镇被评为河南省 19 个"特色文化产业镇"之一。该镇老毕庄村被授予"全省特色文化产业村"称号。

夏 市境多次遭受暴雨、风雹袭击,造成洪水、内涝、山体滑坡及泥石流等自然灾害,8 个县(市、区)受灾较重,全市受灾人口 302.7 万人,因灾死亡 2 人,失踪 1 人,紧急转移安置 54485 人;农作物受灾 1.91 万公顷,绝收 3200 公顷;倒塌房屋 18026 间,其中民房 17139 间,损坏 19914 间;造成直接经济损失约 17.44 亿元,农业直接经济损失约 11.94 亿元。灾害发生后,各级党委、政府对生产救灾工作高度重视,积极应对,确保水利工程安全,妥善安排好群众生活,迅速发动群众排涝除渍,改种补种秋季作物,加强秋作物田间管理,力争秋季丰收。

9 月 1 日 对南阳市中心城区农产品批发市场、农贸市场、超市、量贩实行蔬菜、水果市场准入制度。

9 月 2 日 在日本大阪举行的第十一届世界田径锦标赛女子马拉松比赛中,周春秀(社旗县籍)获得银牌。

9 月 9 日 纪念中国工农红军和新四军高级将领,杰出的革命家、军事家彭雪枫将军 100 周年诞辰大会在彭雪枫将军家乡镇平县雪枫广场举行。彭雪枫将军的儿子、中国人民解放军第二炮兵政委彭小枫,国家民委原常务副主任赵延年,全国政协常委、人口资源环境委员会副主任李金明,解放军第三军医大学原副政委王景春,中央政策研究室副主任郑新立,中共河南省委副书记陈全国,省委常委、宣传部部长、副省长孔玉芳,南阳市领导黄兴维、贾崇兰、褚庆甫、解朝来等,新四军老战士代表,有关省市,河南省军区、省直有关部门和驻宛第二炮兵部队领导及镇平县各界干部群众近1万人参加纪念大会。

9月12日 国家民委主任李德洙深入淅川县等地,就南阳经济社会发展和民族工作进行调研。

9月18日 华南理工大学研究生南阳籍学生赵传宇被中央文明办、全国总工会、共青团中央、全国妇联授予"全国道德模范"称号。社旗县农民姚义德获"全国道德模范"提名奖。

9月19日 中国南阳(淅川)商圣范蠡经济思想研讨会暨经贸洽谈会在淅川县举行。全国政协人口资源环境委员会副主任李金明,河南省人大常委会副主任袁祖亮,河南省政协副主席郭国三等和南阳市领导、国内外研究范蠡经济思想的知名学者、海内外企业家代表及范蠡后裔代表共700余人参加会议,并举行商圣范蠡雕像落成揭幕仪式。在经贸洽谈会签约仪式上,30个项目成功签约,合同引资额24亿元,总投资额27.9亿元。

9月20日 由国家中医药管理局、河南省人民政府主办,南阳市人民政府承办的中国·南阳第六届张仲景医药文化节在南阳体育馆开幕。21日,医药文化节举行对外合作项目推介签约仪式,共有36个项目签约,项目总投资65亿元,引资61.8亿元,

9月21—23日 冯友兰哲学思想高层论坛在南阳理工学院举行。

9月26日 2007年全国东西合作经贸洽谈暨农产品加工业博览会在驻马店市会展中心开幕,南阳代表团共签约项目60个,总投资近90亿元,引资82.5亿元。

是月 南阳市中创醚基能源研究所成功研制出新型绿色能源醚基

汽油,这是南阳继开发乙醇汽油、乙醇柴油、纤维乙醇等新型燃料后取得的又一重大科技成果。

南阳二机石油装备(集团)公司生产的"华石"牌钻机获中国名牌产品称号。

10月1日 启动实施全市城镇居民基本医疗保险,凡不属于城镇职工基本医疗保险制度覆盖范围的中小学生、少年儿童和其他非从业城镇居民,包括老人、学龄前儿童、低保人员、残疾人员等均可参保。

10月12日 宛坪高速公路通车,标志着沪陕高速在河南省境内全线贯通。道路全长150.8千米,起于卧龙区辛店,止于西峡县西坪镇豫、陕交界处。

10月13日 南阳市举办姓氏文化与经济发展研讨会,海内外近100名邓氏、谢氏、吴氏、岑氏宗亲代表参加会议。

10月13—14日 全国人大常委会委员、中国女企业家协会会长赵地一行,在河南省人大常委会副主任吴全智陪同下到南阳视察旅游业。

10月28—30日 日本国南阳市市长盐田秀雄一行7人对中国南阳市进行友好访问。

是月 国务院批准《丹江口库区及上游水污染防治和水土保持规划》。计划2010年前治理小流域97条,治理丹江口库区水土流失面积171平方千米。

南阳独山玉国家矿山公园奠基。公园总面积2平方千米,是伏牛山世界地质公园的组成部分。

11月1日 社旗县在河南省率先启动新型农村社会养老保险综合改革。改革启动后,年满60岁的参保农民可凭证按月领取养老金。

11月5—9日 2007年全国女子篮球俱乐部联赛A组比赛在南阳市举行。

11月6日 以衙署楹联文化为主题的第三届全国衙署文化研讨

会在内乡县开幕。

11月7日 全国人大人口环境与资源保护委员会副主任委员宋照肃带领全国人大调研组,深入淅川县丹江口库区进行实地考察。

11月14日 中共南阳市委举行四届八次全会。会议传达学习贯彻中共十七大精神和中共河南省委八届四次全会精神,审议通过《中共南阳市委关于认真学习宣传贯彻党的十七大精神,加快建设富强美好和谐新南阳的决定》。

11月18—20日 国务院研究室副主任李炳坤一行到南阳调研考察农村低保和扶贫开发工作。

11月28日 《南阳百科辞典》出版。

12月3日 南阳利达光电在深圳证券交易所正式挂牌上市,进行股票交易。

12月5日 南阳市政府与中国建筑材料集团签订战略合作框架协议。以中联水泥南阳分公司为依托,整合全市水泥企业,在3~5年内把南阳打造成年生产能力在1500万吨以上的大型水泥熟料生产基地;同时,在铝型材等新型建材方面与中国建筑材料集团进行更深层次合作,把南阳打造成中原建材的"航母",实现年销售收入超100亿元。

12月12日 首届中国河南·韩国投资贸易洽谈会在韩国首尔结束。南阳市代表团共签约项目5个,签约合同额5.14亿美元。

12月15日 中国电力投资集团公司南阳方城风力发电项目开工,设计规模20万千瓦,总投资16亿元。

中央电视台"心连心"艺术团到南水北调中线工程渠首南阳市慰问演出。

南阳市启动城中村改造试点拆迁。

12月18日 中国邮政储蓄银行南阳市分行挂牌成立。

12月22—23日 南阳市第三次工会代表大会召开。刘群星当选为新一届市总工会主席。

12 月 25 日　河南第二届范仲淹文化节在邓州花洲书院开幕。

12 月 28 日　南阳郑燃燃气有限公司成立暨揭牌仪式举行。

共青团南阳市第三次代表大会举行。团市委书记王庆作工作报告。

国际玉城项目在镇平县石佛寺镇奠基,2010 年 5 月 10 日一期工程竣工。该项目占地 86.6 公顷,总投资 12 亿元,计划分 3 期建设完成。一期工程占地 13.3 公顷,投资 3 亿元。

唐河县泰隆水泥有限公司日产 4500 吨干法水泥熟料生产线开工建设,项目总投资 4.3 亿元,占地 26.6 公顷,年产水泥熟料 140 万吨。2010 年 2 月竣工投产。

是月　全国旅游景区质量等级评定委员会发布公告,批准西峡恐龙遗迹园为"国家 AAAA 级"景区。

2008 年

1月2日　中共南阳市委四届九次全会决定,2008年以开展"机关效能建设年"活动为载体,推动机关作风改善,从根本上解决各级机关存在的服务意识不强、工作效率不高问题,以硬措施改善软环境,以软环境改善促进经济社会跨越发展、和谐发展。

1月3—4日　南阳市第三次妇女代表大会召开。

1月8日　在中共中央、国务院举行的国家科学技术奖励大会上,王永民发明的"王码五笔字型"获得国家技术发明二等奖。

1月10—28日　全市连降中到大雪,南阳市中心城区降水量在30毫米以上,桐柏县、唐河县降水量在50毫米左右,南召县降水量10多毫米,其他各县(市、区)均有30毫米左右。连续低温降雪天气给交通安全和群众生产生活造成困难,局部地区形成严重灾害。据统计,大雪共造成全市受灾人口221857人,紧急转移安置2118人;农作物受灾面积5785公顷,绝收2529公顷;倒塌居民住房1217间,损坏房屋676间;全市直接经济损失达6590.9万元,其中农业直接经济损失5616.8万元。为帮助群众抗灾救灾,河南省财政向受灾县(区)下拨救助款913万元。

2月27日　中共河南省委作出决定,授予杜东翔优秀共产党员称号,并在全省范围内开展向杜东翔学习活动。杜东翔是南阳市宛城区检察官,从事检察工作23年,带领干警们审查批捕大批案件。连年紧张劳累,杜东翔积劳成疾,患上严重肾功能衰竭,手术后仅半年多就重返工作第一线。

2月29日　国家发改委在北京举行国家高技术产业基地授牌大会,南阳市被授予"新能源国家高技术产业基地"称号。

是月　科技部批准南阳市为"全国科技进步考核先进市"。

南阳市供销社被人事部和中华全国供销总社评为"全国供销社系统先进集体"。

南阳市文化局公布第一批南阳市非物质文化遗产名录,共有52项。

农业部公布100个农产品为2007年中国名牌农产品,新野县"宛绿"牌甘蓝蔬菜榜上有名。

3月18日　卧龙区靳庄水库续建工程主体工程竣工。水库蓄水后,南阳市中心城区西北部再增加1个水域面积266.66公顷的人工湖。

3月20日　农业部、国家体育总局和中国农民体育协会正式宣布,全国第七届农民运动会由河南省人民政府承办,于2012年在南阳市举行。

4月8日　南阳市儿童福利院举行开工奠基仪式。

4月15日　全国政协原副主席张思卿一行到镇平县考察玉雕产业和地毯加工业。

全国人大农业与农村委员会副主任委员、中国珠宝玉石首饰行业协会会长孙文盛一行,到镇平、内乡、西峡3县对旅游和玉文化产业发展情况进行考察。

中国兵器工业集团公司与南阳市人民政府战略合作协议签约仪式举行。双方致力于把南阳打造成为金刚石超硬材料、专用汽车、汽车零部件、石油工程机械生产基地。

4月15—25日　中国·南阳第六届玉雕节暨首届宝玉石博览会举

行。全国政协原副主席张思卿,全国人大农业与农村委员会副主任委员、中国珠宝玉石首饰行业协会会长孙文盛,河南省副省长宋璇涛参加节会。节会共签订27个项目,总投资44亿元,引资额41亿元。节会期间举办全国珠宝玉石精品布展活动、旅游产品和珠宝玉石产品展销活动、第二届中国(南阳)珠宝玉石首饰特色产业基地高峰论坛和南阳独山玉国家矿山公园开园揭碑仪式等项活动。

4月16日　南阳市与美国拉斯维加斯市签订建立友好城市合作关系备忘录。

4月18日　中南金刚石公司3.2亿克拉高品级工业钻石项目在南阳市高新区工业园区奠基,标志着南阳市超硬材料产业主导产品产业化发展和工业经济结构调整迈上一个新台阶。

4月20—27日　中共南阳市委书记黄兴维率领南阳市党政代表团赴环渤海经济圈进行考察学习。

4月24日　南阳市新能源国家高技术产业基地发展规划编制完成。

4月28日　中国南方航空南阳飞行训练基地在南阳机场宣布成立。

是月　桐柏县安棚碱矿三期工程年产150万吨纯碱、小苏打项目开工建设。总投资15亿元。

方城县拐河镇被中宣部、文化部、广电总局、新闻出版署授予"全国村村通广播电视先进单位"称号。

5月1日　市政府正式向社会公开政府信息,公民、法人或其他组织可以通过政府门户网站或提出申请方式查询政府信息。

5月7日　济南军区副司令员张鹤田中将等到南阳检查指导部队建设和"双拥"工作。

5月8日　河南天冠集团纤维乙醇项目首条产业化生产线开始批

量生产。

5 月 10—12 日　中共中央政治局常委、国务院总理温家宝到南阳视察,就粮食生产、农民生活、教育医疗、企业发展等问题进行调查研究。财政部部长谢旭人、卫生部部长陈竺、国务院政研室主任魏礼群等随行调研。中共河南省委书记徐光春,省委副书记、代省长郭庚茂等陪同调研。

5 月 11 日　中华健康快车基金会副理事长、全国政协常委会社会和法制委员会副主任伍绍祖到南阳看望白内障患者。

5 月 12 日　14 时 28 分,四川省汶川县发生 8.0 级地震,南阳市大批志愿者要求奔赴四川地震灾区抢救灾民。群众自发到各个血站要求献血。

5 月 14 日　市委、市政府向全市发出为灾区人民送温暖、献爱心募捐活动号召。截至 5 月 30 日,市民政救灾部门共接受捐款 2600 多万元,全市广大共产党员共缴纳特殊党费 1800 多万元。南阳市红十字会接收社会各界抗震救灾捐赠款物总额 960.6 万元。

5 月 18 日　南阳市首批 22 名公安消防官兵和 13 名供电公司职工奔赴四川灾区,抢救压在废墟下的灾民,修复断电工程。

全市组织 1000 顶帐篷、20 万元药品和 15 万元食品运往四川灾区。22 日,根据灾区需要,又运往四川灾区 100 万元药品。

5 月 19 日　南阳市中心医院、南阳市骨科医院、南阳医专第一附属医院等单位抽调 16 名优秀医护人员,组成救灾防疫工作队赶赴四川灾区。24 日,市直各医疗单位抽调 25 名优秀医护人员组成救灾医疗队奔赴四川灾区,救治伤员,消毒防疫。

5 月 25 日　中共河南省委副书记、代省长郭庚茂带领省直有关部门负责人,先后到河南天冠集团纤维乙醇项目建设工地、金光数字显示有限公司、中光学集团河南南方辉煌图像信息技术有限公司和河南迅天宇科技有限公司调研。

5月26日　市委、市政府决定,援建四川灾区4000套过渡安置房。

5月28日　南阳市政府与首钢控股有限公司、首钢控股(香港)有限公司签订战略合作协议,在南阳建设光电显示产业基地,争取在3年内达到年产销100万台以上大屏幕数字高清晰电视整机目标。

南阳市庆"六一"暨农村留守流动儿童关爱工程——"春暖行动"启动,旨在发动全社会为农村留守流动儿童办好事、办实事。

5月30日　邓州花洲水泥厂投产。一期工程总投资4.2亿元,日产熟料4500吨,年产熟料120万吨、水泥150万吨。

是月　国务院批准公布第一批国家珍贵古籍名录,南阳市共有6部古籍入选。

由国家文物局组织的中国第一次博物馆分级评选揭晓,南阳汉画馆被评为国家一级博物馆。

6月23日　河南龙大牧原肉食品有限公司在内乡县灌涨镇开工建设。该公司由河南内乡县牧原养殖公司和山东龙大食品集团共同兴办,总投资2.6亿元,投产后年屠宰生猪100万头,加工各类肉制品10万吨。

6月25—29日　南阳市南水北调中线工程渠首、水源地生态文明建设图片展在北京中国人民革命军事博物馆开展。中共中央政治局常委李长春和张思卿、袁宝华、赵东宛、陈耀邦、郭树言、李金明、赵延年、苏建成、刘新民等国家和省部级领导及市领导黄兴维等与数万北京市民参观图片展。

是月　河南省地矿局地勘一院在南阳市勘探出1处特大型镍铜矿,矿产资源储量在153万吨左右。

7月1日　中共南阳市委、市政府、军分区联合发文,要求各级党委、政府和驻宛部队响应中央和省委号召,深入开展向武文斌学习活动。武文斌是邓州市张村镇程营村人,为济南军区某师炮兵指挥连士官,6 月 18 日在随部队参加四川汶川抗震救灾中,因连续奋战、过度劳累引发肺血管畸形破裂出血光荣牺牲。

经国家标准化管理委员会批准,全国变性燃料乙醇和燃料乙醇标准化技术委员会正式落户河南天冠集团。

7 月 3 日　市委、市人大、市政府、市政协召开联席会议,决定从 7 月 1 日起至年底在全市启动县(市、区)委书记大接访活动,旨在深入排查化解矛盾纠纷,着力解决民生问题,重点化解疑难复杂矛盾纠纷,切实转变干部作风,依法及时合理处理群众反映的问题,促进社会和谐稳定。

7 月 7—8 日　全国供销合作总社在南阳市召开会议,推广南阳市供销合作社围绕农村经济发展大局、强力推进以现代流通网络为主体的"新网工程"建设经验。

7 月上旬　南阳市文物考古研究所在南阳市中心城区工业路与八一路交叉口建筑工地发现规模庞大的春秋战国时期楚国贵族墓葬群。先期发掘的 2 座墓葬出土铜鼎、铜缶和青铜编钟等大量珍贵文物。此次发现古墓葬之多、出土铜鼎形状之巨、古墓葬规格之高,在南阳市考古发掘史上尚属首次。

7 月 18 日　河南南阳 2008 银企洽谈会召开,共有 16 个金融机构与南阳市 99 个企业签订贷款合同和协议,签约项目达 118 个,签约金额 288.55 亿元,其中签约合同贷款 126.79 亿元,意向贷款 161.76 亿元。

7 月中旬　中央军委主席胡锦涛签署命令,授予武文斌"抗震救灾英雄战士"称号。

7 月 26 日　中共南阳市委举行第四届第十次全体(扩大)会议,贯彻中共河南省委第八届第八次全会精神,动员全市广大干部群众迅速掀起新一轮解放思想热潮,在全市集中开展以"新解放、新跨越、新崛起"为主题的解放思想大讨论活动,以思想大解放推动经济社会大发展。

是月 河南省人民政府公布第五批河南省文物保护单位,全省共283处,南阳市有15处文物保护单位入选。

南阳汽车站获全国总工会"工人先锋号"称号,成为河南省交通系统唯一国家级"工人先锋号"。

西峡县阳城乡赵营村、任沟村一带,在修建村村通公路时发现方圆5平方千米范围内,蕴藏着10余万枚、20个种类恐龙蛋化石。文物专家认为,这里是继1993年西峡县发现大面积恐龙蛋化石后又一次惊人发现。

桐柏县发现特大型油页岩矿,探明含矿面积84平方千米,地质储量20亿吨,属特大型沉积矿床。

8月3日 莫桑比克工业贸易部副部长赛尔吉噢率莫桑比克友好访问团到南阳访问。5日,中国南阳市与莫桑比克楠普拉市建立友好关系。

8月17日 在北京奥运会上,周春秀(社旗县籍)在女子马拉松比赛中获得铜牌。中共河南省委书记徐光春和南阳市委、市政府分别向周春秀发出贺电。

8月18日 中共河南省委副书记、代省长郭庚茂在南阳师范学院向市直机关领导干部、各县(市、区)负责人及各大企业、大专院校负责人作"新解放、新跨越、新崛起"大讨论活动专题报告。18—19日,郭庚茂一行深入乐凯集团第二胶片厂、河南天冠集团、桐柏县安棚碱矿、淅川县南水北调工程渠首等地考察指导工作。

8月28—30日 第三届豫商大会在南阳举行。全国政协副主席李蒙,中共河南省委书记、省人大常委会主任徐光春,省委副书记、代省长郭庚茂,省政协主席王全书,南阳市四大班子领导黄兴维、贾崇兰、褚庆甫、解朝来、李天岑等,以及国家、省、市有关部门负责人,中国工程院院士,参会客商出席开幕式。会议期间,南阳市共签订合作项目82个,总投资额243.9亿元,合同引资额229.2亿元。

9月3—7日　中共河南省委邀请党外人士举行南阳恳谈活动。河南省各民主党派主任委员、无党派代表人士参加。此次恳谈活动就"新解放、新跨越、新崛起"大讨论活动中如何进一步解放思想、创新工作思路,推进全省统一战线工作和民主党派工作迈上新台阶征求党外人士意见。

9月17日　第十届中国科协年会河南省合作项目签约仪式在郑州举行。南阳市共有10个合作项目参加签约,总投资24.3亿元。

9月20—22日　中国·南阳第七届张仲景医药科技文化节举行。省、部级领导和市领导与20余位院士专家学者及220名嘉宾出席开幕式。21日,节会举行项目签约仪式,南阳市共签约项目20个,总投资12.97亿元,利用外资12.57亿元。

9月24日　南阳市与上海市就两地人才合作签订框架协议。双方将互为对方人才招聘提供便利,共同建设网上人才市场,建立对口人才劳务供求通道,共同组织开展教育培训项目。

9月25日　2008年全国农产品加工业博览会暨东西合作投资贸易洽谈会在驻马店会展中心举行。南阳市共有58个项目成功签约,总投资38.4亿元,其中引资31.5亿元;引进人才19人,其中省外6人;引进技术15项,其中省外8项。

9月26日　南水北调中线工程南阳市段全面开工建设。南阳市是中线工程渠首和重要水源地,也是渠线工程距离最长省辖市。南阳市境段长185千米,控制流域面积7630平方千米,建设工程由渠首段工程、总干渠工程、各类交叉建筑工程组成,一期工程南阳区域总投资约235亿元。

是月 文化部公布中国民间文化艺术之乡，南阳市选报的7个县或镇全部入选，分别是淅川县——曲艺之乡、南召县——谜语之乡、镇平县——玉雕之乡、方城县博望镇——曲艺之乡、卧龙区石桥镇——曲艺之乡、桐柏县平氏镇——社火之乡、唐河县桐寨铺镇——旱船之乡。

10月7—8日 中国·桐柏戊子年盘古文化论坛暨中国淮河源民俗博物馆揭牌仪式在桐柏举行。全国政协常委、中共中央宣传部原副部长徐惟诚，第七届中国文联副主席胡珍，南阳市领导姚进忠、陈代云等出席。

10月15日 中国（南阳）知识产权维权援助中心授牌仪式在南阳宾馆举行。

10月20日 世界伟大科学家张衡诞辰1930周年纪念大会在南阳举行。中科院办公厅主任蒋协助、国家天文台台长严俊、中国天文学会理事长赵刚、国家天文台首席科学家赵永恒、河南省地震局副局长王合领等出席会议。

10月中旬—2009年2月 全市旱情严重，影响秋冬种作物生长，其中小麦重旱面积26.66万公顷。全市总降水量为7.7毫米，是南阳市境有气象资料历史上第二个少雨年份。市气象局发布干旱红色预警信号，这是南阳实行气象预警发布制度以后第一次发布干旱红色预警信号。市委、市政府动员广大干部群众紧急行动，抗旱浇麦。全市投入抗旱资金1亿多元，水利部门启动大中小型水库和塘堰坝2万多处，机井、水井5万多眼，抗旱机械29万台（套）投入抗旱。并投入数十万人力，累计浇灌麦田44.06万公顷。在人工抗旱和自然降水作用下，全市旱情得到有效缓解，大部分地区旱情基本解除。南阳市抗旱防汛指挥部决定从2月27日起解除抗旱预案应急响应。

10月28日 全市第二次经济普查宣传工作会议召开。这次经济普查从 2008 年开始,2010 年 6 月结束。

是月 中联水泥南阳分公司 1.6 万千瓦水泥窑纯低温余热发电项目建成并成功并网发电。

第二十二届中华诗词研讨会在南阳举行。

南阳市军旅作家周大新的长篇小说《湖光山色》获第七届茅盾文学奖。

11 月 6 日 南阳革命烈士纪念馆奠基仪式举行。

11 月 7 日 市政府办公室出台《关于加快推进农村客运网络化建设的意见》,提出要围绕社会主义新农村建设总体要求,力争到 2008 年年底前,全市所有通公路乡镇和村委会开通农村客运班车,全市村委会客车通达率达到 98% 以上。

11 月 10 日 中共南阳市委召开全委(扩大)会议,传达贯彻中共十七届三中全会和中共河南省委全委(扩大)会议精神,研究部署全市农村改革发展问题,出台《推进农村改革发展意见》,确定新形势下推进农村改革发展目标任务:建立和完善有利于农村改革发展的体制机制,积极发展现代农业,健全农业科技和社会化服务体系,全面发展农村社会事业,扎实推进新农村建设,加快推进城乡一体化进程。

11 月 28 日 南阳市南水北调丹江口库区移民安置动员大会召开,全面启动移民安置试点,为加快推进南水北调中线工程建设提供保障。

11 月 28—29 日 全国南水北调工程被征地农民社会保障工作座谈会在南阳召开。

11 月 29 日 南阳市污水处理厂二期工程开工建设。

12 月 6 日 南阳市首届篮球联赛总决赛及闭幕式在市体育馆举行。本届篮球联赛于 2008 年 5 月正式开赛,各县(市、区)和市直单位28 支代表队共进行 140 多场比赛。卧龙区代表队获得总决赛冠军。

12月16日 交通银行南阳分行开业。

河南省人民政府、中国核工业集团公司、中国电力投资集团公司共同推进河南省核电项目开发合作框架协议签字仪式在北京举行。三方同意，由中核集团控股、中电投集团和河南省地方或其他投资主体参股，合作开发南阳市核电项目，积极争取南阳市核电项目2009年进入国家规划。2009年2月16日，中核集团、中电投正式成立中核河南核电有限公司。4月22日，中核河南核电有限公司南阳核电项目筹备组进驻南阳开展前期工作，该项目正式进入开发建设阶段。

12月30日 南阳市中心城区仲景大桥正式开工建设。仲景大桥北起滨河路，南至白河大道，连接仲景南路和嵩山路，全长801米，是连接城市中心区和白河南区域的枢纽工程。

是月 中共南阳市委宣传部、南阳市文明办、南阳市总工会、共青团南阳市委、南阳市妇联、南阳市综治办等6部门联合下发《关于表彰全市首届道德模范的决定》，对杨德发等51名全市首届道德模范进行表彰。

中国楹联学会命名内乡县为"中国楹联文化县"。

镇平县等8个市、县被列为河南省第一批"文化改革发展试验区"。

2009 年

1 月 13 日　河南省省长郭庚茂参加省人大南阳市代表团审议时提出,南阳将作为区域性中心城市和全省次中心城市,纳入全省城镇发展总体规划。

1 月 14 日　一批精美的北宋影青瓷器在南阳市中心城区发掘出土。北宋影青瓷器在南阳考古史上属首次发现,对研究宋代南阳葬俗和宋代青瓷提供重要实物资料。

1 月 20 日　南阳市文物考古研究所在南阳市中心城区八一路工地发掘 1 座彩绘汉画像石墓。该墓共用石块 25 块,石块上雕刻有精美画像 28 幅,且有彩绘痕迹。此外,还出土铁剑、陶器等随葬器物及王莽新朝时期铜钱 10 余枚。

是月　南阳市援建四川“5·12”地震灾区江油市雁门镇、石元乡第一批共 9 个项目开工建设。

在南宁市召开的全国水利工作会议上,淅川县被表彰为“全国农田水利建设先进单位”。

中国地质学会组织评选出 2008 年度全国十大地质找矿成果,唐河县周庵一带含铜镍硫化物矿位列第二名。

2 月 2 日　中原文化澳洲行启动仪式暨经贸合作项目签约仪式在澳大利亚悉尼国际会展中心举行。南阳市防爆电机出口等 3 个项目签约,总投资 2.15 亿美元,合同引资 6300 万美元。

2 月 17 日　中原文化港澳行暨 2009 豫港投资贸易洽谈会南阳市

情说明暨合作项目签约仪式在香港举行。参加签约仪式的项目共有20个,投资总额2.98亿美元,合同引资额2.78亿美元。

2月22日 2008年度河南省五大考古新发现评出,南阳市八一路楚彭氏家族墓和淅川县沟湾遗址双双入选。

是月 南阳天羽有色金属压延有限公司PS版基生产线在宛城区动工兴建。

3月1日 南阳国家桑蚕综合试验站建立,为河南省桑蚕产业唯一综合试验站。

3月7日 市委召开市级领导干部会议,传达中共河南省委关于南阳市领导班子调整决定:穆为民任市委副书记、提名为市长候选人;杨其昌任市委常委、组织部部长;孙丰年任市委常委、纪委书记。

3月16—18日 全国人大常委会副委员长韩启德深入南阳,就南水北调中线水源保护工作进行专题视察,中共河南省委书记徐光春,南阳市领导黄兴维、穆为民等陪同视察。

3月17日 中共河南省委书记徐光春深入社旗县、方城县田间地头和工厂车间,就春季农业生产、高新技术产业发展进行调研。

3月18日 全球最大生物天然气工程——河南天冠集团日产50万立方米民用沼气工程开工奠基。该项目是南阳市利用日元贷款实施城市环境综合治理工程子项目,工期2年,总投资4.39亿元,其中利用日元贷款1.56亿元。该工程建成投产后,能为60万户居民提供生活用气,可确保南阳市中心城区85万居民生活用气。

3月22日 市委召开深入学习实践科学发展观活动动员大会,市委书记黄兴维作动员报告。这次活动2010年2月结束,旨在解决影响和制约科学发展、党员干部党性党风党纪、涉及群众切身利益、基层组织建设方面问题,为群众办好事实事,使群众实实在在地感受到学习实践活动带来的实惠,推动全市经济社会发展迈上科学发展新台阶。

3 月 23 日 中光学集团、长虹电器集团和南阳市建设投资公司共同组建南阳南方长虹科技有限公司,共同开拓投影机市场,DIL 光学引擎正式进入批量生产阶段。

3 月 28 日—4 月 1 日 政协南阳市第四届委员会第一次会议举行。会议选举产生政协南阳市第四届委员会主席、副主席、秘书长和常务委员,朱广平当选南阳市政协四届委员会主席。会议表决通过政协南阳市第四届第一次会议政治决议、政协南阳市第三届常务委员会工作报告决议、政协南阳市三届常委会提案工作报告决议、政协南阳市四届一次会议提案审查委员会关于提案审查情况报告。

3 月 29 日—4 月 2 日 南阳市第四届人民代表大会第一次会议举行。会议表决通过《关于政府工作报告》的决议、关于南阳市 2008 年国民经济和社会发展计划执行情况与 2009 年国民经济和社会发展计划的决议、关于南阳市 2008 年财政预算执行情况和 2009 年财政预算的决议、关于南阳市人民代表大会常务委员会工作报告的决议、关于南阳市中级人民法院工作报告的决议、关于南阳市人民检察院工作报告的决议。会议选举产生南阳市第四届人大常委会主任、副主任、秘书长及委员,李天岑当选南阳市第四届人大常委会主任;选举南阳市人民政府市长、副市长,穆为民当选市人民政府市长;庞景玉当选南阳市中级人民法院院长,刘在贤当选南阳市人民检察院检察长。

是月 人力资源和社会保障部、公安部作出决定,追授南阳市公安局枣林派出所所长段大军为全国公安系统一级英雄模范称号。1 月 9 日,段大军在全国公安民警大走访爱民实践活动中因劳累过度引发心脏猝死,不幸牺牲,年仅 42 岁。

中共河南省委、河南省人民政府下发《关于表彰全省粮食生产先进单位和先进个人的决定》。唐河、邓州、方城 3 个县(市)被评为全省粮食生产先进县,唐河县古城乡农民海国勇、邓州市裴营乡农民张丰奇被评为全省种粮大户标兵。南阳市获得全省粮食生产创建活动组织奖。

科技部下文确认,乐凯集团第二胶片厂承担的"电子纸关键技术研发及产业化"、南阳利达光电股份有限公司承担的"基于激光光源的高亮度DLP投影机产业化研究"、中光学集团和金光数显公司联合承担的"65英寸以上激光电视产业化关键技术"3个高新技术项目被列入国家"863"计划,这标志着南阳市在高技术研究领域承担国家级重点项目实现历史性突破。

西峡、桐柏获"国家卫生县城"称号。

南阳金光数字显示有限公司被确定为河南省第三批文化产业基地。

4月3日 革命烈士郭庠生铜像在镇平县侯集镇落成。

4月13日 南阳首控光电有限公司成立。该公司是在南阳金光数字显示有限公司基础上,引进战略投资伙伴首钢控股有限责任公司所设立的股份制企业。

4月15日 中共河南省委副书记、省长郭庚茂率领省观摩团到南阳参观考察重点项目建设。

4月17—19日 中共中央政治局常委、全国政协主席贾庆林和随行的全国政协副主席兼秘书长钱运录等到南阳考察。17日,在中共河南省委书记徐光春、中共南阳市委书记黄兴维等陪同下考察乐凯集团第二胶片厂。

4月20日 市委召开学习弘扬焦裕禄精神"讲党性修养、树良好作风、促科学发展"教育活动动员大会。会议传达贯彻河南省教育动员大会精神,就全市下一步开展学习教育进行安排部署。要求全市各级大力弘扬焦裕禄精神,扎实开展"讲党性修养、树立良好作风、促科学发展"教育活动,推进科学发展,推动南阳跨越发展。

4月23日 南阳市2009年银企洽谈会召开。初步达成签约项目

427 个,总金额 834.8 亿元,其中合同贷款 115.43 亿元;会议现场签约项目 29 个。

4 月 24 日　全市农村基层党风廉政建设工作暨清理规范乡村财务专项工作动员会召开。

4 月 25 日—5 月 3 日　中国·南阳第七届玉雕节暨宝玉石博览会举行。节会期间,全市共签约 27 个项目,总投资 54 亿元。

4 月 26 日　在安徽省合肥市举行的第四届中国中部投资贸易博览会河南省情说明暨项目签约仪式上,南阳市共有 7 个项目成功签约,项目总投资 23.12 亿元人民币。

4 月 29 日　南阳玉雕研究所成立。

5 月 4 日　中共河南省委、河南省人民政府作出《关于在全省村级组织推广邓州市农村党支部、村委会“4＋2”工作法的决定》。

5 月 12 日　中国农民体育协会主席陈耀邦率团到南阳,就第七届全国农运会比赛场馆、接待服务设施等规划设计情况进行深入考察。

市委、市政府决定从 2009 年开始,把每年 5 月 12 日定为南阳慈善日。各县(市、区)、社会各界广泛开展捐赠等慈善义举活动,募集善款将用于安老、扶孤、扶贫、济困、助残、助学等方面救助工作。

5 月 13 日　市委作出《关于在全市开展向任朝学同志学习的意见》。任朝学生前是中共淅川县纪委副书记,曾先后被市纪委授予纪检监察先进工作者、被省政府授予河南省先进工作者等荣誉。2008 年 12 月 3 日,任朝学因积劳成疾突发心脏病,不幸逝世,年仅 45 岁。

5 月 13—14 日　全国人大常委会环境与资源委员会副主任汪纪戎带领调研组到南阳,就南水北调中线工程水源区生态补偿机制问题进行调研。

5 月 13—15 日　中共南阳市委副书记、市长穆为民率领南阳市党政考察团赴江苏省观摩学习苏州工业园区、南京江宁经济开发区、南京徐庄软件园等工业区开发建设情况和经验。

5月18日　市委、市政府举行全市优化经济发展环境工作会议。会议重申机关工作人员转变作风"十禁止",并出台《违反〈南阳市机关工作人员转变作风"十禁止"〉规定处理办法(暂行)》。

南阳市文化博览中心奠基。

5月22—23日　国务院南水北调办公室主任张基尧到南阳,对南水北调中线丹江口库区及上游地区环境保护工作进行调研。

5月26日　全市信访工作会议召开。会议强调,标本兼治,综合治理,不断把信访稳定工作推上新台阶。市领导黄兴维、穆为民、贾崇兰、刘朝瑞等出席会议,各县(市、区)委书记、县(市、区)长,市直各单位主要负责人,全市乡镇党委书记、乡镇长等参加会议。会议下发市委、市政府《关于进一步加强新时期群众工作的意见》和市委办公室、市政府办公室《关于印发〈南阳市办理信访案件公开告知制度〉(试行)等四项制度的通知》《关于市领导定期接待来访群众的通知》《关于抽调市直党政机关干部下访督查的通知》《关于转发领导干部接待群众来访、定期组织干部下访督查和矛盾纠纷排查化解工作实施办法的通知》等文件。

5月31日　全市召开"六创一迎"工作动员大会,号召全市上下以迎接2012年第七届全国农民运动会在南阳举办为契机,开展争创国家生态园林城市、中国优秀旅游城市、国家卫生城市、全国双拥模范城市、国家环境保护模范城市和全国文明城市活动,建设南阳美好家园,努力打造区域性中心城市、河南省次中心城市和生态宜居城市。

是月　市政府决定使用5000万元失业保险基金为市直困难企业提供补贴,帮助企业恢复生产,稳定就业岗位。9月17日,市政府向首批享受社保补贴的河南天冠集团、宛运集团、防爆集团、木兰花家纺、水务集团等10个企业发放1659万元补贴资金,以减轻金融危机对南阳企业造成的负面影响。

6 月 28 日 南阳—重庆航线开通。

6 月 29 日 南阳新闻网设立市委书记、市长网上留言板——《给书记市长说说心里话》。网民通过互联网向市委书记、市长反映问题，表达诉求，建言献策。

是月 邓州市六和饲料厂竣工投产，年生产能力 30 万吨。

7 月 2—3 日 河南省省长郭庚茂到南阳调研指导移民迁安和经济工作。

7 月 12—13 日 在杭州举办的南阳—杭州经济贸易合作洽谈会上，共有 31 个项目签约，投资总额 72.8 亿元，合同引资额 64.8 亿元，涉及纺织、化工、生物、机械制造、制药、食品、冶金建材、新能源、房地产等产业。

7 月 29 日 河南省南水北调丹江口库区移民安置动员大会在淅川县举行。国务院南水北调办公室副主任李津成，省领导陈全国、王文超、刘满仓、靳绥东，南阳市领导黄兴维、穆为民、贾崇兰及河南省相关市、县领导出席会议。会议提出，要按照"四年任务、两年完成"总体要求，决心下定，措施过硬，责任到位，方法科学，坚决打赢丹江口库区移民攻坚战，确保实现南水北调中线工程 2013 年主体工程完工、2014 年汛后通水目标。

8 月 16 日 淅川县南水北调丹江口库区首批试点移民搬迁安置工作正式启动。同日，淅川县滔河乡姬家营村 71 户 253 名丹江口水库淹没区移民，举家迁往许昌市许昌县榆林乡姬家营移民新村。河南省领导陈全国、刘满仓和许昌市、县领导及当地大批民众前往迎接。中共南阳市委书记黄兴维陪同移民到达安置区。28 日，淅川县首批 1.06 万名试点移民搬迁工作全部结束。

8 月 21 日 在新加坡—河南投资贸易项目说明会上，南阳市签约

7100 万美元项目。

8 月 25 日　中共中央政治局委员、中央书记处书记、中组部部长李源潮到邓州市农村调研深入学习实践科学发展观活动，总结推广邓州市农村推行"四议两公开"经验。

8 月 26 日　中共河南省委书记徐光春深入南阳调查研究，指导经济、文化、旅游产业发展。

8 月 30 日　南阳利达光电股份有限公司承担的省级科研项目"高倍聚光光伏发电系统"顺利通过由国家发改委、中科院组织的专家鉴定，项目达到国内领先水平。

是月　农业部下达 2009 年农业标准化示范项目，桐柏县被确定为全国唯一花生标准化示范县。

中国现代肉牛产业技术体系公布，新野、唐河 2 县被纳入国家肉牛产业技术体系试验示范县。

9 月 3 日　河南省承接纺织服装玩具产业转移洽谈会在郑州举行。南阳市有 4 个项目参加省重点项目签约仪式，投资总额 4.1 亿元。

9 月 8 日　第十三届国际投资贸易博览会在厦门举行。南阳代表团组织承接东南沿海产业转移恳谈会，有 5 个项目在会上签约，投资总额 10.8 亿元。

9 月 18 日　2009 年豫粤产业转移合作共赢洽谈会开幕式和签约仪式在深圳举行。南阳市共有 3 个项目参加河南省重点项目签约仪式，总投资 4 亿元，合同引资 3.5 亿元。

9 月 20 日　2009 年全国农产品加工业博览会暨东西合作投资贸易洽谈会在驻马店市举行，南阳市共展示农产品加工产品 16 个系列 93 个品种，签约项目 55 个。

9 月 23 日　在广东发展银行郑州分行中小企业服务产品南阳推介会上，广东发展银行郑州分行与河南天冠企业集团有限公司、南阳陆德筑机股份有限公司等 35 个企业分别进行贷款签约,共签约贷款 36.28 亿元。

9 月 26 日　南阳市首个村镇银行——河南方城凤裕村镇银行挂牌开业。

9 月 28 日　中共南阳市委全委(扩大)会议召开,学习贯彻中共十七届四中全会精神和中共河南省委全委(扩大)会议精神。会议确定南阳市加强和改进党的建设总体要求是:全面贯彻中共十七大、十七届四中全会和省委全委(扩大)会议精神,以邓小平理论和"三个代表"重要思想为指导,深入贯彻落实科学发展观,以改革创新精神全面推进党的建设新的伟大工程,把加强党的执政能力建设和先进性建设作为主线,坚持党要管党、从严治党,全面加强思想建设、组织建设、作风建设、制度建设和反腐倡廉建设,使全市各级党委领导核心作用、基层党组织战斗堡垒作用和共产党员先锋模范作用得到充分发挥,为推动南阳科学发展、跨越发展提供强有力的政治保证。

9 月 29 日　南阳市举行中华人民共和国成立 60 周年贡献大、社会满意度高的 60 位民营企业家表彰活动。丁学龙、马鹏、马秀瑜等 60 位民营企业家受到表彰。

9 月 29 日　鸭河口水库除险加固工程开工建设。工程总投资 2.2 亿元,工期为 24 个月,各一级建筑物防洪标准为千年一遇洪水设计,万年一遇洪水校核;消能防冲建筑物标准为百年一遇。

9 月下旬　在中华人民共和国成立 60 周年之际,全国妇联决定授予 2000 名妇女"全国三八红旗手"、1000 个单位"全国三八红旗集体"称号。南阳市获得"全国三八红旗集体"称号的单位有中国银行股份有限公司南阳分行、邓州市妇联,获得"全国三八红旗手"称号的个人为柳克珍(南阳市妇联主席)、庞震凤(南阳市宛城区区长)、张文媛(南阳市公安局交警支队政委)。

是月　泰国—河南投资贸易洽谈会在曼谷举行。南阳市代表团共有 3 个项目在会上签约,金额 2.1 亿美元。

南阳产业集聚区举行深圳招商引资活动,共签约项目 32 个,总投资 119.3 亿元,引资 115.9 亿元。

10 月 13 日　全市治理工程建设领域突出问题工作领导小组召开第一次会议。会议印发《南阳市工程建设领域突出问题专项治理工作实施方案》。

10 月 17 日　全国政协副主席李兆焯到南阳视察。

10 月 18 日　在丹麦哥本哈根举行的 2009 年世界跆拳道锦标赛中,南阳籍运动员韩颖颖获得女子 73 公斤级冠军。

10 月 20 日　卧龙区石桥月季基地被中国科协和财政部联合评为全国农业科普示范基地。

10 月中下旬　市长穆为民率领南阳市政府代表团,应邀赴日本进行为期 6 天的友好访问和经贸考察。

10 月 23 日　南阳—上海经济贸易合作洽谈会在上海市浦东新区举行。会上共有 51 个项目签约,投资总额 226 亿元,合同引资 205 亿元。

10 月 24 日　全国中医药文化宣传教育基地揭牌仪式在宛西制药集团中华医圣苑举行。

10 月 25 日　"中医中药中国行"南阳站活动启动仪式暨中国·南阳第八届张仲景医药科技文化节在南阳市体育中心开幕。全国人大环境与资源保护委员会副主任委员宋照肃,卫生部副部长、国家中医药管理局局长王国强,科技部副部长刘燕华,文化部副部长周和平,"中医中药中国行"活动组委会副主任、中国人民解放军总后勤部卫生部副部长陈新年少将,河南省副省长宋璇涛和省直有关部门负责人及各新闻媒体,南阳市领导穆为民、贾崇兰、李天岑等出席开幕式。

10 月 25 日 市政府在市体育中心举行市情说明、项目发布及投资项目签约仪式。共有 38 个项目签约,投资总额 57.4 亿元,合同引资额 56.2 亿元,项目涉及纺织、化工、生物、机械制造、制药、食品、冶金建材、新能源、房地产等。

10 月 27 日 武警部队司令员吴双战上将在武警河南省总队队长陈进平少将、政委刘生辉少将陪同下,深入武警南阳市支队视察工作。

10 月 28 日 中国内乡石材基地项目在内乡产业集聚区正式开工建设。总投资 80 亿元,占地面积 666.66 公顷。

10 月 29 日 中共河南省委常委、省军区政委颜纪雄少将深入镇平县、唐河县,就部队全面建设情况和 2009 年冬季征兵工作进行调研。

是月 河南天冠集团年产 10 万吨全降解塑料项目工程正式开工,总投资 9.6 亿元。

南水北调纪念馆在淅川县马蹬镇建成开馆。

淅川县丹江细鳞斜颌鲴水产种质资源保护区正式获得批复。这是河南省批准建立的第三个水产种质资源保护区。

淅川县上集镇沟湾遗址被国家文物局评选为 2007—2008 年度田野考古三等奖。

11 月 3 日 中国地震观测技术研讨会暨丹江口库区地震监测工作论坛在南阳开幕。

11 月 4 日 全国县级供销社工作南阳现场会召开。南阳市供销系统在“二次创业”攻坚中,以服务“三农”为己任,坚持改革创新,强力推进“新网工程”建设,大力发展农民专业合作社,积极培育龙头企业,供销合作企业取得长足进步,其先进经验在全国推广。

11 月 4—5 日 河南省省长郭庚茂率领省观摩团深入南阳,对南阳市重点项目及产业集聚区建设情况进行观摩点评。

11 月 6 日 邓州市邓姓文化研究座谈会召开,来自海内外的 200

多位邓氏宗亲代表参加座谈会。

11月9日　南阳市卧龙区六合小额贷款公司正式运营。该公司注册资金3000万元,是南阳市首个专业小额贷款公司,主要为"三农"、个体工商户和中小企业提供小额、分散贷款服务。

11月10—13日　第四届中国牛业发展大会在南阳举行。

11月12日　淅川县试点移民总结表彰暨第一批移民迁安动员大会举行。自此淅川县第一批移民迁安工作全面启动。

11月14日　中国机械工业联合会、国家电网公司在南阳市联合召开产品鉴定会,对南阳金冠电气有限公司研制开发的1000千伏特高压避雷器等5项产品进行国家级鉴定。经鉴定,1000千伏特高压避雷器产品综合技术性能达到国际先进水平,其他4种避雷器产品综合技术性能达到国内先进水平。

中共河南省委、河南省人民政府在南阳召开全省南水北调丹江口库区第一批移民新村征地暨"三通一平"工作现场会。

南阳与海峡两岸地区经贸合作洽谈会在厦门市开幕。16日,举行南阳与海峡两岸地区合作项目签约仪式,共有48个项目签约,投资总额106亿元,合同引资95亿元。

11月16日　南阳市危险废物处置中心在镇平县遮山镇正式开工建设。该中心建成后,日处理危险废物可达145吨。

11月17日　南阳市首批城建项目招商推介会举行,中心城区弱电入地共用管道建设、生活垃圾处理厂等21个项目成功签约,总投资207.4亿元。

11月18日　国家开发投资公司与南阳市政府、天冠集团合作框架协议签约仪式举行,三方将联手对生物能源产业领域进行资产重组。

南阳机场举行新航站楼启用暨扩建工程奠基仪式。南阳机场扩建工程总投资5.12亿元,建设工期为18个月,扩建项目主要包括:飞行区场道工程、助航灯光工程、飞行区消防及消防救援站工程、运营指挥楼等。

"天下玉源"项目在中国玉雕之乡镇平县石佛寺镇正式开工建设。

11 月 19 日　全国人大财经委员会副主任尹中卿带领全国人大调研组深入南阳,就中小企业发展情况进行专题调研。

11 月 20—22 日　中国电视艺术家协会主办的首届新农村电视艺术节暨颁奖典礼在江西省赣州市举行。由南阳市和中央新闻电影纪录制片厂等单位联合摄制的 20 集电视连续剧《小鼓大戏》获优秀农村题材电视剧二等奖。

11 月 22 日　河南省科技厅等单位组织开展河南省 2009 年度第一批高新技术企业认定工作,西峡龙成冶材集团有限公司被认定为 50 个高新技术企业之一。

11 月 24 日　南阳金戈利镁业集团年产万吨汽车配件消失模铸造生产线正式投产。

南阳市第三届运动会暨首届农民运动会在市体育中心体育馆开幕。本届运动会是迎接 2012 年第七届全国农运会一次实战演练,总规模约 8000 人,是南阳规模最大的一次体育盛会。运动会历时 7 天,分农民组和综合组两个组别,分别进行舞龙舞狮、健身秧歌等 24 个大项、58 个小项的比赛,共决出 110 枚金牌。

11 月 27 日　南阳市商务稽查支队挂牌成立。商务执法范围由原来的生猪屠宰、酒类流通和煤炭执法扩展到技术进出口、对外劳务合作、对外承包工程、特许经营、零售商促销、零供交易等商务行政执法监管的全部领域。

中国食用菌协会、全国城市农贸中心联合会授予西峡县为"中国香菇之乡""全国农产品主产基地县"牌匾。

11 月 29 日　宛台旅游经贸合作暨南阳同乡恳谈会在台北市举

行。市领导贾崇兰、杨德明、贺国勤与中国国民党中央委员、台湾女企业家协会理事长、台湾南阳同乡会会长马爱珍,大中华集团(台湾)投资公司董事长耿荣水等出席恳谈会。随后,举行南阳市对外招商项目推介暨宛台合作项目签约仪式,共有 16 个项目签约,总投资 21 亿元。

是月 河南省第五届文学艺术优秀成果奖揭晓,南阳市有 8 部作品获奖,廖华歌的小说《玉皇岭》获文学类一等奖。

社旗、淅川、西峡 3 县被列入国家首批新型农村社会养老保险试点。

12 月 14—21 日 中共南阳市委书记黄兴维,市委常委、宣传部部长姚进忠带领南阳代表团参加中原文化宝岛行系列活动。南阳经贸代表团与台湾企业签约 10 个合作项目,总投资 11.5 亿元。

12 月 22 日 第七届全国农民运动会主体育场在宛城区袁庄社区开工建设。主体育场建筑面积 4.2 万平方米,可容纳观众 3.5 万名,可满足举办全国综合性和单项国际赛事要求。工期 21 个月,计划于 2011年 9 月底交付使用。

12 月 26 日 内乡至邓州高速公路开工奠基。该路全长 90 千米,建设工期 3 年。

12 月 28 日 南水北调中线陶岔渠首枢纽工程在淅川县九重镇陶岔村正式开工。计划施工总工期为 42 个月。

国务院公布第七批 21 处国家级风景名胜区名单,南阳市桐柏山淮源风景名胜区入选。

12 月 31 日 第七届全国农民运动会新闻中心奠基。工程建设工期 24 个月,计划于 2011 年 12 月月底交付使用。

是月 邓州市文化茶馆建设获"第三届文化部创新奖"。

2010 年

1月6日　市委召开经济工作会议,提出促进全市经济社会发展要坚持重在持续、重在提升、重在统筹、重在为民"四个重在",实施项目带动、品牌带动、创新带动、服务带动"四个带动"战略,把保持经济平稳较快增长与调整结构、转变发展方式结合起来,努力提高发展的可持续性。

1月7日　南阳市召开"百万妇女信用创业大行动"工作会议。会议确定,向百万妇女提供5亿元小额信贷资金,推动妇女创业,促进经济增长。

1月13日　南阳市召开机构改革动员大会,对市、县两级政府机构进行改革。改革后,市政府设置工作部门34个、部门管理机构2个。3月底,市政府各部门基本完成"三定"工作。同时,调整优化组织结构,推行大部门制,进行大科室制试点。

西峡县五里桥镇黄狮村获"全国民主法治示范村"称号。

1月21日　在全国政协、中国科协等单位共同举办的低碳中国论坛首届年会上,邓州市获得"积极发展低碳经济城市(县)"称号。

1月21日　2009感动中原十大年度人物评选揭晓,南阳市信访局干部李海景名列其中,并成为"感动中国年度人物"候选人。李海景从事信访工作15年,始终心系群众,一心为民。因常年积劳成疾,于2009年9月16日病倒在工作岗位上,因公殉职,年仅40岁。

1月22日　《南阳市卧龙岗文化旅游产业集聚区总体规划》通过

评审。

邓州市久友面粉有限公司生产的"久友"牌面粉获得农业部质量安全中心"无公害农产品"称号。

1月26日 山东国风风电设备有限公司南阳分公司风电项目在镇平县产业集聚区开工。项目总投资3.8亿元,一期投资2.1亿元,占地6.67公顷,年产各种兆瓦级风电机组200台,6月底实现整机下线。

1月27日 河南天冠集团承担的国家"863"计划节能与新能源汽车重大项目——生物柴油组分及汽车匹配技术通过科技部验收。这标志着废油、非食用油等炼成生物柴油可完全满足汽车驱动,为中国推广应用生物柴油汽车提供能源保障。

1月28日 南阳市新型农村社会养老保险基础养老金首发仪式举行。社旗县、淅川县、西峡县全国新型农村社会养老保险试点工作正式启动。

是月 邓州市、社旗县被商务部批准为国家级外派劳务基地。

南召县山洪灾害防御试点建设项目顺利通过国家防汛抗旱总指挥部验收,是河南省首个山洪灾害预防体系。

经科技部考核评定,南阳市获得"全国科技进步先进市"称号。至此,南阳市已连续5次获得此项荣誉。同时,全市13个县(市、区)全部通过全国科技进步县(市、区)考核,卧龙区、宛城区、邓州市、西峡县、方城县、桐柏县跨入"全国科技进步先进县(市、区)"行列。

南阳市16个项目获得2009年度"河南省科技进步奖"。其中《县域经济与工业发展研究》等6个项目获得二等奖,《河南油田高精度三维地震勘探技术研究与应用》等10个项目获得三等奖,项目涉及机械、电子、石油、软科学等行业领域。

南阳市中心城区八一路发现一处战国古墓群。该墓群共有墓葬6座,其中2座保存较为完好,出土一批铜器、陶器等随葬品。初步判断为战国中晚期楚国贵族墓。

2 月 1 日　经河南省名牌战略推进委员会审核批准,南阳市鑫特电气有限公司生产的"鑫特"牌变压器、光辉机械厂生产的"南阳"牌磨粉机等 20 个企业 20 种产品获"河南省优质产品"称号。

2 月 4 日　住房和城乡建设部命名 31 个县城为"国家园林县城",桐柏县城榜上有名。

2 月 6 日　全国政协副主席、民革中央副主席、著名经济学家厉无畏到南阳视察,并以《创意产业与城市经济发展》为主题作专题报告。

2 月 8 日　中信银行南阳分行开业。

2 月 23 日　南阳防爆电气研究所有限公司被国家知识产权局认定为第四批全国企事业知识产权试点单位。

3 月 3 日　南召县天瑞集团日产 5000 吨新型干法水泥生产线项目竣工投产。该项目是全市"发动机"计划重点项目,总投资 13 亿元。

3 月 11 日　市政府与首钢控股有限责任公司、中聚联合控股有限公司战略合作协议签字仪式在北京举行。三方就深化南阳市多产业领域合作达成共识,一致同意结成战略联盟,致力于光电产业、PPC 为代表的低碳产业、萤石为主的矿产资源、独山玉资源四大领域深度合作。

3 月 15 日　中原曲艺研究基地在南阳师范学院挂牌成立,这是文化部民族民间发展中心在曲艺方面建立的全国唯一研究基地。

3 月 18 日　南阳市召开自主创新体系建设大会,提出要大力实施以提升自主创新能力为核心的创新带动战略,推动全市经济社会发展尽快走上创新驱动、内生增长轨道。

是月　科技部授予西峡县"全国可持续发展生态示范县"称号。

4 月 1 日　全国绿化委员会授予邓州市"全国绿化模范县(市)"称号。

4 月 2 日　南阳市台湾产业园揭碑暨中小企业创业基地奠基仪

式、唐河县情说明暨项目签约仪式在唐河县举行。共签约10个项目，合同引资6.3亿元。

4月13日 南阳市人民政府与东风设计研究院江苏奥新新能源汽车有限公司签署合作框架协议，合资在南阳注册成立具有独立法人资格的电动汽车有限公司，生产销售电动汽车，计划2015年年底前达到年产5万~8万辆生产能力，把南阳建设成为国家电动车生产基地。

4月14日 农业部公布2010年第一批农产品地理标志登记名单，淅川县辣椒协会申请登记的"香花辣椒"名列其中。

4月16日 大唐邓州生物质能2×15兆瓦热电工程在邓州市开工。总投资2.82亿元，为2×15兆瓦高温高压机组，全年供电量超过$1.7×108$千瓦时，计划于2011年3月投运，5月全部投产发电。该项目主要利用当地农作物秸秆作为发电燃料，每年消耗秸秆20万吨，使秸秆"变废为宝"。

4月27—28日 环境保护部部长周生贤一行到南阳市调研环保工作。

4月28日—5月1日 全国人大常委会副委员长盛华仁一行到南阳视察能源建设情况。

5月5日 市委召开创先争优活动动员大会，围绕"做科学发展先锋队、当南阳崛起排头兵"活动主题和"五个好""五个表率"目标，部署在全市17041个基层党组织、41.6万名党员中开展创先争优活动。

5月7日 国务院南水北调办公室主任张基尧一行深入唐河县、新野县，检查第一批移民新村建设情况，慰问库区移民、移民干部和移民新村建设者。

5月9—16日 中国·南阳第八届玉雕节暨国际玉文化博览会举行。海内外珠宝玉石界客商，专家、学者，媒体记者及有关部门负责人，省、市领导参加开幕典礼。会议期间，专家学者们举行玉文化研讨会、玉文化论坛等学术研讨活动;贵宾及客商们参观玉石精品展览,参加镇平县石佛寺镇国际玉城开市仪式等活动。9 日,举行市情说明暨合作项目签约仪式,南阳市与外企、外商共签订 30 个经济、社会项目,总投资 69 亿元,合同引资 66.3 亿元。

5 月 15 日　中国月季之乡·第一届月季文化节开幕式在卧龙区石桥镇举行。

5 月 16 日　民生银行南阳分行开业。至此,在南阳开业的全国性股份制银行达到 3 个。

5 月 22 日　闽南陶瓷园项目在内乡县产业集聚区开工。该项目投资额 50 亿元,占地 333.3 公顷,计划利用 4~5 年时间,建设 50 条具有国际先进水平的辊道窑自动化生产线,年可生产高级墙地砖 15 亿平方米。

5 月　由中国储备粮管理总公司投资 1 亿元筹建的河南公司南阳直属库溧河分库项目,在南阳生态工业园区开工奠基。该项目占地 1.36 公顷,设计总仓容 30 万吨。

6 月 7—8 日　中共河南省委书记、省人大常委会主任卢展工到南阳检查"三夏"工作,并就县域经济发展、构建和谐社会、基层组织建设和干部队伍建设以及全国农运会筹办、产业集聚区建设、稳定粮食生产等进行调研。

6 月 17 日　淅川县滔河乡凌岗村 506 名移民迁入唐河县毕店镇凌岗村新家。9 月 4 日　丹江口库区第一批移民 6.5 万人全部搬迁安置完毕。

南阳市人民政府与河南省电力公司举行推进南阳电网发展框架协议签约仪式。根据框架协议,4 年内河南省电力公司将投入 37 亿元,全面加快南阳电网建设,为南阳经济社会又好又快发展提供可靠能源保障。

6 月 18 日　由南阳迅天宇硅品有限公司、中国科学院上海技术物理研究所联合研发的物理法太阳能级多晶硅全流程工艺,顺利通过中科院上海分院组织的专家鉴定。这项技术填补了国际上没有专门面向光伏产业的多晶硅工业技术空白。6 月 30 日,世界首个全物理法制备太阳能级多晶硅全流程工艺贯通暨规模化生产庆典在方城县新能源产业集聚区举行。

6 月 18—19 日　全国政协人口资源环境委员会副主任、浙江省政协主席李金明带领部分浙商代表到南阳市考察投资环境和项目。

6 月 28 日　南阳深圳经贸合作洽谈会在深圳举行南阳市情说明暨合作项目签约仪式。合作项目投资总额 127 亿元,合同引资 118 亿元。

是月　市委常委、市纪委书记孙丰年率领南阳市经贸代表团访问乌兹别克斯坦、土库曼斯坦等中亚国家。访问期间,代表团参加南阳市红棉棉纺厂在该地区的经贸活动,会见乌、土等国有关部门负责人,达成一系列经贸投资意向。

7 月 1 日　南阳—南京始发列车正式开行。

7 月 13 日　中共河南省委常委、省军区政委颜纪雄少将到南阳检查防汛工作。

7 月 16 日　全国人大内务司法委员会主任委员黄镇东一行到镇平县,就《老年人权益保障法》贯彻实施情况和修订工作进行调研。

南阳市党员干部警示教育基地在南阳市高新区揭牌启用。

7 月中下旬　全市连续多次遭受暴雨和特大暴雨袭击,淅川县、西峡县境内丹江、鹳河两岸居民房屋大部分被淹,3 条国道、7 条省道和 2 个县固定电话、移动通信及电力一度中断,给人民群众生命财产造成巨大损失。全市因暴雨洪涝致灾人口达 359.34 万人,因灾死亡 33 人、失踪 18 人,紧急转移安置 277357 人,农作物受灾面积 27.01 万公顷、绝收 4.19 万公顷,损坏房屋 75565 间,倒塌房屋 48395 间,损坏河道堤防 149 处,冲毁塘堰坝、灌溉设施、桥涵 208 座(处)及小水电站 1 座。共造成直接经济损失 76.45 亿元,其中农业直接经济损失 24.4 亿元。7 月 17 日,市政府发出《关于做好当前防汛工作的紧急通知》,并下拨市长预备金 200 万元用于防汛救灾。7 月 24 日,市防汛指挥部启动二级防汛应急响应,先后发布防洪调度令 13 个。市四大家领导成员和各县(市、区)及乡镇领导干部在汛情危急时刻奔赴第一线与广大群众一起进行抗灾斗争。民政部针对河南省等地灾情,启动国家四级救灾应急响应。河南省副省长刘满仓、民政部救灾专员李全茂以及省直有关部门负责人先后于 23—25 日紧急赶赴南阳,指导抗洪救灾。7 月 24 日,河南省军区 3 个应急分队、南阳市武警部队、独山部队、空军驻内乡场站分别派出部队紧急赶赴灾区,抢险救灾、化解险情。市交通局、公路局组织对冲毁公路进行抢修。南阳联通公司和移动公司迅速组织工程技术人员检查抢修。南阳供电公司紧急出动抢修队伍。市水利防汛抢险分队奔赴淅川县、西峡县,连夜作战,解救被困群众。市卫生局派出工作组赶赴重灾县核查灾情疫情,安排救助工作。农业部门组织灾区农民排除积水、补种晚秋作物。民政部门及时下放救灾物资,组织灾民重建家园。社会各界积极捐款捐物救济灾民。

8 月 3 日　河南阳光油脂集团总投资约 5.5 亿元筹建 50 万吨植物蛋白项目开工奠基仪式在邓州市举行。

8 月 5 日　郑州银行南阳分行挂牌成立。

8 月 17 日　国务院南水北调办公室主任鄂竟平一行抵达南阳,全面考察移民搬迁、工程建设和水质保护工作。

8 月 18 日　中航证券有限公司南阳建设中路证券营业部开业,这是继中原证券、民生证券公司之后,入驻南阳市的第三个证券公司。

8 月 20 日　世界中药联合会第三届会议在南阳召开。

2009 年度河南工业企业百强位次排定。南阳市上榜企业 7 个:中国石化集团河南石油勘探局、河南龙成集团有限公司、河南省淅川铝业(集团)有限公司、河南天冠企业集团有限公司、南阳鸭河口发电有限责任公司、河南新野纺织集团股份有限公司、河南省西保冶材集团有限公司。

8 月 24 日　港澳深地区闽籍企业家访豫活动省情说明会暨项目签约仪式在郑州举行。南阳市签约项目 52 个,其中投资额超过 10 亿元项目 10 个。

9 月 8 日　在厦门举行的第十四届国际投资贸易洽谈会上,南阳代表团与外商签订 14 个项目,其中 20 亿元以上项目 2 个。

9 月 16 日　日本 SUWA 光电株式会社与中光学集团利达光电公司达成合资合作协议,共同打造年产销 2000 万台光学镜头、数码镜头合资企业。

9 月 19 日　第三届华侨华人中原经济合作论坛在平顶山市开幕。南阳市共有 25 个项目签约,投资总额 25.55 亿元,项目涉及农产品加工、食品、纺织、机械制造、新能源等产业。

9 月 19—28 日　河南省第十一届运动会在洛阳市举行。南阳市代表团共获得金牌 114.5 枚、银牌 24 枚、铜牌 24 枚,总分 1193 分。金牌总数排名第六位,总分排名第八位,并获得体育道德风尚奖。

9 月 20 日　中共南阳市委作出《关于开展向王宛川同志学习活动的决定》。王宛川,生前任宛城区白河街道党工委副书记、办事处主任。7 月 27 日,因积劳成疾引发心肌猝死,不幸倒在工作岗位上,年仅 44 岁。

9 月 20—21 日　在第二十五届中国电视金鹰奖颁奖典礼上,根据南阳市作家李天岑长篇小说《人精》改编的 20 集电视连续剧《小鼓大戏》获三等奖。

9月20—22日 中共中央政治局委员、中央书记处书记、中宣部部长刘云山在中共河南省委书记、省人大常委会主任卢展工,中共南阳市委书记黄兴维、市长穆为民等陪同下,到南阳考察调研基层宣传思想文化工作。

9月26日 国务院正式批复南阳市高新区升级为国家级高新区。

9月26日—2012年2月下旬 由于没有出现有效降雨过程,加之气温偏高、大风天气较多、土壤水分蒸发较快,全市麦田普遍出现旱情,干旱面积60万公顷,其中中等程度干旱29.3万公顷。市委、市政府高度重视,及时安排,全面部署,快速行动,强力推进抗旱浇麦。2月25日—3月1日,全市普降小到中雨,局部大雨,加之各地抗旱浇麦措施得力,全市小麦累计浇灌75.28万公顷,长达5个月的严重旱情基本解除。

10月8—9日 时任中共中央政治局常委、国务院副总理李克强到南阳市考察调研。李克强在中共河南省委书记卢展工、省长郭庚茂及中央有关部委负责人陪同下,先后到邓州市桑庄镇和腰店乡现代农业示范园区、南水北调中线工程渠首、丹江口水库、淅川县厚坡镇陈庄移民新村及河南中光学集团、乐凯集团第二胶片厂、河南天冠集团等处,对南阳市经济社会发展情况,特别是高新技术产业、现代农业、生产性服务业发展情况进行考察,并重点考察移民迁安和中线工程建设情况。

10月10日 南阳市无线电管理局揭牌成立。

唐河县豫剧团演出的大型现代豫剧《歧路冷雨》,在河南省文联主办的黄河戏剧奖大赛上获得金奖,并获得8个单项奖。

10月11日 河南三源粮油食品有限责任公司年产40万吨食用油项目一期工程在桐柏县产业集聚区开工奠基。该项目由内蒙古博源集团投资14亿元兴建,一期工程占地21.3公顷,工期10个月。

10 月 14 日 南阳市人民政府与亚太先进科技国际投资集团举行合作项目签约仪式。此次签约主要是超大功率 LED 通用照明产品、电动汽车新型电机研发与生产项目,投融资总额约 10 亿美元。

10 月 17—22 日 中国·南阳第九届张仲景医药科技文化节暨中医中药中国行文化科普宣传周河南省活动举行。节会期间,举办南阳市中医药产业发展战略规划论证会及健康养生产业创新与发展专题报告会。17 日,举行市情说明暨合作项目签约仪式,共签约经贸项目 30 个,投资总额 58 亿元,合同引资 53 亿元。

10 月 26 日 2011 豫台经贸合作洽谈会暨项目签约仪式在郑州市举行,南阳市共有 11 个项目签约,投资总额 2.2 亿美元,合同引资 2.14 亿美元。

10 月 28—29 日 中共河南省委书记、省人大常委会主任卢展工到南阳,就认真学习贯彻落实中共十七届五中全会精神,谋划好“十二五”发展进行调研。

10 月下旬 南阳市建成 D 级 GPS 三维空间大地控制网。该项目于 2008 年年初立项实施,是国家重点测绘项目和河南省示范测绘项目,为全市宏观决策、土地规划管理、城市规划设计、工程建设管理等提供一个统一平面和高程基准。

11 月 2 日 以全国人大教育科学文化卫生委员会主任委员白克明为组长的调研组到南阳,就城乡医药卫生体制改革进行调研。

11 月 9—11 日 中共中央委员、全国人大常委会农业和农村工作委员会副主任符廷贵到南阳市考察指导文化旅游产业发展。

11 月 10 日 “国家外派劳务基地”授牌仪式在邓州市举行。这是该市继 2008 年 6 月被河南省商务厅命名为“全省外派劳务基地”后,获得的又一项殊荣。

11 月 12 日 中国(郑州)2010 产业转移系列对接活动在郑州市举

行。南阳市有 28 个项目签约,签约合同总额达 82.6 亿元,引资额达 74.1 亿元。

11 月 13 日　在第十二届中国专利奖颁奖大会上,由乐凯集团第二胶片厂发明的专利"感光组合物及使用感光组合物制作的平印版"(热敏 CTP 版)获得中国专利优秀奖。该项发明是第二胶片厂主导产品热敏型 CTP 版材核心技术之一,填补国内数字化印刷技术空白,打破国外公司技术和市场垄断。

11 月 14 日　邓氏文化交流暨先祖塑像揭幕活动在邓州市城郊吾离陵举行。美国、泰国、马来西亚等国家和中国香港、澳门地区以及四川、江西、广西等 10 多个省(市、自治区)的邓氏宗亲后裔代表 200 余人参加活动。

11 月 24 日　台湾永茂集团南阳(唐河)产业园项目签约仪式举行。该项目投资 23.5 亿元,主要生产服装、鞋类及运动用品。

是月　南阳市刘庄农贸市场正式开业运营。该市场位于南阳市中心城区西北郊,占地 6.5 万平方米,总建筑面积 4.3 万平方米,可供 300 多个商户入驻,是豫西南规模最大的全封闭永久性综合农贸市场。

12 月 1 日　南阳—北京(南苑)空中直航开通。

12 月 3 日　银海钢材市场一期开业暨二期启动庆典仪式在南阳龙升物流中心举行。该市场是豫西南地区面积最大、档次最高、辐射影响力最强的大型现代化专业钢材集散中心。总投资 4.3 亿元,一期工程占地 32 公顷、投资 2.8 亿元,商业面积 21 万平方米,可容纳商户 250 个,年吞吐量达 200 万吨。

12 月 3 日　中国电力投资集团公司南阳风电二期 30 兆瓦工程开工奠基仪式在方城县二郎庙乡举行。

12 月 7 日　《南阳市现代农业发展总体规划》顺利通过评审。

12 月 8 日　《南阳新能源国家高技术产业基地规划》顺利通过

评审。

12 月 9 日　中共河南省委常委、省军区政委颜纪雄少将到方城县调研指导创先争优活动开展情况。

南阳市情说明暨现代农业合作项目签约仪式在香港举行。香港裕嘉科技有限公司、香港双和科技有限公司、法兰(香港)印务有限公司等 15 个公司与南阳市合作项目成功签约,总投资 18.5 亿元。合作项目涉及生态农业信息化、金木瓜系列饮品深加工、年加工 30 万吨花生仁扩改建、兰花基地建设、环保新材料等项目。

12 月 14 日　中共南阳市委四届十九次全会(扩大)召开。会议研究确定打造鄂豫陕省际区域性中心城市、构建中原经济区重要区域增长极战略定位,提出南阳市主体区建设分两步走,即"五年彰显优势、十年实现崛起"发展目标。第一步,到 2015 年年底,人均生产总值、城乡居民收入达到全省平均水平,财政收入占 GDP 比重明显提高,综合实力和竞争力显著增强,经济总量占全省比重明显提高。第二步,到 2020 年,人均生产总值、城乡居民收入超过全省平均水平,经济总量占全省比重进一步提高,成为中原经济区的重要区域增长极。

12 月 15 日　南阳供电区"十二五"电网发展规划评审会在郑州召开。南阳市"十二五"电网发展规划顺利通过河南省电力公司专家组评审。根据规划,至 2015 年南阳供电区将有 1 座 1000 千伏特高压站、4 座 500 千伏变电站、30 座 220 千伏变电(开关)站、超过 100 座 110 千伏变电站。全社会供电量及最大负荷分别达 248 亿千瓦时和 490 万千瓦时。电网覆盖供电区全部人口,输配电网协调发展,能够满足南阳市经济社会全面发展需要。

12 月 19 日　南阳市在劳动争议仲裁庭设立农民工劳动争议"绿色通道",快审快结各类拖欠农民工工资案件。

12 月 23 日　南阳市中心城区光武大桥开工仪式举行。光武大桥西起滨河路,东至白河大道,主桥长 840 米,双向 6 车道,是中心城区首座斜拉桥,也是主城区通往南阳机场、南阳新区的快速通道。

河南省人民政府公布南阳新区建设总体方案并宣布开始实施。方案显示,南阳新区将在南阳市中心城区东南部白河南岸地区集中布局,是体现城乡统筹、产业协调、产城融合发展的复合型功能性区域,空间上涵盖城市、农村和生态用地。规划区空间范围以南阳新能源产业集聚区和高新技术产业集聚区为基础,适度向外围拓展,西北以白河为界,东至许平南高速公路,北到南水北调总干渠,南至宛城区溧河乡南边界,远期规划面积约 190 平方千米。行政区划主要涉及宛城区白河、枣林办事处和红泥湾、茶庵等乡镇相关区域。

12 月 29 日 南阳市中心城区雪枫大桥正式开工建设,南阳大桥改建工程同时开工。雪枫大桥是南阳市第一座跨白河特大立交桥,横跨滨河路和白河大道,两侧连接北京路与生态工业园区。国道 312 线南阳大桥改建项目采用在原桥两侧加宽方案,双向 8 车道。

12 月 30 日 南阳村镇银行股份有限公司举行开业庆典。南阳村镇银行是报请中国银监会同意,经河南省银监局批准并获天津市人民政府与南阳市人民政府支持,由天津农商银行、渤海银行、天津银行、天津滨海农村商业银行和南阳市、北京市、天津市 6 个企业出资,共同发起设立的新型农村金融机构。

2011 年

1月4日　总投资12亿元的南阳鹏翔科技园在内乡县产业集聚区举行开工奠基仪式。该园是由深圳市安科讯科技公司、深圳市凌安科技公司、深圳市环球光通公司联合成立的。项目采用国际先进的技术设备,主要生产手机、笔记本电脑、平板电脑、电源适配器、速拍仪、变频等电子产品。一期工程投资3.8亿元,可吸纳2000多人就业,年产值可达10亿元,年可实现利税2亿元。

1月4—22日　南阳市人社局、发改委、中级人民法院等18个部门组成4个检查组,以加工制造、建筑施工、餐饮服务及其他劳动密集型企业为重点,大力开展农民工工资支付专项检查。共检查用人单位49个,为875名农民工清欠工资590万元,补签劳动合同540份。

1月5日　全市最大复合肥生产基地——农丰肥业复合肥生产线投产。该项目投资2.2亿元,拥有世界技术领先的复合肥生产线,每年可向市场供应各类复合肥45万吨。

1月7日　市委召开经济工作会议,确定2011年全市经济工作目标任务:生产总值增长11%,地方财政一般预算收入增长12%,全社会固定资产投资增长20%,社会消费品零售总额增长16%,居民消费价格涨幅控制在4%左右,人口自然增长率控制在6.5‰以下,节能减排完成省下达目标。

在全省住房和城乡建设管理工作会议上,省住房和城乡建设厅授予社旗县"省级园林城市(县城)"称号。全省共有6个县城获此殊荣。

1 月 10 日　南阳国家级高新区在深圳市举行项目签约仪式。共有 12 个项目成功签约,引资总额 110 亿元,其中香港新界工商总会光电工业园项目总投资达 60 亿元。

1 月 11 日　南阳至上海(K1108/7)始发列车首发仪式在南阳火车站隆重举行。

1 月 20 日　南阳市政府与邮政储蓄银行南阳分行签署“百亿送贷行动”战略合作协议。“十二五”期间,重点为中小企业、个体工商户、农民专业合作社、农村特色经营户提供融资需求,每年投放贷款不低于 20 亿元,5 年投放贷款 100 亿元以上,发展信用户 5 万户,信用村 500 个,信用市场 100 个。

1 月 21 日　河南省政府出台《关于支持南阳市经济社会加快发展的若干意见》,明确在有关专项规划编制、政策实施、项目安排、体制机制创新等方面支持南阳经济社会加快发展的政策措施,要求利用 5 年时间打造豫鄂陕省际区域性中心城市。

1 月 25 日　南阳市第九届十大新闻人物颁奖典礼隆重举行。获得十大新闻人物的有:勤政为民累倒在“创迎”一线的优秀基层干部王宛川、抗洪采访奉献生命的好记者郭保庚、创造行业多个第一的民营企业家张航、人民满意的好法官尹应哲、深情寄总理的百岁移民老人王秀华、30 年坚守山区教育的好教师吴龙奇、成为“创业之星”的大学生村官王玉满、潜心山茱萸研究开发的乡土专家王笑尘、创办学校接纳 130 个孤儿的爱心人士马守政、田径赛场屡创佳绩的“农民飞毛腿”秦生志。

1 月 30 日　全市抗旱浇麦工作视频会议召开,对下一步抗旱保丰收工作进行部署。2010 年 9 月 26 日以来,由于没有出现有效降雨过程,加之气温偏高、大风天气较多、土壤水分蒸发较快,全市麦田普遍出现旱情,干旱面积 60 万公顷,其中中等程度干旱 29.3 万公顷。面对旱情,市委、市政府高度重视,及时安排,全面部署,精心组织,快速行动,强力推进抗旱浇麦顺利进行,取得了阶段性成效。全市已灌溉小麦36.7万公顷,占可浇麦田面积的83%,全市小麦干旱面积减少到27.3万公顷,中等程度干旱降到4.3万公顷。2月25日至3月1日全市普降小到中雨,局部大雨,加之各地抗旱浇麦措施得力,全市小麦累计浇灌75.28万公顷,长达5个月的严重旱情基本解除。按照《南阳市防汛防旱应急预案》的规定,市防汛防旱指挥部决定从3月3日起解除抗旱应急响应。

是月　继新野纺织、利达光电之后,南阳市第三只股票西泵股份在中小企业板成功上市。

市委、市政府下发《关于建设体育强市的意见》,对未来5年体育事业的发展作出规划。发展目标任务确定,2015年体育人口要过半。积极倡导全民健身,每4年举办1届综合性运动会。提高竞技体育实力,建成2~3个国家级训练基地。不断完善体育设施,所有行政村要有健身场地。

河南省首批创新型产业集聚区评选揭晓,南阳高新技术产业集聚区入选,全省首批共评选出10个产业集聚区。

全国服务基层文化建设先进集体表彰会上,卧龙区文化馆等260个基层文化单位受到中宣部、文化部、国家广电总局、国家新闻出版署等联合表彰。

第二届"河南省文化产业特色乡村"评选揭晓,南阳市镇平县石佛寺镇榆树庄村、方城县独树镇砚山铺村榜上有名。

2月11日　全国首套太阳能提水抗旱系统在方城县赵河镇成功运行。

2月12—15日　中国人民政治协商会议南阳市第四届委员会第三次会议在南阳影剧院召开。会议审议通过了《政协第四届南阳市委员会常务委员会工作报告》和提案工作情况报告;协商讨论了政府工作报告、全市"十二五"发展规划纲要及计划、财政和法、检两院报告;围绕全市中心工作,进行了大会发言;会议选举贾崇兰为政协南阳市第四届委员会主席;通过了大会各项决议。

2 月 13—16 日　南阳市第四届人民代表大会第三次会议在南阳影剧院召开。大会一致通过了《关于南阳市人民政府工作报告的决议》《关于南阳市国民经济与社会发展第十二个五年规划纲要的决议》《关于南阳市 2010 年国民经济和社会发展计划执行情况与 2011 年国民经济和社会发展计划的决议》《关于南阳市 2010 年财政预算执行情况和 2011 年财政预算的决议》《关于南阳市人民代表大会常务委员会工作报告的决议》《关于南阳中级人民法院工作报告的决议》《关于南阳市人民检察院工作报告的决议》。

2 月 15 日　市四大班子召开联席会议。学习省委办公厅《关于认真学习用领导方式转变加快发展方式转变系列政论文章的通知》和《河南省人民政府关于支持南阳市经济社会加快发展的若干意见》,并就贯彻落实问题进行初步安排。

2 月 16 日　市纪委四届六次全会召开,市委常委、市纪委书记孙丰年主持会议。市委书记黄兴维出席会议并作重要讲话,强调要认真学习贯彻中纪委六次全会和省纪委六次全会精神,深入贯彻落实科学发展观,始终坚持以人为本、执政为民,以党风廉政建设和反腐败斗争的新成效,为全市科学发展、跨越发展创造良好环境,提供有力保障。

2 月 20 日　省级文物保护单位、著名旅游景区丹霞寺改扩建工程正式启动。

2 月 21 日　日本南阳市民间友好访问团抵宛访问。

镇平产业集聚区英奇陶瓷项目开工建设。该项目总投资 45 亿元,项目建成后,预计年实现产值 16 亿元,可安排 2500 人就业,预计年创税收约1亿元。

2月22日 国家测绘局下发文件,同意将南阳及濮阳两市列入2011年数字城市地理空间框架建设推广城市,确立"数字南阳地理空间框架建设"工程。

2月24日 宛城区人民政府与日本光驰科技株式会社举行合作签字仪式,共同打造真空镀膜机品牌产品。以中光学集团现有产业为基础,在宛城区新能源产业集聚区设立南阳光驰设备科技有限责任公司。南阳光驰运行投产后,将确保"十二五"末全市光电设备项目达到年产500~1000台套设备规模,实现营销收入15亿~20亿元,税收达2亿元以上,并将宛城区新能源产业集聚区打造成国家级光电装备生产基地。

镇平县政府与洛阳矿业集团有限公司钼矿整合收购协议签约仪式在洛阳举行。洛阳、南阳两地实施跨区域资源整合,将投资8亿元整合开发镇平县老庄楸树湾钼矿资源。

2月25日 首届省文化产业十大领军人物、省文化产业示范项目评选揭晓。南阳市拓宝玉器有限公司董事长、总经理吴元全成功入选十大领军人物,镇平县的国际玉城项目成为全省24个文化产业项目之一。

2月26日 第17届"中国农村新闻人物"颁奖大会在北京隆重举行。市委常委、邓州市委书记刘朝瑞荣获中国农村新闻人物心系三农奖。

是月 考古工作者在南阳市发现了创作于数千年前的6000多处岩画。

中国首届农产品品牌大会公布全国1522个农产品区域公用品牌价值排行榜,"西峡山茱萸"品牌进入200强,品牌价值4.45亿元,名列排行榜第194位。

南阳技师学院入选首批国家级中等职业教育改革示范学校建设计划项目单位。

龙成集团、防爆集团、宛西制药、西保集团、淅川铝业、中源化学股份、西峡汽车水泵股份、福森药业、通宇冶材9个企业入选"河南省百强民营企业"。南阳汇森精密仪器铸造有限公司、西峡鑫宇冶金耐材有限责任公司、新野华星纺织有限公司、南阳张仲景大厨房有限公司、南阳天一密封制品有限公司、中方阀业淅川制造有限公司、南阳市金鹏机电集团有限公司、南阳金牛彩印集团有限公司等8个企业入选"河南省百户高成长性中小企业"。

河南省政府隆重表彰"2010年度河南省十强产业集聚区"和"2010年度河南省十快产业集聚区",西峡县产业集聚区荣膺"2010年度河南省十强产业集聚区"荣誉称号。

南阳西成科技公司的多金属伴生钒矿高效清洁提取利用科技项目通过省级鉴定,该生产工艺集成创新性强,应用前景广阔,已达到国际先进水平。

3月1日 全市召开实施"四个带动"工作会议。会议要求全市上下进一步强化深入实施"四个带动"的意识,以更加有力的工作举措、更加务实的工作作风、精心组织实施,务求实效,推进经济社会又好又快发展,为建设富强美好和谐新南阳作出新的更大贡献。

3月2日 市委书记黄兴维、市长穆为民带领南阳市党政考察团一行80余人,赴许昌、漯河、平顶山考察学习。

由河南丹阳湖投资有限公司投资50亿元开发的丹阳湖生态文化旅游区综合开发项目正式开工建设,主要在丹江口库区淅川境内打造中国内湖山水度假示范区。

3月3日 全市对外开放大招商工作会议召开,并下发《2011年南阳市招商引资行动计划》。行动计划确定的工作目标是:力争2011年招商引资主要指标增幅居全省前列,全市实际利用外资完成2.6亿美元以上,同比增长超过29%;引进省外资金完成330亿元,同比增长21%;落地建设300个投资总额3000万元以上的招商引资项目。

3月10日 南阳首个民间独山玉精品艺术馆——玉神工艺南阳展示中心落成。

南阳见义勇为基金分会通过省级批复。

3月14日 漯河市委书记靳克文带领漯河市党政考察团莅宛,参观考察南阳产业集聚区建设情况。

3月16日 由日本地震海啸及核电站泄漏引发的食盐抢购风潮迅速蔓延到南阳,在短短1天时间内,全市各县(市、区)库存食盐基本告罄。市委、市政府迅速组织市盐业、工商、公安、物价、新闻等部门全力以赴应对食盐抢购风,尽最大努力确保全市食盐市场供应和稳定工作。没有发生供应严重短缺问题和突发性社会治安事件。截至3月18日,全市累计投放食盐3874吨。

3月17日 国家科技部批复同意依托天冠集团,建设"车用生物燃料技术国家重点实验室",实现了南阳市国家重点实验室建设零的突破。

3月27日 南阳—杭州往返直达航班开通仪式在南阳机场隆重举行。至此,南阳机场每天的航班数量达到14班,航线达到6条,分别与北京、上海、广州、深圳、郑州、杭州等全国6个中心城市和旅游城市架起了空中桥梁。

3月28—29日 全国政协人口资源环境委员会副主任、九届浙江省政协主席、长三角(浙江)民营经济研究会会长李金明回到家乡,参加由浙商捐建的两所小学竣工典礼暨揭牌仪式,并考察南阳市投资环境和项目。长三角(浙江)民营经济研究会考察团一行10余人随行。

3月31日 南阳市人民政府与中国农业发展银行河南省分行支

持统筹城乡发展战略合作框架协议签订仪式隆重举行。根据协议,"十二五"期间,农发行河南省分行将向南阳市提供总额为 180 亿元的贷款支持,主要用于全市水利建设、新农村建设、县域城镇建设、农村基础设施建设、农业开发和产业集聚区内的农业产业化龙头企业资金需求。

南阳淅川汽车减振器有限公司成功跨国收购欧洲知名企业意大利威奥斯图公司。从而将威奥斯图公司的所有设备、品牌及技术资源囊括其中。

是月 彭雪枫纪念馆入选全国红色旅游经典景区,这是继叶家大庄桐柏英雄纪念馆之后南阳市第二个国家级红色旅游品牌。

4 月 5—6 日 河南省军区司令员刘孟合少将到南阳市检查指导民兵预备役工作。

4 月 8 日 方城岩画专家研讨会举行。世界岩画界著名学者、联合国教科文组织岩画委员会执行委员、中国岩画研究中心名誉主任陈兆复,岩画专家邢琏,中国岩画研究中心主任杨超与省内历史考古专家出席会议。

4 月 9—10 日 中国·南阳 2011 年经方医学论坛隆重举行,来自全国 18 个省区市的 400 余名中医药界人士汇聚一堂,交流经方医学经验,共谋推动中医药事业发展。

4 月 11 日 全市质量兴市工作暨首届市长质量奖表彰大会召开。市长穆为民为南阳防爆集团、河南赊店老酒股份有限公司、河南石油勘探局、宛西制药、南阳二机集团 5 个企业颁发"首届南阳市市长质量奖"。

4 月 19—20 日 市委书记黄兴维、市长穆为民在南阳宾馆分别会见《香港商报》总编辑陈锡添一行。

4 月 20 日 南阳雕塑院在市文联成立。

4 月 22 日 南阳医专人体生命科学馆暨中国解剖学会网站揭牌。

4月26—27日　以全国政协副主席李金华为组长,全国政协人口资源环境委员会副主任张基尧、任启兴、李金明为副组长的全国政协"南水北调中线工程水质保证"专题调研组莅宛调研。

4月28日　南阳市第四届劳动模范表彰大会隆重举行,表彰近年来全市各行各业涌现出的劳动模范共299名。

4月28日—5月1日　十届全国人大常委会副委员长兼秘书长盛华仁莅临南阳视察能源建设情况。

4月29日　市委作出决定,在全市开展向王德义学习活动。王德义生前是南阳市环保局环境监察支队党支部书记,3月1日晚,在排查白河出境水水质异常情况时,不幸遭遇车祸因公殉职。

4月30日　河南天冠集团日产50万立方米生物天然气工程向中心城区居民供气仪式隆重举行。

河南省第二届玉石雕刻技能大赛在镇平县落幕。来自北京、上海、广州、苏州等地的45名选手进入决赛。

5月3日　南水北调工程沿线城市旅游合作联谊会在南阳市召开。

由河南省文物考古学会、方城县政府主办的方城县楚长城研讨会在方城召开。中国长城研究会会长成大林、副会长吴孟林等20多位长城研究专家学者出席。专家们一致认定:方城楚长城确实存在,为中国现存最早的长城。

5月5日　河南省南水北调丹江口库区第二批移民搬迁启动仪式在淅川县西岭村隆重举行。这标志着丹江口库区最大也是最后一批8.61万名移民大搬迁正式拉开序幕。此次搬迁,涉及淅川10个乡镇、101个村(含1个农场、4个社区),将按99批次搬迁安置在平顶山、漯河、许昌、郑州、新乡、南阳6个省辖市、20个县、67个乡镇、109个安置点。8月25日,淅川县滔河乡张庄村312户1192名移民,乔迁许昌市襄城县王洛镇张庄移民新村,至此,河南省南水北调丹江口库区农村移民集中搬迁基本完成,"四年任务、两年完成"的搬迁目标基本实现。10 月 26 日,淅川县金河镇金源社区 57 户 247 人入住郑州市中牟县官渡镇金源移民新社区。至此,河南省南水北调丹江口库区外迁移民搬迁工作顺利结束。

中国·石桥第二届月季文化节盛大开幕。

国务院南水北调办副主任蒋旭光,副省长刘满仓,省委农村工作领导小组副组长何东成,省委组织部、省水利厅、省南水北调办等部门负责人,许昌市有关领导和南阳市副市长崔军等出席河南省南水北调丹江口库区第二批农村移民集中搬迁基本完成仪式。

5 月 8 日　市长穆为民亲切会见前来参加中国·南阳第九届玉雕节暨国际玉文化博览会的韩国春川市市长李光濬带领的政府代表团。

5 月 9 日　中国·南阳第九届玉雕节暨国际玉文化博览会在市体育中心开幕。全国人大常委会副委员长周铁农,中共中央委员、全国人大财经委副主任委员彭小枫,国土资源部副部长、国家测绘局局长、党组书记徐德明,全国政协常委、九三学社中央副主席赖明,中国珠宝玉石首饰行业协会常务副会长兼秘书长孙凤民,河南省人大常委会副主任、党组书记曹维新,河南省副省长张大卫,河南省政协副主席靳绥东,河南省政协副主席、省民革主委李英杰,河南省九届政协副主席、省珠宝玉石首饰行业协会名誉会长刘其文,某部队政委牛炳祥少将,市领导黄兴伟、穆为民等出席开幕式。韩国春川市等考察团,来自海内外宝玉石界的专家、学者,以及与南阳市有密切经贸投资合作关系的企业界朋友,南阳驻北京、上海、广州、深圳等全国玉文化产业发展重点城市商会负责人及客商出席开幕式。《人民日报》、新华社、《光明日报》、《经济日报》、新浪网、凤凰网等知名新闻媒体记者进行了现场采访报道。本届节会历时 7 天,5 月 15 日结束。节会期间观展人数达 30 余万人次,销售额突破40亿元,32个项目成功签约,合同引资73亿元。

全国人大财经委员会促进军民融合有关立法工作调研座谈会在南阳召开。中共中央委员、全国人大财经委副主任委员彭小枫,全国人大财经委调研室副主任王闻越,国家发改委国民经济动员办公室巡视员申少滨,河南省直有关部门负责人,市党政军领导穆为民、李天岑、贾崇兰等出席会议。

市委中心组学习报告会在南阳影剧院举行。河南省人常委会副主任、党组书记曹维新作题为《用领导方式转变加快发展方式转变》的报告。

5月10日 中国玉雕大师创意园奠基仪式在镇平县隆重举行。该项目是加快河南省玉文化改革发展试验区建设的重要项目之一,项目建成后将成为全国玉文化高端人才汇聚地和集加工、创作、展示、销售于一体的玉文化产业高地。

5月11日 南阳市"文明中原系列行动"正式启动。此次活动以提高公民素质和社会文明程度为目标,旨在弘扬中原文化、提高文明素质、优化社会服务、维护社会秩序、改善城乡环境。

桐柏山省级地质公园开园仪式举行。

5月11—12日 济南军区政委杜恒岩中将,在河南省军区司令员刘孟合少将的陪同下莅临南阳视察工作。

5月12日 市农业科学研究所正式更名为农业科学院。这是全市唯一集科技创新、成果转化、科学服务于一体的大型综合性农业科研机构。

"西峡香菇"顺利通过国家质检总局联合专家组的现场评审,成为首批国家生态原产地标记保护产品。

5月13日 国内第一部玉雕专业志书《镇平玉雕志》,由中州古籍出版社正式出版发行。

5月14日　河南牧原卧龙公司150万头生猪项目在卧龙区陆营镇投产。项目分布于卧龙区安皋镇、陆营镇、英庄镇、青华镇和潦河镇,占地461.4公顷,总投资21亿元,包括45万吨饲料厂、150万头生猪养殖基地、150万头生猪屠宰场,规划3年投资建设完毕,届时,年产值将达60亿元,利税5亿元。

中国作家协会南水北调作家采访采风团来到南阳,对南水北调移民工作进行专题采风。

5月17日　由中国气象局、中国气象学会联合举办的"气象科普进农村"科技下乡活动在方城县赵河镇泥岗村启动。

5月22—26日　南阳市第二届农民运动会隆重举行。

5月24日　南阳市召开产业集聚区观摩推进会议,总结交流产业集聚区建设经验,分析存在问题,动员全市上下振奋精神,明确任务,突出重点,狠抓落实,推动全市产业集聚区建设再上新台阶。

5月28日　市委召开市级领导干部会议,传达省委关于南阳市委主要领导职务调整的决定:李文慧任中共南阳市委委员、常委、书记,黄兴维不再担任中共南阳市委书记、常委、委员职务。

5月30日　2011年全国小麦跨区机收启动仪式在唐河县桐寨铺万亩小麦高产示范片隆重举行。农业部部长韩长赋宣布跨区机收启动,河南省省长郭庚茂出席仪式并致辞。

5月31日　国务院南水北调办公室主任鄂竟平深入镇平、邓州等县市,察看南水北调中线工程建设情况。

豫沪经济合作交流会在郑州国际会展中心隆重举行。南阳市有12个项目成功签约,总投资44.63亿元。

是月　市委、市政府出台《关于建设创新型城市的若干意见》,提出了建设创新型城市总体要求,要求做好推进科技创新、提高自主创新能力,推进产业创新、增强产业竞争力,推进机制体制创新、破解发展难题等方面工作,深入贯彻落实科学发展观,加快发展方式转变,进一步增强南阳的综合实力、核心竞争力和可持续发展能力,打造"创新型南阳"。

国家天然林保护二期工程全面启动,实施范围新增丹江口库区周边的淅川、西峡、内乡和邓州4个县市。

科技部、国资委、中华全国总工会发布第三批创新型企业名单,南阳市防爆集团股份有限公司、二机石油装备(集团)有限公司2个企业被确定为国家创新型企业。这也是南阳企业首次被命名为国家创新型企业。

全国敬老爱老助老主题教育活动组委会下发表彰决定,南阳共有19人荣获"全国孝亲敬老之星"荣誉称号。

邓州市人民检察院被最高人民检察院授予"全国先进基层检察院"称号。

中国社科院发布《2011年中国城市竞争力蓝皮书》,在两岸三地294个城市中,南阳排在第153位。

6月1日 市儿童福利院开园暨民政康复医院授牌仪式隆重举行。

6月2—3日 由农业部、中国农民体育协会组成的考察组莅临南阳,衔接支持第七届全国农运会相关农业项目建设。最终确定南阳市筹办第七届全国农运会期间的相关农业项目为4大类14个项目,计划总投资5亿元,其中申请国家扶持3.45亿元,地方配套1.06亿元。

6月3日 2011年南阳市与中央企业合作重点项目签约仪式在北京举行。本次签约项目共有7个,总投资263亿元。市长穆为民代表市政府与国投煤炭有限公司签署了南阳煤炭战略储备基地合作项目协议,该项目总投资70亿元,建成后将形成每年1亿吨的煤炭流通销售能力,南阳市将成为华中地区大型国家级煤炭储备基地。

6月6—11日 市长穆为民率团参加 2011 年河南—港澳经贸交流活动。签约项目 26 个,项目投资总额 26.21 亿美元,合同外资达 25.81 亿美元。

6月10日 国务院公布第三批国家级非物质文化遗产名录及扩展项目名录,南阳市的邓州越调、桐柏皮影戏入选扩展类国家级"非物质文化遗产"。至此南阳市已拥有国家级非物质文化遗产项目达 10 项。

6月12日 南阳国家高新区 2011 年重点工业项目集中开工奠基仪式隆重举行,防爆装备制造、光电产业、电子科技、生物医药等总投资 41 亿元的 11 个重点工业项目入驻南阳高新技术产业集聚区。

6月15日 全国国防教育示范基地和我党我军优良传统教育基地揭牌仪式在镇平县彭雪枫纪念馆举行。

6月17日 河南南阳"国家生物质能示范区"建设规划论证会在南阳召开,以中国农科院教授、农业部原副部长路明为组长的专家组讨论通过了河南南阳"国家生物质能示范区"建设规划。规划总体目标是在 2020 年以前建成一批有特色的重点工程和示范项目,将南阳建设成为集各类生物质能源产业于一体的生物能综合利用示范开发区以及全国最大的生物质能源科研、装备制造和推广应用基地。

镇平县石佛寺玉雕湾商贸城项目奠基仪式隆重举行,该项目总投资 18 亿元,占地 17.63 公顷,总建筑面积约 70 万平方米,规划建设玉文化广场、五星级酒店及商贸住宅楼等城市功能配套设施,年可实现商业营业收入 11 亿元,提供就业岗位 1.5 万余个。

6月19日 市政府与富士康科技集团在台湾正式签订战略合作协议,双方将主要在投影机、数码相机、LED 等项目方面进行合作。

6月22日 南阳市召开第二届优秀中国特色社会主义事业建设者表彰大会,84 名非公有制经济人士及其他新的社会阶层人士,被授予"南阳市优秀中国特色社会主义事业建设者"荣誉称号。

6月24日 南阳市人民政府与中国石化河南石油分公司战略合作发展协议签订仪式在南阳宾馆举行。双方将在举办农运会、清洁能源供应和能源保供体系建设等方面拓宽合作。

全市"两争一迎"工作动员誓师大会隆重举行。会议动员全市上下以昂扬的斗志、饱满的热情、扎实的举措,广泛深入地组织开展争做文明市民、争创卫生城市、迎接第七届全国农民运动会的"两争一迎"活动,进一步提高市民素质,改善城市面貌,不断提升人民群众的幸福指数,为建设豫鄂陕省际区域性中心城市打下坚实基础。

6月26日 南阳市隆重举行庆祝中国共产党成立90周年暨"一先双优"表彰大会,市委书记李文慧作重要讲话,市委副书记、市长穆为民主持会议,市委副书记、组织部部长杨其昌宣读了《中共南阳市委关于表彰先进基层党组织、优秀共产党员和优秀党务工作者的决定》。

6月27日 南阳市与中国闽商投资集团合作的中国闽商体育服饰品牌工业园项目、闽商鞋业工业园项目,与深圳市喜天下投资有限公司合作的建材物流园项目成功签约,总投资额达70亿元。

南阳市首所民办高校——南阳职业学院举行揭牌仪式。南阳职业学院是省政府批准、教育部备案的全日制普通高等职业学校。

6月28日 中国(河南)—东盟合作交流洽谈会开幕式及项目签约仪式在郑州国际会展中心举行,南阳市共有6个项目成功签约。

6月30日 经中国天主教主教团批准,天主教南阳教区主教朱宝玉就职仪式在市城区民权街天主教堂隆重举行。

是月 由市委党史研究室编修的《中共南阳地方史简编》(1921—2011),由中央文献出版社出版。

7月15日 河南省节能减排促进会南阳分会暨南阳市节能减排促进会举行成立大会。

7月19日　河南工业职业技术学院与美国通用电气公司在郑州举行战略合作框架协议签字仪式，标志着该学院正式成为 GE 智能平台"大学计划"的河南首家合作伙伴。根据协议，双方将合作投资 3000 余万元共建 GE 智能平台自动化系统实验室，为培养学生实践能力和创新能力提供优良的实验教学环境。

盈泰粮油（仓储、物流）交易中心开工奠基仪式在南阳市光电产业集聚区隆重举行。它的开工建设，结束了南阳没有功能齐全的大型综合性粮油交易、仓储、物流交易中心的历史，既解决了南阳本土油料作物的出路问题，又填补了南阳没有农产品对外交流窗口的空白。

镇平县华新地毯集团有限责任公司"华新"商标荣获"中国驰名商标"授牌仪式隆重举行，这是南阳市获得的第 4 个"中国驰名商标"。

7月21日　市委、市政府决定命名 94 个村为"南阳市新农村建设示范村"。

7月30—31日　全国人大常委会委员、财经委员会主任委员石秀诗，全国人大常委会委员、外事委员会副主任委员南振中等一行深入南阳，就南水北调中线工程渠首陶岔、水质监测站及水库水质等进行视察。

7月31日—8月2日　清华大学"中德媒体使者高级研修项目"采访团一行 14 人，围绕历史文化、企业发展、新农村建设等，深入南阳市中心城区、镇平、内乡、西峡等地进行采风。

是月　邓州市获全国"五五"普法先进市荣誉称号，受到中宣部、司法部表彰。

在"2011 中国玉（石）器百花奖"评选中，张红哲的白玉"引福进门"、蔡士泽的独玉"荷塘情趣"、徐明的独玉"指日高升"荣获金奖。中国玉（石）器百花奖是中国工艺美术界的最高奖项。

8月1日　市委决定，至年底在全市各级党组织和党员干部中深入开展"转方式、正风气、提效能"活动,着力解决党员干部队伍中存在的精神懈怠、方式不活、作风不实、效率不高等突出问题,为扩大对外开放营造良好环境。

8月3—4日　河南省委副书记、省长郭庚茂深入南阳市调研指导工作。

8月9日　在河南省委副书记、省长郭庚茂和副省长史济春、赵建才的陪同下,富士康科技集团总裁郭台铭带领集团高层莅临南阳,考察光电产业发展情况,并就合作项目进行洽谈。

8月12日　全市非公有制经济界迎农运座谈会暨捐赠赞助启动仪式在南阳宾馆举行。牧原食品股份有限公司、南阳新弘德集团公司、中国国际投资促进会河南分会、南阳二机石油装备集团有限公司等94个非公有制企业向第七届全国农运会南阳市筹委会捐款1620余万元,捐物价值人民币1240余万元。

南阳市污泥处理处置项目特许经营签约暨南阳市中汇污泥处理资源利用有限公司揭牌仪式举行。该项目建设总规模为日处理处置污泥300吨,采用国际领先水平的MBT高温好氧堆肥处理工艺,污泥经处理后产生的营养土,可用于土壤改良、土地修复,具有较好的社会效益、环境效益。

南阳市与广州医药集团有限公司签订战略合作框架协议,双方就加快中医药事业发展、落实国家医疗改革政策达成合作意向。协议约定,广药集团将在南阳市建设中药材十大基地,在南阳新区建设一个年销售额达20亿元的"中原大健康产品物流中心"。同时,广药集团通过资本介入、基层医生培训等途径推进南阳医改进程,提高南阳的医疗服务水平,推动南阳中药材与医药产品的国际市场开发工作。

8月15日　G312线新建工程宛城区段(雪枫路)开工仪式隆重举行。此举旨在缓解城区交通压力和保障农运会顺利举办。

8 月 18 日　河南省军区政委周和平少将率工作组莅临南阳调研。

8 月 19—22 日　由南阳师院承办的中国秦汉史研究会第十三次年会暨国际学术研讨会在南阳市召开。

8 月 22—24 日　全国地貌与第四纪学术研讨会在内乡召开。来自中国科学院、北京大学、北京师范大学、中山大学、南京大学等科研院所的百余位专家参加了研讨会。

8 月 25—28 日　2011 年河南省承接产业和技术转移合作交流洽谈会在郑州举行。在大会举行的中原经济区投资说明会及合作项目签约仪式上，南阳成功签约的项目有方城风电项目、机电产业物流园项目、南召重质碳酸钙加工项目等共 30 个，投资总额 270 亿元。

8 月 26—27 日　巴西圣卡塔琳娜州议会第一秘书长简森·利马·达·席尔瓦带领代表团一行 12 人，来南阳考察新能源产业发展情况。

8 月 29 日　中国共产党南阳市第五次代表大会隆重召开。李文慧代表中共南阳市第四届委员会作工作报告，穆为民主持大会。31 日，大会举行第三次全体会议，选举中共南阳市第五届委员会委员、候补委员，中共南阳市纪律检查委员会委员和南阳市出席省九次党代会代表。同日，中共南阳市委举行五届一次全会，选举产生了新一届市委常委会；李文慧当选市委书记，穆为民、杨其昌当选市委副书记；通过了市纪委一次全会选举结果的报告。

9 月 1 日　市四届人大常委会举行第十七次会议。任命李国周为南阳市人民政府副市长，同意接受朱长青、姚龙其辞去南阳市人民政府副市长职务。

9 月 2—3 日　南阳市召开产业集聚区观摩点评会。市委书记李文慧、市长穆为民分别带领观摩组，对全市 14 个产业集聚区进行了观摩点评。会议总结了今年以来全市产业集聚区建设推进情况，查找制约产业集聚区建设的突出问题，交流经验，取长补短，进一步增强加快产业集聚区发展的紧迫感和责任感,将其打造成为区域经济发展的主阵地,加快开放、富裕、魅力、和谐新南阳建设。

9月5日　以海南台资企业协会会长、兴农农业开发有限公司董事长廖怡诚为团长的台湾企业家考察团莅宛考察洽谈项目。8日,台湾企业家考察团在宛投资项目签约仪式隆重举行,项目投资金额达52亿元。

9月6日　厦门南阳经济文化促进会揭牌仪式在厦门举行。

市委书记李文慧带领南阳市党政考察团赴泉州参观考察。7日,考察团在泉州举行南阳市情说明暨合作项目推介会。共有15个项目成功签约,总投资84亿元,合同引资78亿元。

9月6—8日　2011年全国农产品加工业投资贸易洽谈会在驻马店市举行。南阳市45个农业产业化龙头企业、农产品加工企业、农民专业合作社开发生产的小辣椒、食用菌、猕猴桃、中药材、茶叶、牛肉、月季、蚕丝被、奶制品等96种农产品参加展示展销。洽谈会期间,南阳市共签订招商引资合同13个,总投资26.42亿元。

9月7—10日　在首届中国曲艺之乡曲艺大赛暨曲艺论坛上,西峡县艺术团创作演出的大调曲《农家溜》获得金奖,方城县文广新局创作演出的三弦书《生日快乐》获铜奖,市曲艺家协会李文武的《探寻南阳曲艺的传承与发展之路》被编入首届中国曲艺之乡论坛论文集。

9月9—10日　国家发改委、国务院南水北调办联合南水北调中线工程受水区北京市、天津市和河北省有关部门组成调研组,就南水北调中线水源区对口协作工作来宛进行调研。

9月13日　南阳市召开南水北调丹江口库区第二批移民搬迁后续工作动员会,市委书记李文慧、市长穆为民到会看望慰问与会人员并讲话。

9月14日　市政府与中国移动通信集团河南有限公司战略合作

框架协议签约暨"无线城市"建设启动仪式举行。根据协议,双方合作内容涉及信息通信基础建设、无线城市全覆盖工程等六大领域,河南移动公司将在南阳市投资超过 30 亿元打造"无线城市",从而进一步提升南阳市的信息化水平,推动经济社会又好又快发展。

9 月 16 日　第七届全国农民运动会倒计时 1 周年南阳市誓师大会在南阳影剧院隆重举行。市委书记李文慧、市长穆为民分别发表重要讲话并共同启动 1 周年倒计时球。

9 月 17—18 日　河南省副省长刘满仓冒雨深入淅川县上集镇、市移民安置指挥部等处,调研移民搬迁、库底清理工作并慰问广大移民工作者。

9 月 20 日　全市第二届道德模范表彰大会隆重举行。54 名道德模范和 19 名提名奖获得者披红挂花,登台受奖。同日,在北京举行的第三届全国道德模范评选表彰颁奖典礼上,南阳市青年程武超荣获全国道德模范提名奖。

9 月 20—21 日　全国地方综合年鉴编纂研讨会在南阳召开。

9 月 22—23 日　中共中央政治局委员、北京市委书记刘淇率北京市党政代表团莅宛,实地考察南水北调中线工程建设和水源保护情况,表达北京市委、市政府和首都人民对河南省委、省政府和南阳人民的感念赞美之情,省委书记卢展工陪同考察。

9 月 24 日　南阳市举办"渠首—丹江情"旅游推介联谊会,来自北京、邯郸、十堰、襄阳、安阳、焦作、新乡、郑州、许昌、平顶山、信阳等市旅游局、旅行社和新闻媒体代表 100 余人参加了联谊会。

9 月 24—25 日　南阳市第二届传统武术运动会在解放广场和市体育馆举行。

9 月 26 日　南阳电信枢纽楼工程开工奠基。

9 月 28 日　国务院南水北调办副主任蒋旭光深入社旗县桥头镇

石桥移民新村,考察移民后续稳定工作,慰问基层干部群众。

南阳市以"做文明南阳人办精彩农运会"为主题,在市城区七一路开展《公民道路建设实施纲要》颁布10周年暨第九个"公民道德宣传日"集中宣传活动。

第七届全国农运会主题即开型体育彩票"南阳淘宝"和"争金夺银"首发式在中心广场举行。此次发行的彩票,是河南省利用大型体育赛事首次面向全国发行的即开型体育彩票,也是中国首次发行的以农运会为主题的体育彩票。

第七届全国农运会宣传歌曲创作征集颁奖晚会在南阳电视台举办,共评选出入选奖5首、优秀奖12首。

9月29日 南阳市移民迁安总结表彰会在南阳影剧院隆重举行,国务院南水北调办副主任蒋旭光、征地移民司副司长邓培全,河南省南水北调办副主任王小平,市领导李文慧、穆为民等出席会议。会议强调,进一步发扬光大移民迁安过程中形成的顾全大局、以人为本、负重拼搏、团结协作的宝贵财富,再接再厉,持续做好移民迁安后续发展稳定工作和南水北调中线工程南阳段建设任务,以优异的成绩向党中央、国务院,向省委、省政府交上一份满意答卷。市委、市政府决定,对唐河县等26个集体和56名个人记二等功;对淅川县香花镇等36个集体和姬丰臣等101名个人记三等功;对淅川县委办等134个集体和赵兴新等464名个人予以嘉奖。

南阳市李宁体育城项目签约仪式在南阳宾馆举行。该项目旨在营造一个具备国际标准的综合体育场所,将体育文化融入城市生活,提高城市居民的幸福指数。李宁有限公司董事长、非凡中国控股公司董事长李宁,非凡中国控股公司执行董事李春阳,非凡锦荣投资公司董事长、李宁基金会副秘书长孙卫红,非凡领越体育公司董事李小鹏,奥运体操冠军李小双,体操世界冠军李大双,奥运射击冠军杨凌等,市领导李文慧、穆为民、王建民、张振强、秦俊出席签约仪式。

9 月 30 日 市第二届"敬老月"活动启动仪式在中心广场隆重举行。

是月 为配合市委深入开展"转方式、正风气、提效能"活动,切实转变机关工作作风,市纪委、市监察局组织检查组,对《南阳市机关工作人员转变作风"十禁止"》执行情况进行专项检查。对于检查中发现的违规违纪人员,严格按照《违反〈南阳市机关工作人员转变作风"十禁止"〉规定处理办法(暂行)》的通知要求进行严肃处理。

10 月 5 日 中国·桐柏祭祀盘古大典在盘古之乡——桐柏县隆重举行。来自省内外文化界和当地群众数千人参加了拜祖典礼。

10 月 7 日 在 S333 线社旗县桥头段发生一起特大交通事故,一辆重型半挂车自西向东与一辆长安之星面包车迎面相撞,面包车上 11 人全部死亡。事故原因属双方违章。8 日,召开全市安全生产紧急电视电话会议,认真分析安全生产工作面临的形势,深刻反思工作中存在的漏洞和薄弱环节,进一步安排部署下一阶段全市安全生产工作,确保安全生产形势稳定。

10 月 8—13 日 市委书记李文慧率领南阳市党政考察团先后赴湖北襄阳,陕西商洛、西安,山西临汾,河南三门峡、洛阳考察学习。

10 月 9 日 全市工商行政管理部门对辖区内的粮油批发市场、粮油批发企业、集贸市场、食品商场、超市、食杂店等场所进行检查整治,并积极与公安、卫生、质监、食品药品等部门开展联合专项执法。共查扣地沟油 4600 千克,案值 9.7 万元。

10 月 11 日 南阳市召开村级组织换届选举工作会议。这次村级组织换届选举涉及全市 4527 个村、121 个未改制的"村改居"社区和 87 个移民新村,700 多万农民,20 多万农民党员。村"两委"班子职数原则上按照各行政村人口确定:人口在 1000 人以下的村"两委"职数 3 人;

1000～3000 人的 3～5 人;3000 人以上的 5～7 人。

10 月 15 日　由北京市委宣传部组织,《北京日报》《北京晚报》《北京青年报》《北京晨报》《京华时报》和北京电台、北京电视台等 10 个北京媒体 15 名记者组成的"北京媒体看南阳"采访团莅临南阳,就南水北调中线工程建设、移民迁安、水源地水质保护等进行采访。

10 月 16 日　中国西峡豫鄂陕农产品资源配置中心项目框架协议签约仪式在北京举行。根据协议,中国供销农产品批发市场控股公司将投资 12.6 亿元建设中国西峡豫鄂陕农产品资源配置中心。

10 月 18 日　镇平·温州机电工业园暨年产 500 万千瓦高效节能电机项目在镇平县遮山镇开工奠基,标志着温州循环经济产业区的开工建设正式拉开帷幕。

10 月 18—22 日　在河南省第五届农运会上,南阳市 119 名运动员共夺得 20 金、21 银、32 铜,计 73 枚奖牌。

10 月 20 日　第二十一届中国新闻奖评选结果揭晓,《南阳日报》的系列报道刊载的《南水北调中线行》荣获报纸系列类三等奖,这是《南阳日报》记者首次获此奖项。

10 月 21 日　《中国·南阳伏牛山世界地质公园详细规划》顺利通过国家级专家组评审。

10 月 22 日　中央电视台《和谐中国行》栏目"感恩心,跟党走,和谐中国行——走进医圣故里南阳"大型文艺晚会在市一中体育场隆重上演。此次演出是中国·南阳第十届张仲景医药科技文化节系列活动之一。

10 月 25 日　"移民杯"南水北调丹江口库区移民迁安全国摄影大赛举行颁奖仪式。本次摄影大赛由市移民指挥部和南阳网联合举办,历时 5 个月,共收到摄影作品 456 幅(组),63 幅获奖,其中一等奖 1 名,二等奖 2 名,三等奖 5 名,优秀奖 25 名,入选奖 30 名。

10 月 26 日　南阳市第十六届环卫工人节,市委、市政府致信全市环卫工人,表示亲切慰问。

是月　应英国南安普顿市长特里·马修斯,南安普顿大学,瑞士苏黎世前市长、瑞中友协主席瓦格纳的邀请,市长穆为民率领市政府代表团,赴英国、瑞士进行了为期 10 天的考察,并签署了《南阳市人民政府与南安普顿地区、索伦特地区战略合作备忘录》《中英低碳经济技术合作协议》《中英低碳经济技术发展合作协议》。在伦敦大学访问时,双方探讨了充分利用天冠集团与伦敦大学共建中英联合实验室这一契机,努力拓展在建立高效生态示范区、太阳能光伏产业、新能源装备产业、生物质能源产业等方面的合作事宜。在瑞士访问期间,双方就下一步如何扩大南阳与瑞士的各项交流与合作进行了良好的磋商。

市政府出台《公共卫生达标和食品安全项目工作实施方案》,决定在全市范围内启动公共卫生达标和食品安全项目工作。

南阳市企业联合会、企业家协会评出 2011 年南阳市企业 50 强和高成长企业 30 强:中国石化集团河南石油勘探局、河南龙成冶材集团有限公司、南阳供电公司、河南天冠企业集团有限公司等企业当选。

明代王府山修葺一新迎纳市民。此次整修先后发现明代曲水流觞石刻、明代地坪、汉画像石等珍贵文物。

第二批"河南省民间文化艺术之乡"名单公布,镇平县石佛寺镇榜上有名。

在全国第六届牛业发展大会上,新野县被评选为"全国适度规模化母牛养殖示范县"。

在第三十六届国际大学生程序设计竞赛(ACM/ICPC)亚洲区预选赛(大连赛区)上,南阳理工学院计算机系张云聪、侯志远、裴垒浩 3 名同学组成的代表队摘得铜奖。这是该校首次冲入亚洲区域赛并获得奖牌,也是河南高校在该项国际赛事上取得的最好成绩。

11月3日　中共南阳市委发出通知,决定在全市开展向张建奎学习活动。2007年5月,周建奎作为内乡县选派农村任职干部,到瓦亭镇庞集村任党支部书记。任职3年,他团结带领村"两委"一班人,艰苦奋斗,务实苦干,把一个昔日的省级贫困落后村建设成省、市、县先进村。2010年4月27日,在工作途中遭遇车祸,以身殉职,年仅40岁。

11月3—4日　国务院南水北调办主任鄂竟平深入南水北调中线工程南阳段调研,并亲切看望慰问广大建设者。

11月9日　南阳市中心城区市容环境提升暨交通秩序综合整治工作会议召开,动员全市上下迅速行动起来,集中力量打一场中心城区市容环境提升和交通秩序综合整治的攻坚战,以良好的市容环境迎接国家卫生城市检查考核和全国农运会的顺利举办。

11月11日　世界徒步全球运动日,中国长城山地徒步全民健身活动在方城县举行,2000多名徒步爱好者参加了活动。

11月11—13日　全国山地车挑战赛在西峡举行,来自北京、上海、广州、重庆、郑州等地的200多名自行车爱好者参加了比赛。

11月11—14日　在第二届中国郑州产业转移系列对接活动中,南阳市组团成功签约服装产业园、高效节能电机、新型陶瓷建材等18个项目,签约金额115亿元。

11月12日　中国·南阳第十届张仲景医药科技文化节在市体育中心开幕。全国人大常委会副委员长桑国卫,国务院参事室参事、科技部原副部长刘燕华,卫生部副部长、国家中医药管理局局长王国强,海峡两岸关系协会副会长王富卿,河南省人大常委会副主任、党组书记曹维新,副省长徐济超、赵建才,省政协副主席高体建及国内知名中医药大学负责人、专家、教授,省直中医院及各省辖市卫生局、中医管理局的负责人,国家知名新闻单位负责人和记者,市四大班子领导等出席开幕式。开幕式上,王国强向宛西制药股份有限公司颁授"张仲景经方药重点研究室"牌匾;曹维新、高体健共同为"河南省南阳张仲景基金会"揭牌;举行了"名老中医带徒拜师"仪式。之后,与会领导和嘉宾来到医圣祠,参加了拜谒医圣张仲景暨张仲景铜像、十大名医雕像揭幕仪式,中国中药协会副会长张世臣宣读《祭张仲景先师文》。

全国中医药文化宣传教育基地研讨会在南阳市召开。

南阳市举行第五届张仲景奖学金助学金颁发仪式、校企共建发展战略合作协议签字仪式暨中医药文化讲座。卫生部副部长、国家中医药管理局局长王国强,省卫生厅厅长刘学周,省中医管理局局长夏祖昌等出席仪式。会上,河南中医学院院长郑玉玲与宛西制药股份有限公司董事长孙耀志签署了《校企共建发展战略合作协议》。

南阳医专附属中医院举行新区开工典礼。该项目占地8.6公顷,总投资约3亿元,集医疗、保健、休闲、养老为一体,按三级甲等医院标准分两期建设。

11月13日　中国·南阳第十届张仲景医药科技文化节举行中医药产业信息发布暨合作项目签约仪式,共签约18个项目,投资总额31.1亿元,合同引资30.4亿元。同时,市政府与海王集团签署战略合作框架协议。

张仲景国际养生城开工奠基典礼在镇平县遮山镇举行。该项目规划控制面积2.67千米,建筑面积100万平方米,总投资26.01亿元,建设期6年。

冯友兰纪念馆落成典礼在唐河举行。

11月15日　邓州至渠首段高速公路连接线建设项目启动。邓州至渠首快速通道建设项目全长34.29公里,项目总投资4.12亿元。该项目是南水北调渠首上内邓高速公路沟通邓州市区的便捷通道,是服务南水北调中线工程的重点项目,也是服务农运会的重点项目之一。

11月16日　第七届全国农民运动会筹备委员会在北京宣布成

立,河南省省长郭庚茂任主席,成员包括主办单位农业部、国家体育总局、中国农民体育协会和承办单位河南省、南阳市的主要负责人。市领导李文慧、穆为民等出席新闻发布会。《人民日报》、新华社等中央各大新闻媒体、省新闻媒体的负责人和记者与会。市委书记李文慧介绍了南阳的市情和农运会筹备工作情况,市长穆为民公布了第七届农运会会徽、吉祥物图案和主题口号。

中国邮政特别发行农运会吉祥物个性化专题邮票 1 版,邮票主图为"喜上眉梢",附图为农运会吉祥物"牛牛"。

11 月 17 日 河南省发改委贯彻省政府 9 号文件精神南阳现场办公会举行。省发改委党组书记、主任张维宁作重要讲话,市委书记李文慧主持。会议围绕关于支持南阳新型农业现代化发展、南阳电力能源产业发展、南阳构建豫鄂陕接合部综合交通枢纽、南阳新兴产业加快发展、产业集聚区建设、南阳城镇建设、社会事业发展和南阳高效生态示范区建设等 8 大方面的 25 个问题,进行了交流、对接。省发改委将全力支持南阳新区建设,为新区发展提供政策扶持。

11 月 21 日 市政府召开南水北调丹江口库区移民后续发展稳定推进会。会上颁布了穆为民签署的《南阳市南水北调丹江口库区移民安置指挥部关于迅速化解移民工作中的矛盾确保社会稳定的令》。

11 月 23 日 南阳淅川汽车减振器有限公司在香港成功挂牌上市,上市企业名称为中国车辆零部件科技控股有限公司,这是南阳市首个在香港上市的企业。

南阳市召开规范行政审批提高行政效能工作会议。全市共取消非行政许可项目 68 项,改变工作方式 116 项,下放 7 项;清理减少收费部门 19 个,减少收费项目 170 项。保留的行政审批项目全部录入行政效能电子监察系统,实行统一网上办理和电子监察,做到依法、规范、公开、公平实施。

11 月 25 日　卧龙区与中海石油气电集团在北京签订生物质燃气液化项目合作协议。根据协议,中海石油气电集团在卧龙区的液化秸秆沼气项目总投资将逐步达到 10 亿元,项目全部建成后,日产液化沼气 25 万立方米。

中英低碳城市发展合作项目——天冠集团与伦敦大学生物能源开发联合实验室正式签约。

11 月 25—27 日　由河南省政府和韩国驻中国大使馆共同主办的 2011 年中国(河南)—韩国合作交流洽谈会在郑州举行。南阳市共有 6 个项目在会上签约,其中贸易项目 3 个,合同贸易额 4300 万美元;投资项目 3 个,总投资额 4700 万美元。

11 月 26 日　西气东输二线南阳市域天然气输气管道工程开工典礼在解放广场隆重举行。2013 年底建成投产后,将满足南阳中心城区和 10 县市居民、商贸服务、工业以及天然气汽车等用户的需求。

11 月 27 日　全省最大商品竹种植基地建设启动仪式在桐柏盘古广场隆重举行。绿士达林业发展有限公司计划投资 10 亿~15 亿元,在沿淮河的桐柏山、大别山区域,利用荒山荒地,营造 100 万亩商品竹,为省内造纸企业提供一个稳定、充足、可再生的原材料生产基地。

第十届中国玉石雕刻"天工奖"评选揭晓,33 件南阳玉雕精品获奖。

11 月 28 日　团市委和市青年志愿者协会联合向广大市民发出倡议,在中心城区"迎农运、树新风"全民行动保畅通活动中,争当守法模范,做文明行路人。

11 月 29 日　全市城乡居民社会养老保险基础养老金发放仪式在唐河县举行。市委常委、副市长李建豫出席启动仪式并为 60 岁以上的居民代表发放养老金。

乐凯华光印刷科技有限公司"华光"商标被评为中国驰名商标,至此,全市现有中国驰名商标达到 5 件。

11 月 29—30 日 河南省委副书记、组织部部长邓凯到南阳视察。

11 月 30 日 唐河县 9 个总投资 25.7 亿元的重大工业项目集中开工仪式隆重举行。

是月 经教育部批准,南阳农校成为国家中等职业教育改革发展示范学校建设计划项目学校。

12 月 1 日 北京市支援合作办主任张力兵带领北京首都农业集团、北京华联集团、北汽福田汽车股份有限公司相关负责人莅临南阳考察,并就对口合作支援帮扶工作进行座谈会对接。双方初步达成共识:利用南阳的“农”字特色,使南阳成为北京的大粮仓、大菜园、大厨房;共同促进区域生态环境改善,确保调水水质安全,确保一池清水永续北送;立足发展战略新兴产业,加强产业对接、企业战略合作和高新技术合作;推动两地旅游专线建设,实现资源共享、市场互动、互利共赢;把南阳作为北京的人力资源培养和实习基地,在医疗、教育、文化、体育等社会事业方面加强合作。

12 月 1—3 日 市委书记李文慧率领南阳市党政代表团赴杭州考察学习。

12 月 6 日 二机石油集团深海石油钻采装备配套开发及产业园项目、防爆消防车辆产业化项目、龙腾物流集团与中国重汽合作建设的汽车上装项目等高新区三大装备制造产业项目集中开工。3 个项目总投资 26.2 亿元,达产后年可实现总销售收入 40.65 亿元、利税 7.4 亿元。

12 月 7 日 南阳市首次启动社会救助和保障标准与物价上涨挂钩联动机制。年底前,71.8 万名低收入者将领取到价格临时补贴,补贴总额达 1600 余万元。

12 月 8 日 濮阳市委副书记、市长盛国民带领濮阳市党政考察团到南阳参观考察。

南阳市举办长篇报告文学《碧水壮歌》和大型摄影画册《情满丹江》发行仪式。市人大常委会主任李天岑,市委常委、宣传部部长姚进忠出席发行仪式。刘正义、水兵编写的长篇报告文学《碧水壮歌》约26万字,30余幅移民图片,全景式地记录和抒写了这场史无前例的大移民。大型摄影画册《情满丹江》用250余幅摄影作品,系统、真实地记录了20世纪50年代以来丹江口库区移民迁安工作的历程和重大历史瞬间,全面展示了南阳市移民迁安工作取得的巨大成就。

12月8—9日 国务院南水北调办副主任于幼军带领国家发改委、监察部、环境保护部、住房和城乡建设部、水利部、长江水利委员会6部委联合考核组,对南阳市《丹江口库区及上游水污染防治和水土保持规划》实施情况进行考核。

12月12日 投资10亿元的中华古缯国文化苑项目正式奠基。来自国内外的曾氏宗亲代表600余人参加仪式,香港特别行政区行政长官曾荫权,金利来集团有限公司董事局主席曾宪梓等向奠基仪式致电祝贺。

李宁体育园项目正式开工奠基。国家体育总局副局长冯建中,李宁有限公司董事长、非凡中国控股公司董事长李宁,体育明星宋晓波、李小双、李小鹏、丁宁、王适娴,省体育局局长彭德胜,市领导李文慧、穆为民、李天岑、贾崇兰等出席开工仪式并培土奠基。

市政府与江苏奥新公司新能源汽车产业化合作签字仪式举行。按照合作协议,江苏奥新新能源汽车有限公司将与南阳安瑞新能源利用有限公司合资,总投资5亿元,成立河南晟龙新能源汽车有限公司(暂定名),建设以电动汽车为主兼顾代用燃料燃气汽车的新能源汽车研发、生产基地。项目于2015年年底前全部达产,形成年产5万辆新能源汽车研发、生产能力。项目达产后,年可实现工业产值35亿元,成为南阳新的经济增长点。

12月13日 市四届人大常委会第十二次会议召开。会议听取并审议了市人民政府关于加强中心城区中小学建设议案办理情况的报告;听取审议了市人大常委会视察组关于加强中心城区中小学建设议案办理情况的视察报告;听取审议了市人大常委会执法检查组关于《中华人民共和国畜牧法》和《河南省畜牧业条例》执法检查报告;听取审议了市人民政府关于"十二五"规划项目2011年落实情况的报告;听取审议了市人大常委会关于"十二五"规划项目2011年进展情况的调研报告;审议了南阳市人民代表大会常务委员会《关于全市县、乡两级人民代表大会换届选举时间的决定(草案)》;审议了《关于设立南阳市人大常委会高新技术开发区工作委员会的决定(草案)》;审议了《关于设立南阳高新技术开发区人民法院的决定(草案)》;审议了《关于设立南阳高新技术开发区人民检察院的决定(草案)》等。

12月14—15日 河南省人大常委会党组书记、副主任曹维新带领驻豫十一届全国人大代表第一视察组,到南阳市视察"三化"协调发展情况。

12月15日 南阳市举行"三化"协调科学发展专题报告会,河南省人大常委会党组书记、副主任曹维新作题为《勇于探索"三化"协调科学发展的新路子》的报告。

南阳市召开"送温暖、献爱心"社会捐助动员大会。这次捐助活动的范围包括党政机关、企事业单位及驻宛部队,捐赠者以企业和党政机关、企事业单位的干部职工及部队官兵为主。

南阳市举行第二批医院用药阳光集中配送签约仪式。中国医药集团将为市骨科医院、第三人民医院等7个医院集中配送药品,以进一步降低药品流通成本,保证全市群众安全、经济用药。

12月16日 新野县建信村镇银行隆重开业。新野建信村镇银行是经中国银监会批准、由中国建设银行在河南省发起设立的首个绝对控股的新型金融机构,目前全国开业仅 16 个。

《数字南阳地理空间框架建设项目计划书》顺利通过专家评审,市政府与国家测绘地理信息局、省测绘局共同签署了《数字南阳地理空间框架建设示范合作协议书》。

12 月 19 日　市委书记李文慧率领南阳新区管委会和市直有关部门负责人组成的考察团,到新乡平原新区实地观摩学习。

《南阳市城市人防工程及地下空间开发利用规划》通过评审。

12 月 20 日　总投资 3.5 亿元的娃哈哈南阳生产基地超净果蔬饮料暨汽水饮料生产项目,在新能源产业集聚区奠基开工。

唐河县举行解放 64 周年庆典暨唐河革命纪念馆开馆仪式。

西峡荣获"全国文明县城"称号,这是全市唯一获此殊荣的县。此次南阳市受到中央文明委表彰的"全国文明村镇"有西峡县丹水镇、内乡县灌涨镇杨岗村、卧龙区七里园乡达士营村、新野县城郊乡李湖村。南阳市地税局、鸭河口发电有限公司、中国移动通信南阳分公司、宛城区检察院等 4 个单位荣获"全国文明单位"称号。

12 月 21 日　天冠集团万吨级纤维乙醇项目通过国家级能源科学技术鉴定。

12 月 22 日　三淅高速公路卢氏至西坪段、西坪至寺湾段、德商高速范县段建设项目开工仪式在三门峡市卢氏县举行。

12 月 23 日　南阳市召开餐饮服务食品安全监管职能交接工作会议。会议宣布将成立南阳市食品药品监督管理局卧龙分局、宛城分局,由市食品药品监督管理局管理。各县(市、区)将成立食品监督所,由各县(市、区)食品药品监督管理局(分局)代管。届时,食品药品监督管理部门将履行餐饮服务、保健食品、化妆品的监督管理职责。

12 月 26 日　市工商联第四次会员代表大会召开。大会听取和审议了市工商联第三届执行委员会工作报告,选举并产生了市工商联第四届执行委员会及领导机构,吴冬焕当选主席。

国务院召开全国粮食生产表彰奖励大会。会上,唐河县、邓州市作为全国粮食生产先进单位,市种子管理站站长翟心田作为突出贡献农业科技人员,邓州市构林镇贾新林、唐河县古城乡海国勇、新野县歪子镇董丙强作为全国种粮售粮大户,受到隆重表彰。

国家"十二五"科技支撑计划"城市绿色发展生态技术研究与示范"项目南阳示范点建设座谈会召开。"卧龙区龙祥世纪家园经济适用房"项目被国家科技部等部门列为"城市绿色发展生态技术研究与示范"项目示范点。

12月27日 市委书记李文慧亲切会见了香港工会联合会会长郑耀棠一行,双方就携手共同发展文化产业进行了沟通交流,达成合作共识。

邓州港粤工业园首批入驻项目开工奠基。此次开工的是申龙集团年产9000万平方米服装面料一期项目、香港国华集团年产10万辆整车及零部件项目。

12月28日 市委经济工作会议召开,市委书记李文慧、市长穆为民分别作重要讲话。会议确定2012年全市经济社会发展主要预期目标是:生产总值增长11%,规模以上工业增加值增长16%,地方财政一般预算收入增长12%,全社会固定资产投资增长22%,城镇固定资产投资增加23%,社会消费品零售总额增长17%,进出口总额增长31%,外商直接投资增长21%,城镇居民人均可支配收入和农民人均纯收入均增长9%,居民消费价格指数控制在4%左右,节能减排完成省下达目标。

12月29日 最高人民法院和中共河南省委联合召开表彰大会,授予尹应哲"全国模范法官""省优秀共产党员"荣誉称号。尹应哲是南阳市中级人民法院行政庭审判员,在身患白血病和家有智障儿子的情况下,始终保持乐观向上的人生态度,积极投入到审判事业中,坚持做到"明如镜、坚如钢、廉如水",办案千余起,无一错案。

是月 省教育厅出台意见,从学前教育、基础教育、职业教育、普通高中教育、高等教育、民办教育、教师队伍等7个方面支持南阳教育事业快速发展。

省林业厅出台意见,从林业项目、林业生态、科技兴林、林权制度改革、森林旅游等6个方面支持南阳市生态建设。

市政府出台《关于加强孤儿保障工作的意见》。根据该意见,全市将建立孤儿妥善安置机制、基本生活保障机制、医疗救助机制、教育保障机制、就业扶持机制,完善孤儿住房保障机制、儿童福利机构基础设施机制、儿童福利机构专业队伍建设机制,切实保障孤儿享有生存权、发展权、受保护权和参与权。

"南阳黄牛"获国家地理标志集体商标,也是全国五大良种黄牛的第一个集体注册商标。

2012 年

1月3日　第七届全国农民运动会主体育场通过验收。该主体育场位于独山东麓、白河西岸,核心为一座可容纳3.5万名观众的体育场及附属设施,2009年12月底开工,整体工程于2011年12月31日竣工。

中共南阳市委书记李文慧深入漯河市临颍县严湾移民新村,为南水北调中线工程淅川移民群众送去慰问信、慰问品、慰问金,送去市委、市政府的关爱和新春祝福。

富士康南阳光学合作项目、富士康LED南阳合作项目正式投产,富士康(南阳)高级技工实训基地奠基。富士康科技集团公司副总经理熊秉政、中国兵器装备集团公司民品部部长李宗樵,市领导穆为民、李天岑等出席庆典仪式。

南阳光电产业园区、卧龙区6个项目同时开工,总投资26.8亿元,占地66.6公顷,建筑面积58.1万平方米。

1月4日　南阳市人民政府市长穆为民赴郑州市荥阳丹阳移民新村慰问。同日,市政协主席贾崇兰赴平顶山市郏县马湾移民新村慰问。

富士康科技集团公司与南阳合作项目签约仪式在郑州举行。河南省政府省长郭庚茂,副省长张大卫、赵建才,富士康科技集团公司总裁郭台铭、副总裁黄秋莲、总经理徐牧基,中国兵器装备集团公司副总经理白忠泉,市委书记李文慧,市长穆为民等出席签约仪式。此次富士康科技集团与南阳签约共6个项目:LED合作项目;城市道路LED路灯照明节能合同能源管理合作项目；市城区 LED 路灯合同能源管理服务项目；富士康、中光学合资企业项目；SMT 技工培训项目；模具技工培训项目。

全市质量工作暨"市长质量奖"表彰大会召开。会议表彰了 2011 年度"市长质量奖"获奖单位和 2011 年南阳市获得河南省名牌产品称号的企业，对今年和今后一个时期实施质量兴市、品牌带动战略任务进行部署。

1 月 5 日　市总工会"双节"送温暖活动启动仪式举行。"双节"期间，市总工会筹集资金 300 万元用于帮助市直困难企业的 3000 余名困难职工。

1 月 6 日　国家开发银行河南省分行与南阳市人民政府在郑州举行第七届全国农运会项目贷款签约仪式，签约项目贷款 37 亿元。

1 月 9 日　2011 年"感动中原"十大年度人物评选揭晓，"最美奶奶"柴小女当选。

1 月 10 日　郑州宇通客车股份有限公司与南阳农运资源开发有限公司签约，宇通公司将提供 300 辆大巴、200 辆中巴及 505 名司机，总价值 720 万元的客车运输服务赞助，用于农运会赛事期间客车运输保障服务。

南阳市召开保障性安居工程工作会议。会议部署，2012 年南阳市将新开工各类保障性住房 26738 套，全市计划安排 27790 套，比 2011 年增加 15% 以上。会议确定，2012 年，南阳市将大力发展公共租赁住房，适量建设廉租房，控制经济适用房建设，继续推进棚户区改造，建立和完善符合南阳实际的多层次住房保障体系，圆满完成全市保障性安居工程各项目标任务。

1 月 14 日　市人大常委会主任李天岑一行到社旗县桥头镇小河流村慰问村民。

1 月 15 日　市委书记李文慧等分组走访慰问南阳市部分劳动模范和困难企业职工。

1 月 16 日　中共河南省委常委毛超峰、省政协副主席李英杰带领省直有关部门负责人到南阳慰问困难群众和老党员、劳动模范。

由解放军文艺出版社出版的报告文学《英雄武文斌》首发式在南阳市举行。

1 月 19 日　市行政效能电子监察系统启动仪式举行。该系统总投资 4299 万元,包括行政效能电子监察系统、视频监控系统和视频会议系统以及市电子监察中心建设和 14 个行政服务中心内网改造等。初期纳入监察的有市级行政审批项目 242 项,县级 1914 项。

1 月 21 日　河南省委常委、省军区政委周和平少将深入南召县、卧龙区、宛城区军属家中慰问。

农业部正式认定全国 101 个市(地)、县(区)、镇为第二批国家现代农业示范区,新野县名列其中,这在全市尚属首个。

1 月 23 日　农历大年初一,"迎农运、庆新春"全民健身万人长跑活动在市中心城区隆重举行。市委书记李文慧宣布长跑活动开始,并打响起跑发令枪。

1 月 28 日　南阳会议中心揭牌启用。该中心是第七届全国农民运动会的主要配套服务项目之一,建筑面积 2.2 万余平方米,内部设有 16 个可容纳 100 人的小会议室,1 个贵宾室,2 个可容纳 50 人的休息厅,1 个 1300 座的大会议室和大舞台。南阳会议中心将为农运会提供全方位、多功能服务,农运会后将成为南阳市重大社会活动场地,结束了南阳市无大型会议活动场地的历史。

1 月 29 日　全市对外开放工作会议在新落成的南阳会议中心召开。会议提出,2012 年南阳市外向型经济发展的主要预期目标是:实际利用境外资金增长 23% 以上,达到 4.2 亿美元;引进省外资金增长

21%以上,达到400亿元;进出口增长31%以上,达到18亿美元以上。会议强调,把扩大开放作为基本市策、战略举措,作为加快中原经济区南阳主体区建设的根本途径,以开展"对外开放年"活动为抓手,以引进重大项目和龙头企业为重点,提高开放水平,拓宽开放领域,构建举市开放机制,把南阳打造成为豫鄂陕毗邻地区开放高地,为建设开放、富裕、魅力、和谐新南阳提供强大动力。李文慧、穆为民出席会议并讲话。

1月30日—2月2日 政协南阳市第四届委员会第四次会议在南阳会议中心举行,贾崇兰代表市政协四届委员会常务委员会向大会作工作报告,李文慧、穆为民、杨其昌、李天岑、程德明等党政军领导出席开幕式。大会选举梁进为政协南阳市第四届委员会副主席,朱炳海、芮其林、郭国谦、靳明志为政协南阳市第四届常务委员会委员。

1月31日 市长穆为民会见意大利阿斯蒂省卡尔伯尼特使和马切里诺先生。卡尔伯尼转交了阿斯蒂省长乔治尼·卡拉瓦尼写给穆为民的亲笔信,非常感谢淅川汽车减振器有限公司对威奥斯图公司的支持和帮助。2011年3月31日,淅减公司成功竞标收购威奥斯图公司。

1月31日—2月3日 南阳市第四届人民代表大会第四次会议在南阳会议中心举行。市长穆为民作政府工作报告。王清选、梁天平、赵景然、程建华当选为南阳市四届人大常委会副主任。大会一致通过了《关于〈政府工作报告〉的决议》《关于〈南阳市2011年国民经济和社会发展计划执行情况与2012年国民经济和社会发展计划〉的决议》《关于〈南阳市2011年财政预算执行情况和2012年财政预算〉的决议》《关于〈南阳市人民代表大会常务委员会工作报告〉的决议》《关于〈南阳市中级人民法院工作报告〉的决议》《关于〈南阳市人民检察院工作报告〉的决议》。李天岑致闭幕词。

是月 淅川县林业局被全国绿化委员会、人力资源和社会保障部、国家林业局联合授予"全国绿化先进集体"称号,这是河南省唯一获此殊荣的县级林业局。

全国有色金属标准化技术委员会确定西峡龙成特种材料有限公司"连续铸钢结晶器用铜模板"标准为国家标准。该标准填补了我国有色金属加工技术标准的一项空白。

由南阳金冠电气有限公司研制生产的1000千伏交流系统无间隙金属氧化物避雷器,顺利通过现场安装交接试验和工程竣工验收。这标志着世界上电压等级最高的金属氧化物避雷器研发获得成功。

南阳汉冶特钢公司水冷铜板结晶器锭模及其特厚板研究开发项目通过中国钢铁工业协会技术鉴定。该项目具有完全自主知识产权,拥有48项国家发明和实用新型专利,生产的特厚板钢材可替代进口产品。

2月3日　河南省政府副省长张大卫率领重点项目观摩点评团莅临南阳,先后到社旗县产业集聚区、淅川县产业集聚区实地观摩点评。

2月4日　河南省政府副省长刘满仓带领省直有关部门负责人到南阳调研指导全国农运会筹备工作。

2月6日　中共南阳市纪委五届二次全会召开。会议的主要任务是:学习贯彻中央纪委、省纪委全会精神,回顾总结2011年党风廉政建设和反腐败工作,研究部署2012年的反腐倡廉工作。市委书记李文慧作重要讲话,各县市区党委书记,南阳新区、高新区、鸭河工区、官庄工区党工委书记,市财政局、市人力资源和社会保障局、市教育局等单位主要负责人向李文慧递交了《党风廉政建设目标责任书》。

南阳市启动"春季农资打假百日行动"。以化肥、种子、农药为重点,严厉查处制售伪劣农资坑农害农行为,保障农资消费安全。

2月9日　南阳市举行迎农运"百日会战"动员誓师大会。市委书记李文慧在会上强调,干好100天,要牢固树立只争朝夕迎农运、全力以赴促农运、精益求精保农运的理念,履职尽责,务实担当。

邕河治理工程开工,6 月底完工。邕河治理工程是全国农运会配套工程,也是市中心城区内河整治先期重点工程。

2 月 13 日 由《南阳日报》组织的"三色鸽杯"南阳第十届"十大新闻人物"评选揭晓。获得南阳市第十届十大新闻人物特别奖的是:致力于移民工作,对移民乡亲真情大爱、对移民事业无限激情、对移民责任敢于担当的全市各级移民干部群体。李文祥式的老英雄王金山、舍己救人的"最美奶奶"柴小女、尽职尽责的环保卫士王德义、一腔真情洒山乡的农村任职干部周建奎、勇斗持枪劫匪保护群众的检察官康旭和、践行"三平"精神的"活雷锋"王清钊、拾金不昧好的哥王进平、挂着双拐站讲台的优秀教师任书虎、承包荒山荒坡播绿渠首的农民曹志国、情暖病残老人的疗养院院长马爱峰获得"三色鸽杯"南阳市第十届十大新闻人物称号。

2 月 14 日 中国国家防爆电气产品质量监督检验中心(CQST)与美国保险商试验所(UL)在南阳签约,双方就防爆领域检验认证、互相认可、消除中美防爆产品贸易壁垒等达成新的合作意向。

2 月 15 日 全市南水北调工作会议召开。市长穆为民强调,2012年是 3 年决战的全面攻坚之年,全市各级各部门要以服务国家工程建设、促进南阳经济发展、关注群众切身利益为主线,强化责任,保持已有锐气和干劲,坚决打赢南水北调中线工程建设这场硬仗,向党中央、国务院、省委、省政府和全市 1100 万人民交上一份满意答卷。

2 月 16—19 日 河南省委书记、省人大常委会主任卢展工到南阳考察指导工作。卢展工深入社旗、南召、唐河、桐柏、新野等县的产业集聚区、企业车间、新型农村社区、万亩小麦示范方、廉租房小区,主持召开不同层次的党员群众座谈会,就如何以领导方式转变加快经济发展方式转变、持续探索"三化"协调科学发展之路、有效破解"钱从哪里来、人往哪里去、粮食怎么保、民生怎么办"四道难题,推进中原经济区建设跨越式发展调查研究,问计基层。

2月18日 南阳福建商会正式揭牌。福建省原副省长、省人大常委会副主任贾锡太,河南省政协副主席、省工商联主席梁静、南阳市政府市长穆为民等出席仪式。为庆祝揭牌庆典,南阳福建商会组织了"百名闽商进南阳"活动。揭牌庆典后,"百名闽商进南阳"活动举行项目签约仪式,共有36个项目成功签约,投资总额116.4亿元,合同引资115.7亿元。仪式上,南阳新区管委会与南阳福建商会签署南阳新区起步区相关基础设施建设合作意向书。16日,正在南阳考察的省委书记卢展工接见了参加"百名闽商进南阳"的全体人员。

2月20日 2012年全国农民体协工作会议在南阳召开,重点就第七届全国农运会筹备工作进行部署。农业部原部长、中国农民体协顾问陈耀邦,农业部总经济师、办公厅主任、中国农民体协副主席陈萌山,中国农民体协副主席兼秘书长王福来,河南省副省长刘满仓,南阳市委书记李文慧、市长穆为民等出席会议。

天冠集团公司秸秆沼气综合利用项目在卧龙农业高新科技示范园区开工建设。该项目每年可处理秸秆9万吨,生产主产品沼气2550万立方米,可生产有机肥料1.96万吨。

2月22—23日 市委书记李文慧率领南阳市党政考察团到平顶山市考察学习新型农村社区建设。

2月27日 全国双拥模范城(县)命名暨双拥模范单位和个人表彰大会在北京举行,南阳市跻身"全国双拥模范城"。

2月28日 市委、市政府、军分区联合作出决定,号召全市向邓州市"编外雷锋团"学习。

淅川县产业集聚区被命名为河南省首批特色装备制造产业园区。

2月29日 市委书记李文慧率领市"四大领导班子"人员与河南

省林业厅副厅长王德启、省南水北调办副主任庞汉英一起来到丹江库区,和淅川县干部职工 3600 多人一起参加义务植树活动。

是月 河南省政府下发文件,对"十二五"规划期间减排工作成绩突出的 7 个省辖市予以通报表彰,南阳市名列其中。

继荣获"全国卫生县城""全国文明县城"之后,西峡县又荣获"国家园林县城"称号。

河南省林业厅公布 2011 年林业生态县验收结果,全省有 21 个县(市、区)通过验收,南阳市邓州、淅川榜上有名。至此,南阳市林业生态县总数达到 9 个。

河南省第五批历史文化名镇名村公布,南召县云阳镇榜上有名。

河南省政府办公厅公布扶贫开发工作重点县名单,南阳市 7 个县入围。其中,南召、镇平、内乡、淅川 4 县被列为国家集中连片特困地区重点县,社旗县、桐柏县被列为国家扶贫开发重点县,方城县被列为开发工作重点县。

市政府出台政策引导农民进城落户。一是放宽进城农民落户条件。二是妥善安置失地农民。三是维护进城农民各项权益。四是开发进城农民就业岗位。力争 2012 年全市进城落户农民达到 10 万人以上。

3 月 1 日 社旗县产业集聚区被命名为第二批"河南省新型工业化产业示范基地"。

3 月 5 日 歌颂南水北调中广大移民干群的大型原创话剧《源水情深》在北京大剧院上演。中共河南省委常委、宣传部部长赵素萍,省人大常委会副主任蒋笃运,副省长陈雪枫、张广智,南阳市委书记李文慧,市委常委、宣传部部长姚进忠,省水利厅副厅长、省移民办主任崔军,出席全国"两会"的河南省代表、委员,河南在京务工人员代表与首都各界观众一起观看了演出。

3月6日　国务院南水北调办公室副主任张野一行到南阳调研南水北调工程建设。

3月8日　南阳历史上首次小型汽车车牌号拍卖会举行。299名市民参与50个车牌的竞拍,共拍得545.2万元。拍卖所得将全部纳入道路交通事故社会救助基金。

3月10日　南阳汉画拓片精品展在北京首都博物馆开幕。人事部原部长赵东宛,十届全国人大财经委副主任委员、国务院三峡建设委员会原副主任郭树言,全国政协人口资源环境委员会副主任李金明,新华社原副社长、总编辑冯健,新华社副社长庹震,中共北京市委常委、宣传部部长、副市长鲁炜,中共北京市委副秘书长、市委宣传部副部长严力强,北京市文物局局长孔繁峙,北京市文物局副局长、首都博物馆党委书记郝东晨,解放军总后勤部创作室主任周大新,福建省政府原副省长、福建省十届人大常委会副主任、党组副书记贾锡太,中共河南省委常委、宣传部部长赵素萍,省人大常委会副主任王菊梅,副省长张广智,省政协副主席李英杰,南阳市"四大领导班子"领导李文慧、穆为民、李天岑、贾崇兰等及首都各界朋友共200多人出席开展仪式。此次展览,旨在展现南阳汉画精美绝伦的艺术魅力,让首都人民通过汉画这一媒介,零距离欣赏到来自南阳的古老汉文化,进而了解南阳、认识南阳,促进双方经济文化交流与合作。本次展览为期1个月。

3月12日　全国第34个植树节。市党政军领导穆为民、杨其昌、李天岑、程德明等来到宛北紫山,与1000多名干部群众一起参加义务植树活动。

3月16日　国务委员、公安部部长孟建柱签署记功命令,授予南阳市公安局集体一等功。市公安局在南水北调移民安全保障、"清网行动"和严打整治、现行命案侦破等方面成绩突出,创造了令人瞩目的"南阳经验",被省公安厅称为"南阳公安现象"。

3 月 19 日 全市食品药品监管工作会议召开。会议决定从即日起至 12 月 31 日,围绕餐饮服务食品安全监管重点、难点和高风险点,在全市范围内开展餐饮服务环节食品安全专项整治。

3 月 20 日 河南电视台大型时评栏目《建设中原经济区,走好"三化"协调科学发展路"十八谈"映象版·南阳篇》开播。市委书记李文慧、市长穆为民围绕中原经济区建设、"三化"协调发展、南水北调中线工程、第七届全国农运会等关系南阳科学发展的关键项目进行深入探讨,并与现场观众互动交流。

3 月 22 日 全市重点项目暨产业集聚区建设工作会议和深入实施"四个带动"工作会议召开。市长穆为民出席会议并讲话。会议确定了 2012 年全市重点项目建设和产业集聚区建设的主要目标任务,并动员全市上下振奋精神,鼓足干劲,推动"四个带动"工作再上新台阶。

3 月 23 日 在第七届中国河南国际投资贸易洽谈会开幕式暨合作项目签约仪式上,南阳市共有 12 个项目成功签约,合同金额 206.5 亿元。

沈阳军区雷锋生前所在团先进事迹报告会在北京人民大会堂隆重举行,雷锋生前所在团第九任团长、邓州"编外雷锋团"团长宋清梅应邀作报告。报告会由中宣部、解放军总政治部、共青团中央和中共辽宁省委联合举办。

3 月 24 日 全市新型城镇化工作会议召开,市委书记李文慧、市长穆为民出席会议并讲话。会议确定当前和今后一个时期,全市新型城镇化建设主要目标是:2015 年全市城镇化率达到 48% 以上,城镇常住人口达到 550 万;中心城区建成区面积 130 平方千米,常住人口 140 万;全部县城人口达 20 万以上,邓州市达到 45 万;16 个镇级试点小城市镇区人口达到 5 万至 7 万,52 个建制镇镇区人口达到 3 万至 5 万;建成新型农村社区 500 个。城镇主要基础设施人均水平赶上全省平均水平。

全市新型农业现代化暨扶贫开发工作会议召开,市委书记李文慧、市长穆为民出席会议并讲话。会议确定2012年南阳市新型农业现代化工作的主要目标任务是:全年粮食总产量达到60亿千克;第一产业增加值增长4%;农民人均纯收入增长9%;新增农村劳动力转移就业11.5万人;农村基础设施和社会事业全面发展。扶贫开发工作的总体目标是:到2015年,全市贫困人口年收入实现翻一番以上,贫困地区生产生活水平明显提高;到2020年,扶贫对象义务教育、基本医疗和住房有保障,贫困地区农民人均纯收入增幅明显高于全市平均水平,主要基本公共服务指标接近全市平均水平,发展差距扩大趋势得到扭转。

3月25日　全市新型工业化工作会议召开。会议确定2012年南阳市工业发展的总体思路是:以新型工业化为目标,以"9239"(9大主导产业即6大战略支撑产业、3大战略新型产业;培育河南油田、龙成集团公司2个主营业务收入超200亿元企业;天冠、淅铝、新纺3个主营业务收入超100亿元企业;西保、防爆、淅减、石油二机、中源化学、中光学、乐凯华光、中南钻石、中联水泥南阳分公司9个主营业务收入超50亿元企业)为抓手,强力实施扶优扶强和"双百工程",着重抓好与富士康、中石化战略合作项目,培植新的财源,推进工业化、信息化融合,改造提升传统优势产业,培育壮大战略新兴产业,增强创新能力,搞好节能减排,强化运行调控,深化企业服务,创优发展环境,奋力走出一条以不牺牲农业和粮食、生态和环境为代价的"三化"协调科学发展的路子,推动全市工业经济又好又快发展。主要目标是:规模以上工业增加值增长16%以上,争取超过20%,力争实现工业增加值1000亿元以上;规模以上工业主营业务收入增长18%;规模以上工业利税增长20%;工业固定资产投资增长20%以上;万元工业增加值能耗下降4%。

全市新型农村社区建设现场观摩会在唐河县召开。

3 月 30 日 全市基层文化设施建设推进现场会在唐河县召开。会议强调,要坚持把文化设施建设作为文化工作的首要任务,坚持做好基层文化设施建设规划,把各项任务落到实处。

3 月 31 日 南阳市召开创建国家卫生城市工作会议,就做好下一阶段的"创卫"工作进行部署。

3 月 31 日—4 月 1 日 市长穆为民率南阳市党政考察团先后到驻马店、商丘、新乡考察产业集聚区建设情况。

是月 "2011 年度河南省五大考古新发现"揭晓,淅川县的坑南史前遗址、龙山岗新石器时代遗址入选。

国家发改委公布首批全国发展改革试点城市名单,南阳市榜上有名。在同时公布的第三批全国发展改革试点镇名单中,社旗县赊店镇名列其中。

2011 年度国家、省科学技术奖相继揭晓,南阳市共有 15 项科技成果入选,其中获国家科技进步奖 1 项、省科技进步奖 14 项。中石化河南油田分公司参与完成的"中国东部成熟探区新增 17 亿吨探明储量油气成藏新认识与勘探新技术"获得国家科技进步二等奖,天冠企业集团有限公司完成的"年产 3000 吨秸秆纤维乙醇关键技术开发和产业化示范"等 6 个项目获得省科技进步二等奖,河南中源化学股份有限公司完成的"含 $NaHCO_3$ 碱卤湿分解蒸发制碱工艺研究和应用"等 8 个项目获得省科技进步三等奖。

河南石油勘探局、河南龙成集团有限公司、河南淅川铝业(集团)有限公司、河南天冠企业集团有限公司、河南新野纺织股份有限公司等 5 个企业被河南省政府评定为百强企业;河南福森药业(集团)有限公司、河南西保冶材集团有限公司、南阳防爆集团股份有限公司、南阳淅减汽车减震器有限公司、河南省西峡县汽车水泵股份有限公司、南阳二机石油装备(集团)有限公司、河南中光学集团有限公司、南阳金冠电气有限公司等 8 个企业被评定为高成长企业。

桐柏县被农业部授予"全国花生标准化示范县"。

新野县被农业部授予"全国农业标准化示范县"。

国家发改委、教育部、财政部、国家旅游局确定首批国家循环经济教育示范基地共 9 个,天冠集团名列其中。

《河南省 2012 年重点工业产业年度行动计划》经省政府批准正式下达,南阳市共有 35 个项目纳入省重点项目计划,总投资 144.2 亿元,年度计划投资 68.5 亿元。

富士康集团公司与中光学集团合资成立的河南中富康数显有限公司挂牌,主要从事各类投影机及关联产品的研发、生产和销售。

4 月 6 日 "吊仓式时间域直升机航空电磁勘查系统"在桐柏县试行,该系统是国家高技术研究计划地质找矿项目的最新成果,可望对桐柏山区 400 多平方千米内多个成矿带进行全面系统的勘查。国土资源部副部长汪民一行在现场观看了飞机找矿过程。

4 月 8 日 国家宗教局副局长张乐斌一行先后来到天妃庙、武侯祠、民权街天主教堂等地进行实地考察,详细了解南阳市宗教活动场所建设情况。

河南省三源粮油食品有限公司一期工程——年产 20 万吨花生油项目建成投产庆典仪式在桐柏县举行。河南省副省长刘满仓,市领导李文慧、穆为民,内蒙古博源控股集团公司总裁贺占海等出席仪式。

4 月 9 日 "百年大公看中原"采访团走进南阳。当日,市委书记李文慧会见了香港《大公报》执行总编辑李大宏一行并接受采访。

4 月 11 日 电视连续剧《桐柏英雄》开机新闻发布会在北京举行。该剧由上海电影集团公司,桐柏县委、县政府共同出品。

4 月 12 日 全市圈地圈地违规用地土地闲置浪费问题专项治理

工作会议召开。会议主要针对 2006 年以来违反国家政策囤地圈地、违规用地和闲置浪费土地问题进行全面治理,着力解决和纠正批而未征、征而未供、供而未用土地和违规用地等问题。

4 月 12—13 日　国务院南水北调办公室副主任蒋旭光莅宛,调研移民搬迁安置和农村外项目实施情况。

4 月 17 日—5 月 6 日　2012 年中国当代工艺美术双年展在中国国家博物馆举行,南阳市共有 4 件独山玉作品入选参展。独山玉在中国国家博物馆展出尚属首次。

4 月 19 日　河南省"关爱百万农村留守儿童和进城务工人员子女志愿服务活动"启动仪式在南阳市举行。

河南省副省长刘满仓一行先后深入淅川县厚坡镇后寨移民新村和香花镇陈岗村大辣方后靠移民安置点,了解移民生产生活情况,对淅川县移民安置工作进行调研。

4 月 19—20 日　河南省副省长刘满仓一行到南阳检查农运会接待服务设施建设情况。

4 月 20 日　南召地震台建成运行。该台是南阳市集强震、测震、地震速报、应急备份为一体的综合性地震观测台,将对鸭河口库区及周边地区的地震安全起到十分重要的作用。

4 月 21—22 日　以国家环保部总工程师万本太为组长的长江中下游流域水污染防治规划实施国家考核组莅宛,对南阳市水域环境保护工作给予肯定。

4 月 22 日　市"四大领导班子"召开联席会议,学习贯彻时任中共中央政治局常委、中央书记处书记、国家副主席习近平关于兰考工作作出的重要批示,紧密联系实际,持续大力弘扬焦裕禄精神。

李宁公司赞助全国农运会签约仪式举行。李宁有限公司董事长、非凡中国控股公司董事长李宁,非凡中国控股公司执行董事李春阳,市领导李文慧、王建民、秦俊出席仪式。市委书记李文慧代表第七届全国农运会南阳市筹委会向李宁颁发"第七届全国农运会合作伙伴"荣誉匾牌。李宁公司与第七届全国农运会南阳市筹委会正式签约,提供价值 755 万元的体育器材和服装赞助。

4月24日　南阳市启动以"拒绝盗版·助力创新"为主题的系列宣传活动。启动仪式上,3 万多件盗版音像和非法出版物被集中销毁。

4月24—26日　河南省政协副主席龚立群带领省政协调研组来到南阳,就玉器加工、玉文化传承与创新以及玉雕产业发展等进行调研。

4月25日　全国政协常委、教科文卫体委员会副主任、国家国防科技工业局科技委主任栾恩杰带领全国政协调研组来南阳,就南阳市国防科技人才队伍建设进行调研。

4月26日　第七届全国农运会志愿者服务总队成立授旗暨誓师大会在市体育中心举行。市长、市农运会筹委会主任穆为民为志愿者服务总队授旗,2000 多名志愿者面对旗帜进行了集体宣誓。

市政府决定,在全市乡镇卫生院实施实用人才培养"522 行动计划",加快提升乡镇卫生院综合服务能力,推进农村卫生事业健康发展。

4月27日　南阳市隆重举行庆五一表彰暨劳模座谈会。市委书记李文慧在讲话中代表市"四大领导班子"向受到表彰的劳动模范、先进集体、先进工作者表示崇高的敬意和热烈的祝贺,向辛勤工作在全市各行各业、各条战线上的广大劳动者致以节日的问候。会上,全国劳动模范代表,全国五一劳动奖状获得者代表分别发言。

4月28日　南阳市召开南水北调中线工程领导小组全体成员会议,发布了由市南水北调丹江口库区移民安置指挥部指挥长穆为民签署的《南阳市南水北调丹江口库区移民安置指挥部关于限期集中解决移民搬迁后续遗留问题的令》,通报了移民后续稳定工作督查情况。

是月　教育部公布全国首批中小学中华优秀文化艺术传承学校名

单,市第十五小学名列其中。

南阳市通过国家知识产权示范创建城市验收。

5 月 1 日至 10 月 15 日　在全市范围内开展流通环节食品安全专项整治,确保农运会期间南阳市食品消费安全。

河南油田成立 40 周年庆祝大会在油田影剧院隆重召开。中石化集团公司,河南省委、省政府,南阳市委、市政府发来贺信。市长穆为民,河南石油勘探局局长、河南油田分公司总经理李联五,河南石油勘探局党委书记唐大鹏等出席会议。

5 月 4 日　南阳市召开加强廉政风险防控规范权力运行工作推进会。市委书记李文慧在会上作重要讲话,强调通过规范权力运行,防控廉政风险,最大限度地减少行政不作为、乱作为、慢作为,解决“事难办”“效能低”和“弄权渎职”等问题,建立干部作风建设的长效机制。

5 月 4—5 日　河南省政协副主席靳绥东带领省政协专题调研组莅临南阳,就农村土地确权登记发证和农村集体建设用地流转工作进行调研。

5 月 5 日　第七届全国农运会首个城市志愿者服务站揭牌。

5 月 8 日　中国月季之乡第三届月季文化节在卧龙区石桥镇开幕。

5 月 10 日　南阳国家高新技术开发区 15 个重点项目集中开工仪式隆重举行。市领导李文慧、李天岑、贾崇兰等出席开工仪式。此次集中开工的 15 个项目,总投资 121 亿元,其中工业项目 10 个,物流项目 4 个,新型城市社区项目 1 个。

市政协主席贾崇兰会见香港工会联合会会长郑耀棠一行。

5 月 11 日　市政府出台文件,规范出让国有土地使用权和矿业权。

5 月 14—15 日　全国人大常委会副委员长华建敏、全国人大财经委主任委员石秀诗一行,到南阳视察文化旅游产业和第七届全国农运会筹办情况。

国务院南水北调办公室副主任于幼军带领文化部、国家旅游局有关负责人和专家莅临南阳,调研南水北调中线生态文化旅游产业带规划编制工作。

5月15—16日 国务院食品安全委员会办公室副主任刘佩智来南阳,检查指导食品安全工作。

5月17日 市委书记李文慧率领南阳市党政考察团到洛阳市,考察城中村改造和新型农村社区建设情况。

南阳市召开中心城区"优美花城"迎农运动员会。会议决定,在中心城区开展"优美花城"迎农运行动,以大规模种植市花月季为抓手,突显月季在城市绿化美化中的作用,进一步叫响"南阳月季"品牌,全力打造"月季之城",以亮丽的城市环境迎接第七届全国农民运动会的举办。

5月19日 市政府出台《关于分类推进事业单位改革的实施意见》,按社会功能把事业单位划分为承担行政职能、从事生产经营活动、公益服务3类,分别制订改革计划。6月底前,完成对全市事业单位的清理规范,力争5年内全部完成事业单位改革工作。

5月22日 在全省南水北调丹江口库区移民迁安总结表彰暨后期帮扶工作动员电视电话会议上,南阳市荣获河南省南水北调丹江口库区移民迁安先进单位,152名个人获省表彰。

5月24日 中共河南省委常委、统战部部长史济春深入南阳考察。

中华玉文化博物馆迁扩建工程开工奠基仪式在镇平县石佛寺镇举行。该工程是2012年河南省政府重点项目之一,总规划占地6.66公顷,建筑面积2.5万平方米,预计总投资3亿元。

5月25日　周建奎事迹报告会在省人民大会堂隆重举行，省直机关、中央驻豫单位、企业的党员干部，高校师生，省直驻村干部，各省辖市党委组织部负责人等2200多人聆听了报告。

5月27—28日　河南省政协副主席、民革河南省委主委李英杰，民革中央秘书长李惠东一行深入邓州市、淅川县、西峡县、卧龙区考察文化旅游产业。

5月28日　以河南省政协副主席王平为组长的省政协调研组莅临南阳，调研扶贫开发和民族经济发展工作。

5月29日　中国国民党革命委员会南阳市第四次代表大会召开。省政协副主席、民革河南省委主委李英杰，市领导李文慧等出席大会开幕式。会议选举产生了民革南阳市第四届委员会，王黎生当选为新一届民革南阳市委主委。

第三届"嵩山论剑·卧龙群英会"中国网络媒体高峰论坛在南阳市隆重开幕。中共河南省委宣传部常务副部长王耀，河南日报报业集团党委副书记、总编辑赵铁军，省委外宣办、省政府新闻办主任何或等，及人民网、中国广播网、中国网、新浪、网易、搜狐等全国重点新闻网站、全国重点商业门户网站以及各省、自治区、市重点新闻网站负责人、网络界的专家学者等百余位嘉宾出席开幕式。论坛的主题是"文明生态——创新发展与共同担当"。市委书记李文慧致辞。

5月29—30日　农业部党组副书记、副部长余欣荣一行深入南阳，检查指导全国农运会筹备和防汛工作。

5月30日　南阳市召开对台工作会议。市委常委、统战部部长刘朝瑞要求，发挥南阳优势，突出地方特色，以实施对台经贸合作为重点，持续深化宛台交流交往，进一步密切宛台合作共赢关系，为促进两岸和平发展作出更大贡献。

5月31日　河南省副省长赵建才在市长穆为民的陪同下，深入镇平、西峡等地调研新型城镇化建设工作。

中国农工民主党南阳市委筹委会成立大会召开。河南省政协副主席、农工民主党河南省委主委高体健到会祝贺,中共南阳市委书记李文慧发表讲话。

是月 中共中央宣传部、农业部、国家体育总局联合下发《关于做好中华人民共和国第七届全国农民运动会宣传工作的通知》。河南省委宣传部出台《第七届全国农运会河南省新闻宣传工作方案》。

河南省非公有制企业支持第七届全国农运会工作会议在郑州召开。与会的三全公司、弘昌集团公司、浙江商会等8个民营企业作了赞助农运会表态发言。河南美景置业有限公司迅速行动,向第七届农运会社会捐赠办公室捐款100万元现金,成为此次参会企业中第一个捐款的民营企业。

《南阳市城市规划建设导则(试行)颁布》。导则由总则、城市建设规划、城市建设控制、城市市政基础设施、城市绿化、城市照明、城市生态环境、附则8部分组成,这是南阳市城市建设的第一个高规格指导规划。

南阳医学高等专科学校与首都医科大学附属北京佑安医院联合主持的"艾滋病影像学与病理基础研究"荣获2011年中华医学科技奖二等奖。

经国家工商总局商标局商标评审委员会认定,西施兰企业有限公司的"西施兰"商标、邓州雪阳集团股份有限公司的"雪阳"商标、西峡内燃机进排气管公司的"劲派"商标为中国驰名商标。至此,南阳市共有中国驰名商标8件。

6月1日 中国民主促进会南阳市第四次代表大会召开。民进河南省委主委张震宇,市委书记李文慧等出席大会开幕式。会议选举产生了民进南阳市第四届委员会,刘荣阁当选为新一届民进南阳市委主委。

南阳商务中心区发展规划通过评审。南阳市商务中心区位于南阳新区核心区的机场组团,规划区总用地 2.96 平方千米。

6 月 3 日　《南阳市农业科技"三十"工程实施方案》出台,决定围绕粮食核心区建设、农业结构调整等战略任务,实施十大农业科学技术普及推广工程、十大农业科学技术引进示范工程、十大农业科学技术攻关创新工程。

6 月 5 日　全市新型农村社区建设现场观摩推进会在内乡县召开。内乡县在会上作了典型发言。市长穆为民回顾总结 2012 年上半年全市新型农村社区建设取得的阶段性成效,对下一步工作进行具体部署。市委书记李文慧作重要讲话。

6 月 6 日　河南省政协副主席、九三学社河南省委主委张亚忠一行先后深入南阳府衙、汉画馆,考察调研文化旅游产业发展情况。

6 月 6—7 日　河南省政府省长郭庚茂深入南阳市调研。

以河南省人大常委会副主任王菊梅为组长、省高级人民法院院长张立勇为副组长的驻豫部分全国人大代表和省人大常委会委员视察组,到南阳视察全国农运会筹备工作。

6 月 8 日　第七届全国农运会倒计时 100 天庆祝大会在市体育中心举行。

6 月 11 日　南阳市召开 30 万亩高标准永久性粮田示范区建设工作会议。根据省政府安排,到 2020 年,南阳市将在粮食生产核心区集中打造 800 万亩高标准永久性粮田,为实现粮食综合生产能力达到 72 亿千克以上奠定坚实基础。

6 月 12—14 日　全省人大民侨外(旅游专题)工作座谈会在南阳召开。河南省人大常委会副主任储亚平,副省长张广智,市领导李文慧、穆为民、李天岑等出席座谈会。

6月14日　市政府与中国工商银行河南省分行举行全面战略合作协议签约仪式。未来3年,该行将向南阳市能源、基础设施以及中小企业等领域增加各类贷款200亿元。

6月14—15日　《国投南阳煤炭储备基地项目可行性研究报告》通过评审。项目计划分两期投资建设,完成后可满足南阳市工业和民用煤炭需求,并可辐射河南、湖北等周边地区,成为华中地区大型国家级煤炭储备基地。

6月15日　镇平县总投资近25亿元的7个重点项目在该县产业集聚区集中开工,市委书记李文慧出席仪式。

6月18日　韩国春川市代表团到南阳市访问。

6月19—20日　中国农业发展银行行长郑晖一行到南阳市调研。

6月23日　2012年全国职业院校技能大赛高职组"科力达"杯测绘测量赛在河南工业职业技术学院开幕,来自全国27个省、自治区、直辖市的53支代表队共200多名选手参赛。

6月28日　南阳市隆重召开庆祝中国共产党成立91周年暨创先争优表彰大会。市委副书记、市长穆为民主持会议,市委副书记、市委组织部部长杨其昌宣读《中共南阳市委关于表彰2010—2012年创先争优先进基层党组织、优秀共产党员、创先争优活动先进县市区党委和模范县市区党委的决定》。市委书记李文慧发表重要讲话。

6月28—29日　中央和河南省委分别召开创先争优表彰大会,表彰2010—2012年创先争优先进基层党组织、优秀共产党员和创先争优活动先进县市区党委,南阳市共有23个党组织、11名党员、2个县(区)受到中共中央、河南省委表彰。

6月30日　河南省冯友兰研究会成立大会暨学术报告会在冯友兰的家乡唐河县召开。省儒学文化促进会会长、省人大常委会原副主任侯志英,省人大常委会原副主任张德广,省政协原副主席郭国三,省儒学文化促进会执行会长、中州大学原校长王廷信,中共南阳市委常委、宣传部部长姚进忠和来自北京等地的有关专家、学者 200 余人参加会议。

是月　市地税局荣获"全国文明单位"称号。

南阳新区发现春秋鄂国贵族墓群。市文物考古研究所已勘探出属于西周至春秋早期的古墓葬 21 座,陪葬坑 1 座。其中 1 号墓为鄂侯夫人墓,6 号墓出土的一套 6 件铜编钟上有"鄂侯"铭文。这次出土的文物,为研究鄂国的历史及周代分封情况提供了重要的实物资料,引起了国内历史、考古学界的关注和重视。

7 月 1 日　南阳浙江商会第一次代表大会在南阳市召开。

7 月 2—3 日　市长穆为民率队到浙江省杭州高新技术开发区(滨江)考察。

7 月 3 日　全国人大农业与农村委员会副主任委员房凤友,全国人大农业与农村委员会委员李殿仁、王明义等率全国人大调研组深入淅川县、西峡县,就南水北调中线工程水源区生态保护和农村经济发展情况进行调研。

7 月 4 日　国际玉城 4A 级景区授牌暨南阳旅游商品研发中心揭牌仪式在镇平县举行。至此,南阳市的国家 4A 级景区已达 11 个。

7 月 6 日　南阳市举行重大项目集中开工活动。此次集中开工的项目共 56 个,涉及邓州、新野、唐河、社旗 4 县市,总投资 201.7 亿元,年度投资 79.6 亿元。其中工业项目 51 个,基础设施项目 4 个,物流项目 1 个。

7 月 7 日　中国储备粮管理总公司董事长包克辛到唐河国家粮食储备库、中储粮南阳储备库调研。

中共湖北省委常委、襄阳市委书记范锐平率襄阳市党政考察团莅宛考察。

7月8—9日　中共中央委员、全国政协社会和法制委员会副主任黄晴宜莅临南阳,考察第七届全国农运会筹备工作和新型农村社区建设情况。

7月9日　南阳市召开保障性安居工程工作推进会,要求各县市区按照时间节点予以推进,确保全年开工26783套、竣工4500套。

7月10日　中共河南省委书记、省人大常委会主任卢展工深入淅川县的企业车间、新型农村社区、茶叶种植示范园、金银花种植基地,就保持经济平稳较快发展、用领导方式转变加快发展方式转变、保障和改善民生等进行调查研究。

中共河南省委常委、省委统战部部长史济春莅宛调研民营经济发展问题。

7月10—11日　中国国民党革命委员会第十一届中央常务委员会第十九次会议(扩大)在南阳市召开。全国人大常委会副委员长、民革中央主席周铁农,全国政协副主席、民革中央第一副主席厉无畏,全国政协常委、民革中央常务副主席万鄂湘,全国人大常委、外事委员会副主任、民革中央副主席齐续春,全国政协常委、副秘书长、民革中央副主席修福金,全国政协常委、港澳台侨委员会副主任、民革中央副主席刘凡,全国政协常委、民革中央副主席傅惠民,全国政协常委、民革中央副主席何丕洁,民革中央副主席田惠光出席开幕式。出席开幕式的还有,中共河南省委常委、省委统战部部长史济春,省政协副主席、民革河南省委主委李英杰等。市委书记李文慧向大会致辞。

7月13日　河南省政府下发《关于印发南阳市建设中原经济区高效生态经济示范市总体方案的通知》。这标志着南阳市建设中原经济区高效生态经济示范市列入全省战略。

宛城区举行新能源产业集聚区20个项目集中开工暨11个项目竣工投产仪式。这31个项目投资总额168亿元。至此,南阳市实施重大项目集中开工活动的县市区达到 10 个,开工项目 109 个,总投资 522.6 亿元。

7 月 14 日 市政府组织有关单位对盆窑白河大桥进行拆除。该桥为 20 世纪 60 年代修建,是南阳通往郑州的主要桥梁。随着白河大桥的建成,汽车已改道,此桥仅作乡间通道使用。近年桥体老化,桥基下沉,已成为险桥,严重影响泄洪。

7 月 16—17 日 南阳市四届人大常委会召开第二十五次会议,听取并审议市人民政府《关于 2012 年上半年国民经济和社会发展计划执行情况的报告》《关于 2011 年市级财政决算草案和 2012 年上半年预算执行情况的报告》《关于 2011 年财政预算执行和其他财政收支的审计工作报告》《关于贯彻实施〈中华人民共和国食品安全法〉〈中华人民共和国食品安全法实施条例〉情况的报告》;听取并审议市人大常委会《〈中华人民共和国食品安全法〉〈中华人民共和国食品安全法实施条例〉的执法检查报告》;听取并审议《市四届人大常委会第二十三次会议有关审议意见研究处理情况的报告》;听取并审议有关人事任免事项。

7 月 17 日 中共河南省委常委、省纪委书记尹晋华,省防汛抗旱指挥部副指挥长、水利厅厅长王树山到南阳检查指导防汛工作。

7 月 19 日 南水北调中线 5 + 13 区域旅游合作联盟成立。南水北调中线工程涉及的湖北、河南、河北、北京、天津 5 个省、直辖市的 13 个省辖市为联盟成员。

中宣部、公安部和中华见义勇为基金会等在北京联合召开第十一届全国见义勇为英雄模范表彰大会,南阳市张佳宁荣获"全国见义勇为模范"称号。

南阳市党外人士实践锻炼基地授牌仪式在西峡县举行。

河南省副省长张广智到南阳调研文化旅游产业和第七届全国农运

会筹备情况。

7月20日 《南阳市加快推进县(市)社会福利中心建设实施意见》出台,要求11个县(市)加快建设集养育、康复、培训于一体的综合性社会福利中心,力争到2015年,13所福利中心完成规划实施,健全配套功能,全部投入使用。

7月25日 中共河南省委常委、省委政法委书记毛超峰一行深入西峡、镇平、淅川、邓州、新野、南召、内乡等县市区基层政法单位、企业、乡镇,调研南阳市平安建设和社会治安综合治理工作。

7月28日 丹江口库区及上游水土保持二期工程启动会议在西峡县召开。国家水利部副部长刘宁、国务院南水北调办公室副主任于幼军、河南省副省长刘满仓等出席。二期工程涉及湖北、陕西、河南3省43个县市区,治理面积6395平方千米,总投资近26亿元。

7月29日 雪枫大桥、光武大桥、南阳大桥、雪枫路、光武东路、健康北路正式通车。中共中央委员、全国人大财经委副主任、第二炮兵原政委彭小枫上将,第二炮兵某部副政委陆其杰少将,市委书记李文慧等出席通车典礼。

全省高标准粮田建设及农业产业化集群发展工作座谈会在邓州市召开,副省长刘满仓出席会议并讲话。

7月30日 第七届全国农运会首场比赛——风筝赛在南召县莲花温泉开幕。来自全国28个省、自治区、直辖市的代表队共287名运动员参加11大类31个项目的角逐。以南阳市6名运动员为主组成的河南代表队参加10大类18个项目的比赛。8月1日比赛结束。

7月31日 全市整体推进乡镇新型农村社区产业发展规划评审会召开。年内,全市启动100个新型农村社区建设试点后,又在每个县市区确定一个新型农村社区整体推进乡镇,整体推进乡镇的新型农村社区产业发展规划已编制完成,这些规划将有利于培育社区主导特色产业,实现劳动力就地就近转移。

是月 国务院批复《丹江口库区及上游水污染防治和水土保持"十二五"规划》。

8月1日 邓州市人武部被中宣部、中央文明办、解放军总政治部联合授予"全国军民共建社会主义精神文明先进单位"称号。

8月3日 南阳籍运动员董栋获得伦敦奥运会男子蹦床项目金牌。

武警河南总队总队长沈涛少将莅宛,在市委书记李文慧的陪同下,对第七届全国农运会安保工作进行实地考察。

8月5日 第七届全国农运会武术比赛在市体育中心开赛。来自全国各地的53支代表队155名农民运动员参赛。台湾省首次组队并参加农运会武术比赛。

8月6—7日 "编外雷锋团"建设宣传工作军地联席会议在邓州市召开。中共河南省委常委、省军区政委周和平,省委常委、宣传部部长赵素萍,解放军报社副总编辑陶克,市委书记李文慧出席会议并讲话。

8月7日 中国"农批"西峡县农商市场置业有限公司成立。该项目总投资12亿元以上,总占地33.3公顷,以农资和农产品为主体业态,是集产品交易、物流仓储、商业配套、商贸展示、商务办公、生活居住等功能为一体的商贸物流园。

8月7—8日 中共河南省委常委、副省长刘满仓带领省直有关部门负责人,调研指导第七届全国农运会接待服务工作。

8月8日 中国第四个"全民健身日"。中共河南省委常委、副省长刘满仓宣布"2012年河南省全民健身日活动主会场暨迎农运舞动南阳万人健美操大展演活动开幕"。聚集在市体育中心和滨河路会场以及13个县市区分会场的11万名群众,伴着动感的旋律,同跳一支舞,以此庆祝全民健身日,迎接农运盛会。

8月8—10日　河南省人大常委会副主任王文超带领省人大常委会调研组到南阳,调研道路交通安全工作。

8月9日　河南金融业支持中原经济区南阳高效生态经济示范市建设项目洽谈暨签约仪式在郑州举行。省委常委、常务副省长李克,市委书记李文慧出席会议,市长穆为民致辞。市政府与省直有关金融单位签订战略合作协议,南阳市有关部门、企业与省直金融单位签订89个项目,146亿元资金将投向生态系统建设、生态产业体系构建、粮食主产区建设、南水北调生态建设、交通能源基础设施建设、城镇基础设施建设等方面。

8月13日　市中心城区管道燃气开始置换为天然气。

8月16日　河南省直有关部门负责人莅宛,调研指导南阳市民生暨社会保障工作。

8月18日　第七届全国农民运动会组织委员会在郑州宣布正式成立,农运会由筹备期转入举办期。

8月21日　市工商联、市教育局、宛运集团公司、南阳电视台共同举行2012年"让爱圆梦"捐资助学大型公益活动。会上,宛运集团公司捐出400万元,资助13个县市区和市直的1300名贫困大学生。

8月21—24日　河南省政协副主席孔玉芳带领省政协考察团莅宛,为南阳市旅游工作把脉会诊,出谋划策。

8月22日　市总工会2012年"金秋助学"活动启动,市委副书记杨其昌等为市直176名考上大学的困难职工子女每人发放助学金3000元。"金秋助学"活动开展8年来,南阳市已累计筹集助学资金2000多万元,帮助1万多名困难职工子女圆了大学梦。

南阳市举行新能源空调公交车投运暨公交智能化调度系统启用仪式。

8月24日 中共河南省委常委、副省长刘满仓带领第七届全国农民运动会河南省筹委会部分组成部门负责人莅临南阳市,调研督导农运会筹备工作。

南阳市青少年心理危机研究与干预工作会议召开。会上传达了市社会治安综合治理委员会《关于成立南阳市青少年心理危机研究与干预中心和明确成员单位职责任务的通知》。

8月27—28日 由《人民日报》、新华社、《光明日报》《经济日报》、中央电视台等13个中央媒体记者组成的中央媒体采访团深入南阳,集中采访河南省南水北调移民干部的先进事迹。

8月29日 第十九届北京国际图书博览会中国作家馆开馆仪式暨"文学中原崛起"主题展在北京举办。南阳作家群二月河、周大新、田中禾、周同宾、柳建伟、梁鸿、何弘、马新朝、李天岑、行者、刘先琴、廖华歌等12人作品入驻中国作家馆。

8月30日—9月1日 国家文物局副局长董保华带领调研组先后到彭雪枫故居、汉画馆、武侯祠、内乡县衙、恐龙遗迹园等地考察调研。

是月 李宁体育园正式开放。

第五届"冰心散文奖(2010—2011年度)"在北京揭晓,南阳青年作家鲁钊的散文随笔集《直面"皇叔"二月河》获得优秀作品奖。

在河南省茶叶协会、河南日报社联合举办的首届"河南省茶叶十大品牌"系列推选评比活动中,桐柏县被评为全省唯一的"河南茶产业最具发展前景县","桐柏红"荣获"杰出贡献公益品牌"称号,桐柏"严茗""禹峰"两个茶叶品牌跻身"河南茶叶十大品牌"。

9月1日 南水北调渠首区地震安全科学探测项目通过中国地震局专家组验收。

9月4—5日 以河南省人大常委会副主任刘新民为组长的驻豫全国人大代表调研组到南阳,调研新型工业化建设工作。

9月5日　南阳市举行庆祝第二十八个教师节暨表彰大会,对2011—2012年度全市高考工作作出突出贡献的先进集体和先进个人进行表彰,对2011—2012年度全市教育教学质量先进单位进行表彰。

9月6日　天然气通气点火典礼在位于宛城区茶庵乡的天然气分输站举行。

第七届全国农民运动会河南省代表团成立大会在南阳举行。副省长张广智为河南省代表团授旗。

9月7日　国家信访局党组成员、纪检组组长胡冰带领中央信访督导组,到南阳市督导信访稳定工作。

中共河南省委常委、宣传部部长赵素萍先后深入市水上运动中心、游泳馆、综合训练馆、主体育场、梅地亚酒店、富唐中州国际饭店、南召莲花泉国际度假区等全国农运会比赛场馆定点接待宾馆,检查督导农运会筹办工作。

大商集团公司捐赠2000万元支持农运会。

9月8—9日　姓氏文化与华夏历史文明传承创新区建设研讨会在方城县召开。

9月9日　市委印发《关于加快南阳新区建设的决定》。

昆明河南南阳商会在云南省昆明市挂牌成立。

9月11日　第七届全国农运会男、女篮球开赛,男子篮球比赛共有河南、吉林、广东、福建、四川、广西、北京、上海、天津、重庆等15支代表队参加。女子篮球比赛共有河南、广东、安徽、广西、上海、重庆6支代表队参加。比赛结果,河南男篮首次在全国农运会上夺冠,广东女篮取得六连冠。

9月12日　第七届全国农民运动会安全保卫誓师大会在南阳市体育场举行。

9月14日　中共南阳市委常委、统战部部长刘朝瑞到第七届全国农运会代表团驻地及运动员下榻的宾馆,看望台湾代表团成员,代表市委、市政府对台湾代表团的到来表示热烈欢迎。

9月15日 市长穆为民会见了应邀来南阳参观第七届全国农运会的韩国春川市市长李光灜率领的春川市政府代表团。南阳市与韩国春川市正式缔结为友好城市。这是南阳市在国际上缔结的第三座友好城市。同日,穆为民会见应邀前来参观第七届全国农运会的意大利阿斯蒂省副省长马可·威斯、阿斯蒂市副市长戴维德·阿莱率领的阿斯蒂市政府代表团,与阿斯蒂市达成建立友好城市关系意向。

9月16日 主题为"展农运风采,创中原辉煌"的第七届全国农民运动会开幕式在南阳市体育场隆重举行。中共中央政治局委员、国务院副总理回良玉出席开幕式并宣布农运会开幕。中共河南省委书记、省人大常委会主任卢展工,农业部部长韩长赋,国家体育总局局长刘鹏,河南省人民政府省长郭庚茂,民政部部长李立国,国务院南水北调办公室主任鄂竟平,河南省政协主席叶冬松,中国农民体育协会顾问陈耀邦,南阳市委书记李文慧、市长穆为民等出席。农运会于9月22日晚在南阳体育中心体育馆闭幕。第八届全国农运会将于2016年在吉林省松原市举行。

第七届全国农民运动会组委会第一次全体会议召开。会议通报了本届农运会的主要特点和筹办工作情况。农业部副部长余欣荣、国家体育总局副局长冯建中,中共河南省委常委、副省长刘满仓,农业部总经济师、办公厅主任陈萌山,中国农民体育协会副主席兼秘书长王福来,省委农村工作领导小组副组长何东成,市长穆为民出席会议。

9月16—17日 中共中央政治局委员、国务院副总理、国务院南水北调工程建设委员会副主任回良玉深入南阳市考察南水北调工程。

9月17日 意大利酒庄在市中心城区举行揭牌仪式。意大利阿斯蒂省副省长马可·威斯、阿斯蒂市副市长戴维德·阿莱,南阳市委常委、统战部部长刘朝瑞等出席揭牌仪式。意大利酒庄是西欧进驻南阳的第一个大型酒店。

9月17—18日　全国"亿万农民健身活动"先进乡镇经验交流会在西峡县召开。

9月21日　第七届全国农运会组委会举行赞助捐赠企业授牌颁证仪式。市委书记李文慧为慷慨解囊赞助捐赠农运会的南阳萃文轩文化传播公司、河南中烟集团公司、西峡龙成集团公司、淅川丹江缘茶业公司、河南东方今典集团公司、福建省北峰电讯科技有限公司、大连绿之态科技有限公司、浙江如意控股集团有限公司、河南大峪沟煤业集团有限公司等授牌、颁证。

9月24日　2012年中国(郑州)产业转移系列对接活动开幕式在郑州国际会展中心举行。南阳市成功签订14个项目,总投资113.62亿元。

9月25日　"浙商南阳行"活动举行南阳市情说明暨合作项目签约仪式,南阳浙江商会授牌仪式隆重举行。在签约仪式上,共有50个项目签约,投资总额218亿元,合同引资205亿元。全国政协人口环境资源委员会副主任李金明,市领导李文慧、穆为民、李天岑、贾崇兰等出席签约仪式。

中共河南省委书记、省人大常委会主任卢展工在南阳会见李金明和部分参加"浙商南阳行"活动的浙商代表,并进行座谈。

9月26—27日　李金明带领部分浙商,先后到镇平国际玉城、内乡县衙、西峡恐龙遗迹园、淅川丹江大观苑、南水北调中线渠首、邓州花洲书院等处进行考察。

是月　全国工商联发布"2012中国民营企业500强"名单,南阳龙成集团公司、淅铝集团公司分别列第151位、第348位。

宁西铁路增建二线工程开工。这次开工建设的是宁西铁路西安至合肥段 952 千米线路。

淅川 48 个项目集中开工,总投资 158 亿元。

南阳市文华、兰建堂创作的南阳鼓儿哼《朱主任赶猪》,焦随东、焦蕴创作的大调曲子《留守娃》同获中国曲艺"牡丹文学奖"。

由南阳作家赵大河编剧的电视剧《湖光山色》,获得中宣部"五个一"工程奖。

10 月 11 日 以河南省十届人大常委会副主任、省敬老助老总会常务副会长吴全智为组长的调研督导组,先后到卧龙区卧龙岗街道桃园社区、宛城区新华街道大井社区督查调研。

10 月 12 日 市长穆为民会见罗马尼亚斯洛博齐亚市市长亚力山德鲁·斯托伊卡、副市长瓦伦丁·班卡奴一行。同日,南阳市与罗马尼亚斯洛博齐亚市举行友好城市签字仪式,两市正式缔结为友好城市。

10 月 13 日 中国·南阳 2012 诸葛亮文化旅游节·敬拜诸葛亮盛典在卧龙岗大拜殿前举行。

10 月 15—16 日 西宁市副市长许国成带领考察团到南阳市考察城市建设工作。

10 月 17 日 驻马店市市委书记马正跃、市长刘国庆带领驻马店党政考察团到南阳考察。

10 月 17—18 日 全国人大农业与农村委员会委员、河南省人大常委会原副主任王明义到南阳调研村镇银行建设工作。

10 月 18 日 湖北省十堰市市委书记周霁,市长张维国带领十堰市党政考察团到南阳考察。

10 月 18—19 日 市长穆为民带领考察团赴天津滨海新区、安徽滨湖区考察学习,借鉴先进城市新区建设的成功经验,更好更快地推进南阳新区发展。

10 月 19 日 全市推广"公务灶"制度工作现场会在宛城区召开。

10 月 20 日　南阳刘秀研究会成立。

10 月 21 日　"关爱老人共建共享"全国第三个敬老月南阳市广场文化活动在市中心广场展开。

10 月 22 日　国家质检总局发布首批 15 个国家生态原产地保护产品名单,西峡香菇榜上有名。

10 月 23 日　中国·桐柏壬辰年祭祀盘古大典在中国盘古之乡桐柏县举行。

国务院南水北调办公室在南阳市召开丹江口库区及上游水污染防治和水土保持部际联席会议新闻通气会。

10 月 23—25 日　河北省政府党组成员、特邀咨询孙士彬带领河北省考察团莅临南阳,就中医药产业发展进行考察。

10 月 24 日　全市农村改厕工作推进会召开。至 2011 年年底,全市卫生厕所普及率达 70% 以上,无害化卫生厕所普及率达 68%。

10 月 30 日　内乡县、西峡县共 26 个重点项目集中开工。

赊店古镇博物馆揭牌仪式在社旗县举行。

全市发展农民专业合作社暨推进土地流转工作现场会在社旗县举行。

是月　"南阳黑猪"地理标志申报成功,这是南阳市继南阳黄牛、西峡香菇、桐柏桔梗之后获得的第四个地理标志。

"2012 中国玉(石)器神工奖"揭晓,南阳市获 7 金 15 银。

南阳机场扩建工程交付使用。升级后的飞行区可满足波音 757、767、A330 等大型飞机的起降需要。

11 月 3 日　河南省委、省政府、省军区授予邓州"编外雷锋团""学雷锋先进集体"荣誉称号命名暨事迹报告会在邓州市举行。省委副书记邓凯,省委常委、省军区政委周和平,省委常委、宣传部部长赵素萍,市委书记李文慧出席并讲话,邓州"编外雷锋团"团长宋清梅等 6 名报告团成员从不同侧面介绍了"编外雷锋团"的先进事迹。

南阳新区起步区控制性详细规划通过评审。

11月5—7日　国务院南水北调办公室副主任蒋旭光带领质量检测组、质量监督检查组、稽查大队质检组到南阳,检查南水北调中线工程建设质量。

11月6—8日　市政协主席贾崇兰带领驻宛省政协委员考察团,到周口市考察粮食核心区建设情况。

11月7日　南阳市政府与河南联通公司举行共建"智慧南阳"战略合作协议签约仪式。

11月9日　南阳新区和中石化集团新星石油有限责任公司举行地热资源综合开发利用项目签约仪式。南阳新区拟建约1.2亿平方米的建筑,新星石油有限责任公司总计投资概算约150亿元至200亿元,在地热资源满足供暖需要的前提下,根据新区建设进度同步配套建设。

11月12日　全国第四次中药资源普查工作正式启动,南阳市西峡、淅川、方城、桐柏、南召5个县列入普查项目县。

11月13日　历时3年的鸭河口水库除险加固工程通过竣工验收,并投入使用。防洪标准达到千年一遇设计,万年一遇校核。

11月16日　第四届南阳读书月高端论坛举行。

南水北调中线工程南阳供水配套工程开工。

11月19日　市委召开常委(扩大)会议,传达学习贯彻党的十八大精神。

11月21日　南阳市邮政管理局成立。

南阳市南水北调中线工程建设全国摄影大赛颁奖仪式在南阳宾馆举行。

11月22日　中共南阳市委召开全委(扩大)会议,传达学习党的十八大精神和省委全委扩大会议精神,动员和组织全市广大干部群众,以学习贯彻党的十八大精神为动力,凝聚力量,攻坚克难,奋力开创中原经济区南阳主体区建设新局面。

南阳新区重大项目集中签约仪式举行,共签约 4 个项目,投资总额 179 亿元。

11 月 26 日至 2013 年 1 月底　在全市开展农民工工资支付情况专项检查行动。

11 月 27 日　市委书记李文慧率领南阳市党政考察团赴浙江省杭州高新技术开发区考察。

11 月 28 日　南阳市正式启动农村困难群众重特大疾病医疗救助试点工作。

11 月 29—30 日　由中国食用菌协会、河南省农业厅、河南出入境检验检疫局、南阳市政府主办,西峡县委、县政府承办的中国·西峡香菇国际高层论坛暨产销研见面会在西峡县举行。会上,河南出入境检验检疫局向西峡县授予"国家出口食品农产品质量安全示范区"牌匾,国家食用菌工程技术中心代表科技部向西峡县授予"国家食用菌工程技术培训基地"牌匾,河南省农业科学院、河南农业大学分别与西峡县政府签订了战略合作协议,4 个企业签订香菇深加工项目合作协议。与会专家学者对中国食用菌产业的发展形势和前景进行了广泛深入的探讨交流。

11 月 30 日　首届"河南杜甫文学奖"在郑州颁出,南阳市田中禾的《父亲和她们》获长篇小说奖,何弘的《我看》获理论评论奖,马新朝的《低处的光》获诗歌奖,刘先琴的《今生有缘》获报告文学奖。

12 月 3 日　全省关心下一代工作委员会学习贯彻党的十八大精神暨基层工作经验交流会在南阳市召开。

12 月 7 日　市委召开常委(扩大)会议,传达学习中央政治局关于改进工作作风、密切联系群众的"八项规定"。

12 月 11 日　河南省委宣讲团党的十八大精神报告会在南阳影剧院举行。

12 月 12 日　南阳新区与海王集团公司签订战略合作框架协议。按照框架协议,海王集团公司计划在南阳新区投资 23 亿元,开发建设现代中药产业园。

12 月 13 日　"文鼎中原——长篇小说精品工程"优秀作品奖颁奖典礼在社旗县举行。全省共有 22 部作品获奖,其中南阳作家群 8 部。

12 月 14 日　全市学习贯彻党的十八大精神集中宣讲活动动员会召开。

12 月 16 日　中共河南省委常委、副省长刘满仓到方城县、邓州市调研指导南水北调建设工作。

12 月 20 日　全市质量工作暨市长质量奖表彰大会召开。会议表彰了一批质量工作先进单位。南阳防爆集团股份有限公司以全省第二名的成绩荣获 2012 年度"河南省省长质量奖",实现了南阳市"省长质量奖"零的突破,河南天冠企业集团有限公司等 5 个单位获得 2012 年度"市长质量奖"。

12 月 25 日　市政府与中国石油化工股份有限公司共同组建能源化工有限公司会谈纪要签字仪式在南阳宾馆举行。该项目静态投资 37 亿元,2013 年 6 月底之前开工建设,2014 年年底建成投产。

12 月 30 日　总投资 30 亿元的西峡旅游服务综合体项目开工奠基,这是全市首个开工建设的旅游服务综合体项目。

内(乡)邓(州)高速公路建成通车,邓州至豫鄂省界高速公路开工建设。

是月　国务院正式批复《丹江口库区及上游地区经济社会发展规划》,规划范围包括河南、湖北、陕西 3 省的 43 个县(市、区),规划面积 11.13 万平方千米,其中核心区 2.26 万平方千米,南阳市的邓州、淅川、西峡、内乡4地被纳入丹江口库区核心区规划实施范围,邓州市被列入河南省唯一的丹江口库区区域中心城市。

由共青团中央、中国青年志愿者协会组织开展的第九届中国青年志愿者优秀个人奖、组织奖、项目奖评选活动结果揭晓。南阳第七届全国农运会志愿服务项目荣获"优秀项目奖"。

由教育部举办的第七届全国信息技术应用水平大赛决赛颁奖典礼在北京大学举行。南阳理工学院在本届大赛中,荣获1个特等奖、4个一等奖、3个二等奖和6个团队二等奖,在全国本科组并列第一名。

河南省政府批复,同意以西峡县产业集聚区为基础设立省级高新技术产业开发区,并定名为宛西高新技术产业开发区,实行现行的省级高新技术产业开发区政策。

中国玉石雕刻"天工奖"评选揭晓,南阳玉雕一举夺得5金7银3铜和1项最佳工艺奖、1项最佳创意奖、25项优秀奖,不仅创下了南阳玉雕历年"天工奖"的获奖新高,而且超过广东、云南、新疆、苏州等参评地区,成为全国获奖最多的参评地区。

农业部表彰2012年全国粮食生产成绩突出的先进单位和先进个人,南阳市跻身"全国粮食生产先进市"行列,唐河县、邓州市、方城县被授予"全国粮食生产先进县"称号,2人被评为"全国粮食生产先进工作者",1人被评为"全国粮食生产突出贡献农业科技人员",4人被评为"全国种粮大户"。

2013 年

1月1日　南阳市再次上调最低工资标准。卧龙区、宛城区、高新区、南阳新区、鸭河工区、官庄工区月最低工资标准为1100元,其他县市月最低工资标准为960元。

1月7日　中共南阳市第五届委员会第七次全体(扩大)会议召开。会议深入学习贯彻党的十八大精神,审议通过《中共南阳市委关于深入学习贯彻党的十八大精神和省委九届五次全会精神,加快建设中原经济区南阳主体区的决议》,讨论审议《市委常委会2012年工作报告》和《中共南阳市委、南阳市人民政府关于改进工作作风密切联系群众的十项规定》。

1月8日　南阳新区与中国建筑第七工程局有限公司举行商务中心综合开发项目签约仪式。根据双方协议,中建七局针对南阳新区机场片区涉及的基础设施及配套工程建设、水系绿系和村庄居民拆迁安置进行一次性打包综合整理,通过土地一级开发,整理出区域内符合"七通一平"要求的土地,再进入土地二级市场开发,总投资约49亿元。

1月9—10日　河南省委常委、副省长刘满仓先后深入新野、邓州两地,就畜牧业发展和南水北调中线工程总干渠建设进展情况进行调研。

1月15日　南阳市被环保部确定为第五批全国生态文明建设试点地区。

1月16日　市政府与富士康集团就智慧南阳合作项目举行签约

仪式。南阳在全省率先启动智慧城市建设。

1月21日　国务院南水北调办公室副主任张野一行莅宛，调研南水北调南阳段工程建设情况。

1月29日　在河南省第十二届人民代表大会第一次会议上，中共南阳市委书记李文慧当选为副主任。

1月30日　社旗县山陕会馆国家AAAA级旅游景区揭牌。

1月31日　《中共中央、国务院关于加快发展现代农业进一步增强农村发展活力的若干意见》（中央一号文件）正式发布，南阳市首创的"四议两公开"工作法写进该文件向全国推广。

是月　国家标准化管理委员会批准南水北调中线渠首水源地保护服务综合标准化试点项目。渠首成为南阳首个国家级服务业标准化试点。

水利部下发《关于表彰全国农田水利基本建设先进单位的决定》，西峡县榜上有名。

国家石榴种质资源圃（基因库）暨科技中心在淅川县盛湾镇丹圣源软籽石榴示范基地落户。

河南省第十届见义勇为表彰会在郑州召开，柴小女被追授省见义勇为模范称号，权淑明、张佳宁和张兵被授予省见义勇为先进个人称号。

南阳市城乡低保补助水平和五保供养标准再次提高。

2月1日　河南省政府副省长张广智、省政协副主席靳克文一行到南阳新区看望慰问困难群众和坚守工作岗位的广大职工。

2月4日　市总工会2013年救助贫困职工和大学生慰问金发放仪式举行。救助金和慰问金总额500万元。

2月5日　中石化南阳能源化工有限公司揭牌仪式举行，公司建成后，原油加工量将扩大到210万吨/年，年均销售收入将达到128

亿元。

2 月 6 日　河南省委副书记邓凯,省委常委、省军区政委周和平少将先后深入卧龙区、宛城区、邓州市看望慰问军属。

2 月 8 日　河南省人大常委会副主任、市委书记李文慧到宛城区红泥湾镇清丰岭移民新村和瓦店镇逵营新型农村社区看望慰问移民乡亲和社区群众。

2012 年度河南省科技进步奖揭晓,南阳市共有 17 个项目获奖,其中一等奖 1 项、二等奖 9 项、三等奖 7 项。

2 月 20 日　市纪委五届三次全会召开。受河南省人大常委会副主任、市委书记李文慧委托,市委副书记、市长穆为民代表市委常委会讲话。

2 月 21 日　全市发展开放型经济工作会议在南阳会议中心召开。会议下发了《中共南阳市委、南阳市人民政府关于加快发展开放型经济的意见》《南阳市发展开放型经济推进年活动工作方案》《南阳市优化开放型经济发展环境的八项规定》等。

2 月 25—27 日　国务院南水北调办公室副主任蒋旭光一行到南阳市调研移民后续发展、农村外项目实施和库底清理工作。

2 月 28 日　2013 年河南省学雷锋活动动员暨邓州"编外雷锋团"先进事迹报告会在省人民会堂举行。省委常委、省军区政委周和平,省委常委、宣传部部长赵素萍,省人大常委会副主任、南阳市委书记李文慧出席报告会。

全市县委、县政府权力公开透明运行工作推介会在邓州召开。

3 月 1 日　调整新农合政策。即日起,全市参加新型农村合作医疗的农民,如果患上包括乳腺癌、胃癌在内的 20 种重大疾病,可以享受无起付线限制、无新农合报销药品目录限制、无基本诊疗项目目录限制等惠民政策,家庭困难的患者还能享受民政部门 15% 的医疗救助基金等,报销比例最高可达95%。

3月2日 中央电视台《焦点访谈》栏目以《半个世纪的传承》为题,深度聚焦坚守和传承雷锋精神的团体——邓州"编外雷锋团"。

3月4日 纪念毛泽东等老一辈革命家为雷锋题词50周年暨向邓州"编外雷锋团"学习活动在邓州"编外雷锋团"展览馆举行。河南省委常委、省军区政委周和平,中国人民革命军事博物馆原馆长郭得河少将等出席,省人大常委会副主任、市委书记李文慧发表讲话。

3月5日 国务院批复《丹江口库区及上游地区对口协作工作方案》,确定北京市与南阳市为对口协作结对关系。

3月6日 南阳市召开中心城区创建国家卫生城市工作推进会。会议强调,要进一步增强责任感、使命感和紧迫感,尽最大努力在3月底以优异成绩通过国家卫生城市省级评估初审工作。

3月7日 中央电视台财经频道《CCTV经济生活大调查》揭晓,南阳居民幸福感居全国地级城市榜首。

3月12日 2012年度河南省五大考古新发现揭晓。南阳市夏响铺鄂国贵族墓地和淅川下寨新石器时代遗址入选。此前,夏响铺鄂国贵族墓地和淅川下寨新石器时代遗址2项考古发现已入围全国十大考古新发现候选名单。

3月15日 南阳市实施唐、白河综合整治专项行动。此次行动的重点排查对象是唐、白河流域工业涉水企业和养殖企业,极有可能发生环境污染事故、影响公共环境安全的重点区域和重点污染源。

3月18—20日 河南省政协副主席、省工商联主席梁静带领调研组莅宛,就民营企业参与新型农村社区建设、民营企业文化建设、工商联自身建设等进行调研。

3月19—20日 国务院南水北调办公室副主任张野一行深入南阳市调研南水北调工程建设。

3 月 22 日　改建后的南阳烈士陵园建成开放。

3 月 23 日　省创建国家卫生城市省级评审组莅宛,实地检查南阳市创建国家卫生城市工作开展情况。

3 月 31 日—4 月 1 日　国务院南水北调办公室副主任于幼军带领督查组深入淅川,就《丹江口库区及上游水污染防治和水土保持"十二五"规划》实施情况进行督查。

是月　市中心医院加盟国际 SOS 救援中心。

南阳警方打掉一个特大跨省贩毒团伙,抓获陈某、周某、白某等犯罪嫌疑人 8 人,缴获冰毒 7.51 千克、麻古 1.047 千克、K 粉 7 千克、"底料"咖啡因 30 千克,连带破获涉毒案件 7 起,斩断了一条跨省贩毒通道。这是南阳建市以来收缴毒品数量最大的一起贩毒案件。

中国光大银行南阳分行正式开业,南阳市市级银行业金融机构总数达到 14 个。

4 月 5 日　淅川县与首钢控股公司旗下的中聚国际集团等企业举行签约仪式,项目涉及旅游开发、生态农业示范和中聚联合高科技园等,投资总额达 60 亿元。

4 月 6—7 日　首届中国玉兰研讨会和南召县苗木花卉产业发展规划评审会在南召召开。

4 月 7—9 日　2013 年"5 + 2"("5":信阳、南阳、驻马店、周口、商丘。"2":海内外河南商会组织)经济合作活动在南阳市举行。河南省政协副主席、省豫商联合会会长陈义初,市长穆为民致辞,副市长刘树华作市情说明。南阳市在此次活动中共签约项目 31 个,总投资额 87 亿元,合同引资 85.6 亿元。

4 月 12 日　天冠集团秸秆沼气综合利用项目在宛城区奠基。项目总投资 5 亿元,项目建成后,年可利用消化秸秆 21 万吨,年产 30 万吨纤维乙醇、2400 万立方米工业沼气,生物发电 1.1 亿千瓦时。

4月13—14日　由来自台湾《更生日报》《台湾新闻报》及《人民日报》（海外版）等媒体的20余名记者组成的"探寻中原文化、传承华夏文明"海峡两岸联合采访团莅宛，采访中原根亲姓氏文化，关注南阳台资企业发展。

4月15日　石桥—博望白河大桥奠基。

4月17日　大型电视连续剧《桐柏英雄》在中央电视台首播新闻发布会在北京举行。

《人民日报》、新华社、中央人民广播电台、《光明日报》《经济日报》等中央媒体以及《香港文汇报》《大公报》《香港商报》媒体记者走进南阳，开展为期4天的"观玉赏花——走进南阳"新闻媒体采访活动。

4月22日　市委召开全市领导干部会议，传达河南省委关于南阳市主要领导人职务调整的决定：李文慧不再兼任南阳市委书记、常委、委员职务，穆为民任南阳市委书记；程志明任南阳市委委员、常委、副书记。

4月23日　河南省委书记郭庚茂率领省观摩团莅宛，对重点项目及产业集聚区建设进行观摩点评。

4月26日　市四届人大常委会召开第三十一次会议，同意接受穆为民辞去南阳市人民政府市长职务，决定任命程志明为南阳市人民政府代理市长。

4月27日　北京中关村管委会与南阳市政府签订战略合作框架协议，共同推进在高新区选址建设南阳中关村科技产业园。11月6日，河南省政府印发《河南省人民政府关于支持中关村南阳科技产业园加快发展的意见》，从健全管理体制、扩大项目审批权限、加强财税支持等8个方面支持科技园加快建设与发展。11月23日，南阳中关村科技产业园在南阳高新技术产业集聚区揭牌，总规划面积15.63平方千米。

南阳第十届玉雕节暨玉文化博览会合作项目推介暨签约仪式举

行。此次共签约 62 个经济合作项目,总投资额 321 亿元,合同引资额 315 亿元。

中国玉石雕刻大师年会(南阳论坛)在建业森林半岛假日酒店召开。来自北京、上海等地的中国玉石雕刻大师和专家,围绕各流派玉雕的特点和传承、民族文化的继承和发扬等作了专题发言和演讲。

"月季花城·美丽南阳"全国月季摄影大展启动仪式在市体育场举行,来自全国各地的 200 余名摄影家、摄影界知名人士与会。

4 月 28 日 南阳第十届玉雕节暨玉文化博览会·南阳月季文化节在市体育场隆重开幕。国土资源部原部长、全国人大农业与农村委员会副主任委员、中国珠宝玉石首饰行业协会名誉会长孙文盛,河南省委常委、宣传部部长赵素萍,世界月季联盟代表劳瑞(Laurie),市委书记穆为民,市委副书记、代市长程志明等出席开幕式。

南阳市 2013 年度文化惠民公益演出活动启动暨南阳曲剧艺术中心揭牌仪式在南阳解放广场隆重举行。河南省委常委、宣传部部长赵素萍出席并为南阳曲剧艺术中心揭牌。

在北京举办的第二届国际文化旅游品牌节上,内乡县衙博物馆被评为中华文化旅游观光目的地。

中国玉雕大师创意园揭牌暨玉文化产学研基地授牌仪式在镇平县举行。

南阳玉文化研究院揭牌仪式在南阳师范学院举行。

南阳月季文化节项目签约仪式举行,共签约项目 36 个,合同引资总额 44 亿元。南阳月季文化节精品月季、插花艺术、盆景大赛颁奖仪式举行。南阳月季与产业化发展高峰论坛举行。

4 月 30 日 河南向东机电设备有限公司奠基仪式在南阳国家高新技术产业开发区产业集聚区举行。该项目总投资为 6.6 亿元,主要生产汽车零部件等自主研发产品。

是月 南阳医专与美国卡姆登学院口腔医学、医学检验技术2个专业的中外合作办学项目获河南省教育厅审批。

唐河县检察院获"全国先进基层检察院"称号。

5月3日 科技部确定南阳市为国家创新型试点城市。至此,南阳市实现了从全国科技进步先进市、国家知识产权工作示范城市到国家创新型试点城市的跨越。

国务院公布第七批全国重点文物保护单位,南阳市内乡县邓窑遗址、南召县杏花山与小空山旧石器时代遗址、卧龙区黄山新石器时代遗址、邓州市太子岗新石器时代遗址、方城县八里桥遗址、镇平县菩提寺、方城县佛沟摩崖造像共7处入选。至此,南阳市拥有全国重点文物保护单位已达20处。

5月5日 "爱的奉献——南阳雅安我们永远在一起"慈善募捐晚会在南阳电视台演播大厅举行。社会各界爱心人士汇聚一堂,为雅安地震灾区人民祈福并献出自己的爱心。企业家和个人共捐款263万余元。

5月11—14日 政协南阳市第四届委员会第五次会议在南阳会议中心举行。政协委员们列席了南阳市第四届人民代表大会第六次会议,听取并讨论了《政府工作报告》及其他报告;增选了政协南阳市第四届委员会常务委员会委员;审议通过了《政协南阳市第四届委员会第五次会议政治决议》《关于政协南阳市第四届委员会常务委员会工作报告的决议》《关于政协南阳市第四届委员会常务委员会提案工作报告的决议》《政协南阳市第四届委员会第五次会议关于政协南阳市四届五次会议提案审查情况的报告》。

5月12—15日 南阳市第四届人民代表大会第六次会议在南阳会议中心召开。大会一致通过了《关于〈政府工作报告〉的决议》《关于〈南阳市2012年国民经济和社会发展计划执行情况与2013年国民经济和社会发展计划〉的决议》《关于〈南阳市 2012 年财政预算执行情况和 2013 年财政预算〉的决议》《关于〈南阳市人民代表大会常务委员会工作报告〉的决议》《关于〈南阳市中级人民法院工作报告〉的决议》《关于〈南阳市人民检察院工作报告〉的决议》。会议选举杨其昌为南阳市人大常委会主任,程志明为南阳市人民政府市长。

5 月 13—15 日　中共中央书记处书记、全国政协副主席杜青林带领全国政协常委视察团到南阳调研指导工作。全国政协常委、机关党组书记、副秘书长孙怀山,全国政协常委、人口资源环境委员会副主任张基尧等随同调研。河南省政协主席叶冬松、副省长陈雪枫、市委书记穆为民、市长程志明陪同调研。

5 月 13—14 日　河南省委常委、省军区政委周和平深入西峡县调研,就该县探索的“双融双促、两心两力”军民融合发展新模式提出指导意见。

5 月 13 日　全省公安机关“中原卫士杯”竞赛活动讲评暨打击犯罪工作南阳现场会召开,南阳市公安局以打击刑事犯罪“中原卫士杯”竞赛全省第一的成绩受到大会表彰,打击刑事犯罪工作先进经验和典型做法在全省公安机关推广。

5 月 14 日　河南省委副书记、省长谢伏瞻到南阳市调研。

5 月 16—17 日　以全国人大教科文卫委员会副主任委员吴恒为组长的全国人大调研组到南阳市,调研传染病防治工作和《传染病防治法》贯彻实施情况。

5 月 18 日　在郑州开幕的第八届中国中部投资贸易博览会上,南阳市共有 32 个项目签约,总投资 208.9 亿元,合同引资额 206.2 亿元。

5 月 19 日　科技部“城市绿色发展生态技术研究与示范”南阳科技示范点工程奠基。建成后将成为全国 3 个生态社区示范工程之一。

5 月 19—20 日　中国航空学会飞行系统及飞行试验学术交流会在

南阳市召开。

5月20—23日　河南省人大常委会副主任李文慧带领省人大调研组到南阳,围绕新型城镇化建设中的法制保障情况进行调研。

5月22日　市政府与中原证券综合金融服务战略合作框架协议签订。中原证券股份有限公司将在5年内通过资本市场为南阳市各级政府和企业融资120亿元以上,助推南阳资本市场发展。

5月24日　市委召开常委(扩大)会议,传达学习《中共中央关于在全党深入开展党的群众路线教育实践活动的意见》。

5月28日　河南省直有关部门主要负责人到宛城区和唐河县检查指导"三夏"生产。

全市"一改双优"(改进作风、优化经济发展环境、优化生态环境)活动动员大会在南阳会议中心召开,市委书记穆为民主持会议并讲话。市委副书记、市长程志明就活动开展进行具体部署。市委常委、市纪委书记孙丰年宣读了《关于近年来违反作风建设规定、损害经济发展环境和生态环境典型问题的通报》。会议下发了《中共南阳市委、南阳市人民政府关于深入开展"改进作风、优化经济发展环境、优化生态环境"活动的意见(征求意见稿)》《2013年全市深入开展"改进作风、优化经济发展环境、优化生态环境"活动方案(征求意见稿)》等。

是月　全国绿化委员会授予南阳市"全国绿化模范城市"称号。

西峡县被住房和城乡建设部授予国家园林县城称号。这是继该县成功创建国家卫生县城、全国文明县城之后,获得的又一国家级"金字招牌"。

在河南省重点项目暨产业集聚区建设工作会议上,南阳新能源产业集聚区荣获"2012年度全省十先进产业集聚区"称号。

南阳市体育运动学校被国家体育总局批准为国家高水平体育后备人才基地。

6月5日　河南省委常委、纪委书记尹晋华到南阳市调研。

市政府与中国电信集团公司河南省分公司共建智慧南阳战略合作框架协议签字仪式举行。

6月6日　南阳农业职业学院成立仪式举行。该校系南阳农校升格而来。

6月6—7日　河南省副省长张广智一行到南阳市考察调研文化、旅游产业。

6月7日　河南省非物质文化遗产精品展演活动在内乡县衙举行。

6月17—22日　中纪委原常务副书记、河南省委原书记侯宗宾一行到南阳考察调研。

6月19日　国务院南水北调办公室副主任蒋旭光一行到淅川、邓州,调研丹江口库区库底清理和移民后续发展工作。

6月20日　市政府召开专题会议部署丹江口库区水质保护工作。此前,中央媒体对丹江口库区水质保护工作存在的不足和问题进行了曝光。

6月25—26日　国务院南水北调办公室主任鄂竟平、国家防汛抗旱督察专员田以堂一行到淅川、方城等地调研南水北调中线工程建设。

6月26日　淅川16个项目集中开工,总投资107.37亿元,包括投资19.94亿元的南水北调丹江口库区(淅川)移土培肥项目、投资60亿元的欧盟BNI集团特大型项目等。

6月26—27日　以河南省政协副主席靳克文为组长的省政协调研组莅宛,调研宗教教职人员社会保障政策落实情况。

6月29日　淅川绿色标准钒资源有限公司在多伦多证券交易所正式挂牌上市,是全市首个在海外上市的企业。

6月30日　中共南阳市五届八次全体(扩大)会议召开,讨论审议

《南阳高效生态经济示范市发展规划纲要》，审议通过《中共南阳市委关于建设高效生态经济示范市的决议》。

是月 市委宣传部下发《关于开展"南阳精神"大讨论活动实施方案》，在全市广大干部群众中开展以"农运会精神""移民精神"、邓州"编外雷锋团精神"等为具体体现的"南阳精神"大讨论。

南阳防爆集团获"省长质量奖"。

7月1日 南阳汽车客运西站奠基。客运西站是交通运输部、省政府确定的国家公路运输枢纽一级站，是市政府批准的"十二五"重点项目和2013年城市建设十大重点工程之一。

中蒙俄"万里茶路"文化旅游产业联盟成立仪式在山西太原举行。社旗县有关负责人出席成立仪式并签署加入联盟协议。

7月2日 河南省副省长李亚到南阳市检查防汛工作。

河南省住房和城乡建设厅、河南省文化厅、河南省财政厅联合公布河南首批320个传统村落名单。南阳市有26个村落入选。

7月8日 "美丽中国·生态南阳·绿色淅川"主题宣传活动暨"中国环境与有机农业高峰论坛"在北京人民大会堂举行。

7月9—12日 由市委书记穆为民、市长程志明带队，全市产业集聚区观摩团对14个产业集聚区的57个项目及城市建设进行现场观摩点评。

7月13日 清代宛南书院东讲堂被非法拆除。市委、市政府高度重视，责令市实验中学和施工单位要严格按照文物保护法律法规要求，严肃查处和追究相关人员责任，并第一时间复建。

7月18日 西峡县获全国法治先进县授牌仪式举行。

7月23日 南阳发展战略研究院在南阳师院成立。

团市委和《南阳日报》救助贫困大学生活动启动，并增添一项新内容——对移民新村品学兼优的大学生发放奖励扶助金。13年来，共募集 6500 余万元善款,3 万余名贫困学子得到及时资助。

7 月 25 日 全市民营企业表彰暨民营经济工作会议召开。会上,80 个民营企业和 80 位民营企业家受到市委、市政府表彰。

7 月 26 日 邓州市 5 个重点项目集中开工,总投资近 60 亿元,其中,少儿时尚创意产业园项目总投资 50 亿元,旨在打造中国少儿时尚创意产业城。

7 月 30—31 日 河南省委常委、统战部部长史济春深入镇平县和桐柏县,就民族宗教工作进行调研。

7 月 30 日 南阳警备司令部在南阳军分区揭牌。

南阳市国防动员委员会第三次全体(扩大)会议召开。会议传达了省国防动员委员会第七次全体(扩大)会议精神,印发了《南阳市国防动员建设三年规划(讨论稿)》《中共南阳市委、南阳市人民政府关于扎实开展"热爱驻军、学习驻军、宣传驻军、关心驻军、服务驻军"活动的意见(修改讨论稿)》。市委书记、南阳军分区党委第一书记穆为民出席会议并讲话。市长、市国防动员委员会主任程志明作工作报告。市委常委、副市长李建豫,市委常委、南阳军分区政委史安平,南阳军分区司令员程德明,副政委祝润安、杜跃哲,参谋长王中立,政治部主任张作和,后勤部部长时召龙出席会议。

是月 中州古籍出版社南阳分社在南阳日报社挂牌成立,从此填补了南阳市无图书出版机构的空白。

西峡香菇通过国家生态原产地产品保护认证。

河南省政府公布河南省第六批文物保护单位名单,南阳市有南召、方城、桐柏 3 处楚长城入选。

8 月 1 日 全市清洁家园行动动员会召开。市长程志明强调,要全市动手,全民动员,深入开展清洁家园行动,着力优化城乡生态环境,提升中心城区"两度两力",全力打造大美南阳、活力南阳、幸福南阳。

全市清洁家园行动为期 3 年,分 4 个阶段实施,2015 年年底完成。

市境遭受大风暴雨袭击,导致宛城区、卧龙区、唐河县、方城县、桐柏县、内乡县、南阳新区、鸭河工区等县区受灾,直接经济损失 40619.5 万元。此次灾害共造成全市 606186 人受灾,因灾死亡 1 人,紧急转移安置 240 人,农作物受灾面积 59391.6 公顷,绝收 8380 公顷,倒塌房屋 137 间,直接经济损失 40619.5 万元。

8 月 13—15 日   全国人大常委会委员、财经委员会副主任委员尹中卿带领全国人大代表调研组到南阳市,就加强人大对政府全口径预算决算的审查和监督工作进行专题调研。

8 月 13 日   河南省水利厅、省农业厅等单位负责人深入邓州等地调研。

市委、市政府出台《关于实施四大支撑工程持续推进开放招商的意见》,全面提升开放型经济发展水平,加快高效生态经济示范市建设,推动南阳跨越发展、绿色崛起。四大支撑工程是:(一)实施以返乡创业为核心的全民创业工程。(二)实施以京津宛合作为平台的对口协作工程。(三)实施以骨干企业为重点的主体招商工程。(四)实施以大型企业为目标的定向招商工程。

8 月 14 日   市政府与河南省农信社签订战略合作协议,省农信社将在 5 年内为南阳经济发展投入 300 亿元信贷支持。

8 月 15 日   南阳大文化研究院成立。

8 月 17 日   2013 年屈原与楚辞学国际研讨会暨中国屈原学会第十五届年会在西峡召开,中国屈原学会会长方铭等 200 余名海内外屈原及楚辞专家学者参加会议。

8 月 21—23 日   河南省政协副主席、省人口计生委主任高体健一行先后到内乡县、邓州市、西峡县调研人口计生工作。

8 月 21 日   中国农工民主党南阳市第二次党员大会召开,选举产生了农工民主党南阳市第一届委员会领导机构,标志着农工民主党南阳市委员会正式成立。阿颖当选农工民主党南阳市第一届委员会主任委员。省政协副主席、农工民主党河南省委主委高体健,市委书记穆为民到会祝贺。

8月23—24日 市委书记穆为民率领南阳市党政考察团到洛阳市、三门峡市考察。

8月28日 河南省人大常委会副主任王保存带领执法检查组到南阳市,就《河南省高速公路条例》及相关法律法规贯彻执行情况开展执法检查。

是月 桐柏县作物野生近缘植物保护和可持续利用项目——野生大豆和绞股蓝,顺利通过联合国环境计划署终期评估。

市委、市政府出台意见,支持镇平石佛寺玉文化产业发展。

丹江口库区地震监测网正式运行。

中国人民友好协会批复同意南阳市与意大利阿斯蒂市结为友好城市。

夏 全市遭遇罕见的高温干旱天气,13个县市区400.3万亩秋作物受灾,部分山区或水源缺乏的地方出现受灾甚至绝收现象。市委、市政府高度重视,动员一切可动用的力量投入抗旱工作中去。

9月4日 南阳市加强基层服务型党组织建设实施人才回归全民创业战略工作会议召开。

9月8日 河南省辖丹江口库区及上游水污染防治和水土保持工作会议在淅川召开。副省长张维宁,省南水北调办公室等省直相关部门负责人,南阳市、洛阳市、三门峡市相关负责人出席会议。

9月10日 市委办公室、市政府办公室印发《关于中秋国庆期间严格落实中央八项规定、省若干意见和市十项规定坚决纠正"四风"问题的通知》,就切实加强中秋、国庆期间党风廉政建设,坚决纠正公款送礼等不正之风提出要求。

9月11日　南阳文学院成立。

9月16—20日　南阳市第四届运动会在市体育场举行。市委书记穆为民宣布开幕,市长程志明致辞。本届运动会以"放飞梦想"为主题,分设县市区成人组、青少年组和市直成人组、大中专学生组4个组别,共设23个大项275个小项,共有8000余人参加。

9月21日　即日起,全市35个医院全面实施"先诊疗后结算"服务模式。

9月23日　"百名苏商河南·南阳行"活动产业推介暨合作项目签约仪式举行,共签约项目20个。

9月26日　唐河县举行重点项目集中开工暨兴利源电子二期工程奠基仪式,总投资38亿元。

由《北京日报》《北京晚报》等10个媒体20名记者组成的"北京媒体看南阳"采访团莅临南阳,实地采访南水北调工程建设、库区水质保护和移民迁安工作。

是月　南阳市人力资源和社会保障局出台招才引智专项行动计划,旨在大力引进国内外高层次、急需紧缺人才和智力,为建设大美南阳、活力南阳、幸福南阳提供人才保证和智力支撑。

在国家知识产权局第二批国家知识产权示范城市评定中,南阳市被授予"国家知识产权示范城市"称号。河南省共有郑州、洛阳、新乡、南阳4个城市入选。

10月1日　南水北调中线丹江口水库开始正式蓄水,将于2014年向京、津、冀、豫4省市供水。

南阳城市形象宣传片正式在中央电视台及北京地铁、公交移动电视和楼宇电视面向海内外观众播出。

卧龙区与荣阳实业集团有限公司年产30万吨高端铝合金型材、年产 15 万吨高端铝合金压延产品投资项目正式签约。

10 月 1—7 日 中国·南阳 2013 年诸葛亮文化旅游节在卧龙岗举行。

10 月 10—11 日 市委书记穆为民率领南阳党政考察团到陕西杨凌农业高新技术产业示范区考察。

10 月 14 日 《南阳高效生态经济示范市建设规划》编制完成。11 月 21 日,通过专家组评审。

10 月 15 日 国务院南水北调办公室副主任张野一行调研南水北调中线工程南阳段建设。

镇平县产业集聚区 15 个项目集中开工,总投资 44.5 亿元。

10 月 16 日 西峡县产业集聚区 22 个项目集中开工,总投资 85 亿元。

10 月 18 日 南阳市召开农运会精神研讨会。会议提出要大力弘扬以"担当、创新、协作、奉献"为内核的农运会精神,将其融入南阳文化细胞中,鼓舞全市人民勇立潮头、奋力争先,促进全市发展达到新高度。

10 月 21 日 市委决定在全市开展向李华玲学习活动。

由台湾辅仁大学、北京师范大学、江苏师范大学和淮阴师范学院共同发起的海峡两岸大学生古典诗词联吟大会第七届大会在南阳理工学院举行。来自台湾辅仁大学、台湾师范大学、台湾艺术学院、北京师范大学、陕西师范大学、湖北大学等海峡两岸的 20 余所高校师生参加。

10 月 22—23 日 河南省委书记、省人大常委会主任郭庚茂深入南阳市,就加快经济结构战略性调整和产业转型升级、基层党组织和基层社区组织建设等进行调研。省委常委、秘书长刘春良,市委书记穆为民,市长程志明等陪同调研。

10 月 22—23 日 南阳市第十一届张仲景医药文化节成功举办。

国家卫生和计划生育委员会副主任、国家中医药管理局局长、中华中医药学会会长王国强,省人大常委会副主任李文慧,副省长张广智,省政协副主席、省人口计生委主任高体健,北京军区总医院原副院长徐黎明少将,中国健康促进与教育协会会长、卫生部原副部长殷大奎,中华中医药学会副会长李俊德,中华中医药学会秘书长曹正逵,中国中药协会秘书长王桂华,市委书记穆为民,市长程志明,市领导王建民、孙丰年、刘朝瑞、李建豫、姚龙其、史安平、王新会等出席开幕式。张广智宣传开幕。节会期间,举办了中华中医药学会仲景学说学会揭牌、首届医圣仲景南阳论坛、中医药健康服务惠民周、专家健康讲座、中医药项目信息发布暨签约等多项活动。

10月23日　鸭河工区管理委员会、"五笔字型"发明人王永民和温州南阳商会实用科技发明创业基地合作项目,在莲花温泉举行签约仪式。

10月26日　南阳民兵生态护水工程启动誓师大会暨南水北调民兵生态护水分队授旗仪式举行。

由中国林科院和南阳市政府合作共建的南阳月季展示园在中国林科院举行揭牌仪式。

10月28日　在河南省深化平安河南建设工作会议上,南阳等5个省辖市被省委、省政府授予"2012年度全省平安建设工作先进省辖市"称号。淅川县上集镇被中央综治委、中央组织部、国家人力资源和社会保障部授予"全国社会管理综合治理先进集体"称号。

是月　《南阳市创建国家环保模范城市(2013—2016)实施方案》出台。该方案明确南阳市创建国家环保模范城市的25项工作任务,提出到2016年完成国家环境保护模范城市验收与命名的目标。

河南省政府发文表彰全省人口和计划生育工作先进集体,南阳市人口和计划生育委员会名列其中。

全国第十六届"群星奖"决赛在山东举行,南阳市参赛节目三弦书《孝子》和大调曲子《农家溜》荣获"群星奖"。

11 月 1 日 市委常委(扩大)会议召开,学习贯彻中共中央总书记习近平系列重要讲话精神,迅速落实河南省委书记郭庚茂莅宛调研讲话精神。

11 月 4—6 日 国务院南水北调办公室副主任于幼军到南阳市考察《丹江口库区及上游水污染防治和水土保持"十二五"规划》项目实施情况。

11 月 5 日 南阳市与中央直属企业合作项目签约仪式在郑州举行。会上,南阳市有关单位和企业与中国华能集团公司、中国船舶重工集团公司等 13 个央企成功签约,项目总投资达 125.22 亿元。

11 月 6 日 国家养老服务信息系统建设项目暨全国养老机构数据直报系统第三批应用推广试点工作在南阳市启动。全市 28 所养老机构作为试点单位,参加本次验证试点。

11 月 8 日 南阳市召开弘扬农运会精神,深化"一改双优",建设"三个南阳"动员大会,市长程志明主持会议,市委书记穆为民发表动员讲话。市委常委、市纪委书记、第七届全国农运会南阳市筹委会常务副主任孙丰年宣读市委、市政府关于表彰农运会筹办和"两争一迎"工作先进集体和先进个人的决定。

11 月 11 日至 2014 年 1 月 10 日 全市各级法院集中开展为期两个月的拖欠农民工工资案件集中办理活动。

11 月 12 日 "楚风汉韵——南水北调中线工程渠首水源地南阳文物展"在北京首都博物馆开幕,展期 2 个月。

11 月 13 日 市委召开常委(扩大)会议,学习贯彻十八届三中全会精神。市委书记穆为民主持会议并讲话。

11 月 14—15 日 2013 年旅美华人专家南阳行开幕。活动期间,举行旅美华人专家南阳行合作项目和人才对接会,全市共有 46 个企业与旅美华人专家达成合作意向,高新区与旅美华人专家协会、欧美科技产业联盟签订战略合作框架协议。

11 月 15 日 市政府与中信银行郑州分行战略合作框架协议签约仪式举行。根据协议,中信银行将在 5 年内向南阳重点企业、重点项目及中小微企业提供投融资支持 300 亿元。南阳土地储备中心、南阳二机石油装备集团也分别与中信银行签订银企合作协议,签约额 65 亿元。

11 月 19 日 市政府与中国南方航空股份有限公司飞行训练基地项目签约仪式举行。

11 月 20 日 南阳市党政代表团到北京开展南水北调对口协作对接活动,北京市市长王安顺亲切会见南阳市委书记穆为民、市长程志明一行。

11 月 22—24 日 "玉乡有约·镇平玉雕澳门展"在澳门会展中心举行。

11 月 24 日 全国人大常委会副委员长吉炳轩到南阳市调研南水北调中线工程建设和玉文化产业,省人大常委会副主任李文慧、市委书记穆为民、市人大常委会主任杨其昌等陪同调研。

11 月 26 日 河南省公布第五批 20 个省级爱国主义教育基地,唐河革命纪念馆榜上有名。

南阳市作为全国中医药预防保健服务工作试点地区之一,正式启动中医药预防保健服务体系建设。

11 月 29 日 在南阳市举行的高标准建设国家知识产权示范城市推进会上,中纪委驻国家知识产权局纪检组组长、国家知识产权局党组成员肖兴威将"国家知识产权示范城市"牌匾授予南阳市。

是月 南召县被中国林学会正式授予"中国玉兰之乡"称号。这是继中国辛夷之乡、中国柞蚕之乡后,南召县获得的又一殊荣。

27 件南阳玉雕精品入围 2013 中国玉石雕刻最高奖项——"天工奖",并一举夺得 1 金 4 银 6 铜。

国家发改委将南阳列入国家二级物流园区布局城市。

下洼风电场开工。该项目由三峡新能源公司投资兴建,一期 48 兆瓦工程被列入国家"十二五"风电项目计划,规划装建 24 台 2 兆瓦风电机组,同期配套建设一座 110 千伏变电站,总投资 3.9 亿元。

农业部评审通过 2013 年全国粮食生产先进单位和先进个人,南阳等 33 个市(盟)被评为"全国产粮大市(盟)",唐河、邓州等 213 个县(市)被评为"全国产粮大县(市)",市农业局局长谢广平等 100 人被评为"全国粮食生产先进工作者"。

12 月 4—5 日　市委书记穆为民率领南阳市考察团到杭州市对接人才合作事宜,考察学习"美丽乡村"建设经验。

12 月 6 日　南阳市学习党的十八届三中全会精神报告会在南阳会议中心举行。中央宣讲团成员、中国国际经济交流中心常务副理事长、中央政策研究室原副主任郑新立作专题报告。

12 月 11 日　总投资 35 亿元的邓州风神雷诺汽车产业项目成功签约。

12 月 13 日　河南省副省长李亚到南阳市调研公安基层基础工作。

12 月 17 日　第八届全国人民满意的公务员和人民满意的公务员集体名单公布,宛城区科技局局长陈增喜和邓州市审计局榜上有名。

12 月 17—18 日　市委书记穆为民率党政考察团到上海考察,学习创新体系建设和新兴业态发展经验。

12 月 18 日　南阳市与长三角地区合作项目签约仪式在上海举行,共有 21 个项目签约。

南水北调中线南阳段主体工程完工。25日,南水北调中线干线主体工程全部完工。

12月20日　中国纺织工业联合会授予新野县"中国棉纺织名城"称号。

首批"河南省特色文化基地"——镇平县石佛寺镇玉文化基地挂牌仪式举行。

12月21日　南阳市独山玉文化产业发展促进会成立。

12月24日　南水北调中线工程水源地(南阳)环境保护中心项目在淅川县九重镇陶岔渠首开工。

12月26日　市预防腐败局揭牌仪式举行。

12月29日　清华大学水沙科学与水利水电工程国家重点实验室南阳研发中心开工,标志着南阳水科技产业园项目全面开始建设。南阳水科技产业园位于南阳高新技术产业集聚区工业园,规划占地面积3.2平方千米,重点发展水利经济、水利设备、水利旅游和水信息等产业。

中国文联"送欢乐下基层"文艺志愿服务团到内乡县湍河渡槽南水北调建设工地慰问演出。中国文联党组书记、副主席赵实,副主席刘大为,国务院南水北调办公室副主任蒋旭光,河南省委常委、宣传部部长赵素萍,副省长王铁,市委书记穆为民等观看演出。

12月29—30日　河南省林业生态建设现场会在南阳市召开。

12月30日　中共南阳市委五届九次全体(扩大)会议召开。市委书记穆为民主持会议并讲话。会议听取和讨论了市委常委会2013年工作报告,审议通过了《市委、市政府关于加快新型城镇化建设的实施意见》《中共南阳市委五届九次全体(扩大)会议决议》。

12月31日　淅川县委、县政府与北京佳莲集团举行世界水博园项目签约仪式。该项目总投资约200亿元,是淅川县迄今为止投资规模最大的招商引资项目。

市中心城区内河水源工程通水。

是月 邓州赛博板业有限公司成功挂牌深圳前海股权交易中心，成为南阳率先在前海股权交易中心挂牌的企业。

农业部办公厅公布全国"美丽乡村"创建试点乡村名单，南阳市宛城区瓦店镇逵营村、西峡县丹水镇谭沟村、内乡县余关乡黄楝村、邓州市穰东镇穰西社区入选。

国家质量监督检验检疫总局向西峡县颁发猕猴桃国家"生态原产地保护产品"证书。这是继西峡香菇之后该县获得的第二个国家生态原产地保护产品。

内乡县被中国经济林协会授予"中国核桃之乡"称号。

2014 年

1 月 1 日　南阳市企业退休人员基本养老金再次上调。调整范围内退休人员每人每月增加 115 元。

1 月 3 日　驻宛全国、省人大代表先后到乐凯华光科技公司、天冠集团等地视察。

1 月 7 日　南水北调中线工程渠首移民精神报告会在国务院南水北调办公室举行。国务院南水北调办公室主任鄂竟平,副主任张野、蒋旭光、于幼军等出席。8—13 日,报告团先后在经济日报社、解放军装甲兵学院、建设部社区、北京市海淀区政府、中国人民公安大学等单位巡回报告。

1 月 13 日　南阳市第十二届(2013)十大新闻人物评选揭晓。他们是:自觉践行群众路线、满腔热情为人民服务的李华玲,杏林耕耘医者仁心、著书立说弘扬国粹的唐祖宣,打破国外垄断壁垒、开创绿色印刷技术的高英新,深山坚守 40 余年、矢志教坛虽苦犹甜的曹玉华,精湛医术名扬非洲、用心浇灌友谊之花的樊斌,火海抢出易爆气罐、坚定信念熔铸军魂的邓帅,勇敢面对多舛命运、不惧威胁打黑除恶的毕冬云,"功勋支书"忠诚于党、一生奉献造福百姓的贾长富,见义勇为白河船工、"中国好人"榜上有名的韩玉山夫妇,放弃国外百万年薪、继承父志抚养孤儿的马乐。

1 月 14 日　2013 年度金长城传媒奖系列奖揭晓,《南阳晚报》获评"中国十大创新力地市晚报"。

1 月 21 日　市总工会举行"双节"救助贫困职工救助金发放仪式。中央、省、市各级财政共投入 500 万元帮扶金,帮助市直困难企业的 3000 余名困难职工和困难劳模过上一个欢乐、祥和的春节。

1 月 22—23 日　河南省副省长赵建才一行先后到河南中源化学股份有限公司、卧龙综合保税区项目筹建地、荥阳实业有限公司和中富康数显有限公司实地调研招商引资工作。赵建才一行还到桐柏县盘古小区、流香溪湿地公园和月河镇西湾社区等处,实地调研新型城镇化建设工作。

1 月 23 日　农历小年,市委书记穆为民深入唐河县桐寨铺镇肖堰村走访慰问部分群众。

1 月 24 日　河南省副省长赵建才、省政协副主席张亚忠一行到衡育制药、南阳柴油机厂等困难企业,向职工拜年,转达省委、省政府的问候与关爱。

南阳军分区党委九届八次全体(扩大)会议召开。南阳军分区党委书记、政委史安平代表南阳军分区党委作 2013 年度工作报告,南阳军分区党委副书记、司令员程德明就部队和民兵预备役建设工作进行全面部署。南阳军分区党委第一书记穆为民作重要讲话。

1 月 27 日　市委书记穆为民等市四大班子领导分组对部分地厅级离退休干部、特困职工和劳模进行走访慰问。

1 月 28 日　中国共产党南阳市第五届纪律检查委员会第四次全体会议召开。市委书记穆为民讲话强调,全体党员干部要进一步强化宗旨意识、责任意识、担当意识,进一步转变工作作风,进一步严明工作纪律,时刻绷紧反腐倡廉这根弦。市纪委书记孙丰年代表市纪委常委会作工作报告。同日,全市领导干部反腐倡廉教育大会召开,省纪委宣教室主任陈敬如作廉政教育报告。

牧原食品股份有限公司在深圳证券交易所正式上市。

1月29日　南阳市举行实施环境空气质量新标准新闻发布会,南阳市环境空气PM2.5(细颗粒物)监测和发布平台正式启用。

是月　南阳市被授予"省级文明城市"。同时,社旗县、方城县被授予"省级文明城市(县城)",卧龙区被授予"省级文明城市(城区)",宛城区被授予"省级创建工作先进城市(城区)";内乡县马山口镇等9村镇被授予"省级文明村镇",宛城区黄台岗镇等9村镇被授予"省级创建工作先进村镇"。

南阳市被国家能源局正式确定为第一批创建新能源示范城市。

河南省商务厅确定郑州、洛阳、南阳、周口、信阳、开封6市为全省农产品流通体系建设试点。在试点市将集中建设一批大型农产品集散地和销售地批发市场、产地集配中心和零售终端,发挥好示范带动作用,不断优化农产品供应链。

由河南天工建设集团承建的南阳市中心医院高层综合病房楼工程,获2012—3013年度全国建筑行业工程质量最高奖——"中国建设工程鲁班奖"(国家优质工程)。

新野诚德贸发公司棉花储备仓库建成投入使用。该库库容能力达15万吨以上,年流转棉花50万吨以上,为全国最大的民营棉花储备交割仓库。

第九届全国电视戏曲节目"兰花奖"评析活动在北京举行,南阳电视台《新梨园》栏目获得电视戏曲栏目类二等奖、电视戏曲晚会类三等奖。

南阳作家王俊义的长篇小说《第七个是灵魂》获《莽原》2013年度文学奖。

《南阳宣传》创刊。

由市农业局和《南阳日报》联合开展的南阳"十大美丽乡村"评选活动揭晓。桐柏县淮源镇陈庄村、南召县云阳镇朱坪村、内乡县赤眉镇鱼贯口村、淅川县上集镇张营移民新村、西峡县田关乡孙沟村、方城县广阳镇袁庄村、镇平县遮山镇夏庄村、新野县新甸铺镇津湾村、卧龙区潦河坡镇潦河坡村及社旗县桥头镇桥头被评为"十大美丽乡村"。

2月13日 南阳市丹江口库区水污染防治工作会议召开。会议指出,相关县及各有关部门要进一步提高认识,增强做好丹江口库区水污染防治工作的紧迫感和责任意识,严格按照《南阳市南水北调汇水区水污染防治工作实施方案》,集中解决汇水区影响水质的突出问题,切实保障通水水质。

2月20日 全市南水北调工作会议召开。会议指出,要从讲政治的战略高度担当历史责任,确保中线工程汛后通水。

2月21日 全市食品安全工作会议召开。市委常委、副市长李建豫在会上指出,各级各部门要准确把握食品安全现状,增强做好食品安全工作的责任感和使命感;要创新食品安全监管模式,严格实施全过程的动态监管;要积极稳妥推进监管体制改革,守住不发生重大安全事故的底线,确保全市食品安全形势持续稳定向好。

南阳国宇密封有限公司与德国威尔伯特公司签订收购合同。维尔伯特公司是德国知名大企业,主要生产用于海洋石油钻井平台、风力火力发电厂和80层以上高层建筑的智能动臂超级机,总资本折合人民币近10亿元。国宇密封出资1.2亿元人民币将其收购。

2月25日 南阳市召开党的群众路线教育实践活动动员会。省委督导组组长、省人大常委会副主任蒋笃运发表讲话,市委书记穆为民作动员部署,市委副书记、市长程志明主持。这次参加党的群众路线教育实践活动的范围主要是:市级领导机关,107个市直单位和12个县区机关及其直属单位、企事业单位,全市各乡(镇、街道)、村(社区),非公有制经济组织、社会组织和其他基层组织,市属大中专院校和国有企业,各人民团体。

市委政法工作会议召开。会议传达贯彻中央、省委政法工作会议精神,安排部署2014年全市政法工作。市委副书记、市长程志明主持会议。市委书记穆为民讲话,他指出,时隔7年,南阳市又捧回了"全省平安建设先进省辖市"的综合荣誉。要坚持紧紧围绕服务经济社会发展大局、紧紧围绕推进治理能力现代化,以改革为动力,以法治南阳建设为载体,以维护社会大局安全稳定、保障人民安居乐业、促进社会公平正义为主要任务,深入推进平安南阳、法治南阳、和谐南阳建设。

第七届全国"武术之乡"工作会议暨"武术之乡"颁奖仪式在山东省淄博市召开。会上社旗县被授予全国"武术之乡"称号。

2月27日 市委常委(扩大)开展党的群众路线教育实践活动学习报告会举行。省委督导组副组长李新增、乔红波及杨其昌、孙丰年、刘朝瑞、原永胜、王智慧、李建豫、姚龙其、张振强、史安平、王新会、景劲松、张生起等副市厅级以上领导干部出席报告会。会议听取了李华玲同志的先进事迹报告,观看了《焦裕禄1966》纪录片。

全市纪检监察机关查办案件工作会议召开,市委常委、市纪委书记孙丰年出席会议并讲话。孙丰年指出,各级纪检监察机关要坚持有案必查、有腐必惩,坚持"老虎""苍蝇"一起打,坚持对"四风"案件常抓不懈,以强烈的政治责任感和使命感,努力做好查办案件工作,推动全市党风廉政建设和反腐败斗争深入开展。

2月28日 市委农村工作暨扶贫开发工作会议召开。市长程志明部署具体工作。市委书记穆为民指出,要破解"三农"难题,实现质的跨越,必须坚持统筹,融合发展,走出一条新型工业化、信息化、城镇化、农业现代化"四化"同步、协调发展的道路。市委常委、副市长张生起宣读市委、市政府《关于表彰2013年度南阳现代农业五区建设先进单位的决定》《关于表彰2013年度全市重点扶贫驻村工作先进集体和先进工作者的决定》以及市政府《关于表彰全市粮食生产先进单位和先进个人的决定》。

是月 国家林业局对 2013 年度国家级湿地公园申报进行批复,唐河县申报的唐河县国家湿地公园获批。加上 2012 年获批的南阳白河国家湿地公园,南阳市国家级湿地公园增加到 2 个。

农业部发布第三批农产品地理标志产品公告,桐柏朱砂红桃成功入选,这是桐柏县继"桐桔梗"之后取得的第二个国家地理标志认证产品。

3 月 1 日 全市全面启动工商登记制度改革工作,改注册资本实缴登记制为认缴登记制。并统一启用新版营业执照。

3 月 3 日 全市南水北调生态廊道造林现场观摩会议在淅川县召开。

3 月 4 日 市领导刘朝瑞、刘荣阁会见乌拉圭驻越南、新加坡、印度尼西亚三国大使 Carlos Irigaray 先生及其夫人一行。

3 月 7 日 南阳市庆"三八"暨第八届"十大女杰"表彰大会召开。

3 月 12 日 市长程志明到宛城区红泥湾镇刘寺村南水北调中线工程干渠段,与近千名干部群众、解放军官兵、志愿者一起义务植树,共栽植 3500 余棵桂花和辛夷。

南阳市召开迎接南水北调通水工作推进会。

3 月 13 日 全市宣传部部长会议召开,就打造文化强市、建设文明南阳进行安排部署。

3 月 15—19 日 政协南阳市五届一次会议在南阳会议中心举行。刘朝瑞当选市政协主席,梁进、赵秀玲(女)、宋慧(女)、吴冬焕(女)、李建涛、庹军(女)、柳克珍(女)、阿颖(维吾尔族,女)当选副主席,姚国政当选秘书长。大会通过了政协南阳市五届一次会议关于常务委员会工作报告的决议;通过了政协南阳市五届一次会议关于提案工作的报告决议;通过了政协南阳市五届一次会议提案审查委员会关于五届一次会议提案审查情况的报告;通过了政协南阳市五届一次会议政治决议。

3月16—20日 南阳市第五届人民代表大会第一次会议在南阳会议中心举行。大会选举杨其昌为南阳市第五届人大常委会主任,谢先锋(蒙古族)、梁天平、赵景然、程建华、刘荣阁(女)、李甲坤、庞震凤(女)为副主任,杨鸣哲(女)为秘书长。选举程志明为南阳市人民政府市长,原永胜、张生起、郑茂杰(回族)、刘树华、和学民、朱海军、张明体、摆向阳为副市长。选举庞景玉为市中级人民法院院长,薛长义为市人民检察院检察长。会议一致通过了《关于〈南阳市人民政府工作报告〉的决议》《关于〈南阳市2013年国民经济和社会发展计划执行情况与2014年国民经济和社会发展计划〉的决议》《关于〈南阳市2013年财政预算执行情况和2014年财政预算〉的决议》《关于〈南阳市人民代表大会常务委员会工作报告〉的决议》《关于〈南阳市中级人民法院工作报告〉的决议》《关于〈南阳市人民检察院工作报告〉的决议》。

3月17日 南阳市电子商务创业基地启动仪式在南阳高新区创业大厦举行。市长程志明出席启动仪式并揭牌。

3月18日 国务院南水北调办公室副主任于幼军先后实地察看淅川县南水北调干渠生态廊道、陶岔渠首大坝建设情况,并听取相关部门及企业的旅游产业规划情况汇报。

3月23—25日 市委常委(扩大)在市委党校举行党的群众路线教育实践活动集中学习,以身作则,以上率下,带动全市教育实践活动扎实有效开展。

3月24—26日 全国政协副秘书长、民进中央副主席朱永新率民进中央调研组莅宛,先后到淅川、西峡、内乡等地,实地察看南水北调中线工程及生态防护带建设、小流域治理、水质监测及保护、污水处理及农业水源污染治理、生态农业等。全国政协常委、民进中央常委、民进河南省主委张震宇等参加调研。

3 月 25 日　在第十一届河南省见义勇为模范和先进个人表彰会上,南阳市刘金显被授予"见义勇为模范"称号,王万召、刘诗尧被授予"见义勇为先进个人"称号。

南阳市生态文明促进会成立。

南阳市豫剧团演艺有限公司、南阳市说唱团演艺有限公司挂牌成立。两公司的前身是原南阳市豫剧一团、南阳市说唱一团,两团建于 20 世纪 50 年代,属事业文艺团体。

3 月 27 日　国务院南水北调办公室副主任蒋旭光到南阳调研移民工作。

3 月 31 日—4 月 1 日　河南省高级人民法院院长张立勇先后到社旗、新野、唐河、桐柏等县的基层法院及部分乡镇法庭调研。

3 月 31 日—4 月 4 日　全市第一期领导干部学习贯彻习近平总书记重要讲话和十八届三中全会精神轮训班在市委党校举行。

是月　由市委宣传部、文明办、文广新局、南阳日报社联合举办的"感动南阳"2013 年度人物评选活动揭晓。他们是杜广云、姚义德、李桃、李华玲、徐东清、汪金玲、邹清林、马德全、郭光录、陈煜垚。

《南阳市人民政府关于取消调整和保留行政审批项目的决定》公布。为进一步简政放权,更好地服务高效生态经济示范市建设,经严格审核论证,保留 39 个部门(单位)的行政审批项目 223 项,其中行政许可项目 173 项、非行政许可项目 50 项。

农业部发布 2013 年度全国名特优新农产品目录,内乡核桃入选。

由河南省文联、省戏剧家协会、河南电视台联合主办的第七届河南省戏曲红梅奖大赛落下帷幕。南阳市曲剧团青年戏曲演员郭淑一、高冬梅分别荣获表演组金奖和银奖。

4 月 1 日　市五届人大常委会举行第一次会议,投票表决通过了南阳市人民政府组成部门负责人。市人大常委会主任杨其昌向 25 位南阳市人民政府组成部门负责人颁发了任命书。

4月2日 南阳市召开迎接南水北调中线工程通水"双百会战"动员大会。市委书记穆为民作动员讲话。市长程志明安排部署具体工作。第一个"百日会战",从4月1日开始,到7月10日结束;第二个"百日会战",从7月11日开始,到10月20日结束。

4月3—16日 市委常委深入联系点调研指导党的群众路线教育实践活动。

4月9日 河南省委常委、常务副省长李克率领省观摩团第四组到南阳,对重点项目及产业集聚区建设情况进行观摩。省人大常委会副主任王保存,副省长李亚及各省辖市分管产业集聚区或重点项目的副市长、省直有关部门负责人一同观摩。

4月11日 河南省政府通报表彰2013年度产业集聚区发展"十强、十快、十先进"。南阳市新能源产业集聚区获评"十先进产业集聚区"称号。

政协南阳市第五届委员会常务委员会第一次会议召开。会议表决通过了政协南阳市第五届委员会工作制度;表决通过了政协南阳市第五届委员会机关内设机构工作人员名单。

4月13日 "唱响白河"群众文化演出活动启动,首场演出在市中心城区光武桥畔举行。

4月16日 市政府第二次常务会议召开。研究通过了"蓝天工程""碧水工程""乡村清洁工程"实施方案等。

市城乡规划委员会2014年度第一次全体会议召开。会议审议通过了《南阳市麒麟湖区域总体规划、核心区控制性详细规划暨城市设计》《南阳市鸭河工区总体规划(2013—2030年)》《南阳职教园区控制性详细规划》《李宁体育公园二期续建规划方案》。

4月16—17日 河南省人大常委会副主任蒋笃运带领视察组到南

阳视察规范司法行为工作。

4 月 17 日　市委举行学习习近平总书记系列重要讲话精神专题报告会,邀请中国社会科学院国家文化安全与意识形态建设研究中心主任、马克思主义研究院原党委书记侯惠勤作主题报告。

4 月 18 日　南阳市召开群众路线教育实践活动专项整治暨"一改双优"工作推进电视电话会议。市委书记穆为民指出,要向作风之弊宣战,开展正风肃纪大扫除;向特权思想宣战,破除官本位,做人民公仆;向"四风"宣战,治理庸懒散奢,树起为民、务实、清廉新风;向不作为、慢作为、乱作为宣战,反消极、提能效。市长程志明安排部署下一步工作。他指出,要以专项整治为重点,深入开展群众路线教育实践活动。持续深化"一改双优"活动,切实改进工作作风,优化经济发展环境,为推动南阳转型发展、绿色崛起提供有力支撑。

4 月 20 日　台湾太平洋文化基金会董事长钱复带领参访团莅宛,开始对南阳进行为期 4 天的考察。

4 月中旬至 5 月上旬　市委决定,市县乡三级联动,组织万名干部下基层,开展"大走访、大调研、大服务"活动。

4 月 26—27 日　河南省深入推进"四议两公开"工作法暨整顿软弱涣散党组织会议在南阳召开。省委常委、组织部部长夏杰出席会议并讲话。南阳市委书记穆为民致辞并作典型发言;郑州、邓州、三门峡、兰考等市县作交流发言。

4 月 27 日　河南省委常委、组织部部长夏杰深入卧龙区七里园乡达士营村和光电产业集聚区调研。

4 月 28 日　中国南阳第十一届玉雕节暨国际玉文化博览会在市体育中心隆重开幕。河南省委常委、宣传部部长赵素萍出席开幕式并宣布开幕;全国政协环境资源委员会副主任、中国珠宝玉石首饰行业协会会长徐德明,国务院发展研究中心副主任张扩军,中国珠宝玉石首饰行业协会常务副会长兼秘书长孙凤民,中国外商投资企业协会常务副会长邵祥林,国务院发展研究中心对外经济研究部部长赵晋平,中国珠宝玉石首饰行业协会副会长、副秘书长史洪岳等出席开幕式;南阳市委书记穆为民致辞,市长程志明主持。史洪岳代表中国珠宝玉石首饰行业协会向节会的召开表示祝贺。同日,中国南阳第十一届玉雕节暨国际玉文化博览会经贸合作项目签约仪式举行,签约项目共计35个,总投资161.73亿元,合同引资159.73亿元。

河南省委常委、宣传部部长赵素萍到内乡调研文化旅游产业。

4月28—30日 河南省委副书记、省长谢伏瞻带领省直有关部门主要负责人到南阳调研。市委书记穆为民,市长程志明,市委常委、常务副市长原永胜,副市长张明体等参加调研。谢伏瞻强调,要按照中央和省委、省政府的战略部署,强化大局意识和全局观念,增强深化改革加快发展的紧迫感、责任感,坚持调结构、稳增长、惠民生,加快项目建设,优化经济结构,提升发展质量,推动经济提速发展,做到发展经济和保护生态两不误、两促进。

4月29日 河南省政协副主席、省工商联主席梁静一行先后到方城县七峰山公园、非公有制经济人士培训基地和方城县新能源产业集聚区等地调研。

《中国外商投资企业发展报告(2014)》新闻发布会暨外商投资企业发展论坛在南阳举行。国务院发展研究中心副主任张扩军、南阳市委书记穆为民致辞。

中国玉雕大师创意园一期入园仪式举行。徐德明、孙凤民、史洪岳、梁天平、刘树华、柳克珍等出席入园仪式。

2014年南阳月季花展开幕暨南阳月季博览园开园仪式在南阳月季基地举行。

第二届中国玉石雕刻作品"玉华奖"颁奖仪式在南阳举行。中国玉石雕刻"玉华奖"是中国珠宝玉石首饰行业协会在南阳市设立的一个国家级奖项。本届"玉华奖"共收到来自各地的参选作品 1500 多件，评出金奖 13 件，银奖 31 件，铜奖 45 件，最佳工艺奖 16 件，最佳创意奖 13 件，优秀作品奖 372 件。

4 月 30 日 市玉文化产业发展促进会成立。

是月 在第二届中国文化旅游品牌建设和发展峰会暨"影响世界的中国文化知名品牌"发布会上，社旗县赊店镇被评为影响世界的中国文化旅游名镇。

桐柏县获省级生态县称号。

5 月 5 日 南阳市政府与北京市经济和信息化委员会就南水北调产业对口协作签订框架协议，在产业项目、园区开发、人才培养等方面开展交流合作，建立长效机制。

5 月 7—8 日 全国人大常委会委员、内务司法委员会副主任委员陈秀榕率领执法检查组，对南阳市的未成年人保护工作进行执法检查。

5 月 8 日 河南省第七届少数民族传统体育运动会筹备工作汇报会在南阳召开，副省长张广智出席会议。

5 月 9 日 南阳市与杭州市城市管理战略合作协议签约仪式在宛举行。

5 月 12—13 日 河南省人大常委会副主任蒋笃运带领调研组深入南阳市中心城区和西峡县的职业院校、部分企业，对职业教育情况进行调研。

5 月 12—13 日 市委书记穆为民率团赴杭州市考察全面深化改革的先进经验。

5 月 13 日 市纪委和各县区纪委统一开通政务微博。

5 月 14 日 南阳市与上海张江高科技园区管委会签署战略合作框架协议。协议约定，双方开展深度合作：充分发挥双方资源特点和比较优势,通过产业培育、技术支持、指导培训、人才交流等方式,大力开展体制机制创新,促进产业结构调整和转型升级。市城乡一体化示范区、南阳高新区、上海张江(集团)有限公司、上海浦东康桥(集团)有限公司将重点围绕国家鼓励的生物医药、文化创意、电子信息及软件研发、物联网、电子商务等战略型新兴产业以及电器、汽车及零部件、新型建材、生产性服务业等产业发展开展全方位对接、合作。市委书记穆为民、市长程志明与上海浦东新区副区长、张江高科技园区管委会主任丁磊,浦东新区经信委主任傅红颜上台鉴签。副市长摆向阳与张江高科技园区管委会副主任陶明昌代表双方签署战略框架协议。

国务院南水北调办公室副主任蒋旭光莅宛,就南水北调总干渠征迁安置工作进行调研。

5月20日 南阳市成功入选全国第二批水生态文明城市建设试点。

5月21日 全市大气污染防治暨"三大工程"(蓝天、碧水、乡村清洁)实施动员大会召开。市政协主席、市生态文明建设指挥部指挥长刘朝瑞宣读《南阳市人民政府办公室关于印发南阳蓝天工程行动计划2014年实施方案的通知》。副市长张明体传达全市大气污染防治及"三大工程"有关工作。市长程志明出席会议并讲话。

5月21—22日 河南省副省长张维宁莅宛调研产业集聚区和环境保护工作。

5月22—23日 国务院南水北调办公室副主任于幼军带领国家6部委考核组莅宛,就南阳市2013年度落实《丹江口库区及上游水污染防治和水土保持"十二五"规划》情况进行考核。

5月23—24日 环保部副部长翟青莅宛,就南阳市落实丹江口库区"十二五"污染防治规划进行调研。

5月24日 第六届河南教育名片颁奖活动在郑州举行。南阳市第十二小学榜上有名。

5 月 26 日 南阳市首个经过市民政局登记的社会工作机构——市至善社工服务中心成立。主要开展困难救助、矛盾调处、权益维护、人文关怀、心理疏导、行为矫治等服务。

5 月 27 日 河南省第七届少数民族传统体育运动会在南阳开幕。国家民族事务委员会副主任丹珠昂奔,副省长张广智,省政协副主席靳克文,省政协原副主席郭国三等出席开幕式。省民族事务委员会主任彭亚平、市委书记穆为民致辞,市长程志明主持。该届运动会共有来自 18 个省辖市、6 个省直管市(县)以及河南大学、郑州大学体育学院等 6 个大专院校的 30 个代表团的各民族运动员以及教练员、裁判员等 1500 余人参加,共设 10 个大项、32 个小项的竞赛项目和表演项目。赛期 3 天。南阳师院代表团的拉丁舞获得综合类二等奖,南阳市代表团的舞狮表演摘得技巧类一等奖。南阳 8 个单位获得特别贡献奖。30 个代表团、113 名运动员、35 名教练员、58 名裁判员获体育道德风尚奖,30 个代表团获优秀组织奖。5 月 5 月 29 日,闭幕式在南阳师院举行。市政府领导宣读《关于表彰全省第七届民族运动会获奖单位和个人的决定》。省民委主任彭亚平、省体育局副局长梅宝菊、市政协副主席阿颖出席闭幕式,并为获奖单位和个人颁奖。

5 月 28 日 河南省服装大会暨省服装行业协会三届三次理事会在南阳召开。中国服装协会专职副会长冯德虎出席会议,副市长摆向阳致辞。

市政府与富士康科技集团联合举行智能显示终端项目签约仪式。市长程志明、富士康科技集团副总裁戴正吴出席签约仪式并鉴签。市委常委、副市长张生起,富士康科技集团副总经理郑光杰代表双方签约。

5 月 29 日 南阳市对外开放工作会议召开。会议对 2013 年度全市对外开放工作先进单位进行表彰。市委书记穆为民提出强化五个意识：一是责任意识。二是问题意识。三是改革意识。四是合作意识。五是成效意识。市长程志明具体部署对外开放工作。

5月30日　南阳市夏季秸秆禁烧工作电视电话会议召开。会议宣读了市委书记穆为民、市长程志明关于秸秆禁烧工作的批示，要求各级各部门以保护环境、节能减排、确保安全为目标，明确工作责任，快速掀起秸秆禁烧高潮。

是月　商务部下发关于确定2014年商务部引导支持展会的通知，南阳玉文化博览会首次被列入2014年商务部重点引导支持展会名单。

工信部发布2014年全国502个工业化、信息化融合管理体系贯标试点企业名单，河南省14个企业入选，南阳防爆集团股份有限公司、南阳二机石油装备（集团）公司榜上有名。

南阳市14个村入选2014年河南省美丽乡村建设试点。

6月5—7日　河南省人大常委会副主任储亚平带领驻豫全国人大代表，到桐柏、新野、镇平、内乡调研扶贫开发工作。

6月6日　由南阳市政府和北京市中关村科技园区管委会主办、南阳高新区承办的中关村南阳科技产业园招商推介活动在北京举行。南阳市市长程志明、北京市中关村管委会主任郭洪出席。南阳市高新区先后与碧水源科技股份公司、中国新型房屋集团公司签订合作协议。

6月7日　天津市人大常委会副主任张俊芳一行莅宛，对南水北调陶岔渠首枢纽工程进行调研。

6月10—16日　"中原情·一家亲"河南参访团赴台经贸文化交流活动成功举办。市长程志明带领南阳市代表团参加并取得丰硕成果：签约3个合同项目，达成5个合作意向，进一步宣传推介了南阳的发展优势和良好投资环境，深化了宛台合作。

6月11日　全市移民工作会议召开，对移民工作从阶段性工作转变为经常性工作,从单项工作转变为综合性工作,从局部性工作转变为全局性工作进行安排部署,并提出当前和今后一个时期全市移民工作的主要目标任务。

6月16日 2014年"爱心1+1"公益保险活动在南阳市全面展开,4237名孤儿获赠由淘宝公益宝贝爱心商家捐赠的重大疾病公益保险。

6月17日 镇平县集中开工11个项目,总投资87.2亿元,涉及工业、基础设施、服务业、社会事业等。内乡县集中开工10个项目,总投资27.9亿元,涉及新型建材、机械制造、生物制药、煤炭物流等。

温凉河综合开发治污截污工程开工。

国家旅游局公布第二批全国旅游标准化示范县名单,西峡县作为全国8个、全省唯一入选的县级单位榜上有名。至此,获此殊荣的县级单位全国仅有13个。

6月18日 南阳市社会主义学院在市委党校挂牌成立。

南阳市召开打击破坏环境资源和危害食品药品犯罪专项立案监督行动推进会。根据最高人民检察院安排,南阳市自3月至10月,开展为期8个月的打击破坏环境资源和危害食品药品安全犯罪专项立案监督行动,保障"连天碧水"和"舌尖上的安全。"

6月20日 市纪委下发《关于加强对党政主要领导干部监督管理的暂行规定》,决定在全市范围内实行党政主要领导干部不直接分管财务、人事、行政审批、工程建设、物资采购工作"五不直接分管"制度和末位发言制度。

南阳市政府与中国林科院"渠首水源地林业科技服务项目"签约仪式在宛举行。中国林科院党组书记叶智与南阳市市长程志明分别代表双方签订战略合作协议。

6月21日 第二十八届奥林匹克日长跑活动南阳站起跑仪式在

南阳体育中心举行。南阳市市长程志明、河南省体育局副局长王鹏、中国平安人寿保险河南分公司总经理张雪莲出席仪式,并为长跑活动领跑。

6月24日 全国政协常委、中国人民武装警察部队原司令员吴双战上将莅临南阳,考察生态文明建设工作。随同考察的有解放军总装备部原副政委李栋恒中将,武警总部原副参谋长姬延芳少将,海军航空兵后勤装备部原政委祁荣祥少将,天津警备区原副政委李德顺少将,国台办原副主任、两岸交流基金会理事长王富卿,武警河南省总队副司令员卓远,中华慈善总会原副会长、北京河南经济文化促进会会长张汉兴等。

6月25日 央视《焦点访谈》曝光南阳市高新区辖区三杰盛世苑等建设项目工地违法加工、使用"瘦身钢筋"问题。7月,中共南阳市纪委、南阳市监察局对"瘦身钢筋"问题调查进展情况进行通报,对该事件中职能部门3名失职渎职人员进行立案调查,对涉嫌参与生产、销售"瘦身钢筋"的2名国家工作人员,由公安机关采取强制措施。

6月27日 南阳新能源产业集聚区6个重点项目集中开工。涉及新能源及装备制造、新材料、电子信息等产业,总投资40余亿元。

6月28日 白河滨水绿道工程贯通仪式举行。白河滨水绿道位于白河右岸,南起雪枫大桥,北至南阳大桥,全长15.6千米。

6月30日 市委召开座谈会庆祝中国共产党成立93周年,表彰学习焦裕禄精神"十佳"好干部、"十佳"村(社区)党支部书记和百个先进基层党组织、百名优秀共产党员。

军事科学院世界军事研究部原副部长、中国军事科学学会常务理事兼副秘书长罗援少将应邀莅宛,作题为《我国周边安全环境及软实力建设——解读十八届三中全会对我国安全环境的判断及应对之策》的报告。市领导穆为民、刘朝瑞、王建民、王智慧、王新会、景劲松等参加。

南阳鸭河国际岩书岩画研讨会在鸭河工区召开。世界岩画联合会主席罗伯特·贝德纳里克,印度岩画协会会长库马尔,国际岩画联合会执委、南京师范大学教授汤惠生,中国岩画协会会长、内蒙古自治区文化厅副厅长王建平等应邀参加。中外专家一致认为,方城、鸭河岩画群为同时期遗留的史前文明遗迹。

是月 南阳市被商务部、国家中医药管理局确定为全国中医药服务贸易先行先试重点区域城市。除了南阳,全国还有北京、上海、广东、广西、海南、甘肃、南京等 7 个省、市,南阳是全国唯一获此殊荣的地市级城市。

2013 年度中国机械工业百强企业名单发布,南阳防爆集团股份有限公司入围上榜。

第三届《人民文学》长篇小说双年奖揭晓,周大新的长篇小说《安魂》获奖。

7 月 2 日 市城乡规划委员会 2014 年度第二次全体会议召开。会议审议通过了《南阳市白河国家湿地公园景观规划》《南阳市产业集聚区规划设计导则》《南阳市新型城镇体系规划(2012—2030)》《南阳高新区核心商务区控制性详细规划暨城市概念性规划设计》等规划成果。

7 月 3 日 在 2014 河南省现代家居、装备制造、生物医药、钢铁、铝精深加工五大产业链产销对接暨电商对接大会上,南阳市签订购销协议 19 份,涉及金额 16.5 亿元。

7 月 8 日 河南省副省长李亚到南阳督导检查防汛工作。

7 月 9 日 南阳移民精神报告团一行再次走进京津冀。先后在北京市委宣传部、八一电影制片厂、中国林业科学研究院、北京科技大学、石家庄市水务局、天津市水务局等地举行 20 余场报告会。

7 月 10 日 河南省军区司令员卢长健到南阳检查指导防汛工作。

加拿大不列颠哥伦比亚省列治文市议员、代市长区泽光带领贸易代表团莅宛,对玉雕产业发展情况及投资环境进行考察。

7 月 14—15 日　内乡、西峡、南召和方城遭遇风雹灾害袭击,造成 109317 人受灾,直接经济损失 8825.2 万元,其中农业直接经济损失 6857.2 万元。

7 月 15 日　中共南阳市第五届委员会第十二次全体(扩大)会议召开。会议决定大力实施"五个一百"行动计划,促进经济提质增效升级。重抓重推 110 个重大项目。重点培育 97 个高成长骨干企业。培育 100 个上市挂牌后备企业。强力推进 95 个科技创新项目。新引进 113 个重大招商项目。会议并审议通过了《中共南阳市委关于贯彻党的十八届三中全会和省委九届七次全会精神推进重点领域关键环节改革的决定》。

镇平县玉文化产业园被省政府命名为"河南省重点文化产业园区"。

7 月 15—16 日　河南省委书记、省人大常委会主任郭庚茂到南阳调研指导工作。省委副书记邓凯,市委书记穆为民,市委副书记、市长程志明等参加调研。

7 月 16 日　南阳市人民政府与河南省中科院科技成果转移转化中心签订战略合作协议,双方将通过组建科技成果转移转化分中心申报重大科技项目,加强人才交流,组织科技交流活动等。

7 月 16—17 日　联合国教科文组织评估工作组专家卡洛斯·M. N. 卡瓦尔霍、托马斯·里德科斯尔莅宛,对中国·伏牛山世界地质公园进行第二次中期评估。

7 月 16—18 日　国务院南水北调办公室副主任蒋旭光到南阳调研南水北调丹江口库区移民后续发展工作。

7 月 18—23 日　河南省第十二届运动会暨全民健身大会青少年竞技组赛艇比赛在平顶山举行,南阳赛艇队收获 4 金 10 银 4 铜的好成绩。

7 月 18—23 日　河南省第十二届运动会暨全民健身大会男子篮球比赛在焦作举行,南阳市篮球队夺得第一名。

7 月 21 日　武警河南总队司令员朱文祥一行莅宛考察调研。

7 月 21—23 日　"探访南水北调·2014 中央及京津冀媒体中原行"采访活动走进南阳。来自人民日报社、新华社等 40 个媒体的 60 余名编辑、记者聚焦南水北调中线工程。

7 月 23 日　社旗霸王山森林公园、淅川猴山森林公园、南召猿人山森林公园晋升为省级森林公园。至此,全市共创建森林(湿地)公园 8 个,其中国家级 2 个、省级 6 个。

7 月 24 日　政协南阳市第五届委员会常务委员会第二次会议召开。会议传达学习贯彻了市委五届十二次全会精神;审议通过了关于城乡规划工作调研报告;审议通过了《关于加强协商民主建设的意见》《关于加强界别工作的意见》《关于建立月协商座谈会制度的意见》《南阳市政协调研视察工作规则》。

河南省社会科学院南阳分院在南阳师范学院成立。

7 月 25 日　第十二届全国见义勇为英雄模范表彰大会在北京人民大会堂召开,南阳市有 4 人受到表彰。被网友称为"托举三兄弟"的刘新军、贾晓玉和杨明荣获"全国见义勇为英雄群体"称号;舍生取义白河救人的刘金显荣获"全国见义勇为模范"称号。

南阳市提升中心城区"两度两力"(首位度、宜居度、承载力、辐射力)工作会议召开。市委书记穆为民主持会议并强调,必须拿出承担两大"国字号"工程的气魄和干劲,强力提升中心城区"两度两力",努力实现以产立城、以水兴城、以文塑城、以绿靓城"四城联动",把中心城区建成大美南阳的先行区、活力南阳的引领区、幸福南阳的首善区,造福南阳人民。市长程志明部署具体工作。

7月26—27日 安徽省芜湖市党政代表团在市委书记、市人大常委会主任高登榜率领下到南阳市考察。

7月29日 全市玉文化产业发展行动计划工作推进会召开。会议围绕《南阳市玉文化产业发展行动计划》的项目建设、人才培训、诚信建设、文化品牌、活动载体等主要内容,向11个县区、30余个市直单位交办了主要任务和具体工作。

7月30日 市防汛抗旱指挥部发出通知,全市启动抗旱Ⅲ级应急响应。自6月下旬开始,全市出现持续晴热高温天气,降雨偏少,土壤缺墒严重,各地出现不同程度旱情。

是月 由淅川、唐河、社旗、新野、卧龙、宛城等6个县区历时3个月编制的南水北调丹江口库区80个移民新村"强村富民"规划全面编制完成,顺利通过专家评审,并由市移民局审查批复。

南阳市政府与中国林科院签订合作协议,共建南水北调中线渠首水源地高效林业生态示范区。

河南省住建厅、河南省文化厅、河南省财政厅联合公布河南省第二批传统村落名单,全省95个村落名列其中,南阳市6个村落榜上有名。

8月1日 2014年南阳"环保世纪行"活动启动。

8月4日 市中心城区房地产市场秩序专项整治动员会议召开。市委书记穆为民主持会议并讲话。市长程志明对整治工作进行具体部署。会上宣读了《南阳市中心城区房地产市场秩序专项整治工作实施方案》和其他相关文件。

8月6日 因持续干旱,降水偏少,全市旱灾严重。市减灾委根据《南阳市自然灾害救助应急预案》,启动了自然灾害救助三级应急响应。全市日出劳动力9万人左右,投入机电井2.9万眼、泵站33处,累计抗旱灌溉秋作物24.26万公顷。8月4日,市委书记穆为民到方城、南召两县检查指导抗旱工作,各级派出工作组赴旱灾严重地区核查灾情,指导开展救灾工作。

全市乡村学校少年宫项目建设推进会暨骨干人员培训班举行。会议指出,在充分利用好中央、省资助资金的同时,每年要安排一定专项资金用于乡村学校少年宫建设,力求项目早日实现全市乡镇中心学校全覆盖。

8月7日　社旗县产业集聚区6个重点项目集中开工,项目总投资23.4亿元。

8月8日　南阳市与中央企业合作项目签约仪式在郑州举行。南阳市有关单位和县区与华润新能源投资有限公司等14个央企成功签约,项目总投资163.62亿元。

南阳市2014年全民健身日启动仪式暨第四届全民健身项目展演在市体育中心举行。来自全市各个健身点、各体育协会共56个代表队参加了群众健身会演。

8月10日　全市首届有机农业发展论坛暨有机产品认证服务中心成立大会举行。

8月12日　南阳市"三亮三评"工作动员会召开。动员广大党员干部进一步转变工作作风,提供优质服务,为推动经济社会持续健康发展,加快建设大美南阳、活力南阳、幸福南阳提供组织和作风保障。

8月18日　全国工商联发布2014中国民营企业500强名单,河南龙成集团有限公司、河南省淅川铝业(集团)有限公司再度荣登榜单。分别以第209名和320名入围中国民营企业500强。

8月19—20日　河南省政协副主席龚立群带领调研组莅宛,就推进文化产业快速发展、打造服务业高增长点进行专题调研。

8月20日　代号为"平安南阳－2号"的反恐演练在镇平县石佛寺镇举行,市公安局、南阳武警支队、南阳消防支队等单位700余人参加。

8月22日　市委常委会研究决定,在全市各级党组织和党员干部中开展向陈廷江学习活动。

"万名北京市民游南阳"活动启动暨"水源地"号列车首发仪式在北京举行。

8月25日 "法治南阳"建设动员会议召开,《法治南阳建设纲要2014—2020年(试行)》正式启动实施。

8月25—28日 河南省政协副主席靳克文率调研组莅宛,就南水北调源头区旅游业和中医药产业发展情况进行调研。

8月28日 河南省第六届残疾人运动会在郑州闭幕。南阳市代表团夺得13枚金牌、12枚银牌、11枚铜牌,并荣获道德风尚奖,创造了参加省残疾人运动会以来的最好成绩。

《诸葛亮》特种邮票首发式在卧龙岗武侯祠举行。

是月 按照河南省纪委统一部署,全市开展领导干部亲属违规经商办企业和领导干部收送红包礼金问题专项治理工作。

以忠诚奉献、大爱报国为核心内容的南水北调精神教育基地,被河南省委组织部批准在淅川设立,纳入省委"三学院三基地"(大别山干部学院、红旗渠干部学院、焦裕禄干部学院和愚公移山精神教育基地、新乡先进干部群体精神教育基地)建设序列。

桐柏风神圣龙汽车产业有限公司与桐柏县政府正式签约,投资35亿元发展汽车产业。

中国出入境检验检疫协会公布2014年"中国质量诚信企业"名单,南阳二机石油装备(集团)有限公司和中南钻井有限公司榜上有名。

农业部公布第四批324个"全国一村一品示范村镇"名单,西峡县米坪镇凭借香菇产业的规模和效益优势成功入围,成为南阳市唯一入选的村镇。

9月1日 国务院公布第一批80处国家级抗战纪念设施、遗址名录。南阳市彭雪枫纪念馆同卢沟桥、南京大屠杀遇难同胞纪念馆、"九一八"历史博物馆、西安事变纪念馆等一起入选首批名录。

反映南水北调中线工程渠首水源地南阳移民干部群众支持服务南水北调报国情怀的大型原创话剧《源水情深》在北京全国政协礼堂成功首演。解放军总政治部副主任贾廷安,中纪委第四巡视组组长闫海旺,国务院南水北调办公室主任鄂竟平,解放军总后勤部副部长秦银河,解放军总装备部原副政委李栋恒,二炮原副政委程宝山,国务院法制办公室副主任郜风涛,国务院南水北调办公室副主任蒋光旭、于幼军,北京市委常委、宣传部部长李伟,河南省委常委、宣传部部长赵素萍,解放军总后勤部卫生部部长方国思,南阳市委书记穆为民以及市领导王新会、庹军等出席首演活动。

9月1—3日 由市委常委、政法委书记姚龙其带领的南阳市代表团到新疆哈密市,看望慰问援疆干部,考察对口援疆工作,共商对口援助发展大计。

9月2日 市政府印发《关于认真做好第二次全国地名普查工作的通知》,南阳市第二次全国地名普查工作全面启动。此次地名普查从2014年7月1日开始,到2018年6月30日结束。

南阳市首届范蠡文化节商道论坛举行。

9月3日 国务院南水北调办公室副主任于幼军、《人民日报》原副总编辑梁衡一行深入淅川县,就南水北调中线工程渠首环境保护、干渠充水试验等工作进行调研。

市委书记穆为民、市长程志明会见北京市顺义区区长卢映川带领的顺义区党政考察团。双方一致表示,坚持以水为媒,加强对口协作,促进优势互补,实现互利共赢。

9月6—8日 由农业部和河南省政府主办的2014年中国农产品加工业投资贸易洽谈会在驻马店市举行。南阳市共签订招商引资项目19个,合同金额36.84亿元;签订农产品采购贸易合同6个,采购金额

3.71亿元;签订技术合作与转化应用项目4个;签订银企对接项目2个,协议贷款金额2.48亿元。

9月8日　第十八届中国国际投资贸易洽谈会在福建省厦门市隆重开幕,南阳市共有宝发光电触摸屏生产项目、160型热轧钢管生产线搬迁项目等4个合作项目在仪式上成功签约,总投资额10.1亿元。

9月11日　全市公务卡制度改革推进工作会召开。

全市县级医院综合改革推进会召开。

9月12日　全市高标准粮田建设暨农业产业化集群发展观摩点评会议召开。市委常委、副市长张生起出席会议并讲话。

9月13日　彭雪枫将军殉国70周年纪念大会在镇平县彭雪枫纪念馆隆重举行。全国政协常委、二炮原政委彭小枫上将,河南省委常委、省军区政委周和平,省委常委、政法委书记刘满仓,市委书记穆为民等出席纪念大会,市长程志明主持。

9月15日　南阳市38万亩高标准永久性粮田示范区总体规划专家评审会召开,原则上通过了总体规划。

鸭河工区管委会、河南国人实业有限公司举行战略合作框架协议签字仪式,副市长摆向阳等出席。

9月16日　市委召开"承继农运会使命、促进南阳发展"座谈会。市委常委、秘书长张振强主持会议并传达市政府对农运会有功人员进行记功的决定。副市长摆向阳宣读《河南省人民政府关于表彰第七届全国农民运动会筹办工作先进单位和先进个人的决定》,南阳市被授予第七届全国农民运动会筹办工作重大贡献奖,卧龙区、宛城区等50个单位被评为第七届全国农民运动会筹办工作先进单位,马冰等189人被评为第七届全国农民运动会筹办工作先进个人。

9月17日　全国政协原副主席、中国科学院生物物理研究所研究员、中国科学院院士王志珍到南水北调中线工程渠首陶岔调研。

全市深化"一村四警"爱民实践活动现场会在唐河县召开。市委常委、政法委书记姚龙其,副市长、市公安局局长朱海军,市中级人民法院院长庞景玉等出席会议。

9 月 17 日　全市推进基层"四项机制"(推进基层民主科学决策机制,推进便民服务工作机制,推进矛盾化解调解机制,推进党风监督检查机制)建设动员会召开。市委常委、市纪委书记王智慧宣读《关于完善"四项机制"的意见》。

9 月 17—19 日　第四届全国衙署文化研讨会在内乡县衙博物馆举行。文化部原副部长、故宫博物院原院长郑欣淼出席开幕式并发表讲话,市委书记穆为民致贺信。

9 月 18—20 日　市委常委、宣传部部长王新会一行到湖北省襄阳市、十堰市考察文化体制改革和文化产业发展情况。

9 月 19 日　河南省移民强村富民会议在社旗县召开。

9 月 19—20 日　国务院南水北调办公室组织新华社、《光明日报》、中央电视台、《经济日报》等 11 个中央媒体到淅川、西峡开展南水北调中线水质保护采访活动。

9 月 19—28 日　河南省第十二届运动会暨首届全民健身大会在焦作市举行。南阳代表团共有 520 人参加青少年竞技组 15 个大项和社会组 14 个大项的比赛。社会组共取得一等奖 19 个、二等奖 35 个、三等奖 29 个。青少年竞技组共获得一等奖 12 个、二等奖 14 个、三等奖 16 个。

9 月 21 日—10 月 7 日　中国·南阳 2014 年诸葛亮文化旅游节在南阳卧龙岗武侯祠举行。中国秦汉史学会会长王子今、中国魏晋南北朝史学会副会长梁满仓等出席。同日,诸葛亮与南阳高端论坛开幕,市委常委、宣传部部长王新会主持会议。

9 月 22 日　深圳海王集团股份有限公司与南阳市中心医院合作

建设医院签约仪式举行。南阳市副市长刘树华、深圳市海王生物工程股份有限公司总裁刘占军出席签约仪式。

南阳市召开保护"母亲河"行动推进会,进一步加强生态环境保护工作,确保鸭河口水库及白河水质稳定达标。

9月22—23日 市委书记穆为民、市长程志明率领党政考察团先后到商丘、开封、漯河、信阳4市,对产业集聚区、商务中心区、特色商业区建设进行考察学习。

9月26日 全市移民信访暨南水北调中线工程信访工作会议召开。市委常委、副市长张生起要求,全力做好信访和南水北调中线工程信访稳定工作,确保全市迎通水大局稳定。

9月27日 河南省委第七巡视组巡视南阳工作动员会召开。根据中央和省委部署,这一轮巡视工作重点监督检查南阳市领导班子及其成员特别是主要负责人,在党风廉政建设和反腐败斗争,在执行中央八项规定精神和加强作风建设,在严明党的政治纪律方面是否存在问题。

9月29日 南阳市召开迎接南水北调中线工程通水倒计时20天动员会。市委书记穆为民强调,迎通水是2014年重大政治任务,全市上下必须担当实干,奋力攻坚,决战决胜,誓夺迎通水各项工作全面胜利。市委常委、副市长张生起宣读迎通水指挥部《关于第二个"百日会战"实施情况的通报》。淅川县等单位作表态发言。

9月30日 中国首个烈士纪念日。南阳市在烈士陵园举行各界代表2014年烈士纪念日公祭烈士活动。市四大班子和南阳军分区领导、老战士、军烈属、现役军人等800余人参加公祭活动。

南阳市召开村级组织换届选举工作会。

是月 卧龙区举行招商引资项目集中签约仪式,共签约6个项目,总投资7.96亿元。

全国农民合作社发展部际联席会议办公室公示了 2014 年国家农民合作社示范社和全国用水示范组织评选结果,南阳市 14 个农民合作组织入选。其中,农民合作社 13 个,用水组织 1 个。

国家发改委、住建部、财政部、国土资源部、农业部、民政部、科技部联合公布新一轮"全国重点镇"名单,内乡县马山口镇名列其中。

唐栀子、唐半夏获国家地理标志证明商标。

2013 年度全市社会科学优秀成果奖揭晓,共评出优秀成果 100 项,其中特等奖 3 项、一等奖 12 项、二等奖 62 项、三等奖 23 项。

经国家新闻出版广电总局批准,《南阳广播电视报》更名为《南都晨报》,主管主办单位变更为南阳日报社。

在第八届河南省戏曲红梅奖大赛中,市豫剧团演艺有限公司演员王昌全荣获演唱组金奖,杨勇、袁霞荣获银奖,王小品荣获铜奖。

10 月 2 日 重阳节,由中国重阳文化研究中心、西峡县委宣传部主办的 2014 中国·西峡重阳文化节在重阳镇举行。

10 月 3 日 央视《焦点访谈》在黄金档时段播出了国庆特别节目《不能忘却的纪念》,以"凡人丰碑"为题,再次聚焦南水北调和南阳移民,讲述在世纪工程南水北调中线工程建设中,数十万南阳移民为国家舍小家的无私奉献故事。

10 月 9 日 "迎渠首通水,话侨谊乡情"南阳籍将军、作家故里行座谈会在宛举行。解放军总装备部原副政委李栋恒中将,《解放军报》原副总编辑陶克少将,《解放军报》原主编李庚辰,著名作家、解放军总后勤部创作室主任周大新,著名作家、八一电影制片厂副厂长柳建伟,省侨联主席董锦燕出席座谈会。市委常委、统战部部长李建豫致辞,市委常委、南阳军分区政委史安平出席,副市长摆向阳主持。南阳著名作家二月河等参加。

10 月 10 日 全市继续推进打黑除恶专项斗争工作会议召开。市委常委、政法委书记姚其龙,副市长、市公安局局长朱海军,市中级人民法院院长庞景玉,市人民检察院检察长薛长义出席会议。

10月10—11日 南水北调水质保护及库区绿色转型发展论坛在宛举行。全国人大常委会副委员长、民盟中央主席张宝文出席会议并讲话。来自中科院、中国工程院的9位院士以及清华大学等高校的专家学者,民盟中央副主席郑兰荪、徐辉、王光谦,九三学社中央副主席武伟华,河南省人大常委会副主任储亚平,副省长张广智,市委书记穆为民,市领导杨其昌、刘朝瑞、张振强、张生起、程建华、赵秀玲等出席。穆为民作题为《南水北调水源地,绿色发展新南阳——南水北调与南阳转型发展》的主旨演讲。

10月12日 中央文明办发布"中国好人榜"9月入选名单,不顾危险率领工友救运多名伤者的南阳"板车哥"邹令冬和其他106位"中国好人"光荣上榜。

10月13日 全国政协常委、中央农村工作领导小组原副组长田成平一行莅宛,对南水北调工作进行调研。

2014年全国武术太极拳公开赛在焦作市温县陈家沟国际太极拳文化交流中心降下帷幕。南阳陈子明太极拳研究会代表队获得1金4银3铜。

10月14日 河南省首批廉政教育基地——桐柏红色廉政文化展馆经过续建扩容后正式开馆。

河南省通信管理局南阳市通信发展管理办公室揭牌。

10月15日 南阳市第五届敬老月广场文化活动在市中心城区中建七局广场举行。

10月15—16日 河南省副省长王艳玲到南阳调研妇幼卫生保健和计划生育服务工作。

全市普通高中教育工作暨全面深化基础教育课程改革会议在西峡

县召开。副市长刘树华出席。全市 4000 多所中小学校发表了以打造南阳教育质量品牌、建设教育质量强市为主要内容的《鹳河宣言》。

10 月 15—17 日　第五届华侨华人中原经济合作论坛举行。南阳市成功签约 5 个合作项目,涉及商业、电子、中医药等产业,总投资额 30. 6 亿元人民币。

10 月 16 日　国务院南水北调办公室副主任蒋旭光到淅川县调研南水北调丹江口库区移民后续发展工作。

河南省人大常委会副主任王保存到南阳专题调研农产品质量安全监管工作。

市五届人大常委会举行第五次会议,任命曹鹏程为市政府副市长。

在全市开展为期 3 个月的"严防暴恐犯罪、严惩黑恶犯罪、严打'盗抢骗'侵财犯罪、严查'黄赌毒'违法犯罪、严格交通消防危爆物品管理、严管队伍,保平安"专项行动。

10 月 19 日　在第十届中国郑州国际少林武术节上,由市公安局武术队和市前卫新意拳研究会联合组成的代表队,在成人组项目比赛中,获得 1 枚金牌、2 枚银牌、3 枚铜牌;在少儿组项目比赛中,获得 4 枚银牌、1 枚铜牌。

10 月 19—20 日　第十一届全国政协副主席厉无畏在河南省政协副主任李英杰陪同下,到南阳调研中医药健康产业和科技创新等工作。

10 月 20 日　中国·南阳纪念张衡逝世 1875 周年大会在张衡博物馆举行。

10 月 22 日　河南省委常委、省纪委书记尹晋华到桐柏县调研廉政文化建设工作。

第二届"仲景论坛"开幕式及主题报告会在南阳举行。

南阳市首个县级美术馆——西峡美术馆建成开馆。

10 月 23 日　深圳市德大成电子资源管理公司、深圳市前海网商信息产业控股有限公司、北京联创科技有限公司分别与南阳赛格电子城签订投资建设南阳电子商务跨境交易平台、电子信息港和真空吸气材料 3 个项目协议,总投资 10 亿元。

10 月 23—25 日　来自古巴、巴拿马、委内瑞拉等 17 个国家和地区的 47 名司、处级官员组成的"拉美加勒比及南太地区人力资源管理研修班"到南阳市交流考察。

10 月 24 日　全市推进学习型党组织建设工作会议召开。

南阳市党的群众路线教育实践活动总结会议召开。河南省委第八督导组组长、省人大常委会副主任蒋笃运出席会议并讲话,市委书记穆为民作总结报告。

10 月 25 日　南阳市第十九届环卫工人节。市委、市政府向辛勤工作的广大环卫工人和环卫工作者发出慰问信。

首都艺术家走进南水北调中线渠首、淅川县九重镇陶岔村,奉献了一场以"饮水当思源,感恩进库区"为主题的系列慰问演出。

10 月 26 日　市生态文明促进会南水北调中线工程护水总队授旗仪式在市水上运动中心举行。市生态文明促进会会长王清选授旗。

河南省 2014 年度百强和百高企业名单公布,南阳市 11 个企业榜上有名,在百强榜单中,河南省石油勘探局、龙成集团、淅川铝业(集团)、豫西工业集团、淅川汽车减震器厂 5 个企业入选。宛西制药股份有限公司、福森药业有限公司、天冠集团、防爆集团、二机石油装备(集团)、南阳森霸光电有限公司 6 个企业入选百高企业。

10 月 28 日　电影《天河》在北京首映,影片讲述南水北调工程建设和移民搬迁中惊心动魄的故事。

10 月 28—29 日　北京市人大常委会副主任柳纪纲率考察团莅临南阳,调研南水北调中线工程建设。

10 月 29 日　全市改善农村人居环境建设美丽乡村现场会在方城

县召开,市委书记穆为民出席会议并讲话。

"万里茶道与中国赊店"研讨会在北京人民大会堂举行。

10 月 30 日　国务院参事室在南阳市建立调研联系点。国务院参事室副主任方宁、市委书记穆为民出席签约仪式。

人力资源和社会保障部、国家卫生计生委和国家中医药管理局共同召开第二届国医大师表彰大会,邓州市中医院院长唐祖宣名列其中。

10 月 31 日　市委召开常委会议,学习贯彻党的十八届四中全会精神。市委书记穆为民主持会议并讲话。

南水北调京豫对口协作项目人才(劳务)对接招聘会在市人才交流中心举行,达成就业意向 850 人次。

10 月 31 日—11 月 2 日　2014 中国(郑州)产业转移系列对接活动在郑州国际会展中心举行。市委常委、常务副市长原永胜,副市长张明体率南阳代表团参加活动,成功签约 55 个项目,总投资 221.5 亿元,引进省外资金 216.79 亿元。其中,投资亿元以上项目 49 个,总投资 217.88 亿元。

是月　淅川县与北京国电中兴科技开发有限公司成功签约投资额达 30 亿元的光伏电站项目。

南阳市获国家标准委批准创建国家农业综合标准化示范市。

中国民营企业联合会、中国统计协会、中国管理科学研究院企业研究中心联合发布 2014 年中国民营 500 强企业名单,龙成集团位居第 202 位。

全市"关爱留守儿童,城乡孩子手拉手"活动启动仪式在新野县汉桑城小学举行。

11 月 1 日　全市 10 个县的人民医院、中医院全面启动县级公立医院综合改革工作。

11 月 3 日　最高人民检察院副检察长姜建初到南阳走访驻豫全

国人大代表,听取对检察机关、检察工作的意见和建议。

由公安部和中央电视台联合主办的第五届"我最喜爱的人民警察"评选活动揭晓,郑州铁路公安局洛阳公安处南阳车站派出所站勤警长邹清林获特别奖,同时被授予"全国公安系统二级英雄模范"称号。

11月4日 《南阳市中心城区商业网点规划(2014—2020)》通过评审。

由市社区志愿者协会摄制、反映南水北调移民精神的电影《碧水丹心》走进南阳技师学院,吸引了2000多名师生观看。此后《碧水丹心》在全市大中专院校及南水北调中线工程沿线的13座城市进行放映。

11月5日 全国居民健康卡普及应用推进会在南阳召开。

内乡县第二十四届菊花文化节开幕。

11月5—8日 来自全国的近百个中药材生产基地企业负责人以及中国工程院院士张伯礼等到宛西制药基地考察,共商中药材共建共享联盟事宜。与会人员围绕中药饮品生产技术、价格、基地管理等多方面开展座谈。

11月6日 河南省佛教学院举行首届学僧毕业典礼。省民委主任、省宗教局局长彭亚平,市委常委、统战部部长李建豫,市政协副主席阿颖出席。

11月7日 中国旅游青年联盟2014年年会暨"全国骨干旅行社进南阳"考察活动在南阳举行。

11月9—11日 "南都古城杯"2014年世界水上摩托艇中国(南阳)大奖赛暨第四届中国摩托艇南阳站联赛在水上运动中心举行。

11月11日 2014年区域扶贫开发与有机产业拓展高层论坛暨全国有机农业产业创新发展联谊会第二次会议在宛召开。

11月12日 市委中心组(扩大)举行学习十八届四中全会精神报告会。中国法学会副会长张文显应邀作辅导报告。

11 月 13 日　宛商大讲堂启动仪式暨首次报告会举行。中共中央政策研究室原副主任、中国国际经济交流中心常务副理事长郑新立,省社科院研究员、工业经济研究所所长龚绍东应邀作报告。

11 月 15 日　市委书记穆为民、市长程志明带领全市产业集聚区、商务中心区和特色商业区观摩团,到市城乡一体化示范区、社旗县、方城县、内乡县、卧龙区观摩考察。

南阳市土地流转服务中心正式揭牌。

2014 年度人民文学奖在鲁迅文学院隆重颁奖,南阳籍作家马新朝和汗漫,分别以组诗《中原诗志》、散文《妇科病区,或一种艺术》摘得相关奖项桂冠。

11 月 16 日　市绿色教育示范基地挂牌暨生态城市专业委员会授牌仪式在市人民公园举行。

11 月 17 日　2014 年第八届中国专利周河南地区活动启动仪式在南阳理工学院举行。

反映几代中原儿女为支持南水北调中线工程做出巨大牺牲的大型现代豫剧《家园》在市广电中心演播大厅上演。

11 月 19 日　全市贯彻落实省委巡视组反馈意见整改工作动员会召开,就做好相关工作提出具体要求。

市委书记穆为民率团到北京市考察电子商务产业,市领导曹鹏程、摆向阳参加考察。

市政协召开五届一次主席专题议政会,围绕加快全市企业上市步伐进行专题协商。

11 月 20 日　辽宁省副省长赵化明带领考察团莅宛,考察南水北调中线工程和丹江口库区水质保护工作。

市委组织部、市回创工作领导小组办公室、市金融办等联合举办2014 年度驻宛银行服务回创企业对接洽谈会。驻宛 17 个银行与各县区 123 个重点回创企业现场签约 16 份,初步达成意向授信 5.9 亿元,签约 2.24 亿元。

在全市开展为期 1 个月的大气污染集中整治活动,深入贯彻落实"蓝天工程"行动计划。

11 月 20 日—12 月 31 日 在全市开展"领导干部利用职权违反规定干预和插手建设工程招标投标、经营性土地使用权出让、房地产开发与经营等市场经济活动,为个人和亲友谋取私利"线索的排查。

11 月 21 日 全市基层党风政风监督检查机制建设现场会在西峡县召开。

市委召开基层党组织建设工作观摩推进会。市委常委、组织部部长杨韫参加观摩并讲话。与会人员实地观摩了新野县、宛城区的 9 个乡(镇)、村(社区)基层党建示范点。

11 月 22—23 日 全国政协常委、全国台联党组书记梁国扬,全国政协港澳台侨委员会副主任梁绮萍一行到南阳考察根亲文化和南水北调中线工程。

11 月 26 日 平安南阳建设推进会议召开。

全市义务教育均衡发展推进会召开。

11 月 27 日 国务院南水北调办公室副主任于幼军一行莅宛,就南阳市南水北调总干渠水质保护情况进行调研。

鸭河工区南都古城等 12 个项目开工,总投资达 278 亿元。

11 月 29 日至 2015 年 1 月 11 日 由南阳市汉画馆、南阳市文物考古研究所、广州西汉南越博物馆联合举办的"龙卧南阳——南阳汉代文物展"在广东省东莞市博物馆展出。

11 月 30 日 市委书记穆为民在内乡县会见北京市延庆县委书记李志军一行,双方就南水北调内乡县与北京市延庆县对口协作举行深入会谈。

是月 华扬龙生科技园入驻南召县产业集聚区。该项目总投资10.9亿元,被列入2014年河南省政府(A)类重点项目。其中建设:辛夷制药区;益生菌生产区;植物酵素生产区;新材料生产区和研发中心。

南阳月季再获出口欧盟资质。

市粮油质量检测中心晋升为国家级监测站。

工业和信息化部公示第四批"国家中小企业公共服务示范平台"名单,南阳市工业和信息化技术服务培训中心成功入选。

市食品药品监督管理局启动全市餐饮食品安全电子监管系统。

南阳西峡伏牛山老界岭·恐龙遗迹园旅游区上榜国家5A级旅游景区名单,这是南阳市首个上榜5A的景区。

《南阳日报》跻身"全国地市党报影响力十强"并入选"中国品牌媒体百强"。

牧原股份有限公司董事长秦英林被评为全国社会扶贫先进个人。

南阳理工学院"编外大学生雷锋营"获"河南省优秀大学生群体"称号。

12月1日 北京与河南教育领域对口协作正式启动。京豫教育对口协作主要针对河南省淅川县、西峡县、内乡县、邓州市、栾川县和卢氏县,将统筹北京市优质教育资源,以协作项目为载体,通过干部教师培训、数字化优质教育资源共享和学校之间手拉手结对交流,支持水源区教育事业发展。

北京市延庆县与内乡县南水北调对口协作旅游、教育、地质公园、卫生4部门签约仪式在内乡举行。

市委政法委、市综治委在全市组织开展为期1个月的平安南阳建设集中宣传活动。

全市启动依法逐级走访工作。

12月2日 国务院正式批准设立南阳卧龙综合保税区。这是继郑州新郑综合保税区后,河南省设立的第二个综合保税区。

市委组织部发出通知,要求各级组织部门和广大基层党组织发动广大党员使用共产党员微信、易信。

由市纪委指导,方城县委、县纪委编演的大型现代豫剧《子夜惊梦》在唐河、社旗、南召等县开展首次巡演活动。

北京市文联组织文化社团、文化公司及艺术家赴南阳开展"深入生活扎根人民"主题实践活动。

12月3—4日 市政协主席刘朝瑞带领考察团到南昌市,就内河截污治污工程进行考察。

12月4日 南阳市举行国家宪法日暨全国法制宣传日系列宣传教育活动。

纪念冯友兰先生诞辰119周年纪念会暨冯学高层论坛在唐河县召开。

甲午年全球曾姓祭拜始祖大典暨中华古鄫国文化博物馆落成典礼,在方城县八里桥隆重举行。

方城县招商引资项目发布暨签约仪式举办,共有10余个项目成功签约,合同引资额28.1亿元。

12月5日 南阳市成功通过国家二类城市语言文字工作评估验收。

市政府作出《关于取消下放调整和保留行政审批项目的决定》,对各部门的行政审批项目进行全面清理。保留37个部门(单位)行政审批项目175项,取消、下放和调整行政审批项目56项,承接行政许可项目8项。

中国铁塔股份有限公司南阳市分公司揭牌成立。

全市农田水利基本建设暨农村安全饮水工作现场会在淅川县召开。

12月6日　中科院中科博阳空间信息技术有限公司与鸭河工区管委会举行签约仪式,投资100亿元的无人机航空小镇项目正式落户该区。

南阳市第三届小学生机器人竞赛在市二十一学校举行,来自市十二小学、市十五小学、市二十一学校等多所小学的400多位小选手参加比赛。

12月8日　河南省高级人民法院院长张立勇一行莅宛,与部分驻宛全国、省人大代表和政协委员座谈,通报全省法院工作情况,征求代表委员们对法院工作的意见和建议。

中国第三批传统村落名录公布。南召县马市坪乡转角石村、淅川县盛湾镇土地岭村、唐河县马振抚乡前庄村榜上有名。至此,南阳市已有5个村落入选中国传统村落名录。

12月8—10日　河南省副省长赵建才带领省直有关部门负责人到南阳调研保税区建设、公路交通和城乡建设。

12月8—11日　第三届范曾研究高峰论坛暨百位名家画范曾峰会在西峡县举行。

12月9日　南阳文化艺术学校与北京戏曲艺术职业学院签订合作协议,共同开启文化艺术人才培养工程。

12月11日　市纪委召开会议,落实党风廉政建设党委主体责任和纪委监督责任。

12月12日　14时32分,南水北调中线工程正式通水。

全市领导干部会议召开,市委书记穆为民明确提出"团结凝聚战斗力、敬畏规矩树形象、忠诚担当事上见、落实见效真本事"作风建设四句话要求。

国家信息中心对口协作南阳市人民政府"国家智慧政务建设示范城市"签约授牌仪式举行。

南阳红风帆植物技术有限公司通过了上海股权交易中心审核,在新三板挂牌上市,进入上海股权交易系统进行交易。

"放飞梦想"共建百所爱心学校公益项目走进河南启动仪式在南阳市举行。

12月16日 农业部、国家发改会、财政部、水利部等9部委联合认定3759个合作社为国家农民专业合作社示范社。南阳市有13个农民专业合作社入选。

市政府启动查处取缔无证无照经营专项督导检查行动,对涉及人民群众身体健康和生命财产安全的重点行业领域进行重点检查。

第六届南阳读书月活动圆满落下帷幕。南阳日报社、市新华书店、市读书协会联合举办颁奖仪式,表彰活动中评选出来的"十佳书香单位"及"十佳书香个人"。

12月16—17日 市五届人大常委会举行第六次会议。市人大常委会主任杨其昌主持会议,副主任谢先锋、梁天平、赵景然、程建华、刘荣阁、李甲坤、庞震凤、秘书长杨鸣哲出席会议。副市长张生起、曹鹏程,市中级人民法院院长庞景玉,市人民检察院检察长薛长义列席会议。会议听取审议了市人民政府关于加强中心城区中小学建设议案办理情况报告、市人大教科文卫工作委员会关于加强中心城区中小学建设议案办理情况的报告;听取审议了市人民政府关于加强白河水系保护和治理议案办理情况的视察报告、市人大农村工作委员会关于加强白河水系保护和治理议案办理情况的调研报告;听取审议了市人民政府、市中级人民法院、市人民检察院关于市五届人大一次会议代表建议、批评和意见办理情况的报告;听取审议了市人民政府关于产业集群发展情况的报告、市人大财政经济委员会关于产业集群发展情况的视察报告;听取审议了市人民政府关于旅游发展总体规划修编情况报告;听取审议了南阳市人大常委会关于召开南阳市第五届人民代表大会第二次会议时间的决定(草案)和补选河南省第十二届人民代表大会代表的议案说明,并听取审议了人事任免事项。会议决定,南阳市第五届人民代表大会第二次会议于 2015 年 1 月 6 日在南阳召开。

12 月 17 日 河南省社科院公布《中原经济区省辖市综合竞争力评价报告》,郑州市、洛阳市、聊城市、南阳市位列中原经济区省辖市竞争力前四名。

全市培育和践行社会主义核心价值观暨文明新村创建工作会议召开。

12 月 18 日 "2014 河南最美村官"名单揭晓,唐河县湖阳镇陈营移民新村已故村党支部书记陈廷江位列其中。

南阳文化促进会成立。

12 月 19 日 民建南阳市委成立大会召开。

12 月 20 日 南阳历史地位研究座谈会召开,会专家学者围绕"南阳历史地位研究"课题进行研讨。

12 月 23 日 市内河水系综合开发工作会召开,部署温凉河综合开发工作,讨论汉城河、三里河、十二里河、梅溪河等内河截污治污方案。

12 月 24 日 美国伊利诺伊州远东局局长、美国州政府及港务局联合委员会主席李乐民莅宛访问。

12 月 25—26 日 驻宛全国、省人大代表对全市经济社会发展情况进行视察。

12 月 26 日 "河南南阳"英文官网正式开通。

河南省住建厅、省发改委联合命名南阳市为"河南省节水型城市"。

12 月 27 日 中央军委命令,任命季陵为南阳军分区司令员。南阳军分区原司令员程德明调任信阳军分区司令员。

12 月 29 日　农业部印发《关于表扬 2014 年全国粮食生产先进单位和先进个人的决定》，南阳市获评"全国粮食生产先进单位"，唐河、方城、新野 3 县也同获殊荣。

南阳规划展示馆正式向公众开放。

12 月 30 日　南阳市创建国家卫生城市、全国文明城市动员大会召开。

12 月 31 日　国家主席习近平通过中国国际广播电台、中央人民广播电台、中央电视台，发表 2015 年新年贺词。他在贺词中总结 2014 年成绩时，对南水北调中线一期工程移民搬迁工作给予高度评价，并祝福广大移民在新家园生活幸福。

是月　西峡县登烽石材公司在上海股权托管交易中心中小企业股权报价系统（Q 板）成功挂牌，这是南阳首个成功登陆上海股交中心的中小企业。

由建设银行股份有限公司控股的建信人寿保险有限公司南阳中心支公司成立。

河南省扶贫办公布 2014 年度全省扶贫开发整村推进示范村名单，南阳 10 个，共有 100 个村入选。

河南省住房和城乡建设厅下发《关于开展中心镇规划中心村规划示范引导点工作的通知》，全省共选定 109 个中心镇、112 个中心村（社区）作为新农村建设规划的示范引导点，南阳市 9 个镇和 9 个村（社区）入选。

2015 年

1月1日　全市企业退休人员养老金再次上调,每人每月至少增加 105 元基本养老金。全市企业退休人员基本养老金连续 11 年上调。

1月5日　第六届全国敬老爱老助老主题教育活动表彰大会在北京举行。南阳市社区志愿者协会会长李相岑荣获"全国孝亲敬老之星"称号。

1月5—8日　中国人民政治协商会议南阳市第五届委员会第二次会议在南阳会议中心召开。市政协主席刘朝瑞代表市政协第五届委员会常务委员会向大会作工作报告。会议期间,政协委员听取和审议了政协南阳市第五届委员会常务委员会工作报告;听取和审议了政协南阳市第五届委员会常务委员会关于五届一次会议以来提案工作情况的报告;列席南阳市第五届人民代表大会第二次会议,听取并讨论了《政府工作报告》及其他报告;审议通过政协南阳市第五届委员会第二次会议有关决议和报告。

1月6—9日　南阳市第五届人民代表大会第二次会议在南阳会议中心召开。大会一致通过了《关于〈南阳市人民政府工作报告〉的决议》《关于〈南阳市 2014 年国民经济和社会发展计划执行情况与 2015 年国民经济和社会发展计划〉的决议》《关于〈南阳市 2014 年财政预算执行情况和 2015 年财政预算〉的决议》《关于〈南阳市人民代表大会常务委员会工作报告〉的决议》《关于〈南阳市中级人民法院工作报告〉的决议》《关于〈南阳市人民检察院工作报告〉的决议》。

1月7日　仲景国医文化创意园、南阳多彩万象旅游城2个项目在鸭河工区分别签约。

中央电视台一套《新闻联播》栏目以《行进中国·精彩故事》专题形式连续报道地处南水北调中线工程渠首和核心水源区的淅川县渔民水上拆迁情况。

南阳市社保"一卡通"办理全面展开。凡在南阳市参加社会保险的城镇职工、退休人员和城乡居民等,均须申办社会保障卡。

1月9日　全国政协副主席、国家民委主任王正伟莅宛,就民族工作进行调研。

1月上旬　河南省林业厅批准新建方城赵河省级湿地公园。南阳市省级湿地公园达到2个。

1月11日　南阳市官庄石油钻采和精细加工特色产业基地被河南省科技厅认定为河南省高新技术特色产业基地。

1月11—13日　市委书记穆为民率团赴深圳开展招商活动,洽谈项目合作事宜。

1月12日　社旗县举行产业集聚区重点项目集中开工竣工仪式,涉及9个工业项目,总投资48.7亿元。

1月13—16日　市长程志明率团赴上海对接项目、洽谈招商。

1月14日　反映几代中原儿女为支持南水北调中线工程作出巨大牺牲的大型豫剧《家园》在市广电中心演播大厅上演。

1月14—15日　全国南水北调工作会在宛召开,全面系统总结工程建设,客观分析面临的新形势和新任务,安排部署2015年工作。

1月19日　南阳海外国际旅行社有限公司成立。该公司是由南阳市旅行社、南阳浪漫之旅、中原国旅南阳分公司等18个旅行社组建的豫西南地区规模最大的出境游组团国际社。

1月20—23日　市委书记穆为民率领南阳市经贸文化考察团赴台

湾开展经贸文化交流活动。

1 月 22 日 淅川县 2015 年重大项目集中开工竣工仪式举行。此次开工竣工项目共 27 个,总投资 102.67 亿元,其中新开工项目 20 个、竣工项目 7 个。

1 月 23 日 高新区 2015 年重大项目集中开工竣工仪式举行。此次开工竣工项目共 15 个,其中竣工项目 8 个,总投资 32.8 亿元;开工项目 7 个,总投资 17.7 亿元。

1 月 25 日 央视 2014 年度"三农"人物评选结果揭晓,南阳"托举三兄弟"刘新军、贾晓玉、杨明入选。

市委办公室、市政府办公室下发通知,在全市各级党政机关和人民团体以及企事业单位普遍建立以律师为主体的法律顾问制度,全面推进法治南阳建设。

南阳军分区召开党委九届十七次全体(扩大)会议。市委书记、南阳军分区党委第一书记穆为民在会议上要求,忠诚担当,奋发作为,把全市国防后备力量建设得更好。

市纪委召开五届五次全会。市委书记穆为民在会议上强调,要深入落实中央纪委全会和省纪委全会部署,严守党的政治纪律和政治规矩,抓实作风建设,以零容忍的态度严惩腐败,严格落实"两个责任",向腐败开战,不断开创党风廉政建设和反腐败斗争新局面。市委常委、市纪委书记王智慧主持并代表市纪委常委会作工作报告。

1 月 27 日 在文化部、人力资源和社会保障部举行的全国文化先进单位、系统先进集体、先进工作者和劳动模范表彰活动中,淅川县再次荣获"全国文化先进单位(文化先进县市区)"称号。

1 月 28 日 南阳市第十三届(2014)十大新闻人物评选揭晓。

1 月 29 日 住房和城乡建设部公布第二批建设宜居小镇、宜居村庄示范名单,南阳市西峡县双龙镇上榜。

1月30日　南阳市政府与郑州大学全面合作协议签约仪式在郑州大学举行。

是月　社旗县风电项目首台机组正式并网发电。

淅川丹阳湖国家湿地公园获批。南阳市国家级湿地公园增加到4个。

河南省工业和信息化厅公布2014年中小企业特色产业集群认定名单,河南省13个产业集群上榜,其中南阳市有4个。新野县产业集聚区的纺织服装、淅川县产业集聚区的汽车零部件、南召县产业集聚区的天然碳酸钙粉、西峡县产业集聚区的中药制药及绿色食品榜上有名。

南阳市五保集中供养标准由2014年的每人每年不低于3200元提高到每人每年不低于3800元,五保分散供养标准由每人每年不低于2220元提高到每人每年不低于3800元。

2月1日　以"蚂蚁雄兵·全民创业"为主题的服装迎春展销会在南阳市卧龙服装城举行。

2月3日　深圳华南城股份有限公司董事、华耀城集团总裁林贤富一行到南阳市考察,洽谈合作项目,市长程志明出席洽谈会。

2月5日　市总工会举行2015年"双节"送温暖慰问金发放仪式。活动共投入600万元帮扶资金,惠及市直企业的4000余名困难职工和劳模。

2月8日　国家发改委、科技部、财政部、海关总署、税务总局联合公布第二十一批国家认定企业技术中心和技术分中心名单,乐凯华光印刷科技有限公司技术中心榜上有名。

2月8—9日　市委书记穆为民率领考察团到杭州市考察学习城市建设。

2月9日　市政协主席刘朝瑞、市人大常委会副主任刘荣阁到鸭河工区皇路店镇孟山村,看望慰问老党员和困难群众。

2月11日　中国石化集团公司董事长、党组书记傅成玉一行到河南油田慰问离退休老同志、老党员和劳动模范。

"丝路之源"南阳与"一带一路"建设高端论坛在南阳师范学院举行。来自北京大学、南阳师院、方城县、社旗县、唐河县、鸭河工区及社会各界的40余位学者、专家与会,围绕南阳作为"丝绸之路"源头之一的历史定位,国家"一带一路"伟大战略构想与南阳融入发展的现实路径等热点问题进行研讨。

2月12日　河南省工商联小微企业服务中心方城办事处揭牌暨银企对接授信仪式在方城县举行。

河南省高标准粮田建设和农业产业化集群发展工作领导小组下发通知,认定首批25个示范性农业产业化集群,南阳科尔沁肉牛和牧原生猪2个产业化集群上榜。

2月15日　河南省副省长赵建才带领省总工会、民政厅、人社厅等部门负责人到南阳市,走访慰问困难企业、孤寡老人和劳动模范。

市长程志明到宛城区净土庵社区,看望慰问困难群众和基层干部。

2月16日　市委书记穆为民到唐河县毕店镇走访慰问困难党员、移民群众。

2月17日　市委书记穆为民、市长程志明在中心城区督导春节服务保障工作,看望慰问坚守岗位的电力职工、编辑记者、公安民警和环卫工人等。

2月28日　全国精神文明建设工作表彰暨学雷锋志愿服务大会在北京举行,南阳市获得第四届全国文明城市提名,西峡县获得县级文明城市提名。同时,南阳师范学院、南阳理工学院、市统计局、市人民检察院等4个单位荣膺第四届"全国文明单位"称号。宛城区瓦店镇、西峡县太平镇、西峡县双龙镇化山村、内乡县赤眉镇鱼贯口村荣膺第四届"全国文明村镇"称号。

是月　市工业和信息化技术服务培训中心通过"省级和国家级中小企业公共服务示范平台"评审,成为南阳市首个"国家号"中小企业公共服务示范平台。

3月4日　桐柏县2015年重大项目集中开工竣工仪式举行。该次集中开工竣工项目19个,包括工业、基础设施及服务业项目。其中开工项目14个,总投资59.21亿元;竣工项目5个,总投资15.53亿元。

中宣部公布第一批50个全国学雷锋活动示范点和50名全国岗位学雷锋标兵,河南省共有2个示范点和2名标兵上榜。其中,方城县教师郭春鹏荣膺"全国岗位学雷锋标兵"称号,邓州市电业局城区供电分局"三八"雷锋班入选"全国岗位学雷锋示范点"。

3月10日　市五届人大常委会召开第九次会议。会议听取审议一批市人民政府对南阳市五届人大常委会第五次会议关于市人大常委会执法检查组检查《中华人民共和国旅游法》《中华人民共和国气象法》等相关法律贯彻实施情况报告的审议意见的研究处理情况报告等。

3月11日　市政府新闻办公室在市政府新闻发布厅召开中国·南阳第十二届玉雕节暨国际玉文化博览会、2015年中国月季花展新闻发布会,标志着市政府新闻发布厅正式启用、全市例行新闻发布工作正式启动。

3月12日　全市重大项目联审联批推进机制启动动员会召开。

第三十七个植树节上午,"植绿母亲湖,美化我家乡"南阳市2015—2020年义务植树造林活动在鸭河工区启动。

3月13日　京豫对口协作项目人才(劳务)对接招聘会在市人才交流中心举办,来自北京的30个用人单位和南阳市45个用人单位参会选才。

南阳市在中心城区新华城市广场举办"3·15"国际消费者权益日纪念大会。该次活动由市政府主办。市质监局、市工商局、市消协等

16 个相关部门设立咨询投诉服务台,为群众答疑解惑,维护权益。

3 月 14 日　济南军区强军精武标兵先进事迹巡回报告团在驻宛某部作巡回报告。

3 月 17 日　由南阳市文化促进会等多个单位联合主办的中国书法名家作品暨张兼维篆刻作品展在南阳东方典藏美术馆开幕。

3 月 18—19 日　市委书记穆为民,市委副书记、市长程志明分别率全市产业集聚区、商务中心区及特色商业区观摩组到各县区进行观摩点评。

3 月 20 日　全市失职渎职典型案例通报暨警示教育会议召开,市委常委、市纪委书记王智慧,市人民检察院检察长薛长义出席会议。会议通报了近年来纪检监察机关和检察机关查处的 20 起失职渎职典型案例。

3 月 20—21 日　国务院南水北调办公室副主任王仲田莅宛,调研南水北调中线工程水质保护和生态环境保护工作。

3 月 21 日　市第二人民医院举行三级甲等医院揭牌仪式。

3 月 24 日　市五届人大常委会召开第十五次主任会议。会议研究列入市五届人大常委会第十次会议议程的有关视察、执法检查方案;研究市人大常委会有关规则、办法、意见等草案;听取关于立法调研等有关情况的汇报。

河南省核工业地质局正式宣布,在西峡县发现河南省首个中型稀土矿床,改写在东秦岭特别是河南省境内没有中型稀土矿床的历史。经估算稀土资源量 10 余万吨。

3 月 25 日　市社科联举行第四次代表大会,选举产生新一届领导班子。

3 月 26 日　市工会举行第四次代表大会,选举产生新一届领导班子。

南阳市重大项目"三馆一院"（市博物馆、图书馆、群众艺术馆和南阳大剧院）建设工程举行开工仪式。市委书记穆为民宣布开工。

国务院南水北调办公室主任鄂竟平到南阳市调研南水北调移民安置和转型发展等工作。

3月27日 中国中西部经济技术协作区第二十六届协调委员会全体会议在南阳召开。来自湖北省荆门市、襄阳市、十堰市、神农架林区,陕西省安康市、商洛市,重庆市万州区、开县,四川省达州市和大会执行主席方南阳市等10个协作区成员方的领导出席,协商合作事宜。

市残疾人联合会举行第四次代表大会,选举产生新一届领导班子。

3月28—29日 2015年南阳市全民健身大会乒乓球公开赛在市体育中心举行。来自全市79支代表队的500多名选手参赛。

3月29日 市科学技术协会举行第四次代表大会,选举产生新一届领导班子。

3月29—31日 全国政协常委、九三学社中央副主席赖明,带领九三学社中央调研组到南阳市调研。

3月30日 市文联举行第四次代表大会,选举产生新一届领导班子。

市政府与中原银行在宛正式签署战略合作协议。根据协议,未来3年,中原银行将向南阳市提供不低于200亿元综合授信,用于支持南阳经济社会发展。

3月31日 台湾国泰慈善基金会董事长钱复到南阳参观考察文化遗迹。

是月 河南省地质调查院在方城县首次发现碱性正长岩型铌矿床,这是河南省发现的首个碱性正长岩型铌矿床。

全国妇联公布"三八"红旗手(集体)、城乡妇女岗位建功活动先进集体(个人)表彰名单,南阳市有4个集体荣获"全国巾帼文明岗"称号,2 个集体荣获"全国巾帼建功先进集体",1 人荣获"全国三八红旗手"称号,3 人荣获"全国巾帼建功标兵"称号。

中华全国总工会举办全国"五一"巾帼奖表彰大会,中行南阳分行营业部主任皮红瑞荣获全国"五一"巾帼奖。

"真情天津 2014 年度人物"评选结果揭晓,南阳市在天津务工的"托举三兄弟"贾晓玉、刘新军、杨明当选。

由市委宣传部、市文明办、市文广新局、南阳日报社联合举办的"感动南阳"2014 年度人物评选活动揭晓,"托举三兄弟"(刘新军、贾晓玉、杨明)、邹令冬、殷晓非、郭春鹏、陈廷江、毕冬云、孙宾、贾有强、宋红军、邓曼君当选。

方城县、桐柏县被省政府授予"河南省义务教育均衡发展先进县"称号。

市社会福利院的 216 名孤残儿童被纳入城镇居民医疗保险体系。

镇平县跻身省级园林县城。

4 月 1 日　河南省政协主席叶冬松率队对南阳市产业集聚区、商务中心区、特色商业区建设情况进行观摩点评。

市文明办、市教育局、团市委、市妇联、市关工委,在全市未成年人中组织开展的"清明祭英烈"活动正式启动。

4 月 5 日　清明节,文化部组织解放军艺术学院、中国铁路文工团、中国煤矿文工团、武警文工团、中国歌剧舞剧院、国家京剧院等单位的优秀艺术家,深入淅川县慰问演出。

4 月 8 日　市民政局在全市开展 2015 年城乡低保工作规范管理及专项整治活动,打造群众满意的"阳光低保"。

在全市工业经济暨培育重点工业企业大会上,牧原食品股份有限公司、河南省西保冶材集团有限公司、新野鼎泰电子精工科技有限公司、南阳金冠电气有限公司获 2013 年度"市长质量奖"。

4月9日　市政府和深圳前海股权交易中心在深交所签署战略合作协议。前海股权交易中心将设立前海股权交易南阳办事处,为南阳市中小企业提供一体化综合金融服务。

4月10日　市政协五届十次主席会议召开。会议传达市委常委(扩大)会议精神,听取2015年度十大调研课题安排意见,听取《政协南阳市委员会专门委员会通则(修改稿)》《政协南阳市委员会专门委员会特邀委员产生和管理办法(讨论稿)》,听取市政协五届二次会议提案交办情况并研究确定十大重点提案。

联合国南南合作可持续发展高级别论坛举办,河南天冠集团作为全球生物能源领域的唯一企业代表参加论坛,董事长张晓阳作"生物能源——人人享有可持续能源的认识与实践"的主题演讲。

4月12日　首届国际无人机科学发展高峰论坛暨中国(南阳)国际无人机航空文化小镇研讨会在深圳举办。该次高峰论坛由市政府与科技部遥感数据处理与产业技术创新战略联盟共同主办。

4月13日　全市基层党风政风"四督四查"(督教育、督公开、督明责、督制度,普遍检查、重点核查、专项巡查、及时调查)机制建设推进会召开。

经过12年的艰辛选育,水稻新品种"宛粳096"以"高产、优质、多抗"等特性通过省品种审定委员会审定,取得国家新品种权保护,填补了南阳没有省审水稻品种的空白。

4月14日　河南全宇制药股份有限公司在全国中小企业股份转让系统挂牌上市,成为南阳市首个登陆"新三板"的企业。

4月15日　市长程志明主持召开市政府第十一次常务会议,研究扶贫开发和非法集资处置等事项。

市纪委对市国土资源局、市水利局和市环保局巡察工作动员会召开,市直单位巡察制度启动。

市委书记穆为民会见光大证券股份有限公司副董事长、党委书记、总裁薛峰带领的光大证券考察团,双方就加强金融领域的合作进行深入交流,并达成共识。

天津市人大常委会副主任李亚力带领天津市人大常委会考察团莅宛,考察南水北调中线工程。

4月17日 河南中医药人才市场揭牌仪式在市人才市场举行。

4月18日 河南省毕业生就业市场南阳分市场2015年春季招聘会、南阳市第二届校企对接暨大中专毕业生招聘会在南阳师范学院举行,来自南阳理工学院等6所院校的1.5万名毕业生参会,2000余名毕业生与用人单位达成初步就业意向。

4月19日 韩国春川市政府代表团到南阳市进行友好访问,双方签订中国南阳市与韩国春川市旅游体育文化交流合作框架协议。

加拿大列治文市代表团,对南阳市进行友好访问。双方就加拿大碧玉的购销与深加工等方面达成初步合作意向。

4月20日 河南省直有关部门负责人到南阳调研南水北调工作。

南阳市在北京开展南水北调对口协作对接活动,中共中央政治局委员、北京市委书记郭金龙会见南阳市委书记穆为民,市委副书记、市长程志明一行。

4月21日 首届河南国际友好城市经贸合作洽谈会在郑州举行。会上,意大利威奥斯图公司和南阳浙减汽车减震器有限公司签订在意大利成立威奥斯图研发中心项目协议,加拿大国家玉石交易中心和嘉豪珠宝(南阳)有限公司签订玉石深加工合作项目协议,华润燃气(中国)有限公司和南召县签订南召县城市管道天然气项目协议。

4月21—22日 河南省人大常委会副主任王保存带领省人大常委会调研组到南阳调研"三山一滩"扶贫开发情况。

4月22日 第九届中国(河南)国际投资贸易洽谈会和第三届世

界新兴产业大会开幕式暨河南省重点对外合作项目签约仪式在郑州国际会展中心举行。南阳市共有9个项目成功签约,合同金额160亿元。

北京市农业局与河南省农业厅在淅川县举行南水北调京豫农业对口协作活动,并签署现代农业发展对口协作框架协议。

4月22—23日　中共中央政治局常委、国务院副总理、国务院南水北调工程建设委员会主任张高丽到河南省淅川县调研南水北调工程建设管理有关工作并召开座谈会。

4月23日　由北京市可持续发展科技促进中心、清华大学、北京大学、北京化工大学等10余个科研机构及高校的教授、博士组成的调研组莅临南阳,对落实北京与南阳科技协作内容进行洽谈对接。

台湾中华经济文化发展促进会主席许水树带领考察团莅宛考察。

4月23—25日　北京市经信委委员陈志峰带领北京市经信委南水北调产业协作考察团莅宛,开展食品饮品等产业京宛合作考察对接活动。

4月24日　市委书记穆为民会见意大利国会众议院议员菲奥里奥·马西莫一行,双方就进一步巩固和发展南阳市和意大利皮埃蒙特大区阿斯蒂市的友好城市关系,深化和拓展两市友好交流与合作进行会谈。

4月26日　河南省首届围棋名人邀请赛暨市首届围棋团体赛在内乡县落下帷幕。该次比赛由省围棋协会主办,来自全省的130余名围棋高手参加比赛。

4月27日　全国政协人口资源环境委员会副主任、国土资源部原副部长、中国珠宝玉石首饰行业协会会长徐德明莅宛考察玉雕产业。

全国供销合作社总社理事会副主任骆琳带领调研组莅宛,就南阳市供销社改革发展工作进行调研。

全国政协常委、河南省政协副主席、农工党河南省委主委高体健一行,到南阳市就南水北调水质保护、移民文化以及基层医疗服务单位建设等情况进行调研。

全国 9 省(区)24 城市政协横向联系会第三十一次会议在南阳召开。

南阳市隆重召开劳动模范表彰大会。会上,2011 年以来在全市改革开放、经济建设和各项社会事业发展中作出突出贡献的 298 名劳动模范受到表彰。受到表彰的全体劳模向全市各界职工和劳动群众发出倡议书。

4 月 28 日 中国·南阳第十二届玉雕节暨国际玉文化博览会在市体育中心隆重开幕。

2015 年中国(南阳)月季展在南阳体育场开幕。

南阳市情说明产业推介暨合作项目签约仪式举行,签约项目共计 85 个,总投资 359 亿元。涉及工业、现代服务业、现代农业、社会事业等多个领域。

2015 年中国玉雕高峰论坛在南阳举办。

南阳卧龙综合保税区开工仪式举行。河南省副省长赵建才出席仪式并宣布项目开工。

市总工会 2015 年庆"五一"职工书画展在市工人文化宫广场开幕。

4 月 29 日 第三届中国玉石雕刻"玉华奖"颁奖仪式在南阳举行,共评出金奖 10 件,银奖 20 件,铜奖 40 件,最佳工艺奖 10 件,最佳创意奖 10 件。

南阳珠宝玉雕学院奠基仪式在镇平县玉文化产业园区举行。

2015 年中国(南阳)月季展颁奖仪式举行。

由市委宣传部、市文化广电新闻出版局主办的"唱响白河"首场广场文化演出"月季飘香"在白河岸边举行。

北京戏曲艺术职业学院与南阳艺校合作共建揭牌仪式暨学术交流

座谈会举行。

4月29—30日　市五届人大常委会第十次会议举行。会议听取审议市人民政府关于丹江口库区水源地保护情况的报告;市人民政府关于全市贯彻实施《中华人民共和国非物质文化遗产法》《河南省非物质文化遗产保护条例》情况的报告等。会议表决通过南阳市人大常委会议事规则(修订);表决通过南阳市人大常委会代表资格审查委员会关于终止个别代表的代表资格审查报告;表决通过有关人事任免事项。

4月29日—5月26日　南阳汉画社首届"中国印迹汉画·拓片艺术展"在南阳溧河物流园世代传承艺术品交流中心举办。

4月30日　南阳市纪念"五四"运动96周年青年志愿者服务"双创"动员大会在南阳市中心广场举行。中心城区青年志愿者将奔赴市区主要街道、社区、广场,集中开展"改陋习、讲公德、促文明"宣传、"我参与、我奉献、我快乐"文明劝导及文明交通志愿服务等活动。

是月　宛城区交通运输局被交通运输部评为全国农村公路养护与管理先进集体,宛城区农村公路管理所所长王胜被评为全国农村公路养护与管理先进个人。

南阳市获评2014年度全省实施商标战略先进市。

南阳城区百里奚路西汉木椁墓入选2014年度"河南省五大考古新发现"。

5月1日　丝绸之路经济带沿线九省(自治区)海关同时启动丝路通关一体化改革。隶属于郑州海关的南阳海关此次也纳入通关一体化板块之中,为全市进出口企业营造可预见、低成本、高效便利的通关环境。

5月5日　全市精神文明建设暨文明城市创建工作推进会召开,会议对南阳市获得第四届全国文明城市(区)、文明村镇、文明单位,第四届全国未成年人思想道德建设工作先进城市(区)和第三届先进单位、先进工作者等荣誉的集体和个人进行表彰。会议还表彰南阳市文明城市、文明社区、文明窗口、"四优"街巷以及 2014 年度全市未成年人思想道德建设工作先进县区、先进单位、先进工作者。

5 月 7—8 日　全国人大常委会委员、农业与农村委员会主任委员陈建国带领调研组到南阳调研南水北调工作。

5 月 8—10 日　2015 年全国职业院校技能大赛河南选拔赛"测绘测量""现代电气控制系统安装与调试""工业机器人技术应用"3 个比赛项目在河南工业职业技术学院举行,来自全省 32 个院校 42 支代表队的 240 余名选手参加。

5 月 10 日　河南省军区政委王伟力到市民兵综合训练基地督导基础训练考核。

5 月 11 日　全市城市社区"两委"换届工作会议召开。根据省委、省政府统一部署,市委、市政府决定,5—7 月进行全市城市社区党组织和第五届居民委员会换届工作。

5 月 11—12 日　河南省政协副主席钱国玉带领调研组到南阳,调研南水北调中线工程河南段生态走廊建设。

5 月 12 日　全市开展以"科学减灾,依法应对"为主题的全国第七个防灾减灾日宣传活动。

以"建设海绵城市,促进生态文明"为主题的节约用水宣传周活动在市城区中心广场启动。

南阳市首届职业教育活动周启动仪式在南阳工业学校举行。

5 月 13 日　河南省人大常委会副主任、党组书记刘春良带领驻豫全国人大代表调研组到南阳,就建立南水北调中线工程水质长效保护机制工作进行专题调研。

西北农林科技大学与南阳市政府合作建设小麦试验示范站签约暨揭牌仪式在南阳举行。

5月15日　全市"三夏"生产暨秸秆禁烧工作电视电话会召开。

5月16日　南阳中医医疗联合体成立,全市74个中医医疗机构参加。

"打击非法集资、保障经济秩序、共建和谐南阳"现场集中宣传教育活动在市中心城区解放广场举行,拉开全市打击非法集资宣传教育月活动的序幕。

5月17—20日　北京燕京八绝宫廷艺术精品巡展暨燕京八绝慰问南水北调中心城市(南阳)活动在南阳举行。

5月18日　第九届中国中部投资贸易博览会在湖北省武汉市举行。副市长摆向阳率团参加,南阳市共签约项目6个,总投资44.8亿元。

在河南省第十二届见义勇为模范和先进个人表彰会上,南阳市王君荣、杜传航、杨新耀和潘东东被授予"河南省见义勇为模范"称号。

5月21日　河南省人大常委会副主任张大卫带领驻豫全国人大代表调研组到南阳,对加快创新驱动、促进军民融合发展工作进行专题调研。

5月22日　南阳市7个企业在深圳前海股权交易中心挂牌上市。

白河南污水处理厂一期日处理10万吨污水项目全部建成,进入试运行阶段。

5月25日　全市"三严三实"专题教育党课暨动员部署会举行。

5月26日　南阳石化专业园区晋级省定产业集聚区,更名为南阳化工产业集聚区。

河南省教育厅命名首批56位名校长,南阳市五中校长王超、西峡县一中校长杨文普、南阳市十二小校长鲁祖义、南阳市十五小校长常春环、南阳市十二中校长陈雅丽榜上有名。

5月26—27日　河南省委副书记邓凯先后到方城县、西峡县、卧龙区以及中心城区,就落实基层四项基础制度、统筹城乡一体化发展、加快产业转型升级等工作进行调研。

5 月 26—28 日　2015 年南阳市全民健身大会职工羽毛球比赛举行。这次比赛全市共有 40 个代表队 300 余名运动员参加。

5 月 27 日　河南省政协副主席邓永俭带领省政协调研组莅宛,调研指导南阳《归侨侨眷权益保护法》《台湾同胞投资保护法》贯彻落实情况。

白河中心城区段综合整治工程在光武大桥东侧开工。一期工程(零坝至二坝)全长 10.9 千米,主要是河道清淤整治、支流入河口清淤,在二坝回水区新建砂岛,岸坡修复等,7 月底竣工。

由国家发改委国际合作中心、文化部艺术发展中心主办的首届国际文化产业投资洽谈会在北京开幕。南阳汉画社汉画作品入选首届国际文化产业投资洽谈会名家书画展,汉画精品《龙腾盛世》和《凤舞吉祥》获得优秀书画精品金奖。

5 月 28 日　京宛对口协作北京市西城区·南阳市商务合作签约仪式举行。北京市西城区 4 个企业与南阳市 8 个企业达成 14 项合作协议和 1 项供货合同。

5 月 29 日　全市以守法诚信为重点,深入开展非公有制经济人士理想信念教育实践活动动员会召开。

在"六一"国际儿童节来临前夕,市人大常委会副主任庞震凤、市政协副主席庾军到市儿童福利院,看望孤残儿童,并为他们送上节日祝福。

是月　河南省工业和信息化厅公布 2014 年中小企业特色产业集群认定名单,全省 13 个产业集群上榜,新野县的纺织服装产业集群名列榜首。

共青团中央公布关于表彰 2014 年度"全国五四红旗团委(团支

部)"的决定,西峡县五里桥镇团委、镇平县人民检察院未成年人检察科团支部名列其中。

共青团中央向社会发布"全国向上向善好青年"推选活动结果,来自各个行业和领域的100名模范践行社会主义核心价值观的优秀青年被评为"全国向上向善好青年",南阳市淅川籍在天津务工时合力救人的"托举三兄弟"刘新军、贾晓玉、杨明获此殊荣。

团省委、省人力资源和社会保障厅、省青年联合会发文,授予30名青年第十九届"河南青年五四奖章",南阳市江雨佳、周磊、徐广杰、高栓记、郭春鹏等5名优秀青年获此殊荣。

全国普法办公室对第三批"全国法治县(市、区)创建先进单位"进行表彰,内乡县、新野县名列榜单,成为继社旗县、西峡县之后第三批被命名的县。

"内乡核桃"国家地理标志商标获国家工商总局商标局正式批准。

南阳师范学院承担2012年河南省重大科技攻关研究项目——"繁简对照拼音输入法软件研究开发"的项目课题组成功研发公益软件"两岸桥输入法",并顺利通过中国版权保护中心审核,获得中国计算机软件著作权登记证书。

6月1日 市委书记穆为民主持召开市委常委(扩大)会议,传达中共中央总书记习近平在中央政治局就健全公共安全体系进行集体学习时的重要讲话精神,研究部署全市公共安全工作。

6月2—4日 河南省省长谢伏瞻到南阳市和邓州市调研,深入产业集聚区、特色商业区、城乡一体化示范区和高效农业示范区,考察企业生产、城乡建设、养殖种植基地和服务业,指导经济社会发展。

6月4日 南阳协同创新研究院暨南阳理工学院电子商务学院启动仪式举行。南阳协同创新研究院下设光电信息技术、电子商务等13个协同创新中心,融合政府、产业、高校三方力量,共享南阳各方优势资源,实现人才、学科、科研三位一体发展。

6 月 5 日　经河南省教育厅批准,河南科技大学与河南工业职业技术学院合作联办的 2 个本科专业 2015 年开始招生。2 个本科专业为机械设计制造及其自动化、会计学,各招 30 人,学制 4 年,纳入全省普通高校招生计划,属河南科技大学第三批次录用计划。

南阳市纪念"六五"环境日暨环境大宣传活动在中心城区新华城市广场举行。

6 月 8 日　南阳市四大班子领导干部会议召开,市委副书记、市长程志明传达《中共河南省委关于谢德安同志错误问题的通报》。

2015 年南阳全民健身大会在市体育中心开幕。全民健身大会以"全民健身,幸福南阳"为主题,旨在为居民提供生动多样的健身活动平台。自 2015 年起,南阳市将每年举办一次全民健身大会。

6 月 8—9 日　全国人大常委会法工委主任李适时带领调研组莅宛,就地方组织法、选举法、代表法的修改进行调研。

6 月 11 日　全市推进诚信建设工作联席会召开。会议决定,在全市推行诚信建设"红黑榜"发布制度,以推进诚信建设制度化进程。

6 月 12 日　国家电网公司宣布,河南天池、山东沂蒙、安徽金寨 3 座抽水蓄能电站集中开工。河南天池抽水蓄能电站项目于 2014 年 6 月获得批准。该电站位于南召县,装机容量 120 万千瓦,安装 4 台 30 万千瓦可逆式水轮发电机组,以 500 千伏电压接入河南电网,工程投资 67.51 亿元,施工总工期 69 个月。

6 月 14 日　南阳市"信用记录关爱日"专题宣传活动在中心城区举行。该次宣传活动主要围绕国务院印发的《社会信用体系建设规划纲要(2014—2020 年)》开展,推进全市政务诚信建设、商务诚信建设、社会诚信建设和司法公信建设。

6 月 15 日　市政府召开第十三次常务会议,传达学习中央政治局第二十三次集体学习时中共中央总书记习近平就健全公共安全体系的重要讲话精神。会议听取研究《南阳市人民政府关于促进房地产市场平稳发展的实施意见》。

南阳市大中专院校校园歌手大奖赛总决赛在南阳师范学院隆重举行。

6月16日 2015年南阳市"全国食品安全宣传周"主题活动启动。

6月16—18日 河南省委常委、省军区政委王伟力带领工作组到南阳,检查调研"三严三实"专题教育开展情况。

6月17日 南阳市"小手拉大手,文明齐步走"主题活动在市十二小启动。

6月20日 南阳首个B2C电商平台"苏格时代商城"正式上线,这是南阳市首个电商平台。

6月23日 中国首部玉文化题材动漫连续剧《神奇独山玉》央视首播新闻发布会举行。

6月24日 民政部全国民政政策理论研究基地签约挂牌活动在南阳举行。

6月24—25日 市五届人大常委会第十一次会议举行。会议听取审议市农办所作的关于对全市改善农村人居环境建设美丽乡村情况的报告,市政府台湾事务办公室所作的关于《中华人民共和国台湾同胞投资保护法》《河南省实施〈中华人民共和国台湾同胞投资保护法〉办法》贯彻执行情况的报告,市交通运输局所作的关于《河南省农村公路条例》实施情况的报告,市人大常委会有关工作委员会对上述报告的调查报告。

6月25日 南阳南500千伏奚贤变电站投入运营。这是继白河、群英之后南阳市第三座500千伏变电站。

6月26日 豫沪产业转移合作推介会暨集中签约仪式在上海举

行。市长程志明率南阳代表团参加。全市共签约项目 19 个,总投资 86.35 亿元,其中省外资金 77.38 亿元。

全市巡察工作动员部署会议召开。会议要求,各县区迅速成立巡察机构,组建巡察队伍,把巡察工作开展起来。

全市推行权力清单与责任清单制度工作会议召开,就全面推行权力清单和责任清单制度各项任务进行部署。

"国际禁毒日",市公安局在市戒毒所举办禁毒宣传公益活动。同日,南阳市禁毒教育基地揭牌。

6月28日 市委召开庆祝中国共产党成立 94 周年座谈会,表彰学习弘扬焦裕禄精神优秀乡镇(街道)党(工)委书记、优秀村(社区)党组织书记以及先进基层党组织、优秀基层党组织书记、优秀共产党员。

6月28—30日 中国·赊店第二届关公文化节在社旗举办。

是月 国务院批复同意《大别山革命老区振兴发展规划》。《规划》以大别山革命老区为中心,综合考虑区域经济社会联系和协调发展要求,规划范围包括桐柏县、唐河县。

商务部等 10 部门印发《全国流通节点城市布局规划(2015~2020年)》,拟确定"三纵五横"全国骨干流通大通道,并确定国家级流通节点城市 37 个、区域级流通节点城市 66 个。南阳市入围区域级流通节点城市。

南阳汉冶特钢公司投资 2 亿元、年产 12 万吨的淬火线项目调试成功,具备批量生产能力。

市政府办公室印发《关于南阳市农村土地承包经营权确权登记颁证工作实施方案的通知》,要求各县区、市直有关部门平稳有序推进农村土地承包经营权确权登记颁证工作。

市政府制定出台《2015 年南阳市十项重点民生工程工作方案》。方案主要包括扩大就业、提高社会保障水平、实施保障性安居工程、提高城乡教育水平、提高公共医疗卫生服务水平、实施文化惠民工程、促进农民增收脱贫、改善农村生产生活条件、加强生态环境保护以及加强社会治理和公共安全等 10 大类 54 项具体任务。

2015 年"孤儿保障大行动"启动,中国儿童少年基金会向南阳市 4284 名孤儿赠送重大疾病公益保险。

南召县申报的玉兰培育技术研究与产品开发项目被中国林业产业联合会授予"2013—2014 年度中国林业产业创新奖(苗木类)"。这是该县继 2013 年荣获"中国玉兰之乡"称号后,花卉苗木产业获得的又一项国家级荣誉。

在河南省第十二届"群星奖"小戏小品(曲艺)大赛上,南阳市选送的西峡的大调曲《追梦》、方城的三弦书《看瓜》、市豫剧团的小戏《对门邻居》获得一等奖。

在文化部、中国文联主办的第五届东北亚国际书画摄影展上,南阳市美术家协会副主席姜光明的作品《古乐流韵纳西峰》荣获铜奖。

南阳市烟草公司卷烟营销中心订单部、宛坪管理处豫陕收费站被授予 2013—2014 年度"全国青年文明号"。

7 月 1 日　市委书记穆为民到市信访接待大厅公开接待来访群众。

2015 年南阳农产品优秀品牌、南阳农产品安全标准化示范基地、南阳农产品安全诚信守望人物评选结果揭晓。确定评选出科尔沁牛业南阳有限公司"科尔沁"等 74 个农产品优秀品牌,仲景大厨房股份有限公司香菇标准化生产基地等 60 个农产品安全标准化示范基地,牧原食品股份有限公司董事长秦英林等 60 名农产品安全诚信守望人物。

南阳市执行新的最低工资标准,其中,市区月最低工资标准为 1450 元,其他县区月最低工资标准为 1300 元。

7 月 2 日　河南省副省长李亚莅宛调研防汛工作。

市肢体康复中心发布消息,2015 年南阳市贫困人员公益金康复救助项目、"三瘫"万人康复救治公益慈善项目工程启动。

7 月 3 日　南阳水务集团与北控水务集团引资合作签约仪式在南阳举行。根据协议,北控水务集团将注资 10.5 亿元,用于南水北调中线工程南阳段配套水厂和既有供水管网改造等项目建设。

中华姓氏文化巡展暨"中原论谱"南阳站活动在市图书馆举行。

7 月 7 日　国家烟草专卖局领导,河南省副省长张维宁到南阳调研烟草产业发展情况。

"纪念抗日战争胜利 70 周年史料展——日军镜头里的侵华暴行"在张仲景医药文化产业集聚区展示中心举行。

7 月 8 日　南阳市智慧城市云数据中心启动仪式举行。

7 月 9 日　市人大常委会主任杨其昌到市委群工部群众来访接待中心,面对面倾听群众诉求,现场协调解决信访问题。

7 月 10 日　"核心价值观百场讲坛走进淅川"活动隆重举行。中共河南省委原书记、中央马克思主义理论研究和建设工程咨询委员会主任徐光春作题为"社会主义核心价值观与移民精神"的演讲。

南阳市政府出台促进房地产市场发展 14 条新政。明确提出支持居民自住和改善性住房需求,支持房地产开发企业合理融资需求,放宽住房公积金贷款和住房公积金提取条件,减免住房交易有关税费等优惠政策,充分发挥房地产业对稳增长、调结构、惠民生的带动作用。

7 月 15 日　全国"百名法学家百场报告会"南阳专场举行。郑州大学法学院常务副院长、中国行政法学会副会长沈开举作题为"深入学习十八届四中全会精神,大力推进法治河南建设"专题报告。

7 月 16 日　市政协主席刘朝瑞到市委群工部群众来访接待中心,认真倾听群众心声,及时化解信访问题。

7 月 22 日　京宛旅游对口协作结对子签约仪式在南阳举行。北京市、南阳市共 60 个旅游景区、星级饭店和乡村旅游示范村签订为期 3 年的结对发展协议。

7 月 24 日 中国共产党南阳市第五届委员会第十四次全体（扩大）会议举行。全会审议并原则通过了《中共南阳市委关于推进全面从严治党的实施意见》，听取市委常委、市纪委书记王智慧受市委常委会委托就《实施意见（讨论稿）》向全会作的说明；审议通过《中国共产党南阳市第五届委员会第十四次全体会议决议》。

7 月 27 日 由南阳中聚天冠低碳科技有限公司利用二氧化碳开发的全生物降解塑料购物袋、垃圾袋产品，通过北京工商大学国家重点实验室的质量认证，并进入国内城市垃圾分类试点工作，标志着该技术开发应用获得成功。

7 月 27—28 日 全省平安建设工作表彰暨基层平安创建经验交流会在内乡县召开。

7 月 28—29 日 全国政协常委、教科文卫体委员会副主任，中国医院协会会长黄洁夫带领全国政协调研组莅宛，就公立医院改革中如何发挥中医药的特色优势进行专题调研。

7 月 30 日 河南省十二届人大常委会第十五次会议表决通过《河南省人民代表大会常务委员会关于确定南阳、焦作、平顶山、开封、安阳、鹤壁、驻马店、漯河市人民代表大会及其常务委员会开始制定地方性法规的时间的决定》，南阳等 8 个省辖市的人民代表大会及其常务委员会自 8 月 1 日开始行使地方立法权。

7 月 30 日—8 月 1 日 国务院南水北调办公室副主任王仲田带领考核组莅临南阳，考核《丹江口库区及上游水污染防治和水土保持"十二五"规划》实施情况。

7 月 31 日 全市扶贫开发领导小组（扩大）会议召开。市委常委、副市长张生起主持。会议要求迅速启动"五有"（县有规划、乡有计划、村有方案、组有产业、户有项目)精准脱贫攻坚计划,进一步加快贫困地区群众精准脱贫步伐,如期实现全市扶贫开发战略目标。

7月31日—8月1日 河南省副省长张维宁到南阳,就工业经济运行和安全生产等工作进行调研。

是月 国家国防教育办公室命名80个单位和场所为第三批国家国防教育示范基地,河南省入选3个,邓州"编外雷锋团"展览馆是其中之一。

《南阳市高层次人才、创新创业人才及团队引进培养办法(试行)》正式发布。"南阳人才新政40条"首次建立"5+1"的人才分类机制,打破原有按行业划分人才的模式,将南阳市重点引进培养的高层次人才,按照能力水平和业绩贡献分为5个层次,不同层次的人才享有不同的政策,加大激励力度,提供事业身份保障,并首次对高层次人才事业编制保障进行了创新。

西峡县申报国家生态原产地产品保护示范区顺利通过国家质检总局专家组评定,成为全市首个通过评定的国家生态原产地产品保护示范区。

西峡山茱萸通过国家生态原产地保护认证。

2014年中国医药行业最具影响力榜单发布,河南宛西制药获得"2014中国优质地道中药材十佳规范化种植基地"殊荣,是河南省唯一获此殊荣的企业。

河南省工业和信息化委员会公布2015年度全省162个工业企业品牌培育试点企业名单,南阳市7个企业入选。

南阳市15个乡镇27个村入选河南美丽宜居乡村建设试点。

英国著名杂志《经济学人》的智库机构"经济学人智库"发布"2015中国新兴城市投资吸引力排行",南阳市榜上有名,位居第十八位。

8月1日 国家一级美术师、油画家、国画家、书法家姚俊川精品书画展在南阳体育中心开展。

8月4日　南阳市委、市政府召开打击处置非法集资工作推进会议。会议强调,各级各部门要把思想和行动统一到省委、省政府要求上来,勇于担当,履职尽责,落实求效,依法处置非法集资问题,确保不发生区域性、系统性风险,保持和巩固经济社会健康和谐发展的好局面。

8月4—5日　河南省政协主席叶冬松带领调研组莅宛,就南阳大别山革命老区扶贫开发暨加速推进大别山基本公共服务均等化工作进行调研。

8月5日　国务院南水北调办公室副主任张野带领检查组莅宛,检查南水北调中线工程南阳段工程防汛和运行管理情况。

8月7日　内乡县政府与阿里巴巴(中国)软件有限公司举行农村淘宝项目启动签约仪式,内乡成为南阳首个联合阿里巴巴发展农村淘宝项目的县。

南阳府文庙大成殿落架大修竣工暨祭孔典礼在卧龙区王府饭店举行。

8月8日　中国科学院"创新城市·转型发展"南阳主题报告会举行。中国科协副主席、中国科学院院士秦大河等作主题报告。

8月8—9日　由中国新闻出版传媒集团有限公司主办,市委宣传部、南阳报业传媒集团承办的中国新闻出版广电报社2015年度全国宣传通联工作会议在南阳召开。

8月10日　上海股权托管交易中心南阳企业挂牌孵化基地揭牌仪式暨资本创值高峰论坛举行。

8月11日　河南省委书记、省人大常委会主任郭庚茂莅宛调研扶贫开发和经济社会发展。

8月12日　南阳市政府与苏宁云商签订全面合作发展电子商务战略合作协议。

由市社区志愿者协会主办的纪念中国人民抗日战争暨世界反法西斯战争胜利 70 周年系列公益活动正式启动。

8 月 13 日　河南省军区司令员卢长健莅宛督导检查征兵工作。

2015 年"河南最美村官"评选揭晓,方城县博望镇前荒村党支部书记徐运芝等 10 人荣获"河南最美村官"称号。

河南省水利厅公布全省首批 16 个"水美乡村",内乡县余关乡黄楝村榜上有名。

8 月 14 日　市总工会维护职工权益社会法庭暨工会法律援助中心揭牌。

8 月 17—18 日　韩国春川市代表团对南阳市进行友好访问。

8 月 18 日　南阳市政府与河南省农发行在宛签署农业农村基础设施建设战略合作备忘录。根据约定,农发行河南省分行拟在未来 5 年内,向南阳市农业农村基础设施建设项目提供 500 亿元的中长期意向性信贷支持。

全市人民满意公务员示范单位和人民满意公务员示范岗表彰暨公务员诚信教育动员会召开,副市长摆向阳出席。

澳大利亚魏基成"天籁列车"南阳捐赠仪式在市特殊教育学校举行,捐赠总价值约 300 万元。

8 月 18—19 日　第一届国际友好城市(南阳—春川)青少年体育交流活动在市体育中心举行。

8 月 19 日　南阳中华职业教育社第四次社员代表大会召开。会议选举产生南阳中华职教社第四届社务委员会委员和主任、副主任、秘书长。

经南阳市委批准,南阳报业传媒集团正式挂牌成立,标志着南阳市党报转型和媒体融合发展进入新阶段。

8 月 20 日　《人民文学》中国作家采风团一行抵达南阳。

南阳机场开通南阳—南宁、南阳—天津往返航线。

8月24日　市政府召开全市环境保护工作问题交办会。市委常委、常务副市长原永胜,副市长张明体出席会议并讲话。会议要求各级各部门迅速行动,紧紧围绕环保部综合督查反馈提出的问题和建议,全力整改,落实到位,坚决打好环境保护攻坚战。

8月24—31日　市委书记穆为民率领南阳代表团赴德国、意大利访问。代表团先后考察11个企业,签署10份合作协议和意向。

8月27日　方城县建成南阳首个"全光网络县",实现由"程控交换时代"向"全光纤网络时代"的转变。

南阳市2015年"希望工程·圆梦行动"助学金发放仪式举行。至此,该活动已累计筹资6913.87万元,相继资助23040名贫困大学生。

8月28日　南阳市总工会2015年"金秋助学"活动助学金发放仪式举行。2015年,市总工会计划筹措资金100万元,资助300名困难职工子女圆梦大学。

8月29日　市社区志愿者协会举行纪念中国人民抗日战争暨世界反法西斯战争胜利70周年大型演唱会和"勿忘国耻、振兴中华"签名活动。

8月31日　北京市农林科学院杂交小麦试验站项目入驻南阳国家农业科技园区暨京宛农业战略合作签约仪式举行。

"革命老区的情怀"——纪念中国人民抗日战争胜利70周年书画展开幕。

8月31日—9月5日　2015年河南省赛艇皮划艇锦标赛在南阳市水上运动中心举行,来自南阳和郑州、平顶山、开封、洛阳等地的16支代表队、279名运动员参加。南阳市代表队获得赛艇、皮划艇团体总分第一名。

是月　住房和城乡建设部、国家旅游局公布第三批全国特色景观旅游名镇名村示范名单,方城县二郎庙镇、南召县乔端镇入选。

第四届河南省非公有制经济人士优秀中国特色社会主义事业建设者表彰大会在郑州召开,南阳市淅川汽车减振器有限公司董事长赵志军,南石医院院长、党委书记赵俊祥,牧原食品股份有限公司董事长秦英林,南阳市果然风情实业有限公司董事长陈国华,卧龙区瑞丰节能产品销售部总经理王晓瑞,河南省二十一世纪房地产估价有限公司评估总监王义等6位企业家获此殊荣。

河南省政府办公厅印发《河南省重点镇建设示范工程实施方案》,选择68个建制镇作为全省第一批重点示范镇。南阳市镇平县石佛寺镇、方城县博望镇、南召县云阳镇、内乡县马山口镇、桐柏县埠江镇、淅川县丹阳镇、新野县歪子镇等7个镇入围。

9月1日 市民政局举行2014年度"助孤儿圆大学梦"助学行动助学金发放仪式。这次发放的是2014年考入全日制高等院校的孤儿大学生的助学金,29名孤儿大学生成为资助对象。

9月2日 在中国人民抗日战争暨世界反法西斯战争胜利70周年纪念日来临之际,市委书记穆为民,市委副书记、市长程志明,市人大常委会主任杨其昌,市政协主席刘朝瑞分别带队看望慰问抗战老同志,向全市为抗战胜利作出巨大牺牲和贡献的先辈致以崇高敬意。

9月3日 全市各界群众认真观看纪念中国人民抗日战争暨世界反法西斯战争胜利70周年大会的现场直播。

由市总工会、市职工灯谜协会等联合举办的庆祝抗战胜利70周年灯谜展猜活动在市工人文化宫举行。该次活动由南京市发起组织,全国100个城市参与。

9月5日 2015南阳市全民健身网球赛在市体育场开赛,近百名网球爱好者参加比赛。

9月6日 共青团南阳市第四次代表大会召开,选举产生新一届领导班子。

市中医药管理局启动"杏林寻宝"工程,挖掘一批技法独特、疗效确切、使用安全的中医传统验方(绝方)、绝技及其传承人,引进培育一批技术成熟、方法独特、疗效突出的中医药传统技术或创新技术项目,助推中医药文化的传承与创新。

9月7日　京津豫区域产业合作对接活动在北京举行。副市长张明体带领南阳代表团参加。该次活动由河南省人民政府主办,南阳市成功签约项目17个,总投资118.8亿元。

9月8—9日　市第四次妇女代表大会召开,选举产生新一届领导班子。

9月10日　全市环境保护综合整治工作动员大会召开。

9月11日　市长程志明会见到南阳调研的国家开发银行监事长刘梅生一行,双方就金融领域战略合作进行深入交流。

2015南阳环保世纪行活动启动暨20周年总结大会召开。

9月13日　中国现代农业论坛在南阳召开。与会专家分别就现代农业科技发展现状、河南省农业现代化发展战略等相关主题作了主旨报告。

9月15日　在第八届中国玉石雕刻"神工奖"评选中,由镇平县宝玉石协会选送的作品获金奖3件、银奖13件、铜奖13件、创意奖1件。

9月17日　全国人大常委会委员、全国人大常委会外事委员会副主任、民革中央副主席修福金率民革中央考察组莅宛,就南水北调水源区生态保护及镇平县玉文化产业发展进行考察。

9月18日　国家新闻出版广电总局组织开展的全国"百强报刊"推荐活动结果揭晓,《南阳日报》荣登榜单。

9月20日　以全国政协常委、人口资源环境委员会副主任吴双战为组长的全国政协调研组莅宛,就农村环境污染治理情况进行调研。

全国第二十二届诸葛亮学术研讨会在南阳召开。

9月21日　第四批河南省非物质文化遗产代表性项目名单正式公布,南阳玉雕、社旗木雕、镇平布艺编制、社旗背装、鲤鱼闹莲(淅川县)、新野槐书等6个项目入选。

9月21—22日　全市改善农村人居环境工作会在西峡召开。

9月22日　全国人大常委会委员、中国科协副主席冯长根带领部分中国科协学术与学会工作专门委员会委员莅宛,就南阳市创新驱动助力工作进行调研。

9月23日　南阳市启动2015年"中原文化大舞台"演出活动,2016年3月结束。

9月23—26日　2015年河南省跆拳道冠军赛在市体育中心举行,共有来自郑州、开封、许昌等地的16支代表队、近400名运动员参加。

9月24—25日　第十三届网上看河南采风活动走进南阳,来自新华网、央广网、中国网等国内知名媒体的近40位记者、编辑参加此项活动。

9月26日　阿里巴巴农村淘宝内乡县运营中心开业暨内乡电商创业孵化园开园仪式举行。这是阿里巴巴农村淘宝"千县万村"计划在南阳市实施的首个项目。

9月28日　南阳市"三证合一、一照一码"登记制度改革正式实施。这在全省尚属首次。

南阳中泰豪生大酒店荣膺国家五星级旅游饭店揭牌仪式举行,标志着南阳市拥有首个五星级旅游饭店。

是月　2015年中国制造企业500强排行榜发布,淅川铝业集团有限公司榜上有名,排名352位。

国家工商总局商标局公布地理标志商标名录,内乡县申报的伏牛白山羊榜上有名。

河南省政府办公厅印发《关于推进中原经济区农村金融改革试验区建设实施方案的通知》,确定在西峡县等22个试点地区开展农村"两权"抵押贷款和林权抵押贷款试点。

河南省编办公布省级经济发达镇行政管理体制改革试点镇名单,南阳市镇平县石佛寺镇、内乡县马山口镇、淅川县九重镇、南召县云阳镇、唐河县湖阳镇、西峡县双龙镇、桐柏县安棚镇、卧龙区蒲山镇、宛城区红泥湾镇等9镇入围。

西峡县入选河南省新型城镇化综合试点。

10月1日 全市建设工程施工扬尘防治专项整治活动启动。

10月9日 全市纪律审查暨党风政风监督工作推进会议召开。

10月10日 白河中心城区段综合整治工程二坝至三坝段正式开工,主要包括河道清淤、砂岛整修等。

南阳市2015年"敬老月"大型广场活动在市民服务中心广场隆重举行。

"汉石丹青——南阳陈棚汉代彩绘画像石墓拓片展"在市汉画馆开展。

10月11日 市委书记穆为民主持召开市委全面深化改革领导小组会议并发表讲话。会议审议《关于调整市区财政体制的通知》《中心城区投资管理体制改革意见》《关于推进产业集聚区与乡镇行政区域管理套合实施方案》《关于加强中心城区城市管理长效机制建设的意见》等。

10月12日 全市农资等重要民生问题专项治理工作电视电话会议召开。会议下发《关于进一步强化农资市场专项整治行动的紧急通知》。

10月13日 第五届全国道德模范座谈会和授奖仪式在人民大会堂举行,淅川县西簧乡党委书记向晓丽和淅川籍农民工贾晓玉、刘新军、杨明（"托举三兄弟"）分别荣获第五届全国敬业奉献类、见义勇为类道德模范提名奖。

10 月 14 日 南阳化工产业集聚区入驻企业集中签约仪式在官庄工区举行。此次集中签约项目共有 4 个,总投资 5.8 亿元。

在第九届"河南教育名片"评选活动中,唐河县第一小学荣获"河南教育名片"称号。

10 月 15 日 北京、天津市民代表考察南水北调中线工程座谈会在南阳召开。

10 月 16 日 第三十五个世界粮食日。市爱粮节粮宣传周暨"兴粮惠农进万家"活动在南阳理工学院启动。

市"双创"工作公共卫生达标分指挥部"五小"行业整治百日攻坚行动启动。

10 月 17 日 市一中、市二十二中、市十二小、市第一实验幼儿园等 4 所市直学校与南召县 4 所学校结成扶贫对子,并实施物质援助。南阳市教育扶贫全覆盖行动正式启动。

10 月 18 日 首届中国大学生程序设计竞赛在南阳理工学院举办,来自全国各地的 134 所高校共 735 名队员参赛。

10 月 19 日 2015 年南阳市全民终身学习活动周启动仪式举行。

10 月 20 日 全国政协副主席、民盟中央常务副主席陈晓光一行到南阳,考察南水北调中线工程陶岔渠首水利枢纽,调研工程运行和水质保护情况。

10 月 21—22 日 北京市西城区人大常委会主任刘跃平带领考察团到南阳考察交流人大常委会相关工作。

10 月 22 日 中国中药协会药用菌物专业委员会成立大会暨首届中国药用菌物高峰论坛在南阳举行。

市政协主席刘朝瑞主持召开全市创建国家生态园林城市暨冬春绿

化工作会议。

第三届"仲景论坛"国际中医微创针法高层论坛暨中医微创专业委员会成立大会在南阳开幕。大会宣布成立中国中医药研究促进会中医微创专业委员会、中华中医药学会国际微创高层论坛组委会。同日，第三届"仲景论坛"国家中医药管理局老中医学术传承学习班暨排毒养生疗法名医高峰论坛开幕，来自全国20多个省、自治区、直辖市的680余名医务工作者和多名国家级医学专家与会。

10月23日　荥阳实业集团南阳铝业投资项目正式投产。

南阳市新媒体联盟成立大会举行。联盟覆盖南阳市100多个影响较大的新媒体，总用户数达300多万，基本对南阳活跃网民实现全覆盖。

南阳市举行深化社会主义核心价值观宣传教育、创建全国文明城市誓师大会。

10月24—25日　2015年全国宛商联盟发展论坛在昆明举行。

10月29日　全市"五有"脱贫攻坚工作会议在内乡县召开。会议下发《中共南阳市委、南阳市人民政府关于实施"五有"脱贫攻坚计划的意见》。

10月30日　由中国孝文化研究中心主办的孝文化高端论坛在鸭河工区举行。

中国·南阳第二届华夏玉文化大讲堂在南阳师范学院开讲。

是月　市公安局"互联网便民服务平台"全面建成并正式上线试运行。

受河南省科技厅委托，市科技局邀请中国工程院院士李阳、中国石化中原油田分公司总地质师谈玉明等9位国内知名专家，对河南油田完成的"春光区块油气成藏特征及有利目标评价""油田井下智能注采工艺配套技术"2个项目进行科技成果鉴定，其中"春光区块油气成藏特征及有利目标评价"项目达到国际领先水平,"油田井下智能注采工艺配套技术"项目达到国际先进水平。

由市科技局组织申报的"页岩气石油钻采用关键零部件热挤压新工艺的研究与应用"项目通过中国科学院评审。该项目关键技术由中科院合肥物质科学研究院与南阳市红阳锻造有限公司共同研发完成,并由红阳锻造在南阳实现产业化,预计增产值 1.2 亿元,利税 1052 万元。

南阳石油二机集团与中海油研究总院、中国石油大学(北京)联合研发的 6 寸和 12 寸水下管汇连接器顺利通过海洋水下试验。

11 月 2 日 现代反腐倡廉豫剧《子夜惊梦》在内乡县会议中心演出。

11 月 3 日 河南省基层党风政风监督工作推进会在内乡县召开。会议以总结推广南阳市基层党风政风"四督四查"等机制建设为主题,安排部署基层党风政风监督工作。

南阳市新闻工作者协会第四届理事会第一次会议召开,选举产生新一届理事会机构。

11 月 3—5 日 河南省政协副主席史济春到南阳调研经济社会发展和稳增长、保态势工作情况。

11 月 5—8 日 2015"中国南阳杯"国际空中机器人大赛在北京航空航天大学举办。其间,南阳市与韩国星光科技株式会社、中韩无人机技术协会签署战略合作框架协议。

11 月 6 日 市委召开常委(扩大)会议,学习贯彻党的十八届五中全会精神和省委常委(扩大)会议、全省领导干部会议精神,听取决战第四季度工作汇报,研究"十三五"规划编制。

南阳市第三届校企对接暨大中专毕业生招聘会在南阳理工学院开幕。来自北京、上海、天津、重庆、安徽、福建、广东、湖北、江苏等 17 个省、直辖市的 700 余个用人单位为毕业生提供近 8000 个工作岗位,5900 余名毕业生参加招聘会,参加招聘的企业中,世界 500 强企业、中国 500 强企业和上市公司有 96 个。

11 月 8 日　2015 河南民营企业 100 强公布,河南龙成集团有限公司、河南省淅川铝业(集团)有限公司等全市 13 个企业榜上有名。

2015 年南阳市全民健身大会轮滑比赛暨南阳市第三届中小学生轮滑锦标赛在市体育中心举行,24 支代表队近千人参加比赛。

11 月 9—12 日　生命健康产业项目展示及中医药特色产品展销活动在南阳市民服务中心广场开展。

11 月 10 日　第三届仲景论坛举行。国家中医药管理局规划财务司司长苏钢强,国家卫生和计划生育委员会规划与信息司规划处处长庄宁,中国工程院院士、空军航空医学研究所航空医学工程研究中心主任俞梦孙等专家学者分别作主题报告。

第十二届张仲景医药文化节市情说明、《南阳市生命健康产业行动计划》发布暨合作项目签约仪式举行。会上,共有 52 个项目签约,投资总额约 208 亿元,合同引资 196 亿元。

河南中医药人才专场招聘会在市人才交流中心举办。70 家医院、医药企业等用人单位提供就业岗位 1000 多个。

11 月 10—11 日　河南省政协副主席、省工商联主席梁静率团到南阳调研"大众创业、万众创新"工作。

11 月 10—12 日　中国·南阳第十二届张仲景医药文化节举办。

11 月 11 日　内乡县衙"中国楹联博物院"授牌暨中国楹联展开展仪式在内乡县衙举行,中国楹联学会会长蒋有泉为内乡县衙授牌。

中国首部中医药文化题材动漫连续剧《医圣张仲景》全国发行启动仪式在南阳举行。

11 月 12 日　社旗县被中国楹联学会授予"中国楹联文化县"

称号。

11 月 15 日　2015—2016 中国男子排球联赛,河南天冠男子排球队首场比赛在南阳市体育馆举行。

11 月 16 日　南阳市政府与北京首都创业集团有限公司战略合作签约仪式举行。

11 月 19—20 日　濮阳市委书记何雄率党政考察团到南阳考察。

11 月 24 日　南召县云阳镇山头村荣获中国生态文化协会"全国生态文化村"称号,这是南阳市首个获此殊荣的行政村。

11 月 25 日　全市农村精神文明建设暨文明新村创建工作会议在方城县召开。会议命名方城县博望镇前荒村等 46 个村为"南阳市市级文明新村"。

11 月 26 日　中共南阳市委召开党外人士座谈会,深入学习贯彻党的十八届五中全会精神,就"十三五"时期全市经济社会发展重大专题听取各民主党派、工商联和无党派人士的意见建议。

11 月 28 日　南阳独山玉国家标准发布会在北京举行。

2015 中国国际珠宝展在北京开幕,南阳(镇平)珠宝玉石首饰特色产业基地组团参展。

纪念冯友兰先生诞辰 120 周年暨学术研讨会在南阳师范学院举办。

由南阳市第十二小学师生自编自导自演的河南省首部小学校园微电影《绽放》,在第六届河南教育名片发展论坛开幕式上首映。

是月　南阳师范学院文史学院大四学生江雨佳,荣获"第十届中国大学生年度人物"入围奖。

由团中央、教育部、全国少工委联合开展的"全国优秀少先队员""全国优秀少先队辅导员""全国优秀少先队集体"评选结果揭晓,西峡县丹水六小学生骞宝珠获得"全国优秀少先队员"称号。

在北京举行的中国食用菌产业"十二五"（2010—2015）百项成果展示交易会暨中国食用菌协会第六次会员代表大会上，西峡县被评为"十二五"全国优秀主产基地县，西峡县仲景大厨房股份有限公司的"仲景"品牌被评为中国食用菌"十二五"全国优秀品牌。

2015年度河南省经济社会发展综合实力百强乡镇评选结果揭晓。西峡县回车镇、南召县城关镇、桐柏县安棚镇入围。

12月1日　解放军驻豫某集团军政委薛君少将到驻宛部队某部，作题为"学习英雄、崇尚英雄，争做新一代'四有'革命军人"的专题讲座。

12月3日　鄂豫陕毗邻区第三十四届地震联防会在南阳市召开。

12月4日　南阳市政府与中国人寿河南省分公司在宛签署战略合作协议。

鸭河工区管委会与河南省恩大投资集团有限公司合作建设南阳通用航空机场项目正式签约。

南阳市北外环天然气高压管道工程开工。该工程是南阳市城市天然气骨干管网，全长42.89千米，计划投资1亿元，年输气能力为8亿立方米。

12月4—5日　纪念冯友兰先生诞辰120周年系列活动在唐河县举行。

12月6日　南阳市治理懒政怠政为官不为问题专项督查与问责事项交办会议召开。会议安排部署了省政府交办的51项督查问责事项。

12月7日　市委中心组举行集体学习（扩大）报告会。全国人大财政经济委员会副主任尹中卿应邀作"十三五"发展专题辅导报告。

12月9日　市委中心组举行集体学习（扩大）报告会。国务院新闻办公室原主任、中国人民大学新闻学院院长赵启正应邀作题为《"新型城市化"的思路与实践——浦东开发的软成果》《新媒体时代公职人员的新闻素养》专题辅导报告。

12 月 10 日　河南省科技厅公布 2015 年度 20 个河南省众创空间认定单位,南阳理工学院三融众创空间成为南阳市首个省级众创空间。

12 月 11 日　海王集团与广州金域检验集团合作签约仪式举行。

12 月 12 日　2015 年度中国教育家年会暨中国好教育盛典在北京举行。南阳市第十五小学校长常春环获得"中国好校长"奖,市二十二中学教师沈中欣获得"中国好教师"奖。

12 月 14 日　河南省委第七巡视组专项巡视南阳市、镇平县、唐河县、内乡县、新野县情况反馈会召开。

12 月 16 日　南阳市第三次台胞台属代表大会召开。选举产生了市台联第三届理事会。

12 月 16—17 日　市五届人大常委会第十四次会议召开。会议听取审议市人民政府关于行政审批制度改革总体情况的报告,市教育局关于《加强中心城区中小学建设、进一步缓解教育资源不足的议案》办理情况的报告,市人大教科文卫工委关于《加强中心城区中小学建设、进一步缓解教育资源不足的议案》办理情况的视察报告,市水利局关于《加强白河水系保护和治理的议案》办理情况的报告,市人大农工委关于《加强白河水系保护和治理的议案》的办理情况的视察报告,市食品药品监督管理局关于全市食品安全工作情况的报告,市财政局关于2015 年市级预算调整方案的报告,副市长摆向阳所作的关于市五届人大二次会议代表建议批评和意见办理情况的报告和其他事项。

12 月 17 日　浦发银行南阳分行成立。

南阳市第二次归侨侨眷代表大会召开。

12 月 18 日　市中心城区乡(镇、街道)食品药品监督管理所举行挂牌仪式,标志着中心城区 28 个乡(镇、街道)食品药品监督管理机构正式组建运行。

12月19日 市委常委班子召开"三严三实"专题民主生活会。省人大常委会副主任蒋笃运参加会议并对会议召开情况进行了点评。

12月21日 在全市开展为期1个月的低保、五保专项整治活动，进一步提升低保、五保工作规范化程度。

12月22日 龙升南水北调水厂开工奠基仪式举行。总设计规模为每天5万立方米，一期建设规模为每天2.5万立方米，总投资8900万元。

12月28日 全市"送温暖、献爱心"救灾捐赠活动启动。

12月30日 南阳市不动产登记局揭牌仪式举行。

12月30—31日 中共南阳市第五届委员会第十五次全体（扩大）会议召开。会议深入学习贯彻党的十八届五中全会和省委九届十一次全会精神，听取和讨论穆为民受市委常委会委托作的工作报告，审议并原则通过《中共南阳市委关于制定南阳市国民经济和社会发展第十三个五年规划的建议》，审议通过《中国共产党南阳市第五届委员会第十五次全体会议决议》。

是月 在中国科学院河南产业技术创新与育成中心主办的2015年中国科学院（河南）科技成果发布暨项目对接会上，南阳市红阳锻造有限公司与中科院合肥物质科学研究院现场签约"页岩气石油钻采用关键零部件热挤压新工艺的研究与应用"项目，福森新能源、南阳微特电机等南阳市参会企业与中科院相关研究所共签订科技成果转移转化项目合作意向15项，总金额达1.8亿元。

南阳师院教授冯建志申报的"河南板头曲、大调曲青年人才培养"项目正式获得2015年国家艺术基金立项。

由中宣部、文化部及国家新闻出版广电总局联合主办的第六届"全国服务农民、服务基层文化建设先进集体"评选揭晓，内乡县宛梆艺术传承保护中心榜上有名。

2016 年

1月4日　市政府第二十三次常务会议召开。

1月7日　省委常委、省纪委书记尹晋华到南阳市调研。尹晋华一行先后到内乡县大桥乡河南社区党群服务中心、余关乡王沟村党群服务中心,察看基层党风政风监督检查制度落实情况。

1月8—11日　中国人民政治协商会议南阳市第五届委员会第三次会议在南阳会议中心召开。

1月9—13日　市五届人大三次会议在南阳会议中心隆重召开。大会审查和批准《南阳市国民经济和社会发展第十三个五年规划纲要(草案)》。审查和批准南阳市2015年国民经济与社会发展计划执行情况和2016年计划(草案)的报告,批准2016年国民经济和社会发展计划。审查和批准南阳市2015年财政预算执行情况和2016年财政预算(草案)的报告,批准2016年市级财政预算。听取市人大常委会工作报告和法检两院工作报告。

1月12日　农行南阳分行与河南德一智慧城市信息系统有限公司举办"南阳城市一卡通项目合作框架协议"签约仪式。

1月19日　北京中关村管委会副主任杨建华带领中关村16家企业负责人莅宛考察。

1月20日　省总工会党组成员、副主席鲁超亮到南阳向东机械工业有限公司看望慰问困难职工。

碧桂园集团、大统集团合作项目签约仪式在宛举行。这是碧桂园集团在南阳投资开发的第一个项目,也是"十三五"开局之年南阳市签署的首个重大招商引资项目。

1月24日 内邓高速全线通车。内乡至邓州高速公路途经内乡、淅川、邓州3县市,起自内乡县湍东镇莲花村西北接沪陕高速公路,至邓州市桑庄镇南连接二广高速公路,全长89.1千米。

南阳市首条内河温凉河综合治理工程基本完工,正式通水。共铺设截污管道15.59千米,实现两岸污水的全截流。

1月29日 河南省检察院副厅级巡视员易广辉和南阳市检察院常务副检察长张科等领导到卧龙、宛城两区检察院,看望慰问荣获2015"感动中原"十大人物毕冬云,宛城区检察院"全国模范检察官"杜东翔,向他们致以节日的问候和诚挚的敬意。

南阳市政府与郑州航空港实验区在郑签署花卉产业发展战略合作协议。

是月 由国家发改委安排的中国农业发展重点建设基金32.12亿元投向新野县,支持该县肉牛产业化集群建设,加速推进新野县一、二、三产业深度融合发展。该次投放的国家重点项目建设基金将用于新野县肉牛产业化集群示范区建设,主要推进电子商务园、冷链物流园、牛文化博物园、农民科技培训中心、省级工程技术中心、蒙古风情园和园区内集中供水、污水处理等配套服务设施建设。

2月1日 "幸福家园"2016年南阳春节电视文艺晚会在广电中心演播大厅举行。

2月2日 市政府第二十三次常务会议召开。市长程志明主持会议并讲话。会议听取2016年市政道路、公用事业、保障性安居工程等项目计划情况汇报,研究了住房城乡建设重点工作安排。

2月4日 省人大常委会副主任王保存、省政协副主席张亚忠走访慰问南阳市部分困难企业、劳动模范、优抚对象和社区工作人员,向他们致以新春问候和美好祝福。

南阳市举行各界人士迎春茶话会。

2 月 8—22 日（农历正月初一至十五） 2016 南阳首届民俗文化节在李宁体育园隆重举行。

2 月 16 日 河南省第七批文物保护单位名单公布,南阳市有 23 处文物保护单位名列其中。至此,南阳市的省级文物保护单位已达 110 处。

2 月 19 日 市委中心组举行集体学习(扩大)报告会。中央党校教授王天义应邀作题为《以经济新常态和发展新理念指导供给侧结构性改革》的专题报告。

2 月 20—22 日 市委书记穆为民率领南阳市党政考察团赴浙江杭州考察学习。

2 月 22 日 市科技局批准南阳市汇博生物技术有限公司等 36 家单位建立南阳市工程技术研究中心、河南工业职业技术学院等 8 家单位建立南阳市重点实验室。南阳市共有工程技术研究中心、重点实验室 300 余家,国家级重点实验室 1 家,省级重点实验室 3 家,省级工程技术研究中心 51 家,总数位居全省前列。

2 月 23 日 市委书记穆为民率领南阳市党政考察团赴福建福州考察学习历史文化保护和旅游产业、现代农业发展的先进经验和做法。

2 月 24 日 市委书记穆为民率领党政考察团赶赴漳州考察学习承接产业转移的成功经验和先进做法。

2 月 25 日（农历正月十八） 医圣张仲景诞辰 1866 周年纪念日。为弘扬和传承张仲景中医药文化,近万名民众及游客在河南南阳医圣苑医圣山下,虔诚祭拜医圣张仲景。

2 月 27 日 总投资 80 亿元的南阳华耀城项目在市城乡一体化示范区举行开工仪式。

2月28日　南阳众创空间启动仪式在南阳市民服务中心举行。市委书记穆为民,市委常委、组织部长杨韫,省委组织部人才处处长管鸣皋出席仪式并共同点亮启动仪。

是月　春节黄金周期间全市共接待游客149.1万人次,实现旅游综合收入6.53亿元,与2015年同比分别增长11.8%和13.8%,无旅游安全事故发生,达到了"安全、质量、秩序、效益"四统一目标,实现旅游业开门红。

3月5日　印度马哈拉施特拉邦立法委员会议员、发言人、邦住建部官员肯达姆,印度射尼瓦集团公司董事长尼贝带领考察团莅宛,以南阳市金厦钢结构工程有限公司为重点,考察南阳市电动自行车、混合动力大巴、民用钢构住房建设、装备制造、石灰石加工等项目情况。

宛运集团南阳汽车站改扩建项目隆重开工。

3月8—9日　汉江集团总经理胡军带领长江防总汛前检查组到南阳市,就防汛准备情况进行检查。

3月10日　南阳市优质农产品进京启动仪式举行,包括黄酒、风干鱼、小磨油、杂粮面、胡萝卜、莲藕等在内的近40种产品将被送往北京。该次进京的优质农产品由南阳市大宛农联合社的会员单位供应,并首次与北京首农集团合作,通过其农产品物流配送中心直接进入北京市场。

3月10—12日　人民网河南分网分别以《护好南水北调"水龙头"离不开水清民富》《传统农区要以人为本加快新型城镇化进程》《南阳脱贫攻坚要打好"生态牌"》为题,播发对全国人大代表、市委书记穆为民的访谈,分别介绍南阳在持续保护好南水北调"水龙头"水质、加快推进新型城镇化、打好脱贫攻坚战等方面的措施和成效。

3月15日　市"3·15"国际消费者权益日纪念大会暨"新消费·我做主"消费维权宣传月活动启动。市工商局、市质监局、市物价办等

25 家职能部门和 35 家企业单位共同参加并分别设置投诉咨询台,现场接受居民投诉。

3 月 20 日 中央电视台财经频道《经济半小时》栏目播出反映南阳扶贫开发工作的专题报道《生态保护区的扶贫路》,推介南阳市坚守生态底线,坚持扶贫开发与生态保护并重,走生态经济化、经济生态化发展道路的做法。

3 月 21 日 南阳市市长程志明对全市地方史志工作作出重要批示:"史志是发掘历史、传承文明的重要载体,绵延千载、重在致用。南阳历史悠久、文化厚重、人杰地灵,是河南乃至中国之缩影。各级政府要重视史志工作,集社会之力,修鉴世佳作! 全市史志工作者要牢记使命,潜心钻研历史,借古明今,更好地服务南阳发展!"

3 月 22 日 市政府第二十四次常务会议召开。市长程志明主持会议并讲话。程志明就郑万铁路南阳段建设,栾西、周南高速公路项目建设,大众创业、万众创新,环境综合整治等诸项工作作出了明确的指示和要求,会议还研究了其他事项。

3 月 22—23 日 省人民检察院党组书记、检察长蔡宁莅宛深入淅川县仓房镇磨沟村,了解贫困户生产生活现状及各项扶贫政策落实等情况,调研脱贫攻坚工作,并与各级干部座谈,共商脱贫致富措施。

省政协副主席高体健一行先后深入南召县城郊乡、留山镇、小店乡的部分村庄,县计生服务中心,县医院等地,详细了解脱贫攻坚工作开展情况,研究完善脱贫攻坚的思路和举措。

3 月 25—28 日 南阳市组团赴重庆、成都开展专项引才引智活动。

3 月 30 日 河南省范蠡文化研究院成立仪式在宛城区举行。

北京市顺义区委常委、宣传部部长霍光峰带领宣传文化考察团到西峡县进行文化艺术交流。

4 月 8 日 由市委宣传部、市文明办、市文广新局、南阳报业传媒集团主办,南阳电视台承办的"冠华名门国际杯""感动南阳"2015年度人物颁奖典礼在市广电中心演播大厅举行。当选"感动南阳"2015年度人物共11人,分别是王会岑、张立锋、徐广甫、陈瑞、周磊、刘科元、张涛、于松昌、王文芝、陆锡芳、吕宏庆。

4月8—9日 第十届中国(河南)国际投资贸易洽谈会在郑州举行,南阳市组团参加并成功签约项目22个,总投资153亿元,该次签约的项目中投资额10亿元以上的项目7个,涵盖新能源、新材料、先进装备制造、电子信息、现代服务业、现代农业等领域,单体投资规模大、层次高,符合南阳主导产业定位。

4月10日 来自南非萨尔达尼亚湾市和韩国春川市的国际友好城市政府代表团应邀莅宛参观访问,双方在经贸合作、文化旅游等方面达成诸多合作意向。

4月15—16日 省委副书记邓凯带队对南阳市重点项目暨产业集聚区建设情况进行观摩。

4月18日 市中心城区梅溪河综合整治工程正式开工。此次综合整治工程包括截污、清淤、河道改造、桥梁改造和景观建设。工程施工建安造价6.325亿元,施工周期1年。

4月19—20日 省政协主席叶冬松到桐柏县就脱贫攻坚工作进行调研。

4月20日 省委常委、政法委书记、省人大常委会副主任、省法学会会长刘满仓到新野县调研法治建设工作。

4月22日 中心城区内河综合治理项目汉城河、护城河综合整治工程正式开工建设。汉城河综合整治工程总长6.4千米,施工工期预计8个月。

4月25—26日 中共中央政治局委员、中央书记处书记、中宣部部长刘奇葆在南阳调研。刘奇葆莅宛视察南阳市卧龙区七里园乡达士营村社区和视察乐凯华光印刷科技有限公司。

4月27日　省政协副主席钱国玉率调研组莅宛,就南阳市贯彻落实省委政协工作会议精神和《中共河南省委关于进一步加强人民政协工作的意见》情况进行调研。

4月27—29日　省政协副主席、农工党河南省委主委高体健一行到南召县、桐柏县调研脱贫攻坚工作。

4月28日　中国·南阳第十三届玉雕节暨国际玉文化博览会在市体育中心开幕。

2016年南阳月季展在南阳月季博览园开幕。

4月29日　市委中心组举行集体学习(扩大)报告会。浙江省人大常委会副主任毛光烈作题为《新科技革命与新经济发展》的辅导报告。

5月3日　市委召开常委会议,传达学习中共中央政治局委员、中央书记处书记、中宣部部长刘奇葆在南阳调研时的讲话精神,研究部署贯彻落实工作,并对水环境治理、经济运行等工作进行安排部署。

5月5日　市长程志明主持召开市政府第二十七次常务会议,研究安全生产和工业经济相关工作,研究市科学技术突出贡献奖评审情况等。

5月8日　省政协副主席张亚忠带领省政协调研组莅宛,就脱贫攻坚工作进行调研。

5月11日　南阳市政府第二十八次常务会议上,研究南阳职教园区建设有关问题和部分市级医院对外合作有关事宜等。

5月15日　在南阳火车站举行南阳—烟台 K1360 次列车首发仪式。

位于温凉河入河口、梅城公园内的4座亭子命名揭牌,"四圣亭"均为仿古建筑,4座尖顶敞开式凉亭,两两以长廊连接,分别以南阳著名历史人物张衡、范蠡、诸葛亮、张仲景命名。

5月19日 市环保志愿者协会成立,旨在宣传环境保护理念,提高公众环境保护意识,壮大和规范环保志愿者队伍,促进生态文明可持续发展。该协会已有团体会员超过200家,个人会员6万多人。

5月20日 北京中医医院与市中医院战略协作签约仪式举行。

5月22—24日 中共中央政治局常委、全国政协主席俞正声在南阳调研。考察了解基层宗教民族工作情况。

是月 "五一"假期,全市共接待各地游客约430万人次,实现旅游综合收入23.47亿元,同比分别增长12.4%和15.4%。

第二届杜甫文学奖评审工作结束,全省27部作品获奖,本土作家李天岑的《人伦》在长篇小说中拔得头筹,另7名南阳籍作家上榜,他们分别是程韬光、赵大河、高金光、吴元成、郑雄、王小萍、杨稼生。

6月1日 市委中心组举行集体学习(扩大)报告会。国务院发展研究中心党组成员、办公厅主任余斌应邀作题为《中国经济前景与政策》的专题报告。

市五届人大常委会举行第十八次会议,会议表决通过关于接受程志明辞去南阳市人民政府市长职务的决定。

6月3日 国土资源部党组成员、副部长汪民带领考察组莅宛,就丹江库区汛期地质灾害防治情况进行检查。

共青团河南省委作出决定,授予三入火海救人的南阳小伙王锋"河南省见义勇为好青年"荣誉称号,并号召全省广大团员青年向王锋学习。

6月3—4日 南阳市第五届人民代表大会第四次会议召开,会议选举霍好胜为南阳人民政府市长。

6月6日 省防汛抗旱指挥部副指挥长、省军区副司令员宋存杰,省水利厅副厅长杨大勇带领检查组对桐柏县淮河防汛工作进行检查。

市仲景健康产业发展促进会授予市张仲景医院、南阳仲景堂医院白河南分院、隆泰大药房仲泰医圣堂、卧龙区后庄仲景健康产业旅游村"南阳市仲景健康产业示范基地"荣誉称号。

6 月 7 日 南阳卧龙综合保税区(一期)顺利通过国务院联合验收组验收。

6 月 12 日 市发改委和文明办举办市诚信建设"红黑榜"发布会,全市 72 家企业和单位荣登全市诚信建设红榜,382 家企业列入经营异常名录,10 家企业和个人被列入诚信建设黑榜。

6 月 14 日 省人大常委会副主任段喜中带领调研督导组莅宛,就南阳市贯彻落实中央、省委加强县乡人大工作和建设情况进行调研督导。

6 月 15—16 日 省政协副主席靳克文带领调研组莅临南阳市,就利用国家扶贫优惠政策,发展贫困少数民族聚居地区特色优势产业进行专题调研。

6 月 16 日 中央电视台新闻频道《绿色中国》栏目,播发丹江湿地恢复和生态建设的报道。

6 月 22 日 市委副书记、市长霍好胜会见国家开发银行河南分行领导一行,双方就进一步深化合作、共谋发展达成共识。

6 月 28 日 南阳创业大街正式开街运行。市委书记穆为民出席仪式,并向创业大街颁发"南阳创新创业示范基地"牌匾。

是月 住房和城乡建设部等 7 部门联合公布 2016 年列入中央财政支持范围的中国传统村落名单,南阳市淅川县盛湾镇土地岭村和唐河县马振抚乡前庄村等 2 个传统村落入选。

7 月 6 日 市政府第三十次常务会议召开。市长霍好胜主持会议并讲话。会议传达全省深化国有工业企业改革工作会和大气污染防治攻坚动员会精神,研究南阳市贯彻落实意见。

7月7日 司法部召开全国模范司法所及先进集体和先进个人表彰电视电话会议。南阳市西峡县司法局丹水司法所被授予"全国模范司法所"称号、方城县司法局古庄店司法所被授予"全国先进司法所"称号、南召县司法局白土岗司法所所长牛云仙被授予"全国模范司法所长"称号。

7月7—8日 北京市人大常委会主任杜德印率全国人大北京团代表南水北调专题调研组莅宛调研并召开座谈会。

7月9日 镇平县与新疆维吾尔自治区哈密市(县级)缔结友好县市签约仪式在哈密举行。

7月11日 河南省社会治理发展状况"蓝皮书"——《2016 河南社会治理发展报告》发布。报告显示,南阳的居民幸福感指数为 3.96,排在全省第一位。

7月13日 河南出入境检验检疫局局长李忠榜到河南天冠集团、河南想念食品有限公司调研,针对企业当前面临的问题实施精准帮扶。

开发性金融支持社会养老服务体系建设试点项目工作在南阳市启动。

7月15日 由市委宣传部、市委党史研究室、南阳军分区政治部联合主办的"红军长征过南阳——南阳市纪念红军长征胜利 80 周年图片展"在北京中国人民革命军事博物馆开展。

7月19日 河南省副省长、省公安厅厅长许甘露莅宛检查防汛工作。

全国人大代表、省政协副主席钱国玉带领驻豫全国人大代表第三专题调研组莅宛,就加快推进郑万铁路南阳段工程建设进行调研。

7月20日 南阳卉丰源花鸟城奠基开工。卉丰源花鸟城位于信臣路中段,占地面积 2 万多平方米,建筑面积 2.6 万多平方米,是集经营花鸟鱼虫、古玩字画、茶叶茶具、美食、影院、超市为一体的大型花鸟城。

7 月 22 日　2016 年京宛投资洽谈会在北京举行，来自北京、南阳两地的 500 多位企业界代表会聚一堂，共谋合作共赢。

7 月 25 日　京宛科技合作服务平台揭牌仪式在市民服务中心举行。京宛科技合作服务平台是一个大型公益综合科技服务机构，由一网（京宛科技合作服务网）和五厅（科技资源共享服务厅、创新创业综合服务厅、科技金融服务厅、技术转移展示发布厅、科技培训服务厅）组成。

7 月 28 日　在八一建军节即将到来之际，市委书记穆为民、市长霍好胜、市委副书记王智慧、市委常委、常务副市长原永胜分头慰问解放军驻宛某部，送去节日的祝福和问候。

7 月 29 日　全国双拥模范城（县）命名暨双拥模范单位和个人表彰大会在北京隆重举行，南阳市蝉联全国双拥模范城称号。

中央文明办、中国文明网公布了 7 月"中国好人榜"名单，南阳市方城县三人火海见义勇为好青年王锋经广大群众推荐评议，入选"中国好人榜"。

是月　全国第二批青少年校园足球特色学校名单近日出炉，南阳市 16 所学校榜上有名，加上首批入围的 22 所学校，南阳市青少年校园足球特色学校已达到 38 所。

在北京召开的第三届国土资源节约集约模范县（市）表彰会上，西峡县荣获全国国土资源节约集约模范县称号，是南阳市唯一上榜的县。

河南省住建厅、省财政厅将 45 个传统村落列入 2016 年传统村落保护发展省级财政补助项目名单，南阳市内乡县吴垭村、唐河县马振抚乡前庄村和方城县独树镇砚山铺等 3 个传统村落入选。该次列入省级财政补助的传统村落，将获专项补助资金，主要用于传统村落内重要街巷、传统建筑和院落修缮与风貌整治，尤其是对急需抢救保护的具有历史价值建筑的修缮。

南阳市被国家发展改革委、中国人民银行批准为第二批创建国家社会信用体系建设示范城市。

工信部和国家发改委公布了2016年度"宽带中国"示范城市(城市群)名单,全国共有39个城市入选,南阳市位列其中。4G网络已基本覆盖乡镇、村,人口、面积覆盖率均达到70%以上。全市已累计建成各类物理通信基站7276座,其中4G物理基站6240座,重点公共区域实现免费WiFi上网服务覆盖。

8月1—2日 市委中心组举行集体学习研讨(扩大)会。会议深入学习贯彻习近平总书记系列重要讲话精神和《中国共产党问责条例》,落实中央、省委决策部署,深入研究未来5年南阳经济社会发展和党的建设重大问题。

8月5日 南阳英锐光电科技股份有限公司(简称英锐光电)在"新三板"挂牌,证券代码为838631。

8月6日 南阳葡萄协会成立,来自方城、唐河、淅川、宛城等县区的50多位葡萄种植合作社负责人参会。

8月11日 南阳高教园区汽车站正式开工建设。

8月14日 中央电视台《焦点访谈》栏目聚焦南阳烈火英雄王锋,以《火中救人,大爱担当》为题报道王锋三入火海、勇救他人的感人事迹。

8月17日 市政府第三十一次常务会议召开。会议邀请南阳行政法学会会长、市政府法律顾问、市委党校法律教研室主任王应强解读中共中央国务院《法治政府建设实施纲要(2015—2020)》。会议研究南阳—海口临时经营航线补贴问题,原则通过申报2019年世界月季洲际大会有关工作,研究《南阳市公共租赁住房管理办法》。

8月21日 由市环保局组织的"保水质、爱健康、护生命"义诊活动在淅川县陶岔渠首举办,来自省老年医学会、郑州大学一附院、南阳医专一附院、淅川县第二人民医院的专家教授免费为当地村民进行义诊。

8月23日 市委书记穆为民在宛会见沃特玛新能源汽车产业创新联盟理事长、深圳市沃特玛电池有限公司董事长李瑶一行,就汽车产业合作事宜进行深入沟通交流。

8月24日 市委常委、常务副市长原永胜会见北京首都创业集团有限公司董事、总经理李松平。

8月27日 中国玉文化(南阳)博物馆授牌仪式在拓宝玉器广场举行。

9月1日 省花卉协会会长何东成到南阳月季博览园、南阳月季公园等地,实地察看南阳市月季产业发展情况。

第九届"中华慈善奖"颁奖典礼在江苏南通中华慈善博物馆举行。南阳市社区志愿者协会会长李相岑获得"中华慈善奖"——最具爱心慈善楷模称号,全国仅有10人获此殊荣,他也是南阳历史上获得"中华慈善奖"第一人。

9月2日 市长霍好胜主持召开市政府第三十二次常务会议。会议研究《南阳市加快构建现代公共文化服务体系的实施意见》,研究进一步加强老年人优待工作推进高龄津贴制度工作,研究对2016年基础教育工作作出突出贡献的先进集体、先进个人表彰工作,研究了《市委市政府关于加强城市规划建设管理工作的意见》,研究了《南阳市交通运输脱贫专项方案》等。

9月7日 全市教育工作暨第三十二个教师节表彰大会召开。会议表彰2016年度基础教育工作先进集体和先进个人。

9月7—8日 河南省政协主席叶冬松到桐柏县调研脱贫攻坚工作。

9月9日 南阳市一中召开2016年秋期开学典礼暨庆祝教师节表彰大会。学校恢复"南阳中学"校名,并举行"南阳中学"校名揭牌仪式,"南阳中学"校名由知名校友袁宝华题写。

9月9—11日 世界月季联合会主席凯文、世界月季联合会会议委员会主席海格莅宛,就南阳市申办2019年世界月季洲际大会进行前期考察。

9月11—14日 南阳市组团参加在广西南宁举办的第十三届中国—东盟博览会。该次博览会,南阳市共筹划引资项目12个,总投资37.36亿元,其中2个项目在会议现场进行签约,分别是总投资1.5亿元的桐柏县固县镇政府与东圣电气国际集团有限公司合作年产30万台电器产品建设项目和总投资1.2亿元的南召县人民政府与贵州国塑科技管业有限责任公司合作生产加工PVC、PE管材及滑石粉生产项目。

9月13日 上午11时18分,郑万铁路全线第一榀梁铺架仪式在新野县新甸铺镇中铁十局制梁场处举行。

9月20日 以"智能制造、精益生产、产业集聚,提升民族农机工业水平"为主题的中国农机产业高峰论坛在唐河县举办。

9月22—23日 中国法学会会长王乐泉到南阳市调研基层法学会工作。

9月24—25日 南阳市荣获"国家农业综合标准化示范市"称号,西峡县荣获"国家农业综合标准化示范县"称号。

9月24—29日 中国共产党南阳市第六次代表大会隆重召开。穆为民代表中共南阳市第五届委员会,向大会作题为《忠诚担当 拼搏实干 决胜全面小康 为建设大美南阳活力南阳幸福南阳而努力奋斗》的报告。大会书面印发中共南阳市纪律检查委员会的工作报告和市委组织部关于南阳市市管党费收缴、管理和使用情况的报告。9月29日上午,中国共产党南阳市第六次代表大会第三次全体会议在南阳会议中心举行。会议选举产生中国共产党南阳市第六届委员会委员 73 名、候补委员 13 名;中国共产党南阳市第六届纪律检查委员会委员 40 名;南阳市参加省十次党代会的代表 54 名。会议以举手表决的方式,依次通过《中国共产党南阳市第六次代表大会关于中共南阳市第五届委员会工作报告的决议》和《中国共产党南阳市第六次代表大会关于中共南阳市纪律检查委员会工作报告的决议》。

9 月 27 日 以"崇德向善 见贤思齐"为主题的第六届河南公民道德论坛在南阳市举行。

在豫参加全国畜禽标准化规模养殖暨粪便综合利用现场会的农业部副部长于康震,带领与会人员到方城县,实地参观考察牧原股份方城公司的生猪标准化规模养殖和粪便综合利用情况。

9 月 29 日 中国共产党南阳市第六届委员会在宛举行第一次全体会议。穆为民当选为中共南阳市第六届委员会书记,霍好胜、王智慧当选为副书记。新当选的六届市委常委是:穆为民、霍好胜、王智慧、原永胜、史安平、景劲松、王保华、张生起、杨韫、吴刚、张富治。全会通过关于中国共产党南阳市纪律检查委员会第一次全体会议选举结果的报告。

是 月 国家质量监督检验检疫总局发布公告,公布 2016 年国家级出口食品农产品质量安全示范区名单,南阳市被批准成为国家级出口食品农产品质量安全示范市。这是全国首个国家级出口食品农产品质量安全示范市。

10 月 2 日 世界月季联合会发文中国花卉协会月季分会,同意 2019 年世界月季洲际大会在中国南阳举办。

10 月 8 日 市政府召开第三十三次常务会议。市长霍好胜主持会议并讲话。会议听取全市政府系统贯彻市六次党代会精神,做好当前重点工作,攻坚四季度、奋力保全年工作措施情况汇报。会议审议《南阳市政府法律顾问工作规定(草案)》和《南阳市人民政府关于进一步加快法治政府建设的实施意见(草案)》,并就做好政府依法行政工作听取了专家讲座。会议还研究撤乡建镇及设立街道办事处等其他事项。

10月9日 全市国庆期间共接待国内外游客640.83万人次,实现旅游综合收入31.85亿元,同比分别增长11.5%和12.8%。

10月9—15日 市政协副主席、市发展电子商务领导小组副组长庹军带领市政协、市商务局、内乡县政协、新野县政协部分负责人到浙江省、江苏省考察学习电子商务。

10月10日 南阳市受命组建中国援赞比亚第十九批医疗队,这是南阳市首次组建代表中国的援外医疗队。按照援赞计划,南阳市选派14个专业的28名专家奔赴赞比亚,开展为期1年的援外医疗。

10月11日 西施兰(南阳)药业股份有限公司正式在新三板挂牌,股票代码为839216。

10月12日 上午9时26分,河南龙成集团路畅科技股份有限公司股票在深圳证券交易所挂牌上市,成为深交所主板市场第801只股票,股票代码为002813,开盘当日顶格涨幅43.98%,收盘价为9.92元。

10月13—15日 上海市政协副主席李逸平带领考察团莅宛,考察南阳市城市历史文化风貌保护和发展情况。

10月14日 河南省政府领导到方城牧原第八分场就畜牧产业发展情况进行调研。

南阳市人民政府与中国中铁股份有限公司举行战略合作洽谈会。

在杭州举行的全国特色小(城)镇建设工作经验交流会上,国家住房和城乡建设部公布了第一批中国特色小镇名单,西峡县太平镇榜上有名。

10 月 15 日　中国证监会副主席姜洋带领省证监会、中原证券等相关部门负责人,到对口帮扶的桐柏县调研指导精准扶贫工作。

10 月 22—23 日　第四届"仲景论坛"在南阳市举行。

10 月 24—25 日　省高级人民法院院长张立勇莅临南阳市考察宝天曼道路改造扶贫项目,并与部分驻宛全国、省人大代表、政协委员座谈交流,征求他们对法院工作的意见和建议。

10 月 25—26 日　省政协副主席、农工党河南省委主委高体健带领督导组到南阳市,对脱贫攻坚工作进行专项民主监督。

10 月 28 日　全国双拥办副主任杨国英到南阳市调研双拥工作。

10 月 30 日　中央电视台大型特别节目《2016 中国骄傲》在北京录制。南阳方城火海救人英雄王锋荣获第三届全国 119 消防奖。

11 月 7 日　2016 中国(郑州)产业转移系列对接活动在郑州开幕。南阳市共签约 45 个亿元以上项目,总投资 127.85 亿元。

11 月 8 日　2016 年河南民营企业 100 强名单发布,南阳市 16 家民营企业榜上有名,上榜数量居省辖市第一。

11 月 9 日　淅川县污泥处理中心拿到排污许可证并开机生产,标志着全省首个县级污泥处理中心投入运营。

11 月 15 日　第十五届"中国玉雕、石雕作品天工奖"揭晓。南阳玉雕夺得 1 金 2 银 2 铜和 1 枚最佳创意奖、23 枚优秀作品奖。

11 月 18 日　鸭河口水库顺利通过国家级水利工程管理单位验收,实现南阳市国家级水利工程管理单位"零"的突破,同时也成为全省大(Ⅰ)型水库中第一家获此荣誉的单位。

11 月 23 日　市长霍好胜主持召开南阳市政府第三十七次常务会议并发表讲话。会议研究推广实施政府和社会资本合作模式(PPP)工作,研究《南阳市人民政府关于进一步规范农村村民住宅建设的实施意见》。

11 月 26 日　在 2016 中国食用菌行业博览会暨西峡香菇国际品牌推介会上,中国食用菌协会授予西峡县"西峡香菇甲天下"牌匾和"西峡全国食用菌示范基地"牌匾。大会期间,共有 72 家国内外客商与西峡香菇生产加工企业达成合作协议,签约总额 53 亿元。

11 月 28 日　省委常委、省纪委书记任正晓莅宛,就落实全面从严治党主体责任和监督责任、加强党风廉洁建设和反腐败工作情况进行调研。

是月　南阳丹江口水库环库生态与水质保护绿色通道开工建设。该项目总投资 25.8 亿元,总长 112 千米,等级为二级公路,分东线、西线两部分,计划建设工期 3 年。项目建成后,将与湖北省丹江口市已建成的环库区道路形成交通大环线,形成环湖生态旅游圈,使淅川县 4 个乡镇旅游资源穿珠成线,有效带动库区群众脱贫致富。

12 月 1 日　18 点 16 分,从南阳始发开往郑州的 T6552 次特快直达列车首发车缓缓驶出南阳火车站。这是南阳首发的第一趟特快列车。

首批全国职业院校健康服务类示范专业点名单公布,全国有 76 个专业点被确定为首批职业院校健康服务类示范专业点,南阳医专中医学专业、邓州卫校护理专业上榜。

12 月 4 日　500 万株南阳月季在郑州首次搭乘中欧班列发往德国,这意味着南阳市融入"一带一路"建设,完善开放功能、推动产业发展迈出坚实步伐。

12 月 5 日　河南省政协副主席、民建河南省委主委龚立群到社旗县调研脱贫攻坚工作。

12 月 6 日　国务院南水北调办副主任蒋旭光带领相关部门负责人,就南阳市移民工作进行调研。

市长霍好胜主持召开市政府第三十九次常务会议并讲话,会议研究脱贫攻坚工作和环境综合整治及大气污染防治工作。

12 月 6—7 日　河南省检察院检察长蔡宁到淅川县调研脱贫攻坚工作,并对南阳市两级检察院工作进行指导。

12 月 12 日　李相岑家庭作为河南省文明家庭代表在京参加第一届全国文明家庭表彰大会,并在会场受到习近平总书记接见。

人民网连载南阳著名作家秦俊的长篇小说《大宋天子赵匡胤》,并配发对作家的采访随笔《写意秦俊》一文。

12 月 16 日　省委常委、常务副省长翁杰明带领省统计、发改、住建等部门负责人到南阳市,就城市基础设施建设、产业集聚区、脱贫攻坚等工作进行调研。

12 月 20 日　由省文明办组织的 2017 年全国文化科技卫生"三下乡"集中示范活动河南分会场暨双节期间"推动移风易俗　树立文明新风"系列活动启动仪式在方城县独树镇举行。

市政府第四十次常务会议召开。市长霍好胜主持会议并讲话。会议研究《中共南阳市委南阳市人民政府关于印发南阳市供给侧结构性改革总体方案(2016—2018)》。会议还就中心城区 4 所 15 年制完全学校筹建,中心城区园林绿化建设工作作出了具体部署和安排,会议还研究了落实"三重一大"实施细则、产业集聚区行政区划套合有关工作等。

12 月 26—27 日　市五届人大常委会第二十三次会议召开。会议听取审议市教育局关于《加强中心城区中小学建设进一步缓解教育资源不足的议案》办理情况的报告;市水利局关于《加强白河水系保护和治理议案》办理情况的报告;市政府、市中级人民法院关于市五届人大三次会议代表建议批评和意见办理情况的报告;市财政局关于 2016 年市级预算调整方案的报告;市五届人大常委会第二十次会议审议意见研究处理情况的报告等。对市发改委、市民政局、市畜牧局进行了工作评议。

12月30日 南阳市召开全市领导干部大会,传达省委关于南阳市主要领导职务调整的决定;张文深同志任中共南阳市委委员、常委书记;穆为民同志不再担任中共南阳市委书记、常委、委员职务。

南阳卧龙综合保税区正式封关运行。

12月31日 第三次全国农业普查入户登记启动仪式举行。

2017 年

1月4日   市委书记张文深深入社旗县调研脱贫攻坚工作。

全市农村土地规模经营工作现场会在唐河县召开。

1月5日   全市粮食生产形势通报新闻发布会举行。2016 年,全市粮食作物面积 1481 万亩,单产 351.9 公斤/亩,总产 104.24 亿斤。其中,夏粮 813.6 万亩,总产 61.46 亿斤;秋粮 667.4 万亩,总产 42.78 亿斤,总产处于历史第二高位。

1月9日   全市省管干部集中廉洁教育会召开。

1月10日   南阳市委经济工作会议召开。会议贯彻落实中央、省委经济工作会议和省、市党代会精神,总结 2016 年经济工作,分析当前经济形势,部署 2017 年经济工作。

1月13日   河南民兴生物科技股份有限公司(简称为"民兴生物",股票代码为 870227),在北京挂牌"新三板",这标志着社旗上市企业实现"零"突破。

1月23日   南阳市健康养生产业发展专题座谈会举行。

市委书记张文深代表市委、市人大常委会、市政府、市政协四大班子,带着全市人民的深情厚谊,到南阳军分区慰问广大官兵,并通过军分区向所有驻宛部队官兵和民兵预备役人员送去节日的祝福和问候。

是月   市移民局被人力资源和社会保障部、国务院南水北调工程建设委员会授予"南水北调东中线一期工程建成通水先进集体"称号。

2月5—8日   中国人民政治协商会议南阳市第五届委员会第四

次会议在南阳会议中心召开。会议审议通过政协南阳市五届四次会议关于常务委员会工作报告的决议、政协南阳市五届四次会议关于常务委员会提案工作报告的决议、政协南阳市五届四次会议提案审查委员会关于提案审查情况的报告、政协南阳市五届四次会议政治决议。

2月6—9日 南阳市第五届人民代表大会第五次会议在南阳会议中心隆重召开,市长霍好胜作政府工作报告,听取市人大常委会工作报告和法检两院工作报告。会议表决通过了《关于〈南阳市人民政府工作报告〉的决议》《关于〈南阳市2016年国民经济和社会发展计划执行情况与2017年国民经济和社会发展计划〉的决议》《关于〈南阳市2016年财政预算执行情况和2017年财政预算〉的决议》《关于〈南阳市人民代表大会常务委员会工作报告〉的决议》《关于〈南阳市中级人民法院工作报告〉的决议》《关于〈南阳市人民检察院工作报告〉的决议》。

2月8日 中共南阳市委六届委员会第二次全会在宛举行。

2月12日 南阳市第十五届(2016)十大新闻人物评选揭晓。他们是三入火海救人不幸牺牲的英雄王锋;圆满完成3年援疆任务的南阳市援疆工作队;一心为民带富乡邻的村支书李怀玉;辛勤耕耘科技惠民的育种专家于松昌;热心公益感恩社会的艾尼宛尔·阿不拉;大山深处的"双拐法官"汪新法;热心公益的优秀志愿者吕宏庆;将"扶贫种子"播撒田野的驻村第一书记王永建;20年如一日关爱特殊儿童的弘玉康复中心创办人徐东清;把移民当亲人的信访科长李皓。

2月14—15日 省政协主席叶冬松一行到桐柏县调研脱贫攻坚工作。

2月28日 市五届人大常委会召开第二十五次会议。会议听取审议市人民政府对市五届人大常委会第二十二次会议关于全市脱贫攻坚工作开展情况报告的审议意见研究处理情况的报告,听取审议市人民检察院对市五届人大常委会第二十二次会议关于刑罚执行监督工作报告的审议意见处理情况的报告。

南阳市 2019 年世界月季洲际大会筹备工作动员会议召开。

在北京召开的全国学雷锋志愿服务工作座谈会上,南阳师范学院"南水北调中线水源区生态环保志愿服务项目"获得最佳志愿服务项目,这是全省唯一获此殊荣的高校。

是月 市人社局联合市扶贫办、市总工会和市妇联 3 个部门,制订了 2017 年"春风行动"方案,"春风行动"至 3 月下旬结束。

西峡、内乡、淅川、桐柏 4 县获水源涵养国家重点生态功能区。

3 月 1 日 南阳市召开庆"三八"表彰暨妇女工作会议。大会表彰南阳市第九届"十大女杰""优秀女性""三八"红旗手(集体)和 2015—2016 年度南阳市维护妇女儿童权益先进典型。

3 月 2 日 北京市与南阳市签署旅游发展战略合作协议。

3 月 3 日 市委中心组举行集体学习(扩大)报告会。省委金融工委书记、省政府金融办主任孙新雷作金融知识专题讲座。

3 月 9 日 中国共产党南阳市第六届委员会第三次全体(扩大)会议在宛召开。全会听取并讨论《市委常委会 2016 年工作报告》,审议并原则通过《中共南阳市委关于深入贯彻党的十八届六中全会精神打造政治生态绿水青山的决定》,审议通过《中国共产党南阳市第六届委员会第三次全体会议决议》。

3 月 10 日 市委书记张文深带领市四大班子领导和各县区党政主要负责同志前往河南廉政文化教育馆参观学习。

3 月 14 日 市政府与人保财险河南省分公司签订保险助推精准扶贫战略合作协议。

3 月 17 日 国家二级保护植物野生大豆群落在白河国家城市湿地公园科普宣教区被发现,这是南阳市首次发现此群落。

3 月 20 日 首届全国玉料交易会在镇平县石佛寺镇开幕,来自加拿大、俄罗斯、巴基斯坦以及北京、广州、新疆、云南等地的1600余名国内外客商参加。此次交易会采用暗标形式,累计设标855标。

3月21—22日 国务院南水北调办副主任陈刚带领调研组莅宛,就南阳市南水北调中线一期工程水源和干线水质保护工作进行调研。

3月24日 由市发改委、市文明办牵头,市质监局、市国税局、市中级人民法院、市交通局、市物价办、市安监局等6部门联合发布南阳市首个诚信"红黑榜"。

3月25日 由来自11个国家的35名留学生组成的南阳师范学院青年志愿者团队服务南阳机场。

3月25—26日 省政协副主席、农工党河南省委主委高体健一行到南阳市调研脱贫攻坚工作。

3月26日 南阳机场开通重庆—南阳—郑州往返航班。

3月28—30日 省十二届人大常委会第二十七次会议召开。南阳市首部地方性法规——《南阳市白河水系水环境保护条例》顺利获得通过。

3月29日 第十一届中国(河南)国际投资贸易洽谈会在郑州开幕。开幕当天,南阳市达成合作项目18个,总投资100.75亿元。其中,现场签约重大项目5个,总投资38.1亿元。项目内容涵盖机械制造、现代农业、高成长服务业、电子信息、先进制造业等多个领域。

3月30日 国务院南水北调办主任鄂竟平带领防汛检查组莅宛,就南水北调中线工程南阳段防汛工作进行调研。

3月31日 省政协副主席李英杰深入内乡县,实地考察牧原食品股份有限公司。

是月 省发改委下达2017年河南省第一批重点项目建设名单,南阳市共有49个项目被列为河南省重点建设项目,项目个数居全省第六位。

南阳市 4 家民办博物馆获省文物局批准设立,分别为南阳万世之宝博物馆、南阳丹江移民民俗博物馆、南阳唐王府博物馆、内乡县菊潭古瓷博物馆。

桐柏革命纪念馆被确定为"全国爱国主义教育示范基地"。

4 月 7 日　市委中心组举行集体学习(扩大)报告会。中国工程院院士、中国工程院原副院长杜祥琬以《创新发展路径　建设美丽家乡》为题作专题辅导报告。

京宛农业战略合作框架协议签约仪式举行。郑渝与市委常委、副市长范双喜签署《京宛农业战略合作框架协议》。北京市农业技术推广站与市农业局、新野县政府、西峡县政府,北京市畜牧总站与市畜牧局分别签订合作协议。

4 月 11 日　人社部、水利部对南阳市水利工程建设项目参加工伤保险情况调研座谈会召开。

4 月 17—18 日　省政协副主席史济春带领调研组莅宛,就南阳市加快城市执法体制改革工作进行监督性调研。

4 月 21 日　由市委宣传部、市文明办、市文广新局、南阳报业传媒集团主办,南阳电视台承办的"感动南阳"2016 年度人物颁奖典礼在市广电中心演播大厅举行。当选"感动南阳"2016 年度人物(集体)共 10 个,分别是秦秀杰、王娟、桦树盘组全体村民、王付强、范书勤、张鹰、淅川爱心联盟、罗春凡、马明起、雷克。

4 月 22 日　首届国学(汉学)教育国际学术研讨会在南阳师范学院召开。副市长刘树华和来自国内外的 90 余名专家学者出席研讨会。

4 月 24 日　第十三届全国见义勇为英雄模范表彰大会在北京召开,南阳市王君荣、刘新军、杨明、贾晓玉、潘东东被授予"全国见义勇为模范"称号,受到隆重表彰。

4 月 24—25 日　省政协副主席、省工商联主席梁静带领调研组到南阳市调研降低实体经济综合成本工作。省工商联副主席孔火团,市领导刘庆芳、吴冬焕参加调研。

4月25日 省委书记谢伏瞻深入国家级贫困县——桐柏调研脱贫攻坚工作。

4月25—26日 市五届人大常委会第二十六次会议召开。会议表决通过《南阳市人大常委会关于开展第七个五年法治宣传教育的决议》和市人大常委会机关、市中级人民法院、市人民检察院相关人事任免事项。

4月28日 中国·南阳第十四届玉雕节暨玉文化博览会在市体育中心开幕。下午,中国·南阳第十四届玉雕节暨玉文化博览会南阳市情说明产业推介暨合作项目签约仪式举行,本次共有71个合作项目在仪式上成功签约,投资额298亿元,涵盖新能源、新材料、电子信息、装备制造、现代农业和服务业等多个领域。

第八届南阳月季花会在南阳月季公园开幕。开幕式上,《花中皇后南阳月季》(第五组)个性化月季邮票发行揭幕。

4月29日 镇平县玉文化创意产业园开工仪式举行。玉文化创意产业园项目总占地3400亩,其中一期启动用地1033亩。

5月2日 南阳火车站站房改扩建工程开工仪式举行。新建南阳站设计采用反映南阳地域文化特色、新古典的建筑造型理念,总建筑面积20899平方米,最多可容纳3000人。

5月3日 南阳市召开脱贫攻坚问题整改工作座谈会,针对当前脱贫攻坚面临的严峻形势,进一步聚焦存在的突出问题,共同研究、交流问题整改的措施办法。

5月4—5日 河南省人大常委会副主任段喜中率调研组莅宛,就《河南省老年人保护条例》修订工作进行立法调研。

5月8—9日 来自中国工程院、清华大学、中国农业大学等科研院校组成的 7 人院士专家团队,深入淅川县企业车间、田间地头,把脉科技创新,举办专题讲座,为淅川脱贫攻坚献计献策。

5 月 9 日 市委中心组举行集体学习(扩大)报告会。中国证监会河南监管局副局长张智应邀作了题为《加强资本市场建设 推动地方经济发展》的报告。

5 月 10—11 日 河南省政协副主席龚立群带领调研组到社旗县,就农业供给侧结构性改革和脱贫攻坚工作进行调研。

5 月 11 日 南阳市政府与省农科院签订农业科技战略合作协议,旨在加强院市合作,加快农业转型发展,建设现代农业强市。

5 月 12—13 日 河南省政协主席叶冬松深入联系点桐柏县调研脱贫攻坚工作。

5 月 15 日 中国援非第 19 批医疗队出征。由南阳市选派的 28 名援外医疗队员参加本次援非医疗任务。

5 月 16 日 南阳市人大常委会召开《南阳市白河水系水环境保护条例》颁布实施新闻发布会。

5 月 25 日 中国国际有机食品博览会在上海开幕,来自南阳市 13 个县(市、区)的 30 家企业及相关单位共 100 余人参加了此次展会,推出了获得有机、绿色、地理标志认证的产品 80 多种。签约 15 个贸易类、招商类项目,签约资金达 19.8 亿元。

5 月 26 日 交通运输部副部长何建中莅宛调研交通扶贫项目建设和“四好农村路”工作。

是月 南阳市政府下发关于《进一步发展和利用资本市场支持地方经济建设的意见》。

淅川县首个乡镇二级客运站——渠首客运站正式启用。

6 月 9 日 南阳市召开政府与社会资本合作(PPP)宣讲会,特邀财政部政府与社会资本合作中心主任焦小平作了题为《PPP 改革在中国》

的专题讲座,市委常委、副市长范双喜参加会议。

6月13日 南阳市创建全国文明城市工作推进会召开,市委书记张文深强调,全市上下要坚定信心、排除万难,奋力夺取创建工作的最后胜利。

6月16日 市委全面深化改革领导小组第十五次会议召开。

6月16—17日 国务院南水北调办副主任张野带领检查组到南阳市检查南水北调中线工程防汛工作。

6月17日 由中华中医药学会、中国健康促进基金会主办,北京华艾产业发展有限公司、南阳艾草产业协会承办的中国首届艾产业发展大会在南阳市举行。

6月22日 总投资12.13亿元的内乡默河水环境综合治理项目正式启动,标志着全市首个小流域治理PPP项目全面实施。

6月23日 全国知名创投机构中原行活动走进内乡,40多家知名创投机构和全市50余家上市后备企业有关负责人汇聚一堂,5家企业当场与投资机构签订战略投资合作协议。

6月28日 南航在南阳机场启用国内首个人脸识别智能化登机系统,旅客在登机口刷脸即可秒速验证登机,简化了登机流程,方便了广大旅客出行。

6月29日 南阳市文明办、市妇联组织开展第一届市文明家庭评审活动,现场评选出100户文明家庭,充分展示家庭文明建设成果,推动南阳市“双创”工作深入开展。

6月29日起 南阳市开展懒政怠政为官不为问题专项监督工作,重点督查各级领导班子成员和中层以上干部及事业单位、国有企业的中层以上管理人员。同时,进一步加强对各级政府、部门及其公务人员,以及事业单位、国有企业工作人员的监督。

6月30日 南阳市召开庆祝中国共产党成立96周年暨表彰大会。

是月 国家发布了全国重点镇名单。其中,河南省 203 个镇入选,南阳市 19 个镇榜上有名。入选的 19 个镇分别是:宛城区红泥湾镇,卧龙区蒲山镇,南召县云阳镇、皇路店镇、南河店镇,方城县博望镇、赵河镇、广阳镇,西峡县双龙镇,镇平县石佛寺镇、贾宋镇,内乡县马山口镇,淅川县荆紫关镇、丹阳镇,社旗县饶良镇,唐河县毕店镇,新野县歪子镇,桐柏县埠江镇、安棚镇。

2017 首届全国食用菌特色小镇产业发展大会上,西峡县双龙镇被中国食用菌协会授予"全国食用菌特色小镇示范单位"荣誉称号,成为河南省唯一获此殊荣的乡镇。

7 月 6 日 在全省平安建设表彰会议上,南阳市被省综治委评为 2016 年度全省综治和平安建设工作"优秀省辖市"。

7 月 7 日 河南省副省长舒庆到南阳市检查调研防汛及推行河长制工作。

7 月 11 日 由市中心医院牵头,全市 60 余家医疗卫生机构共同加盟的市中心医院医联体正式成立。

7 月 13 日 国土资源部副部长凌月明带领检查组深入南阳市,就丹江口库区(河南)地质灾害防治工作进行调研。

7 月 14 日 镇平县首届荷花旅游月在该县中原荷花博览园启动。

全国爱卫会正式公布 2015~2017 周期国家卫生城市(区)名单,南阳市被命名为国家卫生城市,方城县、社旗县被命名为国家卫生县城,西峡县太平镇、二郎坪镇被命名为国家卫生乡镇。

7 月 16 日 河南中医药大学南阳张仲景医院挂牌。

7 月 21 日 中国公共卫生安全战略研讨会在南阳市举行。

南阳市中心城区 5 处人防工程作为纳凉点正式对外开放。全市开放纳凉点 17 处,其中,中心城区 5 处(独山大道与信臣路交叉口的光达宛都名邸人防工程、建设路与文化路交叉口的文秀花园人防工程、张衡路康泰花园人防工程、新华西路格林酒店人防工程和新华城市广场人防工程),各县区 12 处。

7 月 25 日　南阳市"双创"工作推进会召开。

8 月 1—2 日　全国政协常委、省政协副主席高体健带领住豫全国政协委员视察团到南阳市,围绕推进中医药强省建设进行视察。

河南省人大常委会党组书记、副主任刘春良带领省人大常委会调研组深入南阳市,就推进县乡人大工作和建设开展专题调研。

8 月 7 日　南阳市委中心组举行集体学习(扩大)报告会。著名军事专家、中国人民解放军国防大学战略研究所副所长戴旭教授以《世界大变局与中国复兴的战略准备》为题作专题报告。

8 月 9 日　市长霍好胜主持召开市政府第五十三次常务会议,研究加强和规范国土资源管理、全面推行河长制、国有林场改革、政府自身建设等工作。会议审议了《市中心城区国有土地上房屋征收补偿工作监管办法》。

8 月 11—12 日　河南省委常委、组织部部长孔昌生深入桐柏、唐河、社旗、方城等县就基层党建工作进行调研。

南阳医专医疗集团管委会第二次全体会议暨集团新成员单位加入签约仪式在南阳医专一附院举行。会上,第二批 31 家新成员、第一批 29 家成员单位与牵头单位南阳医专一附院签订了《双向转诊协议》;一附院给各成员单位郑重授牌。

8 月 16 日　南阳市 15 年制第一完全学校开工建设,这是市委、市政府解决中心城区"上学难""大班额"问题采取的务实、惠民之举,对扩大南阳市优质教育资源供给、推动教育事业提质扩容具有重要意义。南阳市第一完全学校南临中州路、西至规划西外环路、北至规划枣庄路、东至规划区间路,总投资 5 亿元,占地面积 341.847 亩,建设规模从学前班到高中共 15 个年级 162 个班,新增学位 7200 个。

8 月 17—19 日　全国政协常委、省政协副主席、农工党河南省委主委高体健莅宛,实地调研脱贫攻坚开展情况。

8 月 22 日　市长霍好胜主持召开南阳市政府第五十四次常务会议,研究政府和社会资本合作模式(PPP)项目和城市公立医院综合改革工作。

同日　南阳市先进制造业集群培育基金成立暨签约仪式举行。基金按照“政府引导、市场运作、科学决策、防范风险”的运作原则,统筹整合现有的市级先进制造业发展专项等财政专项资金,并吸纳社会资金注入,总体投资规模设定为 20 亿元。

8 月 22—23 日　河南省政协副主席、民建河南省委主委龚立群带领调研组来宛,就南阳市农业供给侧结构性改革推进脱贫攻坚工作进行调研。

8 月 25 日　南阳市 15 年制第二完全学校在宛城区开工建设,这是优化中心城区学校布局,解决中心城区大班额和入学难问题,推动教育公平的民生工程、民心工程。南阳市 15 年制第二完全学校位于南阳新能源经济技术开发区,纬七路以南、白河大道以东、长江路以西、纬八路以北区域。学校项目总占地面积 287.345 亩,总建筑面积 14.7 万平方米,总投资 4.8 亿元。办学规模为“6、6、12、12”轨制,共新增教学班 126 个、学位 5760 个。

8 月 28 日　河南省政协副主席钱国玉带领省政协调研组,专题调研南阳市推动文化产业园区高效发展情况。

8 月 31 日起　南阳市中心城区 20 家城市公立医院实施药品“零差率”销售政策(不含中药饮片),彻底破除“以药补医”机制。通过医疗服务价格调整补偿90%,医疗服务价格增加的部分纳入医保报销范围,确保群众负担总体不增加;其余 10% 由财政按照原供给渠道补偿。

是月　市发改委引进的京宛合作项目——利用污水源供暖、供冷项目得到市政府批准。这意味着南阳市首个可再生能源集中供暖、供冷项目正式落户。

中宣部命名第五批全国爱国主义教育示范基地,桐柏革命纪念馆榜上有名。

9月1日　市人大常委会主任杨其昌带领考察团到许昌市考察学习曹魏古城开发建设。

9月5日　市委全面深化改革领导小组会议召开。会议传达学习了中央、省委全面深化改革领导小组近期改革会议精神,听取了"医保救助＋一站式结算"改革落实、不动产登记制度改革推进、市属国有非工业企业改革推进等情况汇报,审议并原则通过了《深化公安改革实施意见》。

9月6日　南阳市召开2017年教师节表彰大会。会议表彰了2017年高考工作作出突出贡献的先进集体和先进个人,以及优秀教师、优秀教育工作者、中小学名师名班主任名校长。

9月11日　以"改革创新铸就新南阳,共享发展喜迎十九大"为主题的南阳市第一届社会科学普及周活动开幕式在市民服务中心广场举行。

9月12日　市政府与北京首都农业集团在北京签署战略合作协议。

9月14—15日　河南省人大常委会副主任王保存带领检查组到南阳市开展《中华人民共和国种子法》和《河南省实施〈中华人民共和国种子法〉办法》执法检查及农田水利基本建设情况专题调研。

9月15日　南阳森霸光电股份有限公司(股票简称:森霸股份;股票代码:300701)创业板挂牌上市仪式在深圳证券交易所举行。森霸股份由此成为河南贫困县首次公开发行第一股。

9月16—26日　南阳市举办第五届运动会。

9 月 20—21 日　河南省政协主席叶冬松到联系点桐柏县调研脱贫攻坚工作。

9 月 21 日　由南阳大文化研究院主办的南阳市首届文物保护与文化产业发展论坛在万世之宝博物馆举行，李天岑、秦俊、周同宾等专家学者齐聚一堂，共论文物保护与文化产业开发的未来发展形势。

9 月 28 日　第七届中国中医药发展大会暨中国·南阳第十三届张仲景医药文化节开幕。

9 月 29 日　河南省十二届人大常委会第三十一次会议审查批准《南阳市城市绿化条例》。

10 月 9 日　中国工程院院士王浩、河南水利投资集团领导一行到南阳市调研指导中心城区生态水系治理工作，并召开座谈会。

10 月 11—13 日　《南阳市志》省级评审会召开。

10 月 12 日　市委常委、市纪委书记王保华到市委党校，为党校 7 个主体班的学员作了题为《认清形势，坚定信心，律己尽责，推动全面从严治党向纵深发展》的专题报告。

南阳市 2017 年"敬老月"启动仪式暨健康南阳行在高新区百里奚街道川光社区举行。

10 月 13 日　市委书记、市委全面深化改革领导小组组长张文深主持召开市委全面深化改革领导小组第十七次会议。

10 月 19 日　市委常委、宣传部部长张富治到市委党校，为党校 7 个主体班的学员作了题为《旗帜鲜明地做好意识形态工作》的专题辅导。

10 月 25—26 日　国家园林城市复查验收组莅宛，检查指导南阳市此项工作开展情况。

10 月 28 日　南阳市卧龙区检察院干警毕冬云荣获"第二届守望正义——群众最喜爱的检察官"称号。本次全国检察机关共评出 10 名群众最喜爱的检察官,毕冬云是河南省唯一获此殊荣的检察干警。

10月29日 进入新的冬春航季,南阳机场为满足市民的出行需求,届时新增南阳至海口、南阳至揭阳(汕头)至海口、天津至南阳至贵阳等3条航线。

10月30日 河南省工会"互联网+职工婚恋交友服务"工作现场推进会在南阳市召开。

是月 农业部公示88个农产品地理标志。其中,南阳市唐河、西峡、桐柏这3个县的红薯、香菇、香椿3种农产品荣获国家农产品地理标志认证。

11月1日 南水北调中线一期工程2017—2018年度调水工作启动,计划年度陶岔入渠水量57.84亿立方米,计划向各省市分水量51.17亿立方米。南水北调中线一期工程10月31日已完成2016—2017年度调水任务,入渠水量44.92亿立方米,超过计划供水量3.62亿立方米,水质各项指标稳定达到或优于地表水Ⅱ类。

11月9日 环保部华北环境保护督查中心主任曹立平带领调研组,到南阳市调研环保工作"党政同责、一岗双责"落实情况和中央环保督察反馈意见整改落实情况。

市委书记张文深率领南阳市党政考察团赴洛阳市考察,学习洛阳市以科技创新引领装备制造业转型发展的好做法、好经验,推动南阳市装备制造业快速发展。

第六届全国道德模范名单正式公布,南阳市已故火海救人英雄王锋当选"全国见义勇为道德模范"。

11月10日 环保部副部长黄润秋莅宛,就"绿盾2017"国家级自然保护区监督检查专项行动开展情况进行调研。

市委书记张文深率南阳党政考察团到西安科技大市场,考察学习西安市在科技创新服务体系建设方面的先进经验,推动南阳市以科技创新引领转型跨越。

11 月 10—11 日　省委副书记王炯莅宛调研脱贫攻坚工作。

11 月 15 日　南阳卧龙岗·武侯祠创建国家 5A 级景区提升规划评审会召开,听取了南阳卧龙岗·武侯祠创建 5A 级景区工作汇报,并通过了对卧龙岗·武侯祠创建 5A 级景区提升规划的评审。

11 月 16 日　2017 福布斯中国 400 富豪榜在上海正式发布,南阳市牧原股份创始人秦英林家族以 208.5 亿元财富位居河南第一、中国富豪榜第 89 名。

11 月 18 日　南阳市著名作家二月河走进央视一套《开讲啦》栏目,面向全国观众讲文化、话发展、说感悟。

11 月 21 日　市人大常委会主任杨其昌带领考察团到襄阳市考察学习文化旅游产业发展。

11 月 22 日　市委全面深化改革领导小组第十八次会议召开。会议传达学习了十九届中央全面深化改革领导小组第一次会议和省委全面深化改革领导小组第二十七次会议精神,听取了市投融资体制改革情况汇报,审议并原则通过了《南阳市从事生产经营活动事业单位改革方案》和《南阳市科协改革方案》。

11 月 23 日　南阳市装备制造电商产业园、宛城区电子商务产业园在溧河物流园揭牌运营。产业园拥有实训及众创空间 8000 平方米、电商物流仓储 40000 平方米、线下体验店铺 1100 余间,是集研发、办公、生产、生活、商业配套等功能于一体的高科技电子商务产业园。

11 月 27 日　中国共产党南阳市第六届委员会第四次全体(扩大)会议召开。会议深入学习贯彻党的十九大精神,以习近平新时代中国特色社会主义思想为指导,表决通过了《中国共产党南阳市第六届委员会第四次全体会议决议》,审议并原则通过了《中共南阳市委关于深入学习贯彻党的十九大精神,加快转型跨越发展,决胜全面建成小康社会,开启新时代南阳全面建设社会主义现代化新征程的意见》。

11 月 27—28 日 省政协副主席龚立群带领调研组到社旗县桥头镇小河流村,察看通过发展产业和提供就业带动当地群众增收致富的南阳中苋生态科技有限公司、河南久念食品有限公司、社旗县宛澄机械科技有限公司,并深入贫困户家中走访慰问。

是月 中国报业协会党报分会对全国城市党报媒体融合发展先进单位进行表彰,南阳日报社从参评的全国直辖市、省会城市、副省级城市、地级市等各级城市党报社中脱颖而出,与福州日报社、昆明日报社、银川日报社、长春日报社、沈阳日报社等省会城市党报社一起,荣获"中国城市党报媒体融合十强"称号,这也是河南省唯一获此殊荣的城市党报社。

2017"感动中原"年度教育人物评选活动结束,全省共 10 名教师被评为 2017"感动中原"年度教育人物,南阳市陈俊德榜上有名。

12 月 2 日 首届海峡两岸乡土文化论坛在南阳市举办。

12 月 6—8 日 省政协主席叶冬松在桐柏县月河镇、朱庄镇,进社区、入农户,详细了解贫困群众搬迁后的生活和收入情况,实地察看宅基地复垦工作,认真听取拟搬迁户的意见建议,并到精准扶贫就业基地了解贫困群众就近就业情况。

12 月 12 日 南阳科技大市场正式启动运营。南阳科技大市场是市委、市政府深入实施创新驱动发展战略、落实中原创新创业活力城专项工作的重点项目。大市场建筑面积 6000 余平方米,以科技成果转移转化和技术交易为核心服务内容,已有 19 家科技服务机构入驻。

南水北调中线一期工程通水 3 周年,累计向北方调水逾 110 亿立方米,水质一直稳定在国家 Ⅱ 类及以上标准。

由中国互联网新闻中心(中国网)举办的"2017 年中国教育家年会暨'中国好教育'颁奖盛典"在北京举行,南阳市第十二中学校长陈雅丽和南阳市实验学校教师彭红分获 2017 年度"中国好校长"和"中国好教师"荣誉称号。

12 月 16 日　南阳市第三完全学校开工建设。南阳市 15 年制第三完全学校总建筑面积 13.7 万平方米,总投资 4.41 亿元。新增教学班 138 个、学位 6240 个。

12 月 18—19 日　省委常委、组织部部长孔昌生先后深入南召县、邓州市、淅川县、西峡县、内乡县等县市进行调研。

副省级领导带领省直有关部门负责人到南阳市,就交通重点项目、百城提质工程、丹江口库区地质灾害防治和移土培肥工程等工作推进情况进行调研。

12 月 21 日　市政府与国家开发银行河南省分行签订战略合作协议,国开行河南分行拟于 2 年内提供 300 多亿元融资支持,为南阳市加快转型升级、保障改善民生、推动经济社会平稳健康发展发挥重要的促进作用。

12 月 22 日　河南省文化产业发展现场会在南阳市举行。

12 月 25—26 日　经教育部专家组评估验收,河南高校首个教育部—中兴通讯 ICT 产教融合创新基地在南阳理工学院正式建成并投入使用。

12 月 26 日　市工商联评出 2017 南阳民营企业 30 强。南阳民营企业 30 强前 10 名名单:河南龙成集团有限公司、牧原食品股份有限公司、南阳淅减汽车减振器有限公司、河南省西保冶材集团有限公司、河南中源化学股份有限公司、河南福森药业有限公司、河南天工建设集团有限公司、仲景宛西制药股份有限公司、河南省西峡汽车水泵股份有限公司、南阳纺织集团有限公司。

12 月 27 日　六届市委全面深化改革领导小组第九次会议召开,传达十届省委全面深化改革领导小组第十四次会议精神以及省委改革考评要求,回顾总结南阳市当年改革情况,研究部署重点改革工作,审议通过了《深化公安执法规范化建设实施意见》《关于完善农村土地所有权承包权经营权分置办法的实施意见》。

12月28日 宛运集团南阳汽车站客运大厦正式启用,副市长郑茂杰出席并致辞。南阳汽车站改扩建工程于2016年3月开工建设,新增建筑面积19860平方米。此次启用的客运大厦集售票、候车、安检、综合服务、行包托运等设施于一体,智能化、人性化程度大大提高。

12月29日 省水利厅命名全省第三批26个"水美乡村",南阳市方城县拐河镇、西峡县太平镇和淅川县毛堂乡龙泉村3村(镇)榜上有名。

是月 科技部火炬中心发布河南省2017年第二批高新技术企业认定名单,共524家企业上榜,南阳市利达光电等25家企业在列(不含邓州市)。

乐凯华光印刷科技有限公司的"华光绿色金属印刷整体解决方案"获专家论证通过,填补了国际国内相关领域空白。

市委宣传部被中共中央宣传部授予全国"基层理论宣讲先进集体"荣誉称号。这是南阳市理论宣讲工作首次荣获这一全国性殊荣,也是此次全省唯一获此荣誉的省辖市。

2018 年

1月4日　市委常委会召开议军会议,专题研究加强南阳市国防后备力量建设与发展问题。

1月5日　市五届人大举行第六次会议。84人当选省十三届人大代表;王毅当选南阳市监察委员会主任。

1月7日　南阳市监察委员会揭牌成立,与市纪委合署办公,标志着南阳市监察体制改革取得新成果,党风廉政建设进入新时代。

1月8日　市委召开经济工作会议,全面贯彻中共十九大精神,落实中央、省委经济工作会议部署,总结中共十八大以来南阳市经济发展,部署2018年经济工作。

中国共产党南阳市第六届委员会第五次全体会议召开。全会以习近平新时代中国特色社会主义思想为指导,深入学习贯彻中共十九大精神,听取和审议通过了市委书记张文深受市委常委会委托所作的工作报告,审议通过了市委常委会抓党建工作情况专题报告,表决通过了中国共产党南阳市第六届委员会第五次全体会议决议。

1月9日　2018中国艾草产业研讨会在宛城区电商产业园召开。

1月10日　由南阳日报社策划、组织的南阳市第十六届(2017)十大新闻人物评选揭晓。分别是:获评全国道德模范的英雄王锋,担当社会责任帮扶贫困群众的秦英林,三十五年如一日用科技服务群众的陈增喜,抱着爱女干在脱贫攻坚一线的郭存,扎根深山献身教育的陈俊德,全国最美十佳孝心少年李家帮,入选中国好人榜的门金梅,扶贫济困带富乡邻的赵安长,尽职尽责呵护蓝天的文阁伟,建立"爱心家园"传递善行的杜文兰。

1月11日　全国人大常委会委员、全国人大财经委副主任委员郝如玉带领调研组到南阳市,就南水北调中线水资源税改革、中线工程水质保护和社保费地税代征等工作情况进行调研。

1月14日　由中铁上海工程局承建、全长5100米的蒙(西)华(中)铁路西峡隧道顺利贯通,标志着蒙华铁路南阳段建设进入快车道。

1月15日　河南省政协副主席、民建河南省委主委龚立群一行先后深入社旗县桥头镇范朱刘村、小河流村的史文付、赵玉山、张胜举等6户贫困户家中,给他们送去慰问品,详细了解扶贫政策落实情况。

1月18日　南阳市与中国人寿驻豫成员单位签署深化战略合作协议。

1月20日　河南省政协副主席、农工党河南省委主委高体健一行到南召县开展扶贫调研慰问工作。

1月28日　位于唐河县产业集聚区的安源云领电动汽车、克劳德房车河南(唐河)生产基地正式投产,一期年生产新能源低速电动汽车1万辆、房车5000辆。

是月　河南"玉商通"项目在"中国玉雕之乡"镇平启动。

第一届河南省文明家庭名单公布,南阳市范书勤家庭、杜广云家庭、姚海军家庭、山巧丽家庭上榜。

2月1日　中国物流与采购联合会发布第二十五批358家AAA级物流企业名单,南阳市奥博物流、诚远物流被评为3A级企业,弘发物流被评为AA级企业。

2月2日　在酒泉卫星发射中心用长征二号丁运载火箭成功将一颗电磁监测试验卫星发射升空。该卫星以南阳人张衡的名字命名为

"张衡一号"。

2 月 5 日　市委、市政府联合下发《关于深化人才发展体制机制改革实施"诸葛英才计划",加快建设人才强市的意见》。

2 月 6 日　2018 年南阳市迎新春戏曲晚会在南阳影剧院举行。

2 月 7 日　河南省政协主席刘伟到桐柏县困难群众、军烈属家中走访慰问,为他们送去新春的祝福。在月河镇敬老院,刘伟一行代表省委、省政府提前给大家拜年,祝福老人们健康长寿,

2 月 8 日　省政协副主席张亚忠一行到镇平县涅阳街道敬老院慰问。

《走进新时代》2018 年南阳春节电视文艺晚会在广电中心演播大厅举行。

2 月 8—9 日　省委常委、统战部长孙守刚一行实地察看了镇平县石佛寺镇天下玉源市场、党群服务中心和方城县部分宗教场所,实地调研南阳市民族宗教工作。

2 月 23 日　宛城区建设仲景健康城专项工作及古宛城保护利用工程建设情况推进会召开。

2 月 26 日　南阳市对 6 个达标的中药材种植基地进行命名表彰。

2 月 27 日　南阳市"干部作风整顿年"活动动员会召开。

市委农村工作会议召开。

是月　河南省科技厅公布 2018 年第一批科技型中小企业名单,南阳市共有 4 家企业入选,均为西峡县域内企业。分别是西峡县正弘单晶刚玉有限公司、西峡县金方圆密封材料有限责任公司、西峡县星达耐火材料有限责任公司、西峡县中嘉合金材料有限公司。

市政府办公室正式印发《南阳市促进科技成果转移转化工作实施方案》,意在充分调动各类创新主体的积极性和创造性,加快推进科技成果转化和先进技术转移,打造经济发展新引擎。

在第十四届《当代》长篇小说年度论坛上,南阳籍女作家梁鸿的《梁光正的光》入围年度"五佳作品"。在第十九届《当代》文学拉力赛年度总冠军颁奖仪式上,《梁光正的光》)获"年度长篇小说总冠军"。

第二批全国中小学中华优秀文化艺术传承学校名单公布,全省有40所学校上榜,南阳市实验中学、南阳市第十五小学校上榜,传承的艺术类型分别为民族民间舞蹈和戏曲。

中央文明办发布2018年1月"中国好人榜"。南阳市惠长坡、孟宪岑上榜。

3月6—7日 "宛商大讲堂"举办"2018企业上市及资本对接高峰论坛"。工信部中国中小企业上市服务联盟、苏州弘仁企业管理培训有限公司、中置资本有限公司(香港)、中原股权交易中心等创投机构和证券、会计、律师、咨询等上市中介服务机构共计60余家机构,全市100余家有上市意愿的企业和其他中小企业的董事长、财务总监、董秘,以及各县区工信委、金融办的相关工作人员共计200余人受邀参加此次高峰论坛。

3月7日 南阳市村(社区)"两委"换届选举工作会议召开。

南阳市第五届人民代表大会常务委员会第三十四次会议审议了"南阳市人民政府关于提请审议确定南阳市市树的议案",会议决定望春玉兰为南阳市市树。

3月9日 市委理论学习中心组专题学习中共十九届三中全会精神,对南阳市贯彻落实工作进行安排部署。

3月13日 市委书记张文深等市领导与市直机关、市城乡一体化示范区以及社会各界500余名干部群众一起,在南阳月季园参加义务植树活动。

3月14日 南阳市召开脱贫攻坚工作会议,市脱贫攻坚领导小组印发《"春季提升行动"实施方案》,决定在全市范围内开展"春季提升行动"。

3 月 27 日 交通运输部副部长戴东昌实地察看了宛城区部分乡镇"四好农村路"路域环境综合整治、"四好农村路 + 产业 + 扶贫 + 旅游"发展等和淅川县丹江环库公路、交通扶贫道路建设,详细了解交通项目进展情况和扶贫效果。

3 月 29 日 南阳新城区发展总体规划(2018—2035)专家评审会召开。

是月 国务院扶贫开发领导小组办公室主任刘永富在京会见了全国脱贫攻坚奖获得者、牧原集团党委书记兼董事长秦英林。

南阳市与北京市旅游委对接京宛旅游战略合作。

国家旅游局数据中心等机构发布 2018 年春节区域旅游排名及专项旅游市场报告,南阳市在地级市游客接待排名上居全国第 35 位。春节假日期间,南阳市共接待游客 193.42 万人次,同比增长 27%;旅游业综合收入 9.15 亿元,同比增长 28.5%。

中宣部命名第四批 50 个全国学雷锋活动示范点和 50 名全国岗位学雷锋标兵,镇平县高丘镇黑虎庙小学校长张玉滚获第四批"全国岗位学雷锋标兵"称号。

省委宣传部公布河南省第七批爱国主义教育示范基地名单,方城县的红二十五军鏖战独树镇纪念地顺利入选。

4 月 2 日 南阳市公交行业移动支付应用正式启动。当日起,无论是本地居民还是外地游客,乘坐南阳公交,可使用银联闪付、银联二维码、南阳码上行 APP 等多种支付方式直接乘公交。

4 月 8 日 河南法治大讲堂首场报告会暨市委理论学习中心组集体学习(扩大)报告会举行。西南政法大学校长付子堂应邀以《中国特色社会主义宪法制度与监察体制改革法治化》为主题作辅导报告。

4 月 9—10 日 省政协副主席龚立群带领参加 2018 年河南省"5

+2"经济合作活动的豫商代表,先后参观考察了社旗县规划展示馆、赊店老酒生态园、山陕会馆等,详细了解社旗县经济社会发展、产业概况和招商引资优惠政策。

4月10—12日　市校合作暨科技成果发布交易会在南阳科技大市场举办。

4月13—14日　省政协副主席、九三学社河南省委主委张亚忠带领九三学社专家30余人,到镇平县开展助力镇平县域创新驱动发展促进行动。

4月16日　根据汉江水情和丹江口水库蓄水水位偏高的实际情况,南水北调中线一期工程4月到6月期间向北方启动生态调度,累计向天津、河北、河南3个受水区生态补水5.07亿立方米,这是南水北调中线一期工程运行3年多后,首次正式向北方进行生态补水。

4月17日　第十二届中国(河南)国际投资贸易洽谈会在郑州开幕。南阳市委副书记、市长霍好胜出席大会开幕式暨重大合作项目签约仪式。在这次投洽会上,南阳市达成合作项目14个,其中现场签约重大项目6个。项目内容涵盖高成长服务业、先进制造业、新能源、食品加工、农副产品深加工等多个领域。

4月18日　南阳市副市长刘庆芳会见了意大利阿斯蒂市市长毛里齐奥·拉塞罗率领的阿斯蒂市市政府代表团一行,双方就装备制造业、农业及文化旅游等领域寻求深度合作,共谋发展繁荣。

汉城河综合整治工程实现全线通水。

4月19日　首部反映南水北调中线工程移民故事的电影《渠首欢歌》在全国上映。该片由淅川本土编剧尹一鸣、刘国胜和国家二级编剧李敏共同撰写。

4月19—20日　省长陈润儿深入南阳市调研脱贫攻坚工作。

4月20日　2018首届南阳区块链技术创新论坛举行。国内外区块链专家学者会聚南阳,探讨区块链技术在南阳的应用前景。南阳区块链商学院同时揭牌。

4 月 25—27 日 南阳生态文明论坛在桐柏县举行

4 月 26 日 中国·南阳第十五届玉雕文化节暨第九届月季花会在市体育场开幕。

北京农学院驻南阳教授工作站在南阳市揭牌。

4 月 27 日 第九届南阳月季花会南阳花卉产业论坛举行。

南阳市举行第六届中国玉石雕刻"玉华奖"颁奖仪式。

是月 南水北调中线一期工程通过总干渠白河退水闸,以 20 立方米/秒的流量,向白河实施生态补水。这是南水北调中线一期工程运行 3 年多后,首次正式向南阳市进行生态补水。

5 月 3 日 市委理论学习中心组举行集体学习(扩大)报告会。全国政协委员、中央党校一级教授韩庆祥作题为《习近平新时代中国特色社会主义思想概论》的专题辅导报告。

天津市南阳商会在天津成立并揭牌。

5 月 4 日 河南省十大最具影响力景区名单公布,西峡老界岭·恐龙遗迹园景区榜上有名。

5 月 6 日 "迎省运促健康"2018 年河南省全民健身月启动仪式在南阳市体育中心综合训练馆举行。

5 月 7 日 "避暑养生地南阳老界岭"旅游推介会在成都举行。

5 月 10 日 全国政协副主席,中央统战部副部长,国家民委党组书记、主任巴特尔到南阳市调研民族宗教工作。

5 月 11 日 2018 第二届中国艾产业发展大会在南阳市开幕。

5 月 14 日 赞比亚卫生部部长为由南阳市卫计委独立组队的第十九批中国援赞医疗队颁发集体和个人荣誉证书,并向团队和个人授予"中赞医疗合作勋章",以表彰医疗队在赞期间所作出的突出贡献。

5 月 15—16 日　省政协主席刘伟率省政协常委视察团到南阳市视察调研脱贫攻坚工作。

5 月 17 日　全国杂交小麦学术研讨会在邓州市召开。

5 月 20 日　南阳市水源地区块链平台上线仪式举行。该平台上线之后,南阳市多家农产品企业可通过该平台把生产的绿色有机农产品卖到全国各地,让生产者与消费者通过网络实现面对面,省去中间环节,打通流通渠道,实现互惠互利。

5 月 24 日　文化和旅游部、工业和信息化部联合发布第一批国家传统工艺振兴目录,全国共计 14 个门类 383 个传统工艺项目入选,其中河南共有 16 项入选,镇平玉雕位列其中。

是月　文化和旅游部确定并公布第五批国家级非物质文化遗产代表性项目代表性传承人名单,共 1082 人。其中,南阳市魏秀菊(西坪民歌)、王国庆(方城石猴)、刘铁民(宛梆)3 位大师被认定为国家级非物质文化遗产代表性项目代表性传承人。

6 月 5 日　副省长何金平到南阳市调研防汛和河长制工作。

6 月 8 日　南阳市召开创建全国文明城市工作推进会。

6 月 12 日　市委书记张文深就环境整治工作现场办公。张文深一行先后到南阳市污水净化中心、卧龙区蒲山镇泗水河以及石材开采区域现场办公。

6 月 13 日　中国(内乡)以色列高效农业科技创新合作示范园开园。

"感动南阳"2017 年度人物颁奖典礼在市广电中心演播大厅举行。

6 月 17 日　南水北调中线工程从淅川陶岔渠首调水入渠水量达到 150 亿立方米,沿线水资源配置进一步优化。

6 月 19 日　南阳市中心城区空气质量优良天数达 90 天,连续多日位居全省第一。

6 月 20 日　南阳市召开"干部作风整顿年"活动暨"一次办妥"工作推进会。

6 月 22 日　中国软件行业协会军民融合软件分会地方工作委员会成立暨河南工业职业技术学院无人机培训基地揭牌仪式举行。

6 月 25 日　市委副书记、市长霍好胜轻车简从深入桐柏县,就中央环保督察组交办案件落实、项目建设和脱贫攻坚工作进行调研。

6 月 26 日　市委副书记、市长霍好胜到市第一完全学校和市第一中学调研。

南阳市文旅重大专项领导小组组长、市人大常委会主任杨其昌深入西峡县,对老界岭景区创建国家级旅游度假区工作实地督导、现场办公。

6 月 27—28 日　市五届人大常委会举行第三十六次会议。市人大常委会主任杨其昌主持会议。会议审议通过了《南阳市人大常委会工作报告(审议稿)》和《南阳市实施宪法宣誓办法(修订草案)》;审议了《南阳市城市市容和环境卫生管理条例(草案)》;会议还听取审议了南阳市人大常委会代表资格审查委员会关于终止个别人大代表的代表资格审查报告。

6 月 27—30 日　全省乡镇志编纂工作推进会暨西峡县《回车镇志》评审会和全省乡镇志编纂工作培训会在西峡县召开。

6 月 28 日　南阳市召开庆祝中国共产党建党 97 周年暨表彰大会。

6 月 29 日　2018 中国(南阳)仪器仪表产业技术发展大会暨首届张衡科技文化周活动举办。

南阳市政务服务"一次办妥"启动,标志着此项工作的全面铺开。市委常委、常务副市长景劲松,副市长张明体出席启动仪式。

6 月 30 日　张衡铜像落成揭幕暨中国仪器仪表行业拜祖大典仪式在南阳市卧龙区石桥镇张衡博物馆举行。

7月3日 招商证券内乡牧原营业部揭牌营业。

7月4日 市人大常委会主任杨其昌,市委常委、宣传部部长张富治对卧龙、宛城两区文化旅游项目建设进行现场督导。

7月6日 南阳理工学院清洁能源项目研发服务中心组建签约仪式举行。

7月10日 南阳老城解放路南头南关影院旧址——宛城区第三人民医院(原东风医院)解放路门诊部沿街门面房被拆除,标志着南阳老城棚户区改造工作正式启动。

7月11日 福森药业有限公司在香港联合交易所主板挂牌上市。这是2018年河南省在香港主板市场挂牌上市的第一家企业。

第二十九个世界人口日。截至2017年年底,南阳市总人口1194.23万,比2010年第六次人口普查时增加了35.82万,人口总量居全省第一位,占全省总人口的11%。南阳市有4个百万级人口大县:邓州市、唐河县、方城县和镇平县,它们的总人口分别为178.6万、145.95万、110.17万和104.3万,四县(市)人口占全市总人口的45.1%;桐柏县、西峡县总人口不足50万人,分别为48.24万和47.44万。人口最多的邓州市占全市总人口的15%,人口最少的西峡县占全市总人口的比重不足4%。

7月12日 市城乡一体化示范区邀请复旦大学规划建筑设计研究院等单位专家学者,对《南阳市新城区生态水系及景观专项规划》《南阳市新城区海绵城市专项规划》进行综合评审,为南阳新城区建设建言献策。

7月13日 中央企业贫困地区产业投资基金重大示范项目签约仪式在京举行。牧原集团牵手央企扶贫基金,和包括内乡、范县、平舆、上蔡、滑县等在内的7省22个贫困县签订了现代畜牧养殖项目投资合作协议,利用内乡"5+"扶贫模式助力贫困地区经济发展,带动贫困群众精准脱贫。

7月16日 "河南省学习贯彻习近平生态文明思想百场宣讲活动"南阳首场报告会举行,省委宣讲团第六组组长、省委宣传部讲师团团长李德全受邀以《绘就中原更加出彩的绿水青山画卷》为题作报告,市委书记张文深主持。

7月16—17日 联合国教科文组织世界地质公园评审专家帕尔·特亚莫、全勇文到南阳市对伏牛山世界地质公园进行评估。

7月20日 市委书记、市委全面深化改革领导小组组长张文深主持召开六届市委全面深化改革领导小组第十一次会议,会议听取了上半年全面深化改革进展情况汇报和国有非工业企业、农村土地"三权分置"改革推进情况汇报,审议通过了《关于深入推进经济发达镇行政管理体制改革的工作方案》。

鸭河工区与河南省医圣堂大健康产业集团签订合作协议,启动鸭河工区健康产业博览园项目。该项目涉及中医振兴、振兴宛药、健康、旅游、物流、科研等。

7月25日 中国共产党南阳市第六届委员会第六次全体(扩大)会议召开。

7月30日 副省长霍金花到南阳师范学院调研指导工作。

7月23—31日 "大汉天声丝路古风——中国汉代画像石韩国拓片展"在韩国开展。这是南阳市青年作家、文化学者、收藏家徐文受韩国大丘美术馆邀请举办的,共展出汉画拓片精品100幅。

是月 知名文学期刊《奔流》(南阳卷)出版发行,该期杂志收录了南阳30余名文坛宿将和年轻才俊的精品佳作,全面展示南阳作家风采。

由河南省地矿局地勘二院实施的河南省淅川县下大扒石墨矿勘查项目,在豫西南地区探获一个厚度大、品位富的特大型层控型石墨矿床。经河南省国土资源厅评审认定,石墨资源量超过 1298 万吨,是截至目前河南境内发现的石墨资源量最大的矿床。

河南省乡村振兴战略示范县市(区)、示范乡镇名单公布。南阳市 1 个示范县和 15 个示范乡镇上榜。上榜的示范县市(区)为西峡县,上榜的示范乡镇有邓州市孟楼镇、宛城区汉冢乡、南召县云阳镇、内乡县板场乡、社旗县李店镇、桐柏县安棚镇、西峡县五里桥镇、淅川县九重镇、唐河县桐寨铺镇、新野县上庄乡、镇平县杨营镇、方城县杨集乡、卧龙区潦河坡镇、鸭河工区皇路店镇、官庄工区官庄镇。

农业农村部公布第八批"全国一村一品示范村镇"名单,南阳市淅川县九重镇张河村(淅川软籽石榴)、唐河县马振抚镇前庄村(乡村旅游)上榜。

8月2—3日 省政协副主席、农工党河南省委主委高体健深入南召县调研指导脱贫攻坚工作。

8月3—4日 省长陈润儿深入南阳伏牛山区调研产业脱贫工作并实地考察伏牛山区生态资源和生态保护情况。

8月5日 南阳高铁片区一期工程 PPP(政府与社会资本合作)项目开工仪式在位于宛城区茶庵乡的南阳高铁片区核心启动区举行。南阳高铁片区一期工程是郑万高铁的配套工程,位于先期建设的起步区内,包含站前广场综合体、日月湖、7 条市政道路三大项目。项目规划建设总用地 106.67 公顷,预计总投资超过 15 亿元。

8月6日 南阳市儿童青少年近视防控中心在南阳市眼科医院挂牌成立。

8月8日 2018 年南阳市全民健身日活动暨首届玉乡田园农耕健身大赛在镇平县中原荷花博览园拉开帷幕。

8月10日 市委理论学习中心组举行集体学习(扩大)报告会,中原银行首席经济学家王军应邀作经济金融形势专题辅导报告。

8 月 16 日　南阳市 2018 年第一批"新时代好少年"先进事迹发布会举行。

8 月 19 日　首个中国医师节。市中心医院、南阳医专第一附属医院、市第二人民医院、市骨科医院、市第四人民医院、南阳医专第二附属医院等医院纷纷举办优秀医师表彰活动,表彰那些在临床治疗过程中作出突出贡献的优秀医师。

8 月 20 日　省政协副主席龚立群到社旗县调研精准扶贫工作。

8 月 20—21 日　省政协副主席李英杰带领调研组深入西峡、内乡两县,就新型农业经营主体发展情况开展专题调研。

8 月 28 日　镇平想念食品产业园正式投产。

8 月 29 日　南阳新城区首批 22 个重点建设项目集中开工,标志着南阳新城区大建设、大发展的序幕正式拉开。

南阳市中级人民法院与京东签署"互联网＋"战略合作框架协议,此举旨在加快智慧法院建设,为网络司法拍卖提供全流程、多维度服务。

8 月 30 日　河南大学校长宋纯鹏带领学校院系教师代表 40 余人到南阳市,重走抗战流亡办学路,开展系列学习纪念活动。

8 月 30—31 日　南阳市获得国家艺术基金 2018 年度舞台艺术创作资助项目河南曲剧《丹水颂》首演暨专家研讨会在唐河县举行。《丹水颂》以艺术的手法再现了南水北调中线工程建设过程中淅川库区人民曲折感人的搬迁故事,以及移民干部群众"献出丹心化碧海,架起长河润京华"的豪迈情怀。

8 月 31 日　教育部公布 2018 年全国教书育人楷模名单,镇平县山村教师张玉滚入选。

9 月 3 日　南阳市脱贫攻坚专题推进现场会在西峡县召开,部署全市秋季"两貌"改善、冬季"双扶"行动和扶贫领域信访"回头看"工作。市委副书记王智慧出席。

上海金汇直升机救援南阳运营中心与南阳蓝天救援队举行合作签约仪式,这标志着南阳市及周边各县的救援行动实现了空地结合。

9月7日 中共中央宣传部在中央广播电视总台向全社会公开发布镇平县高丘镇黑虎庙小学校长张玉滚的先进事迹,并授予他"时代楷模"称号。

9月8日 省政协副主席周春艳带领调研组到南阳市调研政协党的建设工作。

9月10日 南阳市第二届社会科学普及周活动启幕。市委常委、宣传部部长、市社科联主席张富治,副市长刘庆芳出席。

9月10—12日 省委常委、省纪委书记、省监察委主任任正晓先后深入桐柏县、内乡县、西峡县、淅川县、邓州市等县市进行调研指导工作。

9月17日 全市2018年绿色出行宣传月暨公交出行宣传周活动启幕。

9月18日 在省旅游扶贫推进会上,公布了全省2018年首批乡村旅游特色村名单,南阳市南召县云阳镇铁佛寺村、西峡县太平镇鱼库村、淅川县盛湾镇瓦房村等35个乡村被认定为2018年河南省首批乡村旅游特色村。

9月19日 由市纪委监委驻交通运输局纪检监察组、市公共交通总公司等单位打造的34路"清风号"廉政文化公交车正式开通,成为南阳市首条以宣传廉政文化为主题的公交线路。

南阳市"最美农业人,奋进新时代——庆祝改革开放40年暨首届中国农民丰收节"颁奖晚会隆重举行。市委副书记王智慧、副市长谢松民、市政协副主席柳克珍出席并为获奖人员颁奖。

9月25—29日 政协第六届南阳市委员会第一次会议召开。张生起当选市政协主席,李建涛、宋蕙、庞军、王黎生、李德成、李敬铎当选市政协副主席,夏广军当选市政协秘书长。

9 月 26—30 日 南阳市六届人大一次会议在南阳会议中心召开。选举刘朝瑞为市人大常委会主任,李甲坤、刘荣阁、庞震凤、郭斌、金浩、李长江为市人大常委会副主任,宁春士为市人大常委会秘书长。选举霍好胜为市人民政府市长,景劲松、孙昊哲、阿颖(女)、戚绍斌、谢松民、马冰、李鹏、黄钫为市人民政府副市长,王毅为市监察委员会主任,秦德平为市中级人民法院院长,薛长义为市人民检察院检察长。

在中国花文化研讨会上,南阳月季博览园以其惊艳世界的月季花海盛景和鲜明浓郁的花文化建设成果入列第二批"国家重点花文化基地"。

9 月 28 日 南水北调精神研究院在南阳师范学院成立并揭牌。

9 月 30 日 第五个烈士纪念日。南阳市各界代表在南阳革命烈士纪念馆举行烈士公祭活动。

是月 国务院学位委员会下发通知,同意南阳师院等 18 所硕士学位授予单位从 2019 年起开始招生。

10 月 6—7 日 副省长武国定到南阳市调研伏牛山有关生态建设情况。

10 月 9—10 日 省委书记王国生到南阳市调研脱贫攻坚、社会治理、南水北调等工作。

10 月 15 日 2018 森林城市建设座谈会在深圳召开。市政协主席张生起出席会议并代表南阳市领取国家森林城市奖牌。

10 月 15—16 日 全国易地扶贫搬迁工作现场会在南阳市召开。国务院副总理、国务院扶贫开发领导小组组长胡春华出席会议并讲话。

10 月 17 日 蒙华铁路多项环保措施"护航"的 2000 多吨铁桥在 10 个千斤顶"大力士"的顶推之下,历时 9 天终于成功跨过南水北调中线干渠,这标志着两大工程实现了生态友好式"握手"。

第五个国家扶贫日。南阳市举办 2018 年度"最美扶贫人"颁奖典礼。

10 月 22 日 南阳市委理论学习中心组举行集体学习(扩大)报告会。中央社会主义学院教授李小宁作题为《习近平总书记关于加强和改进宗教工作的重要论述》专题辅导报告。

农业农村部公布"2018 年全国农村一、二、三产业融合发展先导区创建名单",新野县成功入选。

10 月 23 日 在安徽省铜陵市举办的第四届中国县域电商大会上,阿里研究院发布了"2017—2018 年电商示范百佳县"排行榜。镇平县成功入围"中国电商示范百佳县",并获得授牌。

10 月 25—26 日 省政协副主席周春艳带领调研组到南阳市,围绕"防范化解地方政府债务风险,促进经济平稳健康发展"开展民主监督性调研。

2018 年中国·河南招才引智创新发展大会"智能制造云互助"院士专家中原行(南阳)活动在南阳市举行。

10 月 30—31 日 省政协主席刘伟深入桐柏县和市中心城区,就脱贫攻坚和经济发展工作进行调研。

全国政协提案委员会副主任郭庚茂、戚建国、减献甫率调研组莅宛,就"充分发挥南水北调中线工程效益"进行调研。

11 月 1 日 2018 中国(郑州)产业转移系列对接活动在郑州开幕。南阳市副市长马冰参加开幕式暨产业转移合作签约仪式。签约仪式上,南阳市集中签约 4 个项目,投资金额 43.5 亿元,引进省外资金 38 亿元,其中包括中国航天科技集团有限公司在内乡县投资 15 亿元的华福包装科技产业园项目、威海鲲鹏地毯在镇平投资 8 亿元的泓琳和泰毯业等。

11 月 3—4 日　由中国食用菌协会、中国绿色时报社主办,西峡县承办的 2018 中国食用菌行业丝路菇业优秀品牌行动暨西峡香菇国际贸易对接会举行。在随后召开的"中国好香菇"大赛暨西峡商务活动签约仪式上,西峡香菇荣膺"中国好香菇"品质大奖,先后共有 78 个国内外客商与西峡香菇生产加工企业达成合作协议,签约总额达 65 亿元。

11 月 5 日　以省政协副主席高体健为组长的省委省政府第六环境保护督察组对南阳市环境整改系列问题进行督导检查。

11 月 5—10 日　首届中国国际进口博览会在上海举办。南阳市副市长谢松民率南阳市企业组团参会,成功签约 25 个项目,金额逾 1.6 亿美元。

11 月 6—9 日　中共中央政治局常委、中央纪委书记赵乐际到河南省调研。赵乐际先后到南阳市宛城区黄河社区、桐柏县吴湾村、信阳市南湾湖管理区、郑州国家高新技术产业开发区、新华三大数据有限公司,看望慰问困难群众,了解生产生活、养老保障、教育医疗、脱贫攻坚和基层党风廉政建设等情况,听取干部群众意见建议。

11 月 14 日　由市卫生计生委、市中医药管理局、市扶贫办、内乡县政府主办的"健康南阳行医路有我"健康扶贫专项行动首次活动在内乡县举行。

11 月 16 日　南阳市新的社会阶层人士联合会第一次会员代表大会暨成立大会召开。省委统战部副部长梁险峰、市委副书记王智慧出席会议并讲话。

11 月 21—23 日　国家民族事务委员会副主任、党组副书记刘慧一行到镇平县调研城市民族工作。副省长戴柏华,省民委主任贾瑞琴,市委书记张文深,市委副书记、市长霍好胜等参加调研。

11 月 26 日　由中国文学艺术界联合会、中国书法家协会、中国楹联学会联合主办的庆祝改革开放 40 周年全国书法大展在北京市民族文化宫展览馆开幕,南阳市书法家张青山的篆书作品入选此展。

11 月 26—29 日　省十三届人大常委会第七次会议审查批准了《南阳市城市市容和环境卫生管理条例》(以下简称《条例》)。《条例》自 2019 年 5 月 1 日起施行。

11 月 27 日　河南省住建厅对 2019 年省级传统村落申请省级财政补助资金评审结果进行公示,全省共有 50 个传统村落入选,其中,南阳市桐柏县埠江镇水湖流村、淅川县毛堂乡龙泉村、邓州市赵集镇堤南高村、桐柏县淮源镇老湾村(曾家老湾)、淅川县苍房镇磨沟村名列其中。

11 月 28 日　西气东输三线"丹水—淅川、丹水—西峡、丹水—内乡—镇平—茶庵门站"天然气输气管道工程项目开工仪式在内乡县举行,标志着内乡县即将结束无管道天然气的历史,迎接利用清洁能源新时代的到来。

是月　国家发改委发布了《汉江生态经济带发展规划》,推动汉江流域全面建成小康社会并向现代化迈进。南阳市全境纳入该发展规划,迎来新的发展机遇。

12 月 2 日　情暖社会、安排残疾人就业的南阳爱心企业家林素琴荣登 2018 年 11 月"中国好人榜",入选助人为乐类"中国好人"。

12 月 5 日　在第三届全国学生"学宪法、讲宪法"演讲比赛活动中,南阳市第十二小学学生张嘉译代表全省参加小学组比赛,获全国演讲比赛总决赛一等奖。

12 月 6 日　市退役军人事务局挂牌成立。

12 月 7 日　南阳市顺利通过国家水生态文明城市建设试点验收。

12 月 10 日　第五批中国传统村落名录公示,河南省 78 个村落入选,其中,南召县云阳镇铁佛寺村石窝坑村、方城县柳河乡段庄村、王老庄村入选榜单。

12 月 12 日　2018 年度中国好教育盛典在北京落幕,来自全国各地的 20 位校长和 20 位老师被评为 2018 年度"中国好校长"和"中国好教师",南阳市第三中学校长王赟被评为"中国好校长",南阳市第二十一学校教师郭良平被评为"中国好教师"。

12 月 17 日　国家卫生健康委员会为受表彰的全国援外医疗工作先进集体和先进个人颁奖。市卫生计生委副调研员齐祖宏被授予"全国援外医疗工作先进个人"称号。

12 月 18 日　中国·南阳纪念科圣张衡诞辰 1940 周年盛典在张衡博物馆举行。

12 月 19 日　中国共产党的优秀党员、当代著名作家二月河(凌解放)遗体送别仪式在南阳市殡仪馆举行。二月河因病医治无效,于 2018 年 12 月 15 日凌晨逝世,享年 73 岁。黄坤明、朱镕基、李岚清、吴官正、刘云山、张春贤、吉炳轩、刘奇葆、肖捷、刘延东、陈至立、孙家正、常万全对二月河逝世表示悼念和慰问。全国人大常委会办公厅、中宣部、中国文联、中国作协、教育部、中国社会科学院、河南省委、省人大常委会、省政府、省政协等中央、省、市有关单位敬送了花圈。

12 月 21 日　副省长武国定带领省直相关部门负责人莅宛,就南阳市脱贫攻坚和动物疫病防控工作进行调研。

12 月 25 日　中国共产党南阳市第六届委员会第七次全体(扩大)会议召开。

12 月 26 日　南阳火车站新站房正式开通并投入运营。改造后的南阳火车站新站房总建筑面积 11958.8 平方米,站房地上 3 层,下设架空层。

12 月 28 日　南阳抗日战争纪实图片展在市会议中心举行。

12 月 29 日　由中国医药物资协会中医养生委员会主办的 2018 中国(南阳·首届)中医养生博览会暨全民养生节在新华城市广场启动。

南阳新经济产业园区一期先导园暨南阳电商大数据中心、南阳电商公共服务中心启动。市领导吕挺琳、孙昊哲、季陵、黄钫、王黎生,颐高集团董事长翁南道参加启动仪式。

是月 河南省地矿局第一地质勘查院在河南省淅川县勘探出一处特大型石墨矿,且单一矿产地资源储量创河南省内新高,石墨资源量1481.55万吨。

想念食品与京东签署战略合作协议,双方将在品牌、渠道、物流、服务等方面进行深度合作,推动零售模式的创新,将美味的面食高效送达消费终端。

2019 年

1 月 3 日　南阳市人大常委会主任刘朝瑞深入南召县调研脱贫攻坚工作,到部分乡镇、企业实地了解产业就业扶贫、基础设施建设、人居环境改善等情况。市人大常委会副主任李甲坤参加调研。

1 月 4 日　南阳市冬春农田水利基本建设现场会暨"四水同治"工作启动会议在西峡县召开。

1 月 10 日　南阳日报社组织的南阳市第十七届(2018)十大新闻人物评选揭晓。十大新闻人物是:获授国家改革先锋称号的王永民;荣获国家时代楷模荣誉的张玉滚;身残志坚带领群众致富的李健;新时代好少年张晓茹;舍己救人的张恒跃;获得省脱贫攻坚奋进奖的王万才;不忘初心的退役军人刘冬;诠释工匠精神的李力;优秀中原卫士闻浩然;不惧脏累保障清洁的卧龙区环卫站公厕管理所女子抽污班。

二月河文化研究会在卧龙区成立,周大新、李天岑、周同宾、秦俊、殷德杰任顾问。

1 月 22 日　河南省政协主席刘伟到桐柏县走访慰问困难群众、困难企业和基层扶贫干部。南阳市委副书记曾垂瑞,市政协主席张生起参加慰问。

1 月 23 日　中国共产党南阳市第六届委员会第八次全体(扩大)会议召开。

1 月 28—29 日　河南省政协副主席、农工党省委主委高体健一行到南召县走访慰问贫困群众和脱贫攻坚一线工作者。南阳市政府副市长阿颖,市政协副主席李敬铎等参加。

1月28—31日　中共南阳市委全面深化改革委员会办公室等机构分别挂牌成立,南阳市涉改和新组建市级机构全部挂牌完毕。

1月29日　河南省政协副主席、民建河南省委主委龚立群深入社旗县,走访慰问困难群众、基层扶贫干部和医务工作者等,为他们送上慰问品和慰问金。南阳市政协主席张生起、副主席李德成参加慰问。

河南省政协副主席、九三学社河南省委主委张亚忠深入镇平县,走访慰问孤寡老人、困难群众、一线职工等,为他们送上慰问品和慰问金,并致以诚挚的问候和新春的祝福。省政协港澳台侨和外事委员会副主任毕素勤、市政协副主席庹军参加慰问。

1月30日　中共南阳市委召开党外人士座谈会,向各民主党派、工商联和无党派人士代表通报2018年全市经济社会发展情况、党风廉政建设和反腐败工作情况,听取意见和建议。市委书记张文深主持会议并讲话。

1月31日　市委书记张文深等市四大班子领导分组看望慰问南阳市部分地厅级离退休干部、困难企业、特困职工和优秀专家、劳模,送去党和政府的关怀和温暖,致以新春美好的祝福。

是月　世界月季洲际大会主题口号、会徽、吉祥物发布。

第八届"全国百强中学"发布会暨第二届中国名校校长创新峰会颁奖典礼在北京举行。南阳市第一中学入选"百强"名单。

2月2日　市委书记张文深,市委副书记、市长霍好胜在南阳市中心城区看望慰问春节期间坚守岗位的医务人员、环卫工人、公安民警和重大项目建设者,送上节日的美好祝福。市领导张生起、刘荣阁、李鹏参加慰问。

2月13日　南阳市村(社区)党支部书记"大比武"现场会在唐河县召开。市委常委、组织部部长吕挺琳出席会议并讲话。开展村(社区)党支部书记"大比武"活动是唐河县的创新实践,被中组部评选为全国基层党建创新典型案例。

2 月 14 日　中国共产党南阳市第六届纪律检查委员会第四次全体会议召开,回顾 2018 年全市纪检监察工作,对新一年党风廉政建设和反腐败工作进行安排部署。

2 月 15 日　市委书记张文深在南召县恒利康生物科技股份有限公司,亲切会见日本东京 IZAC 公司社长、早稻田大学顾问野元克彦,亚洲乳酸菌学会联盟会长蔡英杰,台湾扬生集团董事长许正郎一行,双方就进一步深化合作进行了友好洽谈。

2 月 16 日　南阳师范学院与宛城区政府签订教育战略合作协议,南阳市第二完全学校将作为南阳师范学院的附属学校,由双方携手打造成一所名校。副市长阿颖出席签约仪式并讲话。

由搜狐网、河南旅游资讯网联合举办的"2019 中原文旅创新高峰论坛"在郑州举行,会上,南阳市被授予"2018 中原最佳优质旅游目的地"称号。

2 月 18 日　南阳市宣传部部长会议召开。

中央广播电视总台"感动中国"2018 年度人物颁奖典礼在央视综合频道播出,河南省南阳市镇平县高丘镇黑虎庙小学教师张玉滚当选2018"感动中国"年度人物。

2 月 22 日　南阳市"作风建设提升年"活动动员会议召开。市委书记张文深出席会议并讲话。市委副书记、市长霍好胜宣读《中共南阳市委、南阳市人民政府关于印发〈开展"作风建设提升年"活动方案〉的通知》。市委副书记曾垂瑞主持会议。

2 月 27 日　南阳广播电视台暨融媒体中心挂牌成立,市委常委、宣传部部长张富治,副市长阿颖出席挂牌仪式。南阳广播电视台暨融媒体中心挂牌成立是贯彻落实中央和全省关于深化文化体制改革的战略部署和重大决策,是新闻宣传系统落实习近平总书记关于媒体融合发展要求的具体行动。

2月28日 市委副书记、市长霍好胜到南阳世界月季园项目建设工地,实地察看项目建设进展情况,剖析建设难题,并就月季园内核心建筑建设、大会场景布置等工作进行现场办公。

南阳市2019年第一季度38个重大项目集中开工,为实现经济社会发展首季"开门红"注入了强劲动力。

是月 省文化和旅游厅将河南省20个乡村命名为2018年度"河南省文化产业特色乡村",社旗县大冯营镇周庄村榜上有名,成为南阳市唯一入选乡村。

2018农业产业化龙头企业500强排行榜出炉。南阳市牧原食品股份有限公司居第62位。

3月1日 中央文明办举办2019年2月中国好人榜发布仪式暨全国道德模范与身边好人交流活动,1103人荣登中国好人榜。其中,南阳市第十一中学教师、南阳市社区志愿者协会会长、南阳爱心飞扬网站站长谭浩入选助人为乐中国好人。

3月6日 市委书记张文深到九大专项之文旅专项标志性工程之一的卧龙岗武侯祠现场办公,协调解决重大关键问题,全力以赴加快项目规划建设进度。

3月11日 南阳市委理论学习中心组举行专题学习会,传达学习习近平总书记参加十三届全国人大二次会议河南代表团审议时的重要讲话精神和在中央党校中青年干部培训班开班式上的重要讲话精神,研究南阳市贯彻落实意见。

3月13日 南阳市委书记张文深到南阳月季园和高铁片区调研。张文深先后到南阳月季园月季博览园、月季大舞台、卧龙书院、东环路以及高铁站站前广场等施工现场,实地察看工程建设进度,详细了解项目推进中的困难和问题,现场交办明责。

3 月 14 日　南阳市卧龙区教体局分别在市十一中教育集团初中部(石桥校区)和市四小教育集团南校区(潦河镇新集小学)举行揭牌仪式。标志着该区依托优质学校走集团化办学的探索和实践向纵深发展,集团化规模达到 9 个。

3 月 15 日　南阳市"3·15"国际消费者权益日活动纪念大会暨 2019 年度消费者满意度行业评议活动启动仪式举办。省市场监督管理局巡视员陶洪臻、市人大常委会党组成员赵景然等出席活动。

南阳市政府与中国光大集团签订战略合作协议。

河南中源化学股份有限公司年产 40 万吨精品小苏打项目竣工仪式在桐柏化工产业集聚区举行。该项目完全投产后,中源化学小苏打年产量将达到 120 万吨以上,超过世界产量第一的土耳其企业 40 多万吨,成为当之无愧的小苏打界世界龙头。

3 月 17 日　中央农办主任、农业农村部部长韩长赋到南阳调研"三农"工作。

3 月 18 日　南阳市第一人民医院安皋医院等 10 个基层"医联体"机构在卧龙区分别挂牌。

3 月 20—21 日　南阳市城市基层党建工作现场会在卧龙区召开。

3 月 21 日　南阳市六届市委第八轮巡察工作动员部署会议召开。

3 月 22—23 日　中共河南省委常委、常务副省长黄强到南阳市调研督导环境保护以及高质量发展工作。市委书记张文深出席调研督导反馈会,省生态环境厅厅长王仲田、市委副书记、市长霍好胜参加调研督导。

3 月 23 日　西峡县第十届花节在田关镇孙沟村开幕,副市长阿颖出席开幕式。孙沟村是河南省"百村万户"旅游特色村,李子树是该村的一项特色产业,是当地村民增收的"发财树"。

3月25—27日　河南省人民检察院检察长顾雪飞深入淅川、镇平、南召3县,调研脱贫攻坚及检察工作。

是月　国家林业和草原局公布第四批国家林下经济示范基地名单,南阳市仲景宛西制药股份有限公司、桐柏县丹峰山茶业开发有限公司、淅川县福森中药材种植开发有限公司上榜。

4月2日　南阳市委农村工作暨深入学习浙江"千万工程"经验、全面扎实推进农村人居环境整治工作会议召开。会上印发了《中共南阳市委、南阳市人民政府关于坚持农业农村优先发展,深入推进乡村振兴战略的意见》。

4月8日　第十三届中国(河南)国际投资贸易洽谈会在郑州开幕。南阳市达成合作项目43个,其中现场签约重大项目16个。市长霍好胜出席大会开幕式。

4月9日　第十三届中国(河南)国际投资贸易洽谈会河南外贸产业基地项目对接会举行。南阳市副市长谢松民出席。

4月9—10日　全国政协副主席、民革中央常务副主席郑建邦带领调研组到南阳市,就生态保护工作和民革组织建设进行调研。

4月10日　北京东方时尚投资股份有限公司与南阳天一发展有限责任公司合作建设南阳东方时尚汽车文化产业园项目在宛城区正式签约。

4月13日　电影《月季》在中国月季之乡卧龙区石桥镇开机。该剧由青年编剧吴兴华创作,常炯导演,河南电视台梨园春金奖擂主王光姣主演。电影《月季》是一部青春励志剧,主要讲述南阳月季后人坚持创新培育和发展月季事业的故事,是"以花为媒,香飘五洲"的现实题材作品。

4月15日　全民国家安全教育日,南阳市举办国家安全宣传教育活动。

4 月 17 日　南阳市召开创建全国文明城市工作会议,市委书记张文深强调,创建全国文明城市任重道远,重在过程、难在深化、贵在担当,要鼓足干劲、真抓实干、合力攻坚,打一场提升全市整体工作水平的硬仗,为高质量建设大城市夯基垒台、做强支撑。市委副书记、市长霍好胜主持。

4 月 20—21 日　2019 首届中国继创者卧龙峰会举行。十届全国工商联副主席、中国继创者联盟名誉主席沈建国致辞,南阳市政协副主席李敬铎等出席。

4 月 24—25 日　河南省政协主席刘伟深入桐柏县,就脱贫攻坚和政协党建工作情况进行调研。

4 月 25 日　卧龙区人民政府与中青旅控股股份有限公司签订卧龙岗武侯祠文化园建设运营合作协议,在景区的建设、发展、运营方面开展深入合作。

4 月 27 日　十二届全国政协副主席齐续春深入南阳月季博览园,就文化产业和月季产业进行调研。南阳市政协主席张生起、副主席王黎生参加调研。

第三届中国艾产业发展大会暨艾文化产业成果博览会在南阳市开幕。

4 月 28 日　十二届全国政协副主席马培华深入南阳市中心城区和淅川县,就文化旅游产业、月季产业和南水北调工作进行调研。

2019 世界月季洲际大会暨第九届中国月季展在南阳世界月季大观园盛大开幕。

5 月 1 日　中国·南阳第十六届玉雕文化节镇平区域活动启动。

5 月 6 日　南阳市政协主席张生起带领市政协专题调研组,实地调研卧龙综合保税区。

5 月 8 日　首届全球文旅创作者大会(淅川分会场)暨"诗画丹江,

美在淅川"文旅创作季活动,在淅川县九重镇南水北调中线工程渠首广场启动。

南阳市脱贫攻坚第十一次推进会议召开。

5月8—9日　河南省政协副主席周春艳带领省政协调研组,对南阳市社会信用体系建设工作开展专题调研。

5月8—10日　河南省人大常委会副主任李文慧带领调研组到南阳市,就深化农村集体产权制度改革情况进行专题调研。

5月11—12日　以全国政协农业和农村委员会副主任杜宇新为组长的调研组到南阳市,就推动农机装备产业高质量发展开展专题调研。

5月16—19日　中国人民政治协商会议第六届南阳市委员会第二次会议在南阳会议中心举行。

5月17—20日　南阳市六届人大二次会议在南阳会议中心举行。

5月18日　由市文化广电和旅游局与市总工会共同举办的《荣誉》献礼中华人民共和国成立70周年特展,在卧龙岗武侯祠内举行。本次展览共展示的是从800多件实物中选出的,1949年至2018年间各行各业先进分子的70件荣誉证书和勋章。

5月21日　南阳市军烈属及退役军人家庭悬挂光荣牌启动仪式举行。副市长、市公安局局长戚绍斌,南阳军分区副司令员张作和出席仪式并入户走访慰问,为"光荣之家"代表悬挂光荣牌。

5月21—22日　河南省人大常委会副主任徐济超带领执法检查组到南阳市,就《中华人民共和国传染病防治法》贯彻实施情况进行执法检查。

5月22—23日　全国政协常委、河南省政协副主席、农工党河南省委主委高体健带领省政协调研组到南阳市,就推进"两场三馆"(体育场、室外体育活动广场、体育馆、游泳馆、全民健身综合馆)建设,满足人民群众健身需求进行调研。

5月22—24日　河南省人大常委会党组书记、副主任赵素萍带领执法检查组到南阳,对《中华人民共和国水污染防治法》和《河南省水污染防治条例》贯彻实施情况进行执法检查。

5月23日　河南南阳大宗农产品交易中心上线运营暨香菇产品上市发布会举行。市领导郭斌、李鹏、宋蕙出席。河南南阳大宗农产品交易中心,是南阳市唯一一个专业的线上交易平台,将带动相关农产品物资流、资金流、信息流的汇集,成为农产品走出南阳的重要通道和高效平台。

5月24日　南阳市市直机关2019年职工运动会在市体育中心开幕。

5月28日　河南省政协副主席龚立群到社旗县督导脱贫攻坚工作。

6月4—5日　南阳市人大常委会副主任庞震凤带领市人大执法检查组到镇平县、南召县、市公安局,就贯彻实施《中华人民共和国治安管理处罚法》情况开展执法检查。副市长、市公安局局长戚绍斌出席座谈会。

6月5日　南阳市举行纪念"六五"世界环境日宣传活动。市人大常委会副主任刘荣阁、市政协副主席王黎生参加。世界环境日主题为"蓝天保卫战,我是行动者"。

6月5—6日　南阳市人大常委会副主任刘荣阁带领检查组对南阳市《宗教事务条例》贯彻实施情况进行执法检查。

6月6日　南阳市乡镇和街道机构改革工作会议召开。市委副书记曾垂瑞出席并讲话,市委常委、组织部部长吕挺琳主持。会议传达了全省乡镇和街道机构改革工作会议精神,并就南阳市乡镇和街道机构改革工作进行部署。

6月12日　南阳市市长霍好胜在中心城区巡河,察看防汛和水污染防治工作,并现场督导重点项目建设。

6月13日　南阳市文明办、市发改委、人行南阳市中心支行、市中级人民法院、市市场监管局、市人社局、市卫健委、市交通运输局8部门联合举办2019年诚信"红黑榜"新闻发布会,18个企业、10名个人荣登"红榜",31个企业被集中曝光,列入诚信建设"黑榜"。被列入"黑名单"的企业或个人,不得享受各种优惠政策和相关补贴资金,对严重失信者予以限批。

6月13—16日　2019年第十三届郑州国际珠宝玉文化博览会暨镇平玉雕全国巡展(郑州站)在郑州国际会展中心举行。展会主场图文并茂生动描述了镇平玉雕悠久的生产历史、文化底蕴、玉矿资源、产业基础、从业队伍、品牌效应等发展优势,展现了镇平玉雕产业的整体素质和核心竞争力。

6月18日　南阳市第十完全学校开工奠基。副市长阿颖出席。市第十完全学校位于高铁片区南端,占地面积19.8公顷,总投资7.6亿元,办学规模为102个教学班,是宛城区第三所15年一贯制学校。

6月23日　南阳市举行村(社区)党支部书记"大比武"擂台赛,集中检验南阳市村(社区)党支部书记"大比武"活动成果。

6月26日　南阳市委理论学习中心组举行集体学习(扩大)报告会,省委宣讲团成员、省农业农村厅副厅长马万里作乡村振兴战略专题辅导报告。

第三十二个"国际禁毒日"。南阳市举办"健康人生,绿色无毒"大型禁毒主题宣传活动。

6月27—28日　中共河南省委常委、组织部部长孔昌生先后深入宛城区、卧龙区、新野县、镇平县等县区,就如何更好地发挥驻村第一书记"抓支部带支书"作用,加强基层基础工作进行调研。市委常委、组织部部长吕挺琳等参加调研。

6 月 29 日　南阳市 120 急救指挥中心工作人员走进市实验中学，开展防溺水应急自救、互救知识培训活动。

是月　2019 中国最美县域榜单正式发布，全国 219 个县市区榜上有名，河南 9 个县市上榜，其中，南阳市南召县、西峡县入选。

住房和城乡建设部等 6 部门公布第五批中国传统村落名录，全国 2666 个传统村落榜上有名，南阳市南召县云阳镇铁佛寺村石窝坑村和方城县柳河乡段庄村王老庄村 2 个村落入选。

7 月 1 日　河南省副省长、省公安厅厅长舒庆到南召县，就退役军人服务保障体系建设工作进行调研。

7 月 2—3 日　河南省人大常委会委员、农委副主任委员赵启林带领执法检查组到南阳市检查《河南省扶贫开发条例》和《河南省人民代表大会常务委员会关于全力推进脱贫攻坚工作的决议》贯彻执行情况。

7 月 6 日　南阳市第一个“市民驿站”在卧龙区卧龙岗街道汉画社区正式成立。“市民驿站”是城市基层党建工作的一种新探索、服务居民的一项新举措、社区治理的一种新模式。

7 月 8 日　南阳投资集团有限公司与中国光大银行南阳分行战略合作协议签约仪式举行。根据协议，中国光大银行南阳分行将为南阳投资集团有限公司提供 200 亿元授信额度。

7 月 11 日　南阳新城区水系项目开工建设，“满城绿色半城水”的美好蓝图进入实质性施工阶段。

7 月 12—13 日　河南省政协副主席钱国玉带领调研组到桐柏县调研美丽乡村建设。

7 月 15 日　地处宛城区溧河乡的“南阳东站”更名为“溧河站”，标志着使用了近 16 年的“南阳东站”正式退出普速铁路的历史舞台。

7 月 16 日　河南省政协副主席、九三学社河南省委主委张亚忠带领调研组到南阳市调研休闲农业与乡村旅游特色品牌发展工作。

7月18日　南阳市委理论学习中心组举行集体学习(扩大)报告会,《科技日报》总编辑刘亚东作"加强科技创新,推进经济增长和转型升级"专题辅导报告。

7月20日　农工党河南省委、省慈善总会助推南阳精准扶贫捐赠仪式在南阳市举行。河南羚锐制药股份有限公司、郑州新众合信息科技有限公司、许昌恒生制药有限公司、河南翔宇医疗股份有限公司4个爱心企业,向南阳市捐赠医疗康复器械和卫生管理软件,为建档立卡贫困户提供药品捐助,总价值2000余万元。

7月21—22日　河南省政协主席刘伟深入桐柏县,就脱贫攻坚、产业发展和政协工作进行调研,并为党员干部上"不忘初心、牢记使命"主题教育专题党课。

7月23日　南阳市创建全国文明城市工作推进会召开。市委副书记曾垂瑞出席并讲话,市委常委、宣传部部长张富治主持。曾垂瑞指出,要以创建全国文明城市为契机,全面推行网格化管理,实现社区管理服务的常态化、制度化、长效化。

7月24日　南阳市殡葬改革领导小组会议召开。市委副书记曾垂瑞出席会议并讲话。会议通报了全市深化殡葬改革工作进展情况,传达学习了《南阳市深化殡葬改革工作实施意见》《南阳市殡葬服务管理办法》。

南阳市市长霍好胜主持召开市政府常务会议,研究全市半年工作及项目建设、安全生产、推进乡村振兴战略、创建国家食品安全示范市等工作。会议审议并原则通过了《南阳市人民政府关于加强质量认证体系建设促进全面质量管理的实施意见》《南阳市财政支持企业创新发展贴息资金实施方案》。景劲松、阿颖、李鹏、黄钫、胡云生、罗岩涛、赵荣朕等出席会议。

7月25日　在八一建军节即将到来之际,市委书记张文深慰问驻宛部队官兵和军队离退休老干部,送去节日的祝福和问候。李运斗、谢松民、李德成参加慰问。

7 月 26 日　河南省十三届人大常委会第十一次会议审议并通过《南阳市文物保护条例》,自 2020 年 1 月 1 日起施行。

7 月 28 日　南阳市少年儿童图书馆开馆仪式在市图书馆举行。南阳市少年儿童图书馆是一座现代化、智能化的图书馆,建筑面积 3000 平方米,是南阳市首个专门为 16 岁以下未成年人提供独立公共文化服务的场馆。

文化和旅游部公布第一批全国乡村旅游重点村名单,包括南阳市西峡县太平镇东坪村在内的 320 个村庄榜上有名。

7 月 30 日　中国共产党南阳市第六届委员会第九次全体(扩大)会议召开。

是月　中央广播电视总台央视科教频道《中国影像方志》剧组到淅川县,实地拍摄《河南淅川篇》。剧组深入荆紫关、盛湾、九重、香花、马蹬、仓房等地,从地名记、文物记、音律记、古镇记等,从古到今,集中展现楚始都丹阳、历史文化名镇、非物质文化遗产、南水北调移民精神、丹江口水库等诸多地域元素。

住房和城乡建设部、文化和旅游部、国家文物局、财政部、自然资源部、农业农村部 6 部门联合公布 2019 年列入中央财政支持范围中国传统村落名单,南阳市有 9 个传统村落入选。分别是邓州市杏山旅游管理区杏山村、内乡县岞岖乡吴垭村、南召县云阳镇老城村、南召县马市坪乡转角石村、淅川县盛湾镇土地岭村、唐河县马振抚乡前庄村、方城县独树镇砚山铺村、南召县云阳镇铁佛寺村石窝坑村、方城县柳河乡段庄村王老庄。

8 月 1—3 日　河南省副省长武国定深入桐柏、社旗、南召三县,就脱贫人口"回头看"、扶贫产业发展和"不忘初心、牢记使命"主题教育对照检视问题等开展专题调研。

8 月 2 日　河南省副省长何金平到南阳市调研防汛工作。

8 月 5 日　在澳大利亚举行的 2019 年 PEW 国际电子制作大赛中，南阳市十三中八（2）班学生赵梓皓成绩优异，获得个人赛卓越表现奖和团队合作赛二等奖。

8 月 7 日　河南省政协副主席周春艳到南召县，就"四水同治"中水环境综合治理情况开展专题调研。

8 月 8—9 日　全国政务热线发展高峰论坛暨全国服务热线发展报告会在北京举行，由南阳日报社承办的南阳 12345 市长热线受理工作获得全国最佳政务服务热线"2019 年度卓越百姓服务奖"，南阳日报社时卫红获得"2019 年度杰出贡献奖"。

8 月 12 日　河南省省长陈润儿到南阳市桐柏县、唐河县调研脱贫攻坚工作，强调脱贫攻坚进入决胜阶段，要防返贫、防"闯关"，分类施策、精准帮扶，稳固提高脱贫质量，确保打好打赢这场硬仗。南阳市委书记张文深、市长霍好胜等参加调研。

8 月 12—14 日　中共河南省委副书记、政法委书记喻红秋到南阳市调研。

8 月 16 日　南阳市市长霍好胜主持召开市政府常务会议，传达贯彻省长陈润儿等到南阳调研指示精神，研究部署脱贫攻坚、污染防治等工作。

8 月 19 日　南阳市举行活动庆祝第二个"中国医师节"。

《人民日报》专版刊发《调水源头既丽且康，转型跨越步履铿锵》一文，充分肯定南阳市坚持推动经济发展高质量，加快转型跨越发展的"南阳经验"。

8 月 19—24 日　南阳市举办北京院士专家南阳行活动，中国工程院院士、难熔金属粉末冶金和铝合金领域专家聂祚仁等 23 位院士专家参加。此次活动主要包括启动仪式、产业(行业)分组对接、市情考察。

8月25—29日 2019 年全国青少年赛艇 U 系列赛(南阳站)暨2019 年河南省赛艇皮划艇锦标赛,在南阳水上运动中心举行,来自全国各地的 592 名运动员进行 54 个水上项目的角逐。大赛由河南省体育局主办,河南省水上运动管理中心、南阳市体育局承办。

8月29日 中共南阳市委举行审计委员会第一次会议,传达学习习近平总书记关于审计工作的重要指示批示精神和在中央审计委员会第一次、第二次会议上的重要讲话精神,传达学习省委工作要求,安排部署南阳市审计工作。市委书记、市委审计委员会主任张文深主持会议并讲话,市长、市委审计委员会副主任霍好胜出席会议。

9月2日 南阳市政府、南阳投资集团与国家开发银行河南省分行在郑州举行乡村振兴战略合作协议、银企战略合作协议签约仪式,国家开发银行河南省分行副行长张弛,南阳市委常委、常务副市长景劲松出席签约仪式。

9月5日 在北京举行的第七届全国道德模范座谈会上,南阳市张玉滚被授予"全国道德模范"称号。

9月6日 南阳市庆祝中华人民共和国成立 70 周年暨中国农民丰收节运动会在市体育中心举行,来自各县(市、区)共 15 支代表队参加比赛。运动会共设乒乓球团体、羽毛球团体、太极拳、健身操 4 个群众性文体项目。

9月11日 南阳市召开"不忘初心、牢记使命"主题教育工作会议,深入学习贯彻习近平总书记关于主题教育的重要讲话和重要指示批示精神,全面落实中央、省委部署要求,结合南阳实际,对高标准、高质量开展好主题教育进行动员部署。市委书记张文深、省委第八巡回指导组组长张春香分别讲话。市委副书记曾垂瑞主持会议。

9月16日 南阳市委书记张文深带领副市厅级党员领导干部,到南阳市"不忘初心、牢记使命"主题教育展馆参观学习,共同接受教育洗礼,进一步增强学习贯彻落实习近平新时代中国特色社会主义思想的自觉性和坚定性。

9月18日 南阳市召开2019世界月季洲际大会总结表彰会,回顾总结2019世界月季洲际大会筹办工作,持续推进月季等特色产业发展,叫响南阳月季品牌,助推南阳高质量建设大城市。市委书记张文深就做好相关工作提出要求,市长霍好胜讲话。会上印发了《南阳市人民政府关于加快月季产业发展的意见》,播放了2019世界月季洲际大会筹办工作总结汇报宣传片,表彰了先进。

9月20日 南阳市委召开全市领导干部会议,传达学习习近平总书记视察河南重要讲话、在黄河流域生态保护和高质量发展座谈会上的重要讲话精神,安排部署学习宣传、贯彻落实工作。

市委理论学习中心组举行集体学习(扩大)报告会,农业农村部发展规划司一级巡视员周应华应邀作乡村振兴战略专题报告。

9月24日 第三届中国石榴博览会暨淅川县第一届石榴节开幕。

9月26日 水利部副部长魏山忠带领调研组到唐河县调研河道采砂管理工作。

在中华人民共和国成立70周年到来之际,市委书记张文深看望慰问老党员、老干部,送去党和政府的关怀和温暖,向他们致以崇高的敬意和节日的祝福。

鸭河工区30兆瓦生物质热电联产项目开工奠基。

南阳市人力资源和社会保障局与中国银行南阳分行举行电子社保卡首发首用仪式。

9月27日 南阳市庆祝中华人民共和国成立70周年图片展开展。

9月30日 中国第六个烈士纪念日。南阳市各界代表在南阳革命烈士纪念馆举行烈士公祭活动,缅怀英雄丰功伟绩,弘扬先烈崇高精神。

南阳市市长霍好胜主持召开市政府常务会议,集体学习习近平总书记关于安全生产工作的重要论述和讲话精神,研究部署政府投资、基本医保等工作。

10 月 1 日 南阳市委举行升国旗仪式,庆祝中华人民共和国成立70 周年。

10 月 10 日 南阳华润燃气有限公司在南阳东站举行南阳高铁片区市政燃气管网置换项目通气仪式。

10 月 11 日 市委书记张文深、市长霍好胜先后深入新城区商务中心区、北外环公园、南阳世界月季大观园西园等重点项目建设现场,实地察看工程进度,并召开现场办公会,听取城乡一体化示范区工作汇报,针对规划建设中的具体问题,认真分析研究,逐项交办明责。

10 月 13 日 河南省副省长武国定带领省扶贫办、省林业局相关负责人到淅川县调研脱贫攻坚工作。

10 月 15 日 南阳市在"不忘初心、牢记使命"主题教育中开展脱贫攻坚"决战四季度"行动。

市老龄办统计数据显示,全市百岁老人共计 589 人。其中最高寿者 119 岁(居桐柏县月河镇),内乡县 102 位百岁老人位居全市榜首;其次是唐河县,共 85 位百岁老人;社旗县位列第三,共 77 位百岁老人。

10 月 15—17 日 河南省政协副主席高体健率调研组到南阳,就《中华人民共和国中医药法》贯彻落实和脱贫攻坚工作情况进行调研。

10 月 16 日 第八批全国重点文物保护单位名单出炉,包括 762 处第八批全国重点文物保护单位以及 50 处与现有全国重点文物保护单位合并的项目。南阳市新增 4 处国保单位,包括西峡县老坟岗遗址、南召县丹霞寺塔林、镇平县阳安寺大殿、邓州市花洲书院。至此,南阳市有国家级重点文物保护单位 24 处、省级文物保护单位 112 处、市(县)

级文物保护单位 1037 处。

10 月 17 日　河南省副省长刘伟深入方城县,就产业发展情况进行调研。

10 月 18 日　桐柏县城关第二小学"雷锋学校"暨"学雷锋争做美德少年教育践学基地"授牌和雷锋塑像揭幕仪式举行。河南省军区原司令员卢长健少将,市委常委、南阳军分区司令员季陵出席。

10 月 18—20 日　第十四届中国国际酒业博览会在上海举办。开幕式上,中国酒业协会发布世界美酒特色产区名单,南阳因盛产红酒谷黄酒上榜九大黄酒特色产区,是河南省黄酒唯一特色产区。

10 月 21 日　南阳市生活垃圾焚烧发电暨餐厨废弃物处理项目奠基仪式在卧龙区潦河镇举行。副市长黄钫出席。

10 月 21—22 日　河南省政协副主席李英杰带领调研组到南阳,就农业生产和脱贫攻坚进行调研。南阳市政协副主席王黎生等参加。

10 月 23 日　河南省委常委、省纪委书记、省监委主任任正晓到社旗县调研。

10 月 24 日　卧龙岗文化园奠基仪式举行,"九大专项"之龙头项目"打造国内知名生态文化旅游目的地"拉开建设序幕。市委书记张文深宣布项目奠基,市长霍好胜讲话。

10 月 28 日　第二届中国·河南招才引智创新发展大会中医药产业发展及人才培养国际论坛、第三届健康中原高峰论坛暨中国·南阳第十四届张仲景医药文化节开幕。

10 月 29 日　中国·南阳第十四届张仲景医药文化节经贸洽谈暨项目签约会举行。

10 月 30 日　2019 年 10 月"中国好人榜"发布,共有 98 位助人为乐、见义勇为、诚实守信、敬业奉献、孝老爱亲的身边好人荣登该榜,南阳市唐祖宣榜上有名。

10 月 31 日　南阳市市长霍好胜主持召开市政府常务会议。会议审议《南阳市乡村振兴战略规划（2019—2022 年）》《南阳市建筑业企业信用信息管理办法》《南阳市促进电子商务产业发展扶持办法》。会议还研究了全市国土空间总体规划和村庄规划、违建别墅整治等工作。

是月　"十一"假日期间，南阳市共接待游客 859.37 万人次，旅游综合收入 49.46 亿元，同期分别增长 16% 和 26%。

农业农村部网站公布第九批"一村一品"示范村镇名单，河南省共有 20 个村镇入选，其中，南阳市西峡县丁河镇（香菇）、内乡县余关镇（核桃）上榜。

11 月 1 日　南阳市召开中心城区自备井封停暨南水北调水源置换工作会议，安排部署 2019 年中心城区南水北调水源置换暨自备井封停工作。

11 月 2 日　2019 第二届中国·河南招才引智创新发展大会南阳专场——"千名大学生留宛就业创业"暨高层次中医药人才招引活动在南阳理工学院举行。

11 月 5—7 日　北京市人大常委会副主任李颖津率北京市人大常委会考察组到南阳，就水源保护、生态建设、产业扶贫、科技扶贫等工作情况进行实地考察，并与南阳市党政领导进行座谈。

11 月 6 日　由南阳市城管局主办、市人民公园承办的南阳市第六届菊花展在市人民公园开幕。

11 月 7 日　南阳市启动 2019 年"119 消防宣传月"活动。

11 月 12 日　南阳学习讲堂第一期报告会召开，故宫博物院研究员张志和作了题为《论中华民族的文化自信》的报告。

11 月 14 日　农业农村部副部长张桃林到南阳，就南阳市特色农业发展、生猪生产及粮食生产加工等工作进行调研。

南阳市召开创建全国文明城市工作推进会。

11月15日　南阳市住房公积金管理中心"南阳政务服务公积金业务同城通办大厅"揭牌。

11月17—19日　河南省政协主席刘伟到南阳市调研指导"不忘初心、牢记使命"主题教育和脱贫攻坚工作。

11月18日　河南省政协主席刘伟在南阳市宣讲党的十九届四中全会和中央政协工作会议精神。

11月22日　南阳市委书记张文深等市领导与市直机关、宛城区和社会各界干部群众一道在宛城区汉冢乡参加义务植树活动。

11月22—23日　河南省副省长戴柏华到南阳调研健康扶贫和中医药工作。

11月25日　学习贯彻党的十九届四中全会精神省委宣讲团宣讲报告会在南阳市举行。

是月　河南省林业局发布首批省级森林城市名单,全省15地获得省级森林城市称号,其中,南阳市西峡县、淅川县、桐柏县榜上有名。

12月1日　7时10分,郑州东至南阳东的G7969次首趟高铁列车到达南阳东站,南阳正式进入高铁时代。该次开通的郑(州)渝(重庆)高铁郑州至襄阳段全长389千米,从郑州东站引出,向西南经许昌、平顶山、南阳,经邓州进入湖北省境内,终到襄阳。南阳结束不通高铁的历史,自此融入以郑州为中心省内"1小时经济圈"和全国"八纵八横"高铁网。

12月3日　浙江大学智能计算与系统实验室区块链负责人陈建海博士应邀到南阳学习讲堂作题为《区块链:构建信任传递价值的下一代互联网技术》的报告。

12月5—6日　水利部副部长蒋旭光带领验收委员会一行到南阳市,开展南水北调中线工程丹江口水库移民总体验收(终验),对移民安置、档案管理、文物保护等工作进行行政验收。

12 月 6 日　在南水北调中线工程通水 5 周年之际,南阳市举行京宛对口协作工作座谈会暨合作项目签约仪式。北京市扶贫支援办公室主任马新明,北京市委党校副校长袁吉富,河南省发改委副主任郜义,南阳市市长霍好胜等出席。

12 月 17 日　南阳市新城区第四批重点建设项目集中开工,该次集中开工的市中心医院新院区、市一中新校区和南阳院士小镇项目总投资近 40 亿元,是南阳市"两轮两翼"战略和"九大专项"的重要支撑,是新城区乃至全市教育、卫生、科研领域的龙头项目。

12 月 18 日　南阳市"送温暖·献爱心"捐助活动动员大会举行。

12 月 20 日　2020 年全国文化科技卫生"三下乡"集中示范活动南阳分会场启动仪式在卧龙区王村乡罗冢村举行。市领导张富治、阿颖出席。

市委书记张文深到卧龙综合保税区现场办公。

12 月 23 日　南阳东站高铁片区综合管理服务中心正式揭牌,标志着南阳市高铁站区管理工作揭开新的一页,进入常态化管理阶段。

12 月 25 日　河南省发展燃气有限公司"唐伊线"方城—南召、社旗天然气支线工程如期投产。

唐河县被河南省文联授予"河南省戏曲之乡"称号。

12 月 28 日　卧龙区医疗健康服务集团揭牌仪式在南阳市第一人民医院举行。

12 月 30 日　南阳日报社、南阳市生态文明促进会联合评出 2019 年度南阳市生态文明建设 10 件大事,具体内容:"2019 院士专家南阳行"助力南阳绿色、高质量发展;2019 世界月季洲际大会在南阳成功举办;南水北调通水 5 周年调水 268 亿立方米惠及人口 1 亿人;光大集团投资 8.69 亿元南阳市生活垃圾焚烧发电项目开工建设;南阳 390 万亩国储林项目创新开局;《南阳市大气污染防治条例》获省人大常委会批准;南阳市河长制工作"四制四化"新模式受水利部肯定;南阳生态文明论坛西峡年会召开;南阳市有机农业产业发展迅速;南阳卧龙岗文化园建设项目奠基仪式举行。

2020 年

1 月 1 日　西峡香菇铁海快线（中欧）专列开行仪式举行。专列开通后，每年将有 4 万吨西峡香菇出口欧洲市场，年出口创汇可达 2 亿美元。

1 月 4 日　第十四届中国传媒大会在重庆召开。《南阳日报》被评为金长城传媒奖·2019 中国传媒融合发展十大地市党报，南阳日报社党委书记、社长，南阳报业传媒集团董事长李明建同时被评为金长城传媒奖·2019 中国地市党媒领军人物。

1 月 5 日　中国共产党南阳市第六届委员会第十次全体（扩大）会议召开。

1 月 6 日　南阳农业职业学院航空学院正式揭牌成立。这是南阳市首个以培养航空专业人才为特色的职业院校，学院采取校企联合、公办民办结合的新型办学模式，开启河南省职业教育"混合所有制"办学先河。

1 月 9 日　在印度加尔各答举行的世界月季联合会执委会上，世界月季联合会正式同意南阳举办 2020 首届世界月季博览会。

1 月 15 日　南阳市"不忘初心、牢记使命"主题教育总结大会召开。

1 月 16 日晚　"我的祖国我的家"2020 年南阳春节电视文艺晚会在南阳广播电视台演播大厅举行。

1 月 16—17 日　河南省政协主席刘伟代表省委、省政府和省委书记王国生、省长尹弘,到桐柏县走访慰问困难群众。

中共南阳军分区第十次代表大会、南阳军分区党委第十届第一次全体(扩大)会议召开。

1月18日　市委书记张文深深入淅川县厚坡镇马王港村看望慰问困难群众。

1月19日　中宣部、中央文明办慰问组及省委宣传部、省文明办慰问组莅临南阳市,看望慰问第七届全国道德模范张玉滚。

支付宝扫码乘公交在南阳市全面上线,市民乘公交又多了一种便捷的移动支付方式。

1月20日　南阳市人大常委会主任刘朝瑞前往市消防救援支队、南阳军分区等地走访慰问。

1月21日　市委书记张文深深入镇平县看望慰问"时代楷模"张玉滚、一线武警特警和天下玉源党群服务中心新疆工作站工作人员。

南阳市市长霍好胜深入镇平县杨营镇尹营村看望慰问困难群众和退役军人。

1月26日　河南省省长尹弘深入南阳市、驻马店市检查指导新型冠状病毒感染的肺炎疫情防控工作,慰问一线工作人员,召开部分省辖市疫情防控工作会议。

1月30日—2月2日　中共河南省委常委、统战部部长孙守刚深入南阳市督导疫情防控工作权。

2月7日　中共河南省委书记王国生莅宛检查疫情防控工作,慰问奋战在防控一线的工作人员,召开南阳市、洛阳市疫情防控工作调度会,对当前疫情防控工作进行安排部署。

2月8日　河南省副省长武国定代表省委、省政府调研指导南阳市疫情防控工作并主持召开会议。

2月11日　河南省新型冠状病毒感染的肺炎疫情防控指挥部办

公室下发通知,要求在全省范围内推广南阳"三有一可"机制相关经验做法,做好全省疫情防控期间农民工返岗就业工作。

2月18日 中央广播电视总台新闻频道《东方时空》栏目,在《战疫情·中国行动》节目中以《防疫情优服务,引导外出务工人员有序返岗》为题,报道南阳市率先推出的"三有一可"机制。

2月22日 以国家卫生健康委体改司副司长庄宁为组长的国务院指导组深入南阳市调研疫情防控和企业复工复产情况。

2月29日 0时~24时,南阳市无新增疑似病例,无新增确诊病例,新增治愈病例6例,本地住院病例全部治愈出院。

南阳市首趟复工人员专列G4854次列车顺利开行。

是月 新冠肺炎疫情发生以来,市行政审批服务中心创新服务方式,拓宽服务渠道,积极推行四项服务,最大限度减少人员聚集,做到"抗疫有距离,服务无间隙"。

3月1日 《南阳市大气污染防治条例》正式施行。

3月4日 南阳市鉴于新冠肺炎疫情防控形势,决定2020年的"3·15"系列活动从线下转为线上。

3月8日 南阳至上海首趟普速铁路复工专列K4108次列车正点停靠上海南站,1200余名复工人员平安到达。

3月9日 南阳市政府下发通知,部署2020年第七次全国人口普查工作,这标志着南阳市正式启动第七次全国人口普查工作。

3月10日 南阳市新型冠状病毒感染的肺炎疫情防控指挥部根据河南省新冠肺炎疫情防控指挥部办公室《关于公布全省县(市、区)疫情风险等级名单的通知》精神发出通知,自3月11日零时起,南阳市有序全面恢复正常生产生活秩序。

3月11日 南阳市各级各类医疗机构有序恢复日常医疗服务工作,以满足全市人民群众正常就医需求。

3 月 12 日　市委书记张文深、市长霍好胜等市领导与市直机关和宛城区干部群众一道在宛城区汉冢乡参加义务植树活动。

2020 年省重点建设项目名单发布,南阳市共有 44 个项目名列其中,总投资 963 亿元,年度计划投资 294 亿元。其中,市辖单个项目 27 个,总投资 716 亿元,年度计划投资 239 亿元;省打捆项目涉及南阳市 14 个子项目,总投资 247 亿元,年度计划投资 55 亿元;跨市线性项目 3 个。

南阳市人民公园、解放广场围栏率先被拆除,打响南阳市中心城区 2020 年拆墙透绿的头一枪,标志着中心城区拆墙透绿工作全面启动。

市城区交通约车在做好疫情防控措施前提下正式恢复运营。

3 月 14 日　郑州至南阳的 3 对高铁列车恢复开行。此次恢复开行的高铁列车分别为郑州东至南阳东的 G7977 次、G7979 次、G7981 次和南阳东至郑州东的 G7978 次、G7980 次、G7982 次。

3 月 18 日　西峡县寨根乡组织一次天然林资源勘查,发现在伏牛山腹地该乡高峰村"猪背脊"上,沿海拔 1300 米至 1400 多米山脊的两侧有近万亩的原生态天然林,这片森林西北与卢氏县金庄原始森林相接。

3 月 18—19 日　河南省政协主席刘伟深入南阳市桐柏县调研疫情防控、复工复产、脱贫攻坚等工作。

3 月 20 日　南阳市除 Y1、Y2 2 条夜班高铁专线暂不营运外,其他 41 条公交线路恢复运营,并施行扫健康码、戴口罩乘车。

3 月 23 日　南阳市慈善总会共接收社会各界爱心企业、爱心人士及中华慈善总会、省慈善总会为防控新冠肺炎疫情捐赠款物 25481728.76 元,其中捐款 21157704.14 元,捐赠物资价值 4324024.62 元,累计拨付款物 24857750.27 元,拨付资金 20533725.65 元,拨付物资价值 4324024.62 元。

3 月 26 日　中国共产党南阳市第六届纪律检查委员会第五次全

体会议召开。

3 月 31 日　南京至南阳航线恢复开行,每周二、四、六各 1 班,航程仅需 85 分钟。

是月　由南阳市烙画非物质文化遗产传承人武磊创作的丝绢烙画《钟南山》,入选中原非遗研究院新冠民艺作品集。

中央农办、农业农村部印发《关于通报表扬 2019 年全国村庄清洁行动先进县深入开展 2020 年村庄清洁行动的通知》,对 106 个措施有力、成效突出、群众满意的全国村庄清洁行动先进县予以通报表扬,南召县荣列被通报表扬县(市)之一。

4 月 1 日　南阳市脱贫攻坚第十三次推进会在方城召开。

4 月 1—2 日　中共河南省委常委、宣传部部长、省委高校工委书记江凌到南阳调研指导学校春季开学准备工作。

4 月 7 日　南阳市重点项目复工开工 232 个,复工开工率 95.1%。

4 月 7—9 日　河南省人大常委会副主任李文慧带领调研组到邓州市,就脱贫攻坚情况进行专题调研。

4 月 9 日　南阳世界月季大观园恢复开放,全国医护工作者持证可免费入园游览。

4 月 9—10 日　河南省副省长何金平深入南阳市调研外贸外资企业生产经营、重点项目建设推进等工作。

4 月 11 日　市委书记张文深到内乡县调研牧原肉食产业综合体建设。

4 月 15 日　河南省副省长武国定深入宛城区调研小麦条锈病、赤霉病防治和高标准农田建设等情况。

4 月 16—17 日　河南省省长尹弘深入南阳市调研县域经济发展。

4 月 17 日　南阳市人大常委会主任刘朝瑞对卧龙岗武侯祠文化园项目建设情况进行实地调研。

4月18日 卧龙区两大教育重点项目——南阳市第九完全学校和南阳市第八中学二期同时开工。

4月28日 南阳市第十二完全学校建设项目开工。该项目隶属城乡一体化示范区,位于市区菱新路以东、黄河路以西、北外环北一路以北区域,总占地面积14.2公顷,总投资近5亿元。

4月30日 "南阳月季香飘五洲"第十一届南阳月季花会正式开幕。此届花会采取"网络直播+电视直播+网络互动"模式进行。

是月 中共河南省委组织部通报表扬新冠肺炎疫情防控先进基层党组织和共产党员,南阳市9个党组织和8名个人名列其中。

国家林业和草原局公布"国家森林乡村"名单,南阳市南召县城郊乡大庄村等65个村庄荣获"国家森林乡村"称号。

5月3日 南阳机场开始执行夏秋航季。在新航季中,南阳机场首开直飞西安、哈尔滨航线。

5月6日 国务院批准46个城市和地区设立跨境电子商务综合试验区,南阳市作为此批次河南省唯一获批城市。

5月11日 南阳市确定347个投资3000万元以上的重点工业项目,总投资761亿元。其中,新上项目148个,续建项目199个,计划竣工项目96个。

市纪委监委、市委组织部、市委宣传部、市直工委、市妇联联合举办了全市"清风正气从家出发"家庭助廉暨签名接力活动仪式。

5月12日 中国人民政治协商会议第六届南阳市委员会第三次会议在南阳会议中心开幕。由于新冠肺炎疫情的影响,政协第六届南阳市委员会第三次会议以主会场加分会场视频会议的形式召开。

5月13日 农工党中央"三乡公益"助力河南乡村学校复学复课行动捐赠仪式在南阳市举行。

南阳市第六届人民代表大会第三次会议在南阳会议中心隆重开

幕。会议采取"主会场＋分会场"视频会议形式召开。

5月16日　南阳市非物质文化遗产保护发展协会第一届会员代表大会暨成立仪式举行。

5月18日　中国·南阳(云)玉雕节开幕。

南阳市卧龙区、宛城区、高新区、城乡一体化示范区的小学一至四年级统一返校复学。

5月20日　"花开南阳云赏月季"活动"2020 与爱同行"《玫瑰》特种邮票首发仪式在中国月季园举行,副市长李鹏为《玫瑰》特种邮票发行揭幕。

是月　想念食品入选全省绿色食品转型升级重点企业。南阳特色挂面出口美国。

6月6日　南阳市驻上海务工创业招商引智服务联络组、驻上海人才工作站揭牌暨项目签约活动在上海市举行。

6月8—10日　省委常委、省纪委书记、省监委主任任正晓,就学习贯彻全国两会精神、做好疫情防控常态化条件下监督工作、实施扶贫领域腐败和作风问题专项治理决胜年行动,先后深入方城、新野、唐河、镇平等县进行调研。

6月9—10日　河南省人大常委会副主任马懿带领调研组,就南阳市国有资产管理情况开展专题调研,并召开座谈会。

6月10—11日　河南省副省长何金平深入南阳市调研防汛抗旱和河长制工作。

6月12日　市委理论学习中心组举行集体学习(扩大)报告会,省人大环境与资源保护委员会主任委员、自然资源部国土空间规划特邀专家朱长青应邀就自然资源资产经营管理和国土空间规划工作作专题辅导报告。

6月15日　南阳市党员干部公职人员违规饮酒专项监督检查工

作会议召开。

6月16—17日　南阳市市场监督管理局直属分局(网监分局)、宛城分局、示范区分局、鸭河工区分局、卧龙分局、保税区分局、高新技术产业开发区分局、官庄工区分局分别举行挂牌仪式。

6月23日　S234南阳至鸭河快速通道工程开工建设,南阳市"一中心六组团"发展格局迈出关键一步。

6月24日　中国·南召首届艾草文化节启动暨"冰台取火"源点地揭牌仪式在南召县小店乡朱庄村空山山脚下举行。

2020首届道地"南阳艾"采收节在南阳国医仲景艾草产业园举办。

6月25日　CCTV-10播放了科教纪录片《中国影像方志:河南·淅川篇》。

6月26日　宛城区举行南阳市第十八完全学校开工仪式。

6月29日　南阳市举办决战决胜2020·全市村(社区)党支部书记"大比武"擂台赛。

南阳市第十五完全学校在高新区开工奠基,副市长阿颖出席开工仪式。

6月30日　南阳农业职业学院、宛城区人民政府、南阳市中心医院战略合作签约暨三方共建康养产业学院揭牌仪式在市第四职业中等专业学校举行。

7月1日　河南省政协主席刘伟到桐柏县调研,看望慰问困难党员,并参加主题党日活动。

《中华人民共和国中医药法》实施3周年纪念日,由南阳市4部门联合开展的第二届中医名师评选结果揭晓,十大中医名师和名中医名单出炉。命名方家选、高惠然、王心东为南阳市突出贡献中医名师;命名付丽丽、刘世恩、李永贵、陈宇飞、周雪林、忽中乾、黄志华、崔树平、樊成华、樊纪民为南阳市第二届十大中医名师;命名万文亮、马锐、王超、王均海、乔义文、刘焕华、李会文、李建超、肖华云、徐荣辉、郭松杰、曹正喜为南阳市名中医。

7月2日 南阳市召开中心城区内河治理及水系建设工作推进会。

7月8日 宛城区乡镇志编纂工作暨《汉冶街道志》发行会召开。《汉冶街道志》是南阳市中心城区及宛城区第一部乡镇(街道)志,由中州古籍出版社出版发行。

7月9—10日 河南省政协副主席高体健到南召县调研脱贫攻坚工作,并看望慰问抗美援朝老战士。

7月13日起 南阳机场新开通南阳—珠海、青岛—太原—南阳2条新航线。

7月16日 南阳市首张财政电子票据在市肢体康复中心成功开出,宣告财政电子票据管理系统正式上线运行。

7月17日 南阳投资集团和南阳卧龙综保区管委会签订战略合作协议,双方将开展全方位全面战略合作。

7月21日 南阳理工学院与中国移动南阳分公司正式签约,联合推进"5G+智慧校园"战略合作。

7月23—24日 河南省人大常委会副主任徐济超带领"三医联动"改革调研组深入南阳市调研。

7月25日 市委书记张文深、市长霍好胜率南阳市党的建设和重大项目建设观摩组深入各县、市、区开展观摩活动。

7月28日 中共南阳市委六届十一次全会暨市委工作会议召开。

7月28—29日 河南省政协副主席龚立群深入社旗县调研脱贫攻坚工作。

是月 河南省命名50个镇为全省第一批"美丽小镇"。其中,南阳市西峡县五里桥镇、内乡县马山口镇、淅川县九重镇上榜。

8月3日　南阳至青岛直达高铁开通。

8月4—5日　中国残联副主席程凯深入南阳市调研贫困残疾人脱贫攻坚工作。

8月6日　市委理论学习中心组举行集体学习（扩大）报告会，邀请中国人民大学法学院党委书记、院长王轶作民法典专题辅导报告。

8月9日　南阳机场开通南阳至拉萨通程航班。

8月10日　南阳市博物馆、南阳市汉画馆与山西省晋中市博物馆合作举办的《汉石丹青——南阳陈棚汉代彩绘画像石墓拓片与汉代文物展》在晋中市博物馆开幕。

8月13日　河南省政协副主席张亚忠带领省政协调研组莅宛，调研脱贫攻坚工作。

市委书记张文深到内乡县，就牧原肉食产业综合体建设和"四集中"兜底保障工作进行调研。

8月18日　市长霍好胜在中心城区调研重点工业企业发展情况。

8月18—21日　河南省政协副主席钱国玉深入南阳市调研脱贫攻坚长效机制和伏牛山旅游带交通建设等工作。

8月27—28日　中共河南省委书记王国生到内乡县、邓州市、唐河县、社旗县，调研县域经济、企业发展、生态保护等工作，就"十四五"规划编制听取意见建议。

8月26—28日　河南省人大常委会党组书记、副主任赵素萍带领驻豫全国人大代表专题调研组深入南阳市，就做好"六稳""六保"工作、推动县域经济高质量发展开展专题调研。

8月28日　南阳市住建局会同宛城区、卧龙区住建局及有关历史建筑所在辖区乡镇（街道）办事处（乡镇政府），对市政府公布的南阳市第一批历史建筑进行了挂牌保护。挂牌保护的南阳市第一批历史建筑有南阳县印刷厂旧址厂房、南阳老相室、联合街福音堂的礼拜楼和牧师楼、中共南阳地委办公旧址、扳倒井及附近民居等 5 处。

是月 南阳市荣获"全省农村厕所革命先进市",西峡县、内乡县荣获"农村人居环境整治先进县"称号。

9 月 2—3 日 河南省副省长戴柏华到方城县调研农村养老及社会救助工作。

9 月 3 日 抗疫微电影《春回雁归》暨系列微视频《南阳战"疫"》首映并上线。副市长阿颖、市政协副主席宋蕙出席。

9 月 3—9 日 2020 年中国国际服务贸易交易会在北京市举行。南阳市副市长谢松民率企业组团参会,成功签约 5 个项目,金额近 4 亿美元。

9 月 5 日 南阳白河大数据产业园第二批入驻项目签约仪式暨"区块链与大数据技术应用"论坛在宛城区举行。

9 月 8 日 全国抗击新冠肺炎疫情表彰大会在北京人民大会堂隆重举行,对全国抗击新冠肺炎疫情先进个人、先进集体,全国优秀共产党员、全国先进基层党组织进行表彰。南阳市 4 人、1 集体荣获全国抗击新冠肺炎疫情国家级荣誉。分别是:南阳市中心医院呼吸内科二病区主任、主任医师赵江,南阳医学高等专科学校第一附属医院呼吸与危重症医学科副主任、主任医师郭宏杰(女),南阳市宛城区汉冶街道党政办原主任金虎,南阳市公安局犯罪侦查支队大要案侦查大队四级警长闫旭升,南阳市疾病预防控制中心检验科。

9 月 14 日 中国和欧盟在北京市签署《中欧地理标志协定》,西峡香菇、淅川香花辣椒跻身首批《中欧地理标志协定》保护的中国 100 个地理标志产品行列。

9 月 17 日 南阳市第七次全国人口普查工作新闻发布会召开,通报此次人口普查主要特点和重点任务等。

9 月 21 日 乌鲁木齐至南阳至上海浦东往返航线复航。

9月22日　南阳市召开《南阳历史文化辞典》编纂工作专题汇报会。

9月22—24日　全国政协副主席、民盟中央常务副主席陈晓光率民盟中央调研组到南阳,就脱贫攻坚民主监督工作进行专题调研。

9月26日　河南省第十三届人民代表大会常务委员会第二十次会议表决通过《南阳市中小学校幼儿园规划建设条例》(以下简称《条例》),《条例》将于2021年1月1日起施行。

9月27日　教育部对2020年全国青少年校园篮球、排球、冰雪体育传统特色学校等认定结果进行公示,南阳市15所学校上榜。其中,市十二小、市十五小、市十三中、市五中、方城县第一初级中学、邓州市致远实验学校等6所学校被公示为2020年全国青少年校园篮球特色学校;市第一完全学校、市油田第七中学、邓州市第五高级中学等3所学校被公示为2020年全国青少年校园排球特色学校;市十五小、市第一完全学校、市第二完全学校初级中学、市三十六中、市三十一小、市实验学校、市七小、市八小等8所学校被公示为2020年全国青少年校园冰雪特色学校。

9月28日　南阳卧龙岗武侯祠景区恢复开放。

9月29日　南阳市召开新闻发布会,通报"南阳微警局"平台新功能上线。至此,"南阳微警局"平台集"微报警、微服务、微举报、微信访、微宣传、微警务"于一体,实现"网上与网下、群众与民警、勤务与指挥"3个互动。

9月30日　南阳市各界代表在羊山南阳烈士陵园举行公祭活动,缅怀英雄伟绩,弘扬崇高精神。

是月　文化和旅游部、国家发展改革委发布第二批全国乡村旅游重点村名单,南阳市南召县云阳镇铁佛寺村、淅川县仓房镇磨沟村榜上有名。

全国妇联命名 150 家单位为 2020 年度"全国巾帼脱贫示范基地",南阳市 2 家企业上榜,分别是镇平县霖峰绿色农产品开发有限公司、南阳药益宝艾草制品有限公司。

10 月 1—8 日　南阳市共接待游客 476 万人次,实现旅游收入 19.8 亿元。以"家庭旅行团"为主的散客成为旅游市场主力军,自驾游、乡村游、红色旅游成为游客主流。

10 月 10 日　庆祝南阳市汉画馆建馆 85 周年暨个性化邮票发行仪式在市汉画馆举行。

10 月 11—12 日　中国气象局副局长宇如聪带领调研组到南阳调研基层气象工作。

10 月 15 日　市委书记张文深到市考古发掘现场调研历史文化遗产发掘与保护工作。

南阳市市长霍好胜主持召开医圣祠恢复重建项目概念规划汇报会。

六届南阳市委第十三轮巡察动员部署会召开。

10 月 17 日　以"仲景经方与新冠肺炎防治"为主题的第八届仲景论坛在南阳市开幕。"人民英雄"国家荣誉称号获得者、中国工程院院士、天津中医药大学校长张伯礼发来贺信。

10 月 20 日　全国双拥模范城(县)命名暨双拥模范单位和个人表彰大会举行,南阳市再次被命名为"全国双拥模范城",邓州市也再次被命名为"全国双拥模范城",中国人民武装警察部队河南省总队南阳支队机动大队二中队被评为"全国拥政爱民模范单位"。

10 月 21 日　中共南阳市委第六巡察组对承担乡村振兴职责的市农业农村局、水利局、林业局、自然资源和规划局、生态环境局、住房和城乡建设局、交通运输局、文化广电和旅游局、发展和改革委员会、科学技术局等 10 个市直单位开展实施乡村振兴战略专项巡察。

10月21—23日　全国工商联副主席李兆前带领调研组深入南阳市调研民营企业发展状况、民营企业家思想状况等。

10月22日　中央组织部、民政部在北京市召开全国村（社区）"两委"换届工作电视电话会议。市委书记张文深在郑州分会场作题为《强化领导指导抓实重点难点高质量推进村（社区）"两委"换届工作》的交流发言。

10月23日　南阳市河长制工作暨"河长＋检察长＋警长"联动机制推进视频会议召开。

10月26—27日　河南省政协副主席刘炯天带领省委督查组到南阳市，就南阳市贯彻落实中央和省委政协工作会议精神情况进行专项督查。

10月30日　2020中国·南阳数字经济发展论坛暨南阳中关村信息谷创新中心在高新区揭牌，市委常委、副市长刘建华出席。

是月　南阳独山玉作品《西域风情》被中国国家博物馆收藏，彰显南阳玉雕技艺的高超水平。

11月6日　南阳市数字化城管中心与南阳理工学院数理学院合作创建的数字化产业学院揭牌成立。

11月11日　中共河南省委书记王国生到南阳理工学院宣讲党的十九届五中全会精神，并调研城市发展、生态保护、文化建设等工作。

11月16—17日　河南省人大常委会副主任李文慧带领调研组到邓州市调研脱贫攻坚工作。

11月17日　第三届北京院士专家南阳行启动，这是京宛两地贯彻落实党的十九届五中全会精神、推进区域协调发展的具体行动，是深化京宛对口协作、推动人才强市战略落地见效的重要举措。

南阳市召开村（社区）"两委"换届工作推进会，贯彻落实全国、全省村（社区）"两委"换届工作电视电话会议精神，交流经验做法，对全市村（社区）"两委"换届工作进行动员部署。

镇平县王志戈、丁显甫等 6 名玉雕人才，获得中国珠宝玉石首饰行业协会第七届"中国玉石雕刻大师"荣誉称号。

11 月 20 日 市委书记张文深在北京市参加全国精神文明建设表彰大会，并领授"全国文明城市"匾牌。

11 月 23 日 仲景食品股份有限公司（股票简称：仲景食品；股票代码：300908）创业板上市仪式在深圳证券交易所举行。

11 月 25 日 国家文物局在北京市召开"考古中国"重大项目重要进展工作会，通报包括南阳黄山遗址在内的 5 项重要考古发现。南阳黄山遗址是一个具有大型玉石器生产"基地"性质的大遗址。遗址位于卧龙区蒲山镇黄山村，面积约 30 万平方米。

是月 第三届中国粮食交易大会在福州海峡国际会展中心举行。此次大会南阳市参展面积、参展规格、企业数量，均名列全省第一。

南阳 7 人荣获全国劳动模范和先进工作者荣誉称号。他们分别是镇平县高丘镇黑虎庙小学校长张玉滚、牧原实业集团有限公司党委书记秦英林、国网河南省电力公司南阳供电公司变电检修中心电气试验一班副班长杜岩伟、南阳环宇电器有限公司整理车间主任赵新华、仲景宛西制药股份有限公司副总经理摆向荣、桐柏县埠江镇付楼村党支部书记李健、邓州市彭桥镇彭桥社区卫生室村医曾伟。

第十六届深圳文博会发布"2020 中国最美县域榜单"，全国共 126 个县（市、区）榜上有名，南阳市内乡县上榜。

《南阳市志》由中州古籍出版社出版发行。

12 月 2 日 南阳新城区中央商务区项目开工，标志着新城区产业项目建设拉开帷幕。

12 月 3—4 日 中共河南省委书记王国生到南阳市桐柏县、新野县、南召县、方城县调研脱贫攻坚、产业发展、生态保护等工作，就"十四五"规划编制征求意见建议。

退役军人事务部副部长常正国到南阳市调研退役军人就业创业等情况。

12月8日 农业农村部公布第十批全国"一村一品"示范村镇、2020年全国乡村特色产业10亿元镇,以及2020年全国乡村特色产业亿元村名单,南阳市5村镇榜上有名。其中,南召县乔端镇(香菇)、方城县博望镇前荒村(黄金梨)、镇平县侯集镇(观赏鱼)、桐柏县程湾镇(茶叶)被认定为第十批全国"一村一品"示范村镇。西峡县丁河镇入选2020年全国乡村特色产业10亿元镇名单。

12月12日 南阳市举行2020民营经济高质量发展论坛暨南阳民营企业30强发布会。河南龙成冶材集团有限公司、牧原食品股份有限公司、河南省烟草公司南阳市公司、河南新野纺织集团股份有限公司、河南西保冶材集团有限公司等50家企业上榜。

12月16日 民政部、中国残联调研组到南阳市调研"四集中"兜底保障情况和贫困重度残疾人托养工作。

南水北调展览馆在南水北调干部学院开工建设,该馆是展示宣传南水北调事迹的平台,是传承弘扬南水北调精神的阵地。

南阳红色文化促进会成立并召开第一次会员大会,选举产生了第一届理事会、会长、副会长、秘书长。

12月17日 南阳市抗击新冠肺炎疫情表彰大会举行。

12月22日 河南省南阳市、湖北省襄阳市市场主体登记注册"跨省通办"战略合作签约暨启动仪式在南阳市行政审批服务中心举行。

12月23日 中国科学院大学人文学院史前考古与科技文明南阳研究中心成立。

12月28日 南阳市6家单位荣获2020全国"敬老文明号"称号,12人荣获全国"敬老爱老助老模范人物"称号。南阳市荣获2020全国

"敬老文明号"称号的有南阳市康复医院、南召县第二人民医院、新野县老干部活动中心等 6 家单位,南阳市卫生健康委员会韦保娟、南阳市发展和改革委员会杜鹏、南阳市第九人民医院王付湘、南阳高新区百里奚街道办事处王霞、南阳市社会福利院贺荣久、镇平县老庄镇卫生院付书念等 12 人荣获全国"敬老爱老助老模范人物"称号。

12 月 29 日　南阳市"三馆一院"对外开放启动。"三馆一院"由博物馆、图书馆、文化馆、大剧院 4 部分组成,是南阳市重要文化建筑组群,也是白河国家城市湿地公园核心区的现代化标志性文化设施,对完善城市功能、提升城市形象、丰富群众文化生活、传承南阳文明具有十分重要的意义。

12 月 30 日　卧龙区获"中国曲艺之乡"荣誉称号。

2021 年

1 月 1 日　2021 年全国新年登高健身大会河南分会场暨"锦绣中原"全民健身系列活动在南阳市独山森林公园举办。

1 月 6 日　南阳市首批重点人群新冠病毒疫苗接种工作全面铺开。

省文化和旅游厅副厅长李延庆带领调研组到方城县调研国家文化公园项目建设情况。

1 月 7 日　中国教科文卫体工会副主席吴薇率领调研组,就南阳市名老中医当前工作与生活状况展开专项调研。

1 月 11 日　南阳理工学院与力星激光集团校企合作签约暨产业学院揭牌仪式在该校产教融合大楼举行。

市污染防治攻坚战领导小组办公室发出《关于全域全时段禁止销售燃放烟花爆竹的通知》。

1 月 12 日　省科学院与南阳市人民政府签署科技合作协议。

1 月 14 日　省委政法委打击治理网络新型犯罪(南阳)调研座谈会召开。

1 月 15 日　南阳市人民政府与河南民航发展投资有限公司在郑州市签订全面合作协议。

1 月 19 日　中国消费扶贫生活馆·南阳馆开馆暨全市扶贫产品展销活动举行,标志着全市消费扶贫专馆、专区、专柜"三专"建设工作迈出坚实步伐。

1月20日　2020年度森林河南生态建设责任目标考核(南阳)汇报会在南阳市召开。

1月21日　南阳市中心医院举行三级甲等医院复核评审通过暨揭牌仪式。

1月25日　南阳农业职业学院想念学院签约、挂牌。

1月27—28日　中国共产党南阳市第六届委员会第十二次全体会议暨市委经济工作会议召开。

1月30—31日　省政协主席刘伟到桐柏县走访慰问困难群众,调研项目建设和企业发展。

2月1日　一批货值122.5万美元的天冠谷朊粉经南阳海关检验监管后顺利通关,标志着南阳市谷朊粉时隔5年后再次进入国际市场。

2月3日　南阳高铁连接线兰南高速光武收费站正式开通,标志着高铁连接线项目全线通车。

2月7日上午　南阳市银行保险业纠纷调解中心正式挂牌,标志着全市金融纠纷多元化解机制运转大幕开启。

2月20日　中国共产党南阳市第六届纪律检查委员会第六次全体会议召开。

2021年全市第一季度重点项目集中开工仪式在卧龙区乐凯华光退城入园项目工地举行,共集中开工重点项目297个,总投资725亿元。

2月25日　市委书记张文深在北京参加全国脱贫攻坚总结表彰大会接受表彰,南阳市共有7名同志荣获全国脱贫攻坚先进个人,3个集体荣获全国脱贫攻坚先进集体荣誉称号。

3月4日　国网新源控股有限公司、河南天池抽水蓄能公司与南召县人民政府举行天池抽水蓄能电站二期项目战略合作签约仪式。

3月5日　中央广播电视总台所属中央电视台《今日说法》栏目以

《中国恐龙之乡,我们共同守护》为题,报道市人民检察院工作。

3月8日 南阳市党史学习教育动员部署大会召开。

3月11日 南阳市"献礼建党百年追寻红色足迹"党日主题教育活动在南阳革命军事馆举行。

3月15日 河南省首批基础教育专家库人员名单公布,南阳市5名校长(园长)入选。

3月17—19日 中央广播电视总台所属中央电视台《中国三农报道》栏目摄制组到西峡县五里桥镇黄狮村猕猴桃基地、淅川县老城镇有机产品示范基地、陶岔渠首大坝及水质自动监测站等处,采访南阳市"保水质、助振兴、强民生、促转型"工作。

3月18日 2020年度河南省平安建设考评(南阳)汇报会召开。

医圣文化园暨张仲景中医药博物院开工。

3月22日 全国政协副主席张庆黎率调研组到南阳市,就落实中央政协工作会议精神情况开展调研。

中央广播电视总台录制的大型纪录片《南阳官德史鉴》在南阳市武侯祠开机拍摄。

3月22—28日 南阳市组织开展第三十四届中国水周宣传活动。

3月23日 从市农业农村局获悉,牧原食品股份有限公司(内乡)一次性通过相关评估验收,成为国家首批"无非洲猪瘟小区"。

3月24日 南阳市召开2021年南阳市平安护民10件实事新闻发布会。

3月26日 河南省自然资源管理"一网两长"制(自然资源网格化,田长制、山长制)工作推进会在镇平县召开。

中欧班列(宛渝欧)首列户外家具专列在南阳火车站西货场正式开行。

焦唐高速方城至唐河段、淅淅高速淅川至豫鄂省界段集中开工。

G6691、G6692、G6693、G6694 次由周末线(周五至周一)开行,改为日常线(每日开行)。G6691 次运行区间由郑州东—南阳东,调整为安阳东—南阳东。

南阳日报社主办的"南阳新兴区域经济中心建设党媒论坛"举行。

市总工会表彰 2020 年度"五一"巾帼集体(个人)、先进女职工集体(个人)。

3 月 28 日　南阳机场执行 2021 年夏、秋航季航班计划。

3 月 30 日　"退役出彩大舞台——河南省 2021 年度退役军人春季招聘会(南阳)"启动。

同日　南阳市首批重点人群新冠疫苗接种进展顺利,累计接种47.16 万剂次。

3 月 31 日　南阳投资集团有限公司 2021 年度第一期超短期融资券成功发行。

2020 年度全国学雷锋志愿服务"四个100"先进典型宣传推选活动结果公布,梁海磊获评"最美志愿者"。

是月　第八批"全国民主法治示范村(社区)"名单公布,南阳市 5个村(社区)上榜。

4 月 6 日　南阳市惠民工程——巩固脱贫成果医疗设备捐助仪式举行,中国投资协会健康产业公益扶贫促进中心向南阳市捐助价值1.789 亿元的医疗设备及救护车。

4 月 7—9 日　政协南阳市第六届委员会第四次会议在南阳会议中心召开。

4 月 8—10 日　南阳市第六届人民代表大会第四次会议在南阳会议中心召开。

4 月 9—10 日　斯里兰卡驻华大使帕利塔·科霍纳一行到南阳市访问考察。

4 月 10 日　河南省第十三指导组组长易树学,副组长杨中立、白振勇一行对南阳政法队伍教育整顿学习教育环节工作进行评估检查。

4 月 13 日　南阳市机关"百名党员讲百场党课"首场活动举行。

"党旗颂　忠诚颂"河南政法英模先进事迹巡回报告团南阳专场报告会举行。

4 月 14 日　第八届全国高校数字艺术设计大赛优秀作品巡展活动在南阳市举行。

4 月 15 日　南阳市组织开展全民国家安全教育日活动。

4 月 16 日　南阳市表彰获得"南阳突出贡献中医名师""南阳第二届十大中医名师""南阳名中医"称号的 25 位名中医。

4 月 19 日　南阳市首届文创产品暨设计大赛启动。

4 月 21 日　南阳市县、乡领导班子换届工作会议召开。

4 月 22 日　南阳市召开第六届道德模范表彰大会。

河南省"党史中的巾帼力量"大宣讲南阳报告会举行。

"道德模范讲党史"首场宣讲在宛城区新时代文明实践中心举办,标志着全市"道德模范讲党史"教育宣讲活动正式启动。

4 月 24 日　2021 年大中城市联合招聘高校毕业生河南站巡回招聘会暨第四届中国·河南招才引智创新发展大会南阳专场活动在南阳师范学院举行。

4 月 26 日　"北京大学博雅人才共育基地"挂牌仪式在郑州市举行。河南省 8 所高中成为"北京大学博雅人才共育基地",南阳市第一中学校入选。

4 月 28 日　第十七届玉雕文化节在南阳市举办。

中国·南阳首届美丽卧龙文化旅游节开幕。

全省城市园林绿化规划设计暨建设现场会在南阳市召开。

南阳市召开庆祝"五一国际劳动节"暨开展乡村振兴劳模出彩行

动动员会。

南阳·卧龙·独山首届登山节暨全民健身月启动仪式在独山森林公园举行。

4 月 29 日　第四届中国艾产业发展大会暨世界艾乡(南阳)灸法论坛在南阳市举办。

第十二届南阳月季花会在南阳世界月季大观园开幕。

淯阳桥重建项目开工。

唐河县人民政府捐赠 1 台价值 300 万元的移动核酸检测实验室抵达南阳市。

4 月 30 日　河南日报报业集团南阳分社全媒体中心启动。

5 月 5 日　从市委网信办获悉,在河南省 2019 年度"五个一百"网络正能量精品推选活动评选中,南阳市 23 部作品入选。

5 月 11 日　《南阳市国家生态文明建设示范市规划(2021—2030年)》评审会在郑州市召开。

5 月 12 日　第十三个全国防灾减灾日到来,南阳市开展防灾减灾宣传周活动。

南阳市庆祝"5·12 国际护士节"暨颁奖典礼在南阳广播电视台举行。

5 月 13 日　南阳市作家李天岑小说《三山凹》研讨会在北京中国作家协会召开。

南阳市召开 2021 年度稀有血型献血者暨无偿献血志愿者表彰会。

5 月 12—14 日　中共中央总书记、国家主席、中央军委主席习近平在南阳市视察调研。

5 月 14 日上午　中共中央总书记、国家主席、中央军委主席习近平在南阳市主持召开推进南水北调后续工程高质量发展座谈会并发表重要讲话。

5月16日　中共南阳市委召开南阳市领导干部会议,传达学习中共中央总书记、国家主席、中央军委主席习近平在推进南水北调后续工程高质量发展座谈会上的重要讲话和在南阳市视察调研时的重要指示精神,以及全省领导干部会议精神。

5月17日　河南省博物馆馆长论坛在南阳市举办。

5月18日　"国际博物馆日"河南省主会场启动暨市博物馆陈列展览开放仪式在市博物馆举行。

市博物馆新馆正式对外开放。展出文物5000余件(套),免费对外开放。

5月21日　奥运冠军、乒乓球大满贯得主邓亚萍在南阳市参观医圣祠、南阳药益宝艾草制品有限公司、南阳月季博览园,并提出全民健身建议。

南阳市召开第七次全国人口普查工作新闻发布会,发布南阳市第七次全国人口普查工作相关情况和主要数据。

5月22日　"2021年南阳市科技活动周"正式启动。

5月24日　国家卫生健康委党组成员、国家中医药管理局党组书记余艳红到南阳市调研。

5月25日　南阳市开展《保障农民工工资支付条例》普法宣传活动。

南阳市"永远跟党走"庆祝中国共产党成立100周年合唱比赛总决赛举办。

5月26日　南阳人才发展集团暨南阳市人才发展促进会揭牌仪式举行。

中国·南阳2021"直通WTT大满贯·世乒赛"暨奥运模拟赛在市体育中心开赛。这是南阳市首次举办的规格最高、规模最大的国际性乒乓球赛事。

5 月 27 日　京宛合作项目集中签约仪式在南阳市中关村信息谷创新中心举行。

从市农业农村局获悉,在第十五届 BIOFACH CHINA 亚洲国际有机产品博览会上,南阳市 39 家企业 150 余种有机、绿色和地理标志农产品参展,15 家企业的 45 种农产品获奖。

5 月 28 日　首届河南最美中小学生颁奖典礼在河南广播电视台举行,南阳市共有 9 人入选。

河南省第十三届人大常委会第二十四次会议表决通过《南阳市文明行为促进条例》。

5 月 29 日　南阳乡村振兴研究院揭牌仪式在南阳理工学院举行。

5 月 31 日　市生态环境局被确定为"第二批河南省服务型行政执法标兵",成为全省生态环境系统唯一一家省级服务型行政执法标兵单位。

河南省 2021 年度本科教学工作暨本科高校课程思政建设推进会在南阳市召开。

是月　"五一"假期,南阳市共接待游客 635.15 万人次,实现综合旅游收入 26.34 亿元。

南阳市启动新冠疫苗全民接种,全市居民可就近通过社区预约接种。

在财政部、国家林草局公布的 20 个 2021 年林业改革发展资金支持的国土绿化试点示范项目中,南阳市南水北调中线工程水源区国土绿化试点示范项目成功入选,该试点示范项目是河南省唯一入选的项目。

6 月 1 日　新华社现场云发布生产力总榜,南阳网直播在入驻的国家、省、市的 3500 余家媒体中排名第十一,在河南省总榜排名第二。

6 月 2 日　南阳—荆门—长沙特高压交流工程新建 1000 千伏交流

线路工程建设动员会在唐河县举行。

6月9日 南阳市4家企业成功申报"河南老字号",进入保护名录。

6月10日 传统美术南阳烙画、民俗农历二十四节气"打春牛"入选第五批国家级非物质文化遗产代表性项目名录。

"南水北调后续工程高质量发展论坛——南水北调中线工程水生态学术研讨会"在南阳师范学院开幕。

2021年南阳市食品安全宣传周活动启动,该次宣传周主题是"尚俭崇信 守护阳光下的盘中餐"。

南阳市召开2021年"6·14世界献血者日"暨无偿献血工作会议。

河南省优秀民营企业吸纳退役军人就业工作现场会在南阳市召开。

市直机关举办庆祝中国共产党成立100周年党史学习教育知识竞赛。

6月11日 中国·南召第二届艾草文化节暨首届县域艾草经济论坛在南召县举办。

6月12日 南阳市艾草健康产业园开园暨商户入驻正式启动。

6月14日 "艾满端午、健康相伴"2021年世界艾乡(中国·南阳)艾文化系列活动在南阳市医圣祠(张仲景博物馆)开幕。

6月15日 乐凯华光印刷科技有限公司十号生产线项目组成功研制出双层热敏版,并实现产业化。

南阳市扶贫开发办公室更名为南阳市乡村振兴局,为市政府工作部门。

6月16日 南阳师范学院发布信息,2021年面向全省招收"学科教师"地方公费师范生500人,主要承担的招生专业有6个。

6月18日 金冠电气股份有限公司在上海证券交易所科创板挂

牌上市,成为南阳市首家在科创板上市的企业。

南阳市人民政府新闻办召开诚信"红黑榜"新闻发布会,打造"诚信南阳"。

6月19日　"庆祝中国共产党成立100周年书法大展"在中国国家博物馆开幕。南阳市书法家张青山、史焕泉书法作品入展。

2021年食品农产品安全南阳行暨电子食安封签投放活动启动。

6月20日　南阳市红色物业创建工作现场会在卧龙区召开。

6月22日　南阳市举行非公有制经济党组织庆祝建党100周年演讲比赛。

南阳师范学院原创微电影《无畏》获省百部原创微电影、红色经典电影剪辑大赛一等奖。

6月23日　南阳市优化营商环境重点岗位人员示范培训班开班。

河南省知识产权巡讲首场活动在南阳市举办。

6月24日　2021年度道德模范·身边好人"三巡六进"启动仪式举行。

"迎百年华诞谱盛世新篇"2021年全市村(社区)党组织书记"大比武"擂台赛举行。

6月26日　南阳市第三届创业创新大赛暨第五届"豫创天下"创业创新大赛南阳分区赛全面启动。

6月27日　"走遍河南的网络安全科技馆"巡展(南阳站)活动暨建党100周年科技成就科普展在市科技馆启动。

6月28日　南阳市生活垃圾焚烧发电项目点火启动仪式举行。

"铭记党史传基因　砥砺奋进新征程"南阳市党史学习教育知识竞赛决赛举行。

6月29日　南阳市召开2021年法治政府建设会。

6月30日　南阳市召开"两优一先"表彰大会。

　　南阳市城区车站路下穿新华路工程竣工通车,是全市首条下穿隧道。

　　7月1日　市委书记张文深、市长霍好胜等"四大班子"领导集中收听收看庆祝中国共产党成立100周年大会。庆祝大会上,中共中央总书记、国家主席、中央军委主席习近平庄严宣告——经过全党全国各族人民持续奋斗,我们实现了第一个百年奋斗目标,在中华大地上全面建成了小康社会。

编后记

为深入贯彻落实《政协全国委员会关于加强和改进新时代文史资料工作的意见》，推进文史资料专题化、系列化，政协第七届南阳市委员会决定编著"南阳印记"文史资料丛书。《小康建设南阳印记》作为丛书的重要组成部分，由市委党史和地方史志研究室、市政协文化和文史委员会协作编著，旨在总结历史，引领广大群众和社会各界奋进新时代，为南阳建设现代化省域副中心城市贡献力量。

整个编著过程分工明确，高效有序。市委党史和地方史志研究室负责征集资料、编写书稿、修订核对等工作。市政协文化和文史委员会负责制订征编工作方案、组织编委会审核书稿、出版主题申报、编审、申请书号、设计排版、印刷出版工作。2023 年 7 月底前完成初稿；8 月底前完成编委会审稿工作；年底前完成出版编审和书号申请工作。

《小康建设南阳印记》的编著历经一年，得到社会各界的大力支持和帮助，在《小康建设南阳印记》出版面世之际，谨致衷心感谢！《小康建设南阳印记》虽已付梓，但由于编者水平所限和社会的巨大变革，在资料的取舍、叙述的详略等方面，难免有不周、不妥之处，恳切希望读者予以批评指正。

本书编委会

2023 年 12 月